한권으로 끝내는 국가공인 漢字·漢文指導師 資格試驗 叢書

국·가·공·인

漢字·漢文指導師
3級 증보개정판

감 수 社團法人 漢字敎育振興會

형 민 사

한권으로 끝내는 한자・한문지도사 자격시험 총서

漢字・漢字指導師 3級(증보개정판)

초 판 발 행	2006. 5. 10.
증보판 2쇄	2022. 02. 10.
편 저 자	한국 한문진흥학회
감 수	(사)한자교육진흥회
펴 낸 곳	도서출판 형민사
인터넷구매	www.hanja114.co.kr
구 입 문 의	TEL.02-736-7694, FAX.02-736-7692
주 소	㉾04551 서울시 중구 수표로 45, B1층 101호(저동2가 비즈센터) 502호
등 록 번 호	제2016-000003호
정 가	25,000원
I S B N	978-89-91325-74-6 13710

머리말

오늘날 國語辭典에 收錄된 單語의 70% 이상이 漢字語로 되어 있으며 우리가 평소 사용하는 언어의 대부분이 한자어인데도 불구하고, 그 뜻을 잘 모르고 사용하는 경우가 많은 것은 실로 안타까운 일이다. 특히 學校敎育의 모든 敎科에서 사용되고 있는 學習用語들이 대부분 한자어로 이루어져 있어 교과에서 사용되는 학술용어마저도 이해하지 못한 상태에서 학생들이 학습하고 있으니 학습의 효과가 나타나기 어려운 실태이다.

過去 暗誦과 多讀을 위주로 가르치던 전통적인 한문교육방식은 한문을 배우고자 하는 많은 사람들로 하여금 漢文은 어려운 학문이라는 인식을 갖게 하여 한자에 대한 거부감을 느끼게 한 것이 사실이다. 더욱이 한자는 劃이 복잡하고 字數가 많아서 쉽게 글자를 익힐 수 없다는 잘못된 인식 때문에 아예 시작도 하지 않은 경우가 허다했다.

본 교재는 상기의 초학자들이 겪는 한자학습의 어려움을 통감하여 글자의 기본이 되는 部首를 익히고, 한자의 생성원리인 六書를 이해하며, 일상에 유용한 常用 漢字를 그 용례 및 한자성어와 함께 익힐 수 있도록 구성하였으며, 한자를 지도할 수 있는 기본적 學習指導法 및 漢文 文章의 구조와 형식까지 다루었다. 합리적인 한자지도를 통해 盲目的인 낱글자 외우기식의 학습에서 벗어나 漢字와 漢文을 올바로 이해하고 익혀서 바른 언어생활을 영위하게 하는 데 그 意義를 두었다.

'磨鐵杵欲作鍼' 이란 말이 있다. 唐의 李白이 소년 때 학업이 未成한 채로 집으로 돌아오는데 길에서 한 老嫗가 쇠절구공이를 갈고 있는 것을 보고 그 사연을 물으니, "쇠절구공이를 갈아서 바늘을 만들고자 한다."고 하였다. 李白이 그 말에 감동하여 다시 돌아가 열심히 공부하여 학업을 마쳤다는 故事에서 나온 말이다.

"쇠절구공이를 갈아서 바늘을 만든다."는 말이 一見 무모하게 생각될지 모르지만 학문의 심오한 진리를 깨달으려면 그와 같은 결심과 노력이 필요하다는 것을 일깨우는 名句라 할 것이다.

"少年易老學難成, 一寸光陰不可輕(소년은 늙기 쉽고 학문은 이루기 어려우니, 一寸의 光陰도 가벼이 해서는 안 된다. - 《明心寶鑑》〈勸學篇〉)."이라는 선현의 말씀을 잊지 말기 바란다.

2010년 1월

편집자

증보개정판에 부쳐

　국가공인 漢字 · 漢文指導師 자격시험을 준비하는 수험생을 비롯하여 한자를 직접 지도하는 분들의 길잡이 역할을 해 온 이 책은, 2006년 5월 『부수와 연상기법을 통한 漢字指導』라는 이름으로 전정증보판을 발행한 이후, 수차례의 수정 · 보완을 거쳐 증보판 9쇄까지 발행하였다.

　거듭된 수정 · 보완 작업에도 불구하고 교재내용에 대하여 여러분이 개편의견을 보내주셨으며, 漢字書體가 폰트로 개발되고 출판 · 인쇄기술의 발전에 따른 한 차원 정선된 편집을 요구하는 기대에 발맞추는 한편, 국가공인 한자 · 한문지도사 자격시험과의 연계성을 높이기 위해서 전면적으로 수정하여 개정판을 내게 되었다.

　이번 개정판의 특징은 첫째, 部首의 字源解說과 함께 교육용한자 1,800자의 변천과정에 따른 자형 및 용례를 수록하였고, 아동한자지도사 교재와의 연계성을 고려하여 동일한 편집유형을 따랐다. 둘째, 50여 쪽을 차지하던 聯想漢字의 경우, 형성자 중심으로 개편하고 글씨크기를 줄여 부록으로 삽입하였다. 셋째, 기초한문 부분에 대한 전반적인 교정과 함께 교육용한자 일람표에 급수표시 및 색인 기능을 추가하였고, 부수색인도 추가하였다.

　아무쪼록 漢字 · 漢文指導師 자격시험을 준비하는 수험생뿐만 아니라 한문을 공부하려는 분들에게도 도움이 되기를 바라는 바이며, 개정판 교재가 나오기까지 많은 도움을 주신 어문능력개발평생교육원의 선생님들과 특히 자원설명의 감수에 많은 시간을 할애해주신 김종혁 선생님, 꼼꼼하게 교정을 보아주신 김태환 선생님께 무한한 감사의 말씀을 드리는 바이다.

　참고로, 한자의 자원과 부수의 원리를 알고 한자학에 입문할 수 있도록 『한자학개론』(이돈주, 박영사2004), 『한자의 뿌리』1 · 2(김언종, 문학동네2003), 『교학 대한한사전』(이가원 감수, 교학사1998), 『동아백년옥편』(두산동아사전편집실, 두산동아2006) 등의 내용을 참고로 하였음을 밝혀둔다.

2018년 8월 편집자 씀.

목
차

Ⅰ. 漢字總論

목
차

목

차

Ⅰ. 漢字總論

제1장 序說

- 漢字·漢文學習의 必要性

- 漢字學槪論

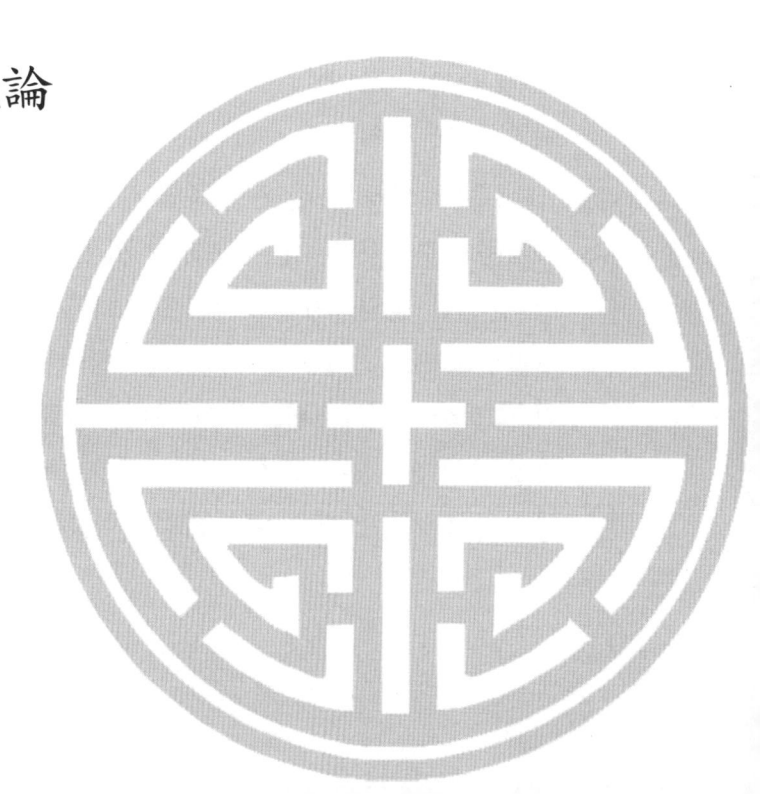

1. 漢字·漢文學習의 必要性

우리는 2천여 년에 이르는 한문 문자사용의 역사를 가지고 있다. 어떤 이는 단군조선 시대부터 한자를 썼다 하고, 어떤 이는 기자조선 시대부터 한자를 사용하였을 것이라고 말하지만 이를 검증할 수 있는 확실한 문헌이 없으며, 위만조선 때부터 한자를 써 왔다는 것이 정설로 되어 있다.

한자가 우리나라에 전래된 이후로 우리의 先祖들은 吏讀, 鄕札, 口訣 등 한자의 활용 방법을 터득하여 스스로 한자의 어려운 점을 보완하였고, 또한 없던 한자를 새로 만들어 사용하기도 하였지만 모든 역사 문화 기록의 主宗은 한자였다. 세종대왕이 훈민정음을 제정하여 백성들의 문자생활에 큰 변혁을 가져왔지만 그 후에도 여전히 한자에 크게 의존하였고, 그와 같은 현상은 조선 말기까지 이어졌다.

사람들은 흔히 한자를 중국 글자라고 하면서 외국 글이니 배척해야 한다는 이론을 펴고 있으나, 그것은 결코 올바른 생각이라 할 수가 없다. 그런 생각은 너무나도 우리의 현실을 도외시한 편향된 시야에서 나왔기 때문이다.

따지고 보면 우리의 일상용어도 한자로 된 것이 너무도 많음을 간과해서는 안 된다. 예를 들면 乘車, 讀書, 蹴球 등 우리가 일상에서 사용하고 있는 말들이 모두 한자로 만들어진 용어들이기 때문이다.

그리고 旣往의 허다한 역사문화의 기록물들이 모두 한문으로 기록되어 있어 지금까지 면면이 이어온 선인들의 주옥같은 문학과 철학, 정치, 경제, 제도, 풍속, 기타 무수한 자료들은 한문을 모르고서는 해득하기 어렵다. 어떤 이들은 그런 것들은 한글로 번역하면 그만이라고 하지만, 그 많은 분량을 다 번역해 내기도 어려울 뿐만 아니라, 번역을 한다 하더라도 그 原意를 해득하기 위해서는 한문을 알아야만 되는 것이다.

이유야 어떻든 한자는 중국은 물론 한국과 일본, 대만, 베트남, 인도네시아 등 동양문화권 전역에서 사용되고 있어 이들 국가들과 인접해 있는 우리는 오래전부터 활발한 문화교류를 하여 왔으며, 오늘날과 같이 개방화, 국제화됨에 따라 더욱 활발한 교류가 이루어지고 있는 현실에서 그들과의 원활한 교류를 위해서는 한자의 습득이 절실히 필요한 때이다. 실제로 그들과 언어는 통하지 않더라도 같은 문자를 사용할 경우 문자만으로도 간단한 의사소통을 할 수 있고, 문화적 공감대가 형성되어 자연스럽게 친근해질 수 있는 것이다.

또한 한자는 뜻글자이며, 소리글이 소리글로서의 장점이 있듯이 뜻글로서의 장점을 가지고 있다. 흔히 뜻글이 배우기 어렵다고 얘기하지만, 배우기 어렵다는 것이 곧 배울 필요가 없는 것으로 치부될 수는 없다. 錬金이 어렵다고 해서 금을 채취할 필요가 없다거나, 금이 무가치한 것이라고 말할 수가 없는 것과 마찬가지이다.

뜻글자를 익히게 되면 소리글에 비하여 집중력이 향상되며 머리 회전이 훨씬 빨라지고 조직적이고 분석적인 사고력이 발달하게 된다는 것이 많은 사람들의 공통된 견해이다. 실제로 어려서 한자를 배운 어린이는 그렇지 않은 어린이에 비해 학업성적이 훨씬 우수하고 심성이 早達하며, 품행도 방정하다고 한다. 이와 같은 사실은 많은 학자들의 공통된 견해로써 개인적 인격형성 면에서는 물론 전 국민적 문화수준 향상을 위해서도 깊이 생각해야 할 문제가 아닐 수 없다. 특히 오늘의 우리 교육이 기초단계부터 오직 입시위주로 그릇되게 이끌려가고 있음을 적이 걱정하지 않을 수 없는 상황이며, 한자교육 실시를 비롯한 교육내용의 전반적인 검토와 혁신이 있어야 할 것이다.

2. 漢字學槪論

가. 漢字의 特性 (漢字의 三要素)

지구상에 존재하는 문자는 소리글자(表音文字)와 뜻글자(表意文字)로 크게 둘로 나눈다. 우리말을 비롯한 세계의 거의 모든 문자는 '소리글자'에 속하는데, 한자만이 '뜻글자'에 속한다.

뜻글자인 漢字는 각각의 글자마다 하나의 음절로 이루어져 있는 單音節語라고 한다. 예를 들어, 우리말은 '사람'을 나타내는데 '사'와 '람'이라는 두 음절이 필요하지만, 한자의 경우는 '人'이라는 한 글자로 표현한다. 물론 후세에는 두 글자로 된 한자어도 만들어졌고, 또 세 글자 이상의 複合單語도 생겨났지만, 한자는 본래 한 글자에 한 음절, 한 단어였던 것이다. 즉 하나의 글자가 하나의 낱말 구실(一字一義)을 하며, 각 글자마다 각각의 모양과 소리 값을 지니고 있다. 그러므로 '사람'이란 뜻을 가진 글자를 쓰려고 하면, 그 모양은 '人'으로 쓰고, 소리는 '인'이라고 읽는다.

◆ 예시	모양(形)	소리(音)	뜻(義)
	人	인	사람
	川	천	내

그러므로 한자를 공부할 때에는 각 글자마다의 고유한 모양인 形과, 각 글자마다 가지고 있는 고유의 소리인 音과, 각 글자마다 가지고 있는 뜻인 義, 이 세 가지를 동시에 익혀야 함은 물론이다. 이러한 形·音·義 세 가지를 '한자의 三要素'라고 말한다.

나. 漢字의 起源

세계의 많은 나라들의 역사가 그러하듯이, 東方의 역사 또한 전설로부터 시작된다. 전설적인 帝王인 三皇과 五帝에 의해, 東方인들의 삶은 원시 상태를 벗어나 점차 문명화되었다고 볼 수 있다. 한자의 기원 역시 전설로 전해지며 創製說과 自然發生說, 圖形符號說 등이 있으나 본서에서는 創製說에 대하여 언급해 보기로 한다.

전설에 의하면 지금으로부터 4,700년 전 쯤 黃帝의 史官인 蒼頡이 황하변의 새 발자국을 보고 처음으로 한자를 만들었다고 하며, 또한 太皞伏羲氏가 처음으로 팔괘를 만들고 書契를 지어 그 전에 사용해 오던 結繩의 방법에 대신했다고도 한다. 그러나 세계 어느 나라의 문자이건 그것이 한 두 사람에 의해서 一朝一夕에 조성될 수는 없는 일이며 긴 세월을 거치는 동안 수많은 사람들의 손에 의해 한자가 發明·變遷·使用되었다고 하는 것이 보다 적절한 설명이라고 하겠다.

다. 漢字의 變遷

(1) 甲骨文字

오늘날 알려진 가장 오래된 한자의 모습은 甲骨文字로서 이는 약 3,500년 전에 황하 주변에서 발달했던 殷나라 시대에 만들어진 문자이다. 갑골문자란,

거북이나 자라 같은 동물들의 딱딱한 등껍데기나 물소의 단단한 뼈에 새겨진 문자를 뜻한다. 갑골문자는 초기 문자로서 한자의 繪畫的인 특징을 뚜렷이 보여준다. 갑골문자의 최초 발견은 1899년에 中國 山東人 國子監祭酒(국자감좨주:현 국립대 총장에 해당) 王懿榮이란 사람이 達仁堂이라는 한약방에서 지어온 한약재인 龍骨에 새겨진 부호를 우연히 발견한 것이 최초이며, 갑골문은 한자의 字源과 古代人의 思想·生活 연구에 귀중한 자료가 되고 있다.

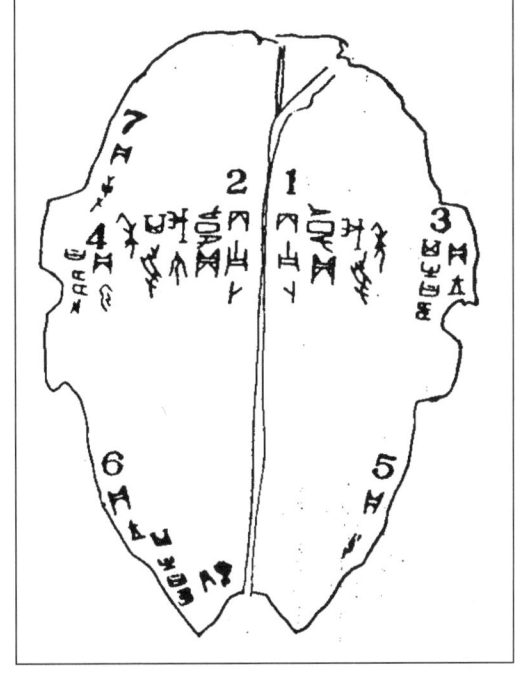

〈 甲骨文字 〉

　　갑골문자는 여러 시대를 거치면서 회화적인 특징이 점점 사라지면서, 간단하면서도 세련된 부호나 기호 형태로 문자의 모양이 바뀌게 되었다.

(2) 金石文

　　周代의 문자는 주로 靑銅器 등의 금속에 새겨진 것이 대부분이기 때문에 金文이라 하며, 秦 이후의 것에는 돌에 새겨진 것도 전하고 있어 이를 통틀어 金石文이라 한다.

(3) 篆書

　　春秋戰國時代로부터 秦代에 걸쳐 씌어진 것으로, 전국시대에 史籒가 정리한 것을 大篆 또는 籒文이라 하며, 秦의 자형통일정책이 실현되어 李斯가 획일화한 자형을 小篆이라고 한다.

(4) 隷書

　　小篆이 간략화 된 형태로 오늘날의 字形에 가까운 隷書體가 나타났다.

(5) 楷書

後漢시대에 이르러 사용되어 온 楷書體는 현재 우리가 사용하는 正書體로서 隷書를 더욱 간략히 하고 발전시킨 형태라 하겠다.

(6) 行·草書

楷書體 이후로는 魏·吳·蜀시대에 붓으로 쓰기에 편리한 行書와 草書體가 생겨났다.

◁ 글자 모양의 변천과정을 몇 개의 글자로 예를 들면 다음과 같다. ▷

구분 / 서체	年 代	글 자 모 형
甲骨文(갑골문)	殷나라(기원전 15세기)	
金文(금문)	西周초기(기원전 11세기)	
大篆(대전)	일명 籒文, 西周중기(기원전 9세기)	
小篆(소전)	籒文에서 발전, 秦의 이사(李斯)가 지었다고 함. 秦始皇당시(기원전 3세기)	
隷書(예서)	秦始皇 때(기원전 3세기)	
楷書(해서)	東漢부터(2세기) 현재 쓰이는 正書	
行書(행서)	楷書와 草書의 중간이 되는 것으로 楷書의 획을 조금 흘린 체	
草書(초서)	篆隷를 간략하게 한 것으로 흔히 行書를 더 풀어 點劃을 줄여 흘려쓴 체	

그러면 漢字는 과연 몇 글자나 될까? 甲骨文字 시대의 초기 한자는 대략 3,000字 정도이다. 그런데 최초의 字典이라고 할 수 있는 漢나라 때 許愼이 지은 〈說文解字〉의 敍에 실려 있는 글자는 총 9,353字이다. 그 후 唐·宋 시대에는 대개 30,000字로 증가되었다가, 다시 淸나라 시대를 거치면서 50,000字로 더욱 증가되었다. 오늘날 확인되는 한자의 수는 약 86,000字가 넘는다. 이것으로 보면,

漢字는 갑골문자 이후로 글자의 모양이 크게 변하면서, 한편으로는 글자의 수도 크게 늘어났다고 하겠다.

라. 漢文字의 傳來

한문자가 '동방민족의 문자인가 또는 고대 중국의 문자인가?' 에 대하여 여러 설이 있으나 어느 주장도 확실한 근거는 없다. 다만 최근에 들어 이에 대한 논쟁이 보다 구체화되면서 東邦의 文字 라는 설이 유력하다. 이에 두 가지 설을 고찰해 보기로 한다.

(1) 漢文字는 中國의 文字가 流入된 것이라는 說

아주 오랜 옛날부터 우리나라는 중국과 이웃하면서 살아왔다. 그런 까닭에 끊임없는 왕래와 교류가 행해져 왔다. 이 과정에서 우리는 중국의 문화와 문물을 자연스럽게 받아들이게 되었는데, 그 가운데 가장 중요한 하나가 중국의 문자인 한자의 流入이다.

그런데 언제부터 한자가 우리나라에 들어오게 되었는지, 확실한 연대를 밝혀 보기란 매우 곤란한 일이다. 다만 중국과의 접촉이 빈번하던 우리나라의 북방에 서는 上古 시대에 이미 한자·한문을 받아들였을 것으로 추측된다. 그러다가 衛滿朝鮮이나 漢四郡 시대에는 우리민족에게 두루 보급되고 사용되었을 것으로 여겨진다.

마땅한 표기수단이 없었던 상고시대에 중국에서 받아들인 한사와 한문은 곧바로 우리 조상들의 문자생활에 아주 중요한 수단이 되어 왔다. 조상들의 삶과 슬기를 표기하는 文語體로 한문이 사용된 것이다. 古朝鮮시대에 麗玉이 지었다고 전해지는 '箜篌引'이나, 高句麗 琉璃王의 작품 '黃鳥歌', 名將 乙支文德의 작품 '與隋將于仲文詩' 등의 현존하는 고대의 문학 작품 등에서 그 예를 살펴볼 수 있다.

漢字를 우리말에 알맞도록 活用했던 점은 그냥 지나칠 수 없다. 吏讀·鄕札·口訣 등이 그것이다. 그리고 이런 흐름 속에서, 우리나라에서만 쓰이는 漢字가 만들어져 使用되기도 한 것은 自然스러운 현상이라고 할 수 있겠다. '이름'이라는 뜻과 '돌'이라는 음을 지닌 '乭' 字나, '논'이라는 뜻과 '답'이라는 음을 지닌 '畓' 字 등이 좋은 예이다. 그 후 한자는 世宗大王이 한글을 創製하기

전까지 모든 문자생활을 지배하기에 이르렀으며, 한글이 제정된 이후에도 한자와 한문은 변함없이 우리의 문자로서의 역할을 하여 왔다. 그런 까닭에 우리 민족의 精神的인 遺産이 漢文字라는 表記手段을 통해 오늘날까지 전해지게 되었다는 설이 있다.

(2) 한자는 東夷族, 즉 韓民族이 만든 東邦의 文字라는 說

우리나라 사람들 대부분이 漢字는 中國 고유의 문자인데, 우리가 빌려 쓰는 것으로 잘못 알고 있다. 그러나 漢字는 中國 漢代에 이루어진 글자가 아니라, 秦代와 周代를 거슬러 이미 약 3,500년 전 殷代에 이미 거북이나 짐승의 뼈에 글자를 새겼던 이른바 '甲骨文'이었음은 여러 고증을 통하여 증명된 바 있으므로 한자는 분명히 漢代에 만들어진 문자가 아님을 알 수 있다.

또한, 殷代에는 중국민족을 '漢族'이라고 일컬은 일도 없을 뿐만 아니라, '漢'이라는 글자는 周代에 江의 이름으로 만든 글자이니, 漢族이 만든 문자가 아닌 것은 더욱 분명하다. 더구나 漢字에서 글자의 뜻으로 쓰고 있는 '文'은 본래 '무늬'의 뜻으로 만들었고, '字'는 '집 안에서 아이를 낳다.'의 뜻으로 만든 것인데, 훨씬 후세에 와서 글자의 뜻으로 쓰인 것이다. '漢字'라는 名稱은 元代 蒙古人들이 中國을 지배하면서 자기들의 문자와 구별하기 위하여 붙인 것이다.

殷代에 글자의 뜻으로 처음 쓰인 글자는 '㓞' 형태로서 나무 조각에 칼로 글자를 새겼음을 뜻한 것이었는데, 뒤에 '大' 자를 더하여 '契'자로 자형이 바뀌고 뜻도 변하였다.

'契'의 현재 자음은 일반적으로 '계', '설'로 쓰이고 있으나, 古音은 본래 '글(글)'이다. 文字를 예로부터 '글'이라고 칭하는 민족은 아시아에서도 우리 韓民族뿐이다. 근래 中國 학자들의 새로운 연구에 의하면 漢字는 본래 東夷族이 만든 것이라고 주장하는 學說과 東方에 있어서 문자의 최초 명칭인 '글(契)'이 우리말의 古代語인 것과도 일치한다.

여기서 중요한 사실은 말이 있는 민족이 그 말에 대한 글자를 만들었을 것이며, 말이나 文字는 그 민족의 생활풍습에서 비롯된다는 것을 생각할 때 '글(契)'이라는 문자를 만든 민족은 중국인들이 아니라, 우리 민족의 옛 조상들임을 알 수 있다.

더 구체적인 예를 들면 '가을'을 뜻한 '秋'의 字形이 甲骨文에서는 '𥤚'와 같이 전연 다른 형태이었다. 이 象形文字는 곧 메뚜기의 모양을 그려 '가을'을 상징한 것이다. '가을'이라는 추상적인 말을 상대방이 보고 '가을'이라고 느낄 수 있도록 형상화하는 것이 그리 쉬운 일이 아니었을 것이다. 가을철에는 무엇보다도 메뚜기를 잡아 구워 먹는 것이 가장 '가을'을 대표할 수 있음에 착안하여 메뚜기를 그리고, 뒤에 와서 메뚜기를 그리는 것이 복잡하기 때문에, 메뚜기는 벼에 붙어살므로 '禾'자로 바꾸어 간략히 '秋'자로 쓰게 된 것이다. 여기서 중요한 사실은 中國人들은 지금도 '메뚜기'를 '蝗蟲' 곧 벌레라 하여 전혀 먹지 않는 것이다. 그렇다면 메뚜기를 불에 구워 먹는 것으로 '가을'을 상징하는 글자를 만든 민족이 어느 민족일 것인가?

그러한 生活習俗을 면면이 이어오고 있는 우리 한민족의 조상들이 그 글자를 만들었을 것으로 추리할 수 있다.

甲骨文 중에는 이와 같이 우리 민족의 전통 생활습속이 아니면 解讀될 수 없는 글자들이 얼마든지 있다. 이제 우리는 한자에 대한 종래의 잘못된 認識에서 탈피하여, 古代의 한자 자체도 東夷族인 우리의 조상이 만들었다는 自矜心을 가져야 할 것이다. 또한 한글은 창제 당초부터 漢字와 相互 補完의 관계에서 만들어진 문자라는 올바른 認識을 가지고 잘 活用할 필요가 있다.

'漢字'라는 명칭도 잘못된 것임이 판명되었는데 언제까지 그대로 쓸 것이 아니며, 또한 '借用文字'라는 잘못된 인식에서 벗어나 민족의 自尊性을 찾기 위해서도 殷代의 본래 명칭을 찾아 대내적으로는 '古韓契', 대외적으로는 '東邦文字'로 칭해야 합당할 것이다.

마. 漢字字形의 變化

(1) 古今字

古今字란 글자사용에 있어서 어느 한 글자가 시대에 따라 모양이 변화된 것을 가리키는 말이다. 즉 같은 뜻을 가진 글자들은 형체에 있어서 옛날부터 써 오던 것이 있는데 그것을 古字 또는 古體字라고 하고, 후대에 나온 글자를 今字 또는 今體字라고 한다.

◆ 예시1

"責畢收乎?"(빚을 다 받았는가? 『戰國策 齊策』)에서 보면, 빚을 뜻하는 한자는 '責'자이다. 그러나, 후대에는 '債'자가 나와 그것을 대신하게 되었다. 또 "布帛長短同, 則賈相若."(베와 비단이 길이가 같으면 값도 서로 같다.『孟子 梁惠王上』)에서 보면 값을 뜻하는 한자로 '賈'자가 쓰였는데 後代에는 '價'자가 나와 이를 대신하게 되었다.

◆ 예시2

"學而時習之, 不亦說乎!"(배워서 때때로 익히면 기쁘지 아니한가!『論語 學而』)에서 '기쁘다'는 뜻의 한자로 '說'자가 쓰이고 있다. 그 후에 '悅'자가 나와 '기쁘다'는 뜻을 나타내게 되었다.

(2) 異體字

異體字란 글자의 형체는 다르지만 발음과 의미가 완전히 같아서 어떠한 경우에라도 서로 대체할 수 있는 글자들을 말한다. 異體字는, 正字 또는 通用字와 비교하는 의미로 '或體'니, '重文'이니 하기도 하고, 또는 '俗體'라고도 한다.

異體字와 古今字의 다른 점은 이체자가 언제라도 서로 대체해서 쓸 수 있는 것인 반면, 고금자는 그렇지 못하다는 것이다. 왜냐하면 今字는 古字의 의미 중 한 가지 뜻만 나타내어 고자로 금자를 대체할 수 있지만 금자로 고자를 대체할 수는 없기 때문이다.

(3) 繁簡字

繁簡字는 繁體字와 簡體字와의 관계를 말한다. 여기서 번체자와 간체자는 글자 획수의 많고 적음을 가지고 구분하는 것으로서, 획수가 많은 것이 번체자이고 적은 것이 간체자이다. 번체자는 正字라 하기도 하고, 간체자는 略字라 하기도 하는데, 이는 異體字의 일부 형태이다.

간체자가 만들어진 역사를 보면 殷·周시대부터라고 할 수 있다. 한나라 때의 금석문에서는 '壽'자를 간략하게 '寿'자로 표기하였고, '質'자도 '质'자로 간략하게 쓰고 있다.

이는 1956년에 중국에서 〈漢字簡略方案〉을 공표한 이래 몇 차례에 걸쳐 2,238자를 간략화하여 正字 대신 사용하고 있다.

여기서 번체자와 간체자는 대부분 1 : 1의 대응관계를 가지고 있으므로 알기 어려운 것은 아니다. 그러나 약자만 알고 정자를 모르면 **古書**는 읽을 수 없으며, 번체자만 알고 간체자를 모르면 중국에서 언어생활에 어려움을 겪을 것이다.

그 간체화 방법은 모두 7가지로 분류된다. 간자를 익힐 수 있는 기회가 되도록 예를 들어 보기로 하겠다.

(가) 옛날에 쓰던 글자를 채용하는 경우

從 - 从,　衆 - 众,　體 - 体,　無 - 无,　氣 - 气,　處 - 处

(나) 초서체를 해서화하여 나타내는 경우

專 - 专,　東 - 东,　樂 - 乐,　當 - 当,　買 - 买,　湯 - 汤,
農 - 农,　孫 - 孙

(다) 필획을 간단히 줄이는 경우

魚 - 鱼,　單 - 单,　變 - 变,　沖 - 冲,　勞 - 劳,　莊 - 庄,　燭 - 烛

(라) 간단한 부호와 번체자 일부를 따다 쓰는 경우

觀 - 观,　戲 - 戏,　鄧 - 邓,　區 - 区,　歲 - 岁,　劉 - 刘,　齊 - 齐

(마) 글자의 일부만을 취하는 경우

習 - 习,　務 - 务,　條 - 条,　廣 - 广,　醫 - 医,　蟲 - 虫,
飛 - 飞,　聲 - 声,　縣 - 县

(바) 간단한 **同音字**로 대체하는 경우

幾 - 几,　後 - 后,　繫 - 系,　嚮 - 向,　築 - 筑,　穀 - 谷,
義 - 义,　纔 - 才

(사) 소리를 나타내는 **旁**을 간단한 동음자로 고치는 경우

遼 - 辽,　遷 - 迁,　郵 - 邮,　燈 - 灯,　階 - 阶,　運 - 运,
遠 - 远,　猶 - 犹,　藝 - 艺

간체자는 한자가 변화하고 발전하는 과정 속에서 사람들이 사용하기 편하게 하기 위해 만들어진 것으로서 당연한 추세이다. 그러나 가끔 혼란스러운 경우

가 있다. 그것은 보다 적은 간자(2,238자)로 더 많은 정자(2,264자)를 대신하고 있기 때문이다. 그래서 몇몇 경우 한 간자가 여러 정자를 대신하는 경우가 있게 되었다. 예를 들면, '匯', '彙'의 간자는 같은 형태의 '汇'이고, '干', '乾'의 간자 역시 같은 형태의 '干'을 쓰고 있다. 이런 경우는 문장의 앞뒤 문맥을 살펴서 그 의미를 정해야 한다.

앞에서 **古今字 · 異體字 · 繁簡字**에 대해 살펴보았다. 고금자는 시대적 선후에 입각해서 말하는 것이고, 이체자는 글자 모양의 차이에 근거해서 말하는 것이며, 번간자는 획수의 많고 적음을 가지고 말하는 것이다. 그러나 이 세 가지가 완전히 독립적인 것은 아니다.

예를 들어, '云'자와 '雲'자는 완전히 다른 글자이지만, 그 시대적 전후를 살펴보면 '云'자는 고자이고 '雲'자는 금자이다. 또 형체로부터 살펴보면 이체자인 동시에 번간자이다. 또 '从'자와 '從'자는 본래 고금자이지만 형체로 볼 때에는 이체자인 동시에 번간자이기도 하다.

같은 예로, '杯'와 '盃'는 모두 술잔을 나타내는 말이므로 이체자이지만, 시대적 전후로 보면 고금자이고 형태면에서 보면 번간자인 것이다.

(4) 合音字

한자는 일반적으로 한 글자가 한 개의 음절로 되어 있다. 그런데 그 변화과정에서 두 개의 음절이 합해져서 한 음절이 된 것이다. 이런 글자를 **合音字**라고 한다.

예를 들어 보면 '耳(뿐 이)'자가 허사로 쓰일 때는 '而(말이을 이)'자와 '已(이미 이)'자가 합해진 것이고, '盍(덮을 합, 어찌아니할 합)'자는 '何(어찌 하)'자와 '不(아닐 불)'자의 합음자이며, '諸(어조사 저)'자는 '之(어조사 지)'자와 '於(어조사 어)'자 또는 '乎(어조사 호)'자와의 합음자이다.

제2장 六書

1. 六書의 名稱과 次例

　六書는 前漢 말경부터 생긴 한자분류법으로 기본적 구성법과 응용의 법에 따라 구분되는 여섯 가지 基本原則을 말한 것이다. 아래의 표와 같이 육서에 대한 명칭과 차례는 學者마다 그 견해가 각각 다르다. 本書에서는 이치에 가장 타당하다고 생각되는 '許愼'이 쓴 '說文解字敍' 名稱과 '班固'가 쓴 '漢書藝文志'의 次例를 따르기로 한다.

◁ 學者別 六書의 名稱과 次例 ▷

人 名	書 名	名 稱 과 次 例					
1. 班 固	漢書藝文志	象形,	象事,	象意,	象聲,	轉注,	假借
2. 鄭 衆	周禮解詁	象形,	會意,	轉注,	處事,	假借,	諧聲
3. 許 愼	說文解字敍	指事,	象形,	形聲,	會意,	轉注,	假借
4. 衛 恒	四體書勢	指事,	象形,	形聲,	轉注,	會意,	假借
5. 顧野王	玉篇	象形,	指事,	形聲,	轉注,	會意,	假借
6. 陳彭年	廣韻	象形,	會意,	諧聲,	指事,	假借,	轉注
7. 鄭 樵	通志六書略	象形,	指事,	會意,	諧聲,	轉注,	假借
8. 王應麟	困學紀聞	象形,	指事,	會意,	諧聲,	轉注,	假借
9. 張 有	後古篇	象形,	指事,	會意,	諧聲,	假借,	轉注
10. 趙古則	六書本義	象形,	指事,	會意,	諧聲,	假借,	轉注
11. 吳元滿	六書正義	象形,	指事,	會意,	諧聲,	假借,	轉注
12. 戴 侗	六書故	指事,	象形,	會意,	轉注,	鰭聲,	假借
13. 楊 桓	六書溯源	象形,	會意,	指事,	轉注,	諧聲,	假借
14. 王應電	同文備考	象形,	會意,	指事,	諧聲,	轉注,	假借

가. 象形 : 사물의 모양을 본떠 만든 글자

　눈에 보이는 사물의 구체적인 모양을 繪畫的으로 본떠 그 모양에서 뜻을 이끌어낸 방법을 상형이라고 한다. 이 상형의 방법을 통해 만들어진 글자를 象形字라고 부르는데, 상형자는 총364자이며 그 중 순수 상형자는 242자 정도이다.

상형자의 유형에는 獨體象形, 增體象形, 省體象形, 變體象形 등이 있으나 本章에서는 이의 설명을 생략한다.

예) 日 (☆ ⊖) (날 일) : 해의 모양을 본 뜬 글자이다.

　　月 (𠙻 月) (달 월) : 달의 모양을 본 뜬 글자이다.

　　山 (⛰ 山) (메 산) : 산의 모양을 본 뜬 글자이다.

　　川 (巛 川) (내 천) : 내의 모양을 본 뜬 글자이다.

나. 指事 : 추상적인 개념을 부호나 도형으로 나타낸 글자

눈에 보이지 않는 추상적인 생각이나 사물의 뜻을 구체적인 부호나 도형으로 간단히 나타내어 그 뜻을 가리키게 하는 방법을 지사라고 한다. 이 지사의 방법을 통해 만들어진 글자를 指事字라고 부르는데, 지사자는 대략 125자 정도이다.

예) 上 (ㅗ 丄) (윗　상) : 기준선 위에 점을 찍어 위를 뜻한 글자

　　下 (ㅜ 丅) (아래 하) : 기준선 아래에 점을 찍어 아래를 뜻한 글자

　　本 (本 本) (근본 본) : 나무의 줄기를 가리켜 근본을 뜻한 글자

　　末 (末 末) (끝　말) : 나무의 끝 부분을 가리켜 끝을 뜻한 글자

다. 會意 : 두 개 이상 글자의 뜻과 뜻을 합해 만든 글자

상형과 지사의 방법을 통해 이미 만들어진 두 개 이성의 한자를 결힙해서 새로운 한 글자를 만드는 방법으로, 그 글자들의 뜻을 모아 처음의 글자들과는 전혀 다른 새로운 뜻을 가진 글자를 만드는 것을 회의라고 한다. 이 회의의 방법을 통해 만들어진 글자들을 會意字라고 한다.

예) ① 日(날 일) + 月(달 월)　　→ 明(밝을 명)

　　明은 '日'과 '月'두 글자가 결합된 글자로, '해와 달이 합치면 더욱 밝다.'는 뜻이 된다.

　② 人(사람 인) + 言(말씀 언) → 信(믿을 신)

　　사람(人)의 말(言)은 마땅히 믿음직스러워야 하므로, '人'과 '言' 두 글자를 결합해서 '믿다'라는 뜻을 지닌 '信'이라는 글자를 새롭게 만들어낸 것이다.

라. 形聲 : 두 개 이상 글자의 음과 뜻을 합해 만든 글자

상형과 지사의 방법을 통해 이미 만들어진 두 개 이상의 한자를 결합해서 새로운 한 글자를 만드는 방법으로, 한 글자는 뜻을, 다른 한 글자는 소리와 함께 아울러 뜻도 나타내도록 하는 것을 형성이라고 한다. 이 형성의 방법을 통해 만들어진 글자들인 **形聲字**가 전체 한자의 80% 이상을 차지하고 있음에 유의하면서 학습하도록 한다.

> 예) ① 水(물 수) + 靑(푸를 청) → 淸(맑을 청)
>   물(水)이 푸르게(靑) '맑다'는 뜻에서 '淸'이라는 글자가 생겨났는데, '水'가 뜻 부분의 역할을 하고 '靑'이 음 부분의 역할을 한 것이다.
> ② 日(날 일) + 靑(푸를 청) → 晴(갤 청)
>   하늘(日)이 푸르게(靑) '개다'라는 뜻에서 '晴'이라는 글자가 생겨났는데, '日'이 뜻 부분의 역할을 하고 '靑'이 음 부분의 역할을 한 것이다.

그런데 위에서 볼 수 있듯이, 음 부분이라고 해서 아무런 의미가 없는 것은 아니며, 새롭게 만들어지는 글자와 일정한 관련이 있기 때문에 사용된 것이다. 한편, 새롭게 만들어진 글자와 음 부분 역할을 하는 글자의 음이 완전히 동일하지 않고, **初聲**과 **中聲**이 바뀌는 경우가 있는데, 이런 현상은 중국의 한자가 우리나라에 들어와 우리말 화되면서 나타난 것이다.

> 예) ① 초성이 바뀐 경우 : 水(물 수) + 干(방패 간) → 汗(땀 한)
> ② 중성이 바뀐 경우 : 水(물 수) + 工(장인 공) → 江(강 강)

형성자와 회의자는 두 개 이상의 한자가 결합되어 만들어진 글자라는 공통점을 가지고 있는데, 형성자는 반드시 음 부분을 지니고 있다는 점에서 회의자와 크게 구별된다.

마. 轉注 : 새로운 뜻으로 파생·전용되어 쓰이는 글자

이미 만들어진 한자의 뜻을 더 늘린 방법으로, 본래의 뜻을 변화시키고 끌어대어 본래의 뜻과 연관이 있는 뜻으로 바꾸어 쓰는 것을 전주(轉注)라고 한다. 이 때에 본래 글자의 음이 변하지 않거나 음까지 변하는 경우가 있으므로 주의해야 한다.

예) ① 뜻만 변하는 경우
    一 : 본래의 뜻은 '하나'   → '시초, 전일(專一)'로 뜻이 확대됨
    道 : 본래의 뜻은 '사람이 걷는 길' → '사람으로서 마땅히 행해야 할 도리'
                                    '도덕'으로 뜻이 확대됨
  ② 음까지 변하는 경우
    樂 : 본음은   '악' → '락'   → '요'로 음이 확대됨
        본래의 뜻은 '음악' → '즐겁다' → '좋아하다'로 뜻이 확대됨
                    ('음악'을 들으면 '즐겁고', 음악 즐기기를 '좋아한다.')
    惡 : 본음은   '악'   → '오'로 음이 확대됨
        본래의 뜻은 '악하다'   → '미워하다'로 뜻이 확대됨
                    (사람들은 '악한'것을 '미워한다.')

바. 假借 : 뜻은 전혀 상관없이 음만 빌려 쓰는 글자

어떤 사물이나 이름을 글자로 표기할 경우, 관계가 전혀 없는 뜻을 가진 글자라고 하더라도 소리가 같으면 빌려 쓰는 방법을 假借라고 한다.

예) ① Asia   → 亞細亞 (아세아)   ② Paris   → 巴利 (파리)
    ③ Buddha   → 佛陀 (불타)   ④ America → 美國 (미국)

2. 六書 三耦說

육서는 육본이라고도 하며, 문자에 관한 여섯 가지 기본원칙을 말한 것으로, 六書의 本質과 內容을 관찰해 보면 다음 세 가지로 구분됨을 알 수 있다.

    ① 「文(獨體字)」으로서의 象形·指事
    ② 「字(合體字)」로서의 會意·形聲
    ③ 「用字」원칙 으로서의 轉注·假借

이와 같이 육서를 셋으로 구분한 방법을 六書三耦說이라고 하는데, ①의 象形·指事, ②의 會意·形聲 네 가지는 生成原理, 즉 '造字'의 원칙이라 하겠고 ③의 轉注·假借는 活用原理, 즉 '用字'의 원칙에 속한다고 하겠다.

◁ 圖表로 보는 六書의 原理 ▷

六書				體 (造字法)		用 (用字法)
	象形	본뜰 수 있는 실체의 형이 있으므로 명사가 많다. 예)‘日·鳥·魚·龜’ 등　　　　　　(364字 = 4%)	實	依類象形 (獨體:文)	體 (造字法)	
	指事	본뜰 수 있는 실체가 없어 추상적인 개념을 나타낸다. 예)‘一·上·下·八’ 등　　　　　　(125字 = 1%)	虛			
	會意	형부와 형부가 서로 결합하여 새로운 뜻을 나타낸다. 예)‘武·信·公·仁’ 등　　　　　(1,167字=13%)	形	形聲相益 (合體:字)		
	形聲	형부와 성부가 서로 결합하여 형부는 뜻을, 성부는 음을 나타낸다. 예)‘江·河·松·柏’ 등　　　　　(7,697字=82%)	聲			
	轉注	그 작용은 同義異形의 자를 상호 분석하여 능히 歸類케 하는데 있다. 예)‘考·老·但·褐’ 등	繁			用 (用字法)
	假借	그 작용은 음이 같고 뜻이 가까운 자를 빌려 造字의 곤란을 더는 데 있다. 예)‘令·長·難·易’ 등	省			

※ 상기 숫자는 설문해자에 수록된 9,353자를 기준한 것임

♣ 〈說文解字敍〉에 수록된 글자는 총 9,353字로서 자형의 구조에 따라 편방(偏方)에 의하여 540部로 분류해 놓았는데(현재는 214部首로 변경) 이것이 자전(字典) 편집방법의 효시(嚆矢)가 되었다. 위 표에서 보듯이 漢字는 회의자(會意字)와 형성자(形聲字)가 대부분임을 알 수 있으며 이는 합체자(合體字)로서 필요에 따라 새로운 글자가 만들어지고 있음을 알 수 있다.

제3장
部首와 漢字指導의 實際

1. 部首의 理解

가. 部首란

한자(漢字)를 만들고, 만들어진 글자의 훈 음을 자전에서 찾아보기 쉽게 배열한 글자들끼리의 공통되는 부분이다. 이 글자 집단을 부(部)라 하고, 각 부의 글자들에서 서로 공통되는 부분을 부수(部首)라 하고 있다.

이를테면, '日' 部에는 일(日) · 시(時) · 요(曜) · 춘(春) · 성(星) 따위와 같이 '日' 字를 바탕으로 해서 이루어진 글자들을 모으고, '日' 字를 부수로 정하고 있다.

나. 部首의 구실

① 부수는 주로 상형자와 지사자로 되어 있으며, 그 부의 가장 기본이 되는 글자 구실을 한다.

② 글자의 개략적인 뜻을 나타낸다.

이를테면, '氵(水의 변형)'부수인 한자는 물과 관계가 깊음을 나타낸다.

江(강 강), 淸(맑을 청), 深(깊을 심), 海(바다 해), 溪(시내 계), 洗(씻을 세)

③ 자전에서 글자의 음과 뜻을 찾는 데에 활용된다.

다. 部首의 數와 名稱

部首字는 현재 214字이며 변형된 部首를 합하면 대략 250字가 된다. 따라서 부수(部首)의 명칭(名稱)은 관습적인 명칭보다 원래의 음과 뜻을 기억해야 한다. 예를 들어 '宀' 字를 관습적으로 '갓머리'라고 하나, 원래 '움집 면'으로 '宀' 字가 부수인 한자는 '집'과 관련이 있음을 쉽게 알 수 있다.

2. 部首의 位置에 따른 分類

부수는 본래 수많은 한자의 모양을 분석하여 서로 비슷한 부분이 있는 글자들끼리 배열하기 위해 채택한 **基本字**이다. 그런데 부수는 주로 한자의 **生成**에 가장 기본이 되었던 상형자와 지사자로 이루어져 있으며, 이 부수가 해당글자의 개략적인 뜻을 나타내고 있다는 점에 유념할 필요가 있다. 따라서 부수는 한자의 짜임과 매우 밀접한 관계를 지니고 있을 뿐만 아니라, 한자를 익히는 데 있어서 아주 편리한 학습요소가 되기도 한다. 한자의 글자꼴을 살펴보면, 부수는 항상 한글자의 형태 속에서 일정한 위치에 자리하고 있음을 쉽게 알 수 있다. 이 부수의 위치에 따라 크게 구분해 보면 다음과 같이 나뉜다.

가. 邊(변) : 글자의 왼쪽 부분을 차지하는 부수 ('扁(편)'이라고도 함)

예) ① 亻〔人〕(사람 인) → 仁(인)·仙(선)·信(신)
    ② 彳 (자축거릴 척) → 往(왕)·待(대)·得(득)
    ③ 扌〔手〕(손 수) → 持(지)·指(지)·授(수)

◆ 변에 쓰이는 부수 : 冫, 氵, 亻, 彳, 犭, 忄, 阝, 扌, 牛, 王, 歹, 示, 衤, 耒, 言, 足, 食

나. 旁(방) : 글자의 오른쪽 부분을 차지하는 부수

예) ① 攵〔攴〕(칠 복) → 收(수)·改(개)·放(방)
    ② 欠 (하품할 흠) → 次(차)·欲(욕)·歌(가)
    ③ 頁 (머리 혈) → 頂(정)·順(순)·頭(두)

◆ 방에 쓰이는 부수 : 刂, 卜, 卩, 彡, 阝, 攵, 攴, 欠, 殳, 頁

다. 冠(관, 머리) : 글자의 윗부분을 차지하는 부수

예) ① 宀 (움집 면) → 宇(우)·安(안)·家(가)
    ② ++〔艸〕(풀 초) → 花(화)·草(초)·落(락)
    ③ 竹 (대 죽) → 笑(소)·答(답)·筆(필)

◆ 머리에 쓰이는 부수 : 亠, 冖, 宀, 穴, 爪, 艹, 竹, 雨, 耂, 癶, 罓, 虍

라. 脚(각, 발) : 글자의 아래 부분을 차지하는 부수

예) ① 儿 (어진사람 인)   → 元(원)·兄(형)·光(광)
② 灬〔火〕(불 화)   → 烏(오)·無(무)·然(연)
③ 皿 (그릇 명)   → 益(익)·盛(성)·盡(진)

◆ 발에 쓰이는 부수 : 儿, 廾, 灬, 心, 水, 舛, 皿

마. 垂(수, 엄호) : 글자의 위에서 왼쪽으로 늘어진 부분을 동시에 차지하고
있는 부수

예) ① 广 (집 엄)   → 店(점)·度(도)·庭(정)
② 尸 (주검 시)   → 尾(미)·居(거)·屋(옥)
③ 虍 (범 호)   → 虎(호)·虛(허)·處(처)

◆ 엄호에 쓰이는 부수 : 厂, 广, 疒, 尸, 戶, 虍

바. 繞(요, 받침) : 글자의 왼쪽에서 밑 부분을 동시에 차지하고 있는 부수

예) ① 辶 (머뭇거릴 착)   → 近(근)·迎(영)·道(도)
② 走 (달아날 주)   → 起(기)·超(초)·趙(조)
③ 廴 (길게걸을 인)   → 廷(정)·延(연)·建(건)

◆ 받침에 쓰이는 부수 : 辶, 走, 廴

사. 構(구, 몸) : 글자의 둘레를 차지하고 있는 부수

예) ① 囗 (에워쌀 위)   → 國(국)
② 門 (문 문)   → 間(간)
③ 匚 (감출 혜)   → 區(구)
④ 行 (다닐 행)   → 街(가)

◆ 몸으로 쓰이는 부수 : 勹, 冂, 匚, 匸, 囗, 弋, 戈, 气, 行, 門

아. **單獨體**(단독체, 제부수) : 글자 전체가 그대로 부수인 것

 예) ① 山(메 산)·水(물 수)·木(나무 목)
　　　　　② 見(볼 견)·牛(소 우)·月(달 월)
　　　　　③ 日(날 일)·金(쇠 금)·馬(말 마)

◆ 제 부수로 쓰이는 글자

一, 乙, 二, 人, 入, 八, 几, 刀, 十, 又, 口, 土, 士, 夕, 大, 女, 子, 寸, 小,
山, 工, 己, 巾, 干, 弓, 心, 戶, 手, 文, 斗, 斤, 方, 日, 曰, 月, 木, 止, 比,
毛, 氏, 水, 火, 父, 牛, 犬, 玄, 玉, 瓦, 甘, 生, 用, 田, 白, 皮, 目, 矛, 矢,
石, 示, 禾, 穴, 立, 竹, 米, 羊, 耳, 肉, 臣, 自, 至, 舌, 舟, 艮, 色, 血, 行,
衣, 見, 角, 言, 谷, 豆, 貝, 赤, 走, 足, 身, 車, 辛, 辰, 邑, 酉, 里, 金, 長,
阜, 雨, 靑, 非, 面, 革, 音, 風, 飛, 食, 首, 香, 馬, 骨, 高, 鬼, 鳥, 魚, 鹿,
麥, 麻, 黃, 黍, 黑, 鼎, 鼓, 鼠, 鼻, 齊, 齒, 龍, 龜 등

자. 위치가 글자의 상, 하, 좌, 우에 다양하게 쓰이는 부수

예) 口 : 品 , 哀, 告, 呼, 同 등

◆ 다양하게 쓰이는 부수 : 口, 巾 ,月, 禾, 釆, 酉, 聿, 豕, 隹 등

3. 部首와 漢字指導

※ 교육부 선정 한문교육용 기초한자 1,800자 (*표는 고등학교 교육용한자)

❖ 1 획 ❖

가로로 한 획을 그어 '하나'를 나타낸 글자.

예 一日三秋(일일삼추) 一石二鳥(일석이조)

한 **일**

갑골문	금문	소전	예서

한자	훈음	도움말	갑골	금문	소전	예서
丁	장정 **정**	못대가리의 모양을 본뜬 글자.				
七	일곱 **칠**	무엇인가 자르는 모양을 표현한 글자. 뒤에 '일곱'의 뜻으로 쓰임.				
三	석 **삼**	가로로 세 획을 그어 '셋'을 나타낸 글자.				
上	위 **상**	기준선(一) 위에 짧은 획을 더해 '위쪽'을 나타낸 글자.				
下	아래 **하**	기준선(一) 아래에 짧은 획을 더해 '아래쪽'을 나타낸 글자.				
不	아닐 **불/부**	나무뿌리의 모양을 본뜬 글자. 뒤에 '부정사'의 뜻을 가짐.				
丑	소 **축**	손가락을 안으로 굽히고 있는 손의 모양을 본뜬 글자. 뒤에 간지(干支)로 쓰임.				
丙	남녘 **병**	물건의 받침대의 모양을 본뜬 글자. 뒤에 간지(干支)로 쓰임.				
世	세대 **세**	十(열 십) 세 개가 모여, '삼십년', '한 세대'의 뜻을 나타낸 글자.				
且	또 **차**	위패 또는 남성의 상징을 나타낸 글자.				

丈*	어른 **장**	손으로 긴 지팡이를 들고 있는 모습을 나타낸 글자.	手 丈
	예 聘丈(빙장) 氣高萬丈(기고만장)		
丘*	언덕 **구**	언덕(흙 두 더미)의 모양을 본뜬 글자.	山 址 皿 丘
	예 丘陵(구릉) 段丘(단구) 首丘初心(수구초심)		

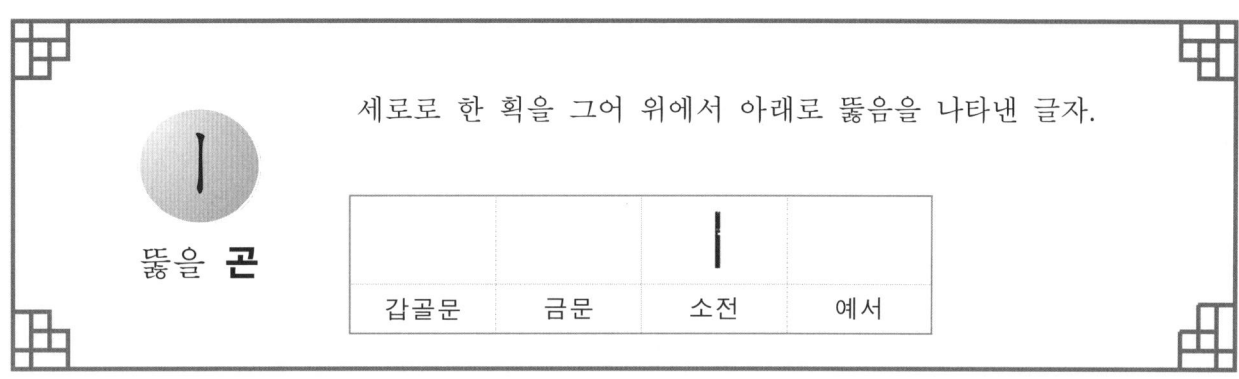

뚫을 **곤**

세로로 한 획을 그어 위에서 아래로 뚫음을 나타낸 글자.

갑골문	금문	소전	예서
		ㅣ	

한자	훈음	도움말	갑골	금문	소전	예서
中	가운데 **중**	사람들이 모인 가운데 세워진 깃발을 표현한 글자.	中 中 中 中			

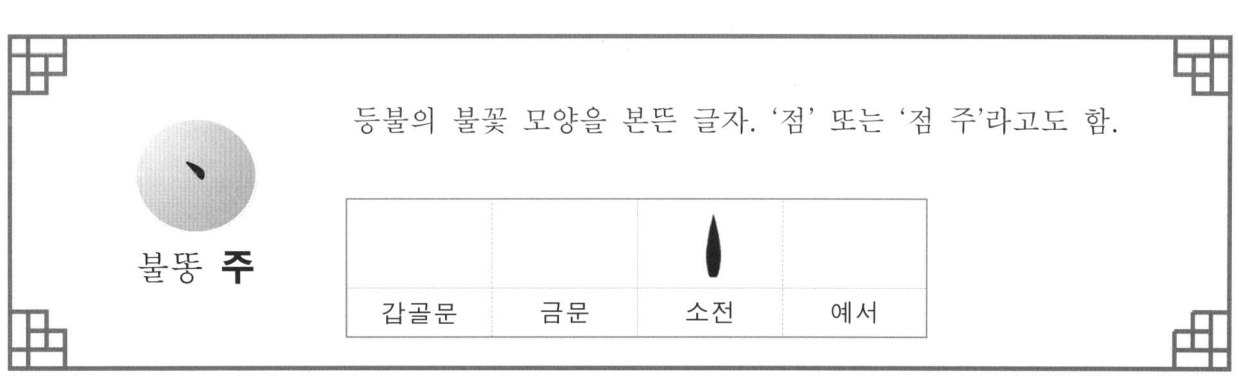

불똥 **주**

등불의 불꽃 모양을 본뜬 글자. '점' 또는 '점 주'라고도 함.

갑골문	금문	소전	예서
		●	

한자	훈음	도움말	갑골	금문	소전	예서
丹	붉을 **단**	채광을 위해 판 갱도 바닥에 나타나는 붉은 빛깔의 광석을 뜻하는 글자.	月 月 月 丹			
主	주인 **주**	촛대 위의 심지에서 불이 타고 있는 모습을 본뜬 글자. 뒤에 '주인'의 뜻을 가짐.	里 主			
丸*	알 **환**	언덕 밑의 사람을 나타내면서 언덕 밑으로 사람이 구르듯 굴려 만든 알을 뜻하는 글자.	丮 丸			
	예 丸藥(환약) 彈丸(탄환) 清心丸(청심환)					

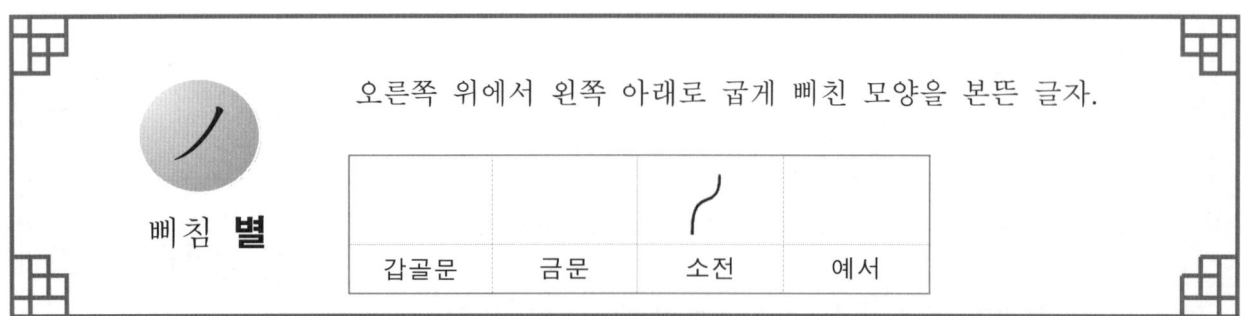

	삐침 **별**			ノ	
		오른쪽 위에서 왼쪽 아래로 굽게 삐친 모양을 본뜬 글자.			
		갑골문	금문	소전	예서

한자	훈음	도움말	갑골	금문	소전	예서
乃	이에 **내**	숨을 제대로 쉬지 못하여 답답한 가슴의 모양을 본뜬 글자로, 말이 술술 이어지지 않기에 '곧', '이에' 등의 말을 넣게 된다는 뜻을 나타낸 글자.	ろ	ろ	ろ	乃
久	오랠 **구**	걷고 있는 두 사람을 뒤에서 잡고 있는 모양을 나타낸 글자.			٦	久
之	갈/어조사 **지**	발(止) 아래 출발선(一)을 넣어 '간다'는 뜻을 나타낸 글자.	坐	坐	坐	之
乎	어조사 **호**	목소리를 길게 뽑아 뜻을 다하는 말을 나타낸 글자.	半	乎	乎	乎
乘	탈 **승**	사람이 두 발로 나무 위에 올라타고 있는 모습을 나타낸 글자.	夾	楝	椉	乘

	乙 (乚) 새 **을**					
		새의 모양을 본뜬 글자로 보는 견해와 초목이 구부러져 돋아나는 모양으로 보는 견해가 있음. 예 乙巳條約(을사조약) 乙支文德(을지문덕)				
		乙	乙	乙	乙	
		갑골문	금문	소전	예서	

한자	훈음	도움말	갑골	금문	소전	예서
九	아홉 **구**	손과 팔뚝의 모양을 본뜬 글자. 뒤에 '아홉'의 뜻을 가짐.	孔	九		九
也	어조사 **야**	뱀의 모양을 본뜬 글자. 뒤에 조사(助詞)로 쓰임.	也			也
乾	하늘 **건**	초목이 구부러져 돋아나는 모양을 나타낸 '乙'과 소리를 나타내는 '倝[해돋을 간]'을 합하여 만든 글자. 뒤에 '하늘'의 뜻을 가짐.			乾	乾
乞*	빌 **걸** 예 求乞(구걸) 乞人(걸인) 乞食(걸식)	구름이 피어오르는 모양을 본뜬 글자. 뒤에 '빌다'는 뜻을 가짐.		三		乞

乳*	젖 **유**	어머니가 아이에게 젖을 먹이는 모습을 나타낸 글자.	甩 朝 乳
		예 牛乳(우유) 母乳(모유) 粉乳(분유)	
亂*	어지러울 **란**	어지럽게 얽힌 실을 실패에 가지런히 감고 있는 모양을 본뜬 글자.	亂 亂
		예 亂舞(난무) 混亂(혼란) 一絲不亂(일사불란)	

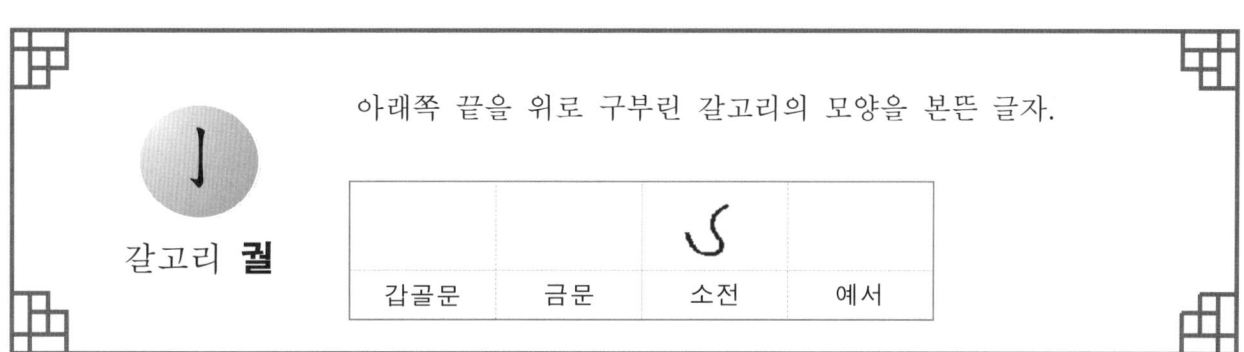

갈고리 **궐**

아래쪽 끝을 위로 구부린 갈고리의 모양을 본뜬 글자.

갑골문	금문	소전	예서
		ノ	

한자	훈음	도움말	갑골	금문	소전	예서
事	일 **사**	장식이 달린 붓을 손에 든 모양을 본떠 기록하는 일을 맡은 '사관(史官)'을 나타낸 글자.	㞢	叀	事	事
了*	마칠 **료**	두 팔을 몸에 붙여 동작이 마쳤음을 나타낸 글자.			孑	了
		예 終了(종료) 完了(완료) 修了(수료)				
予*	나 **여**	베틀에 걸쳐진 날실 사이를 좌우(左右)로 왔다 갔다 하는 북 모양에서 비롯된 글자.			㠯	予
		예				

❖ **2 획** ❖

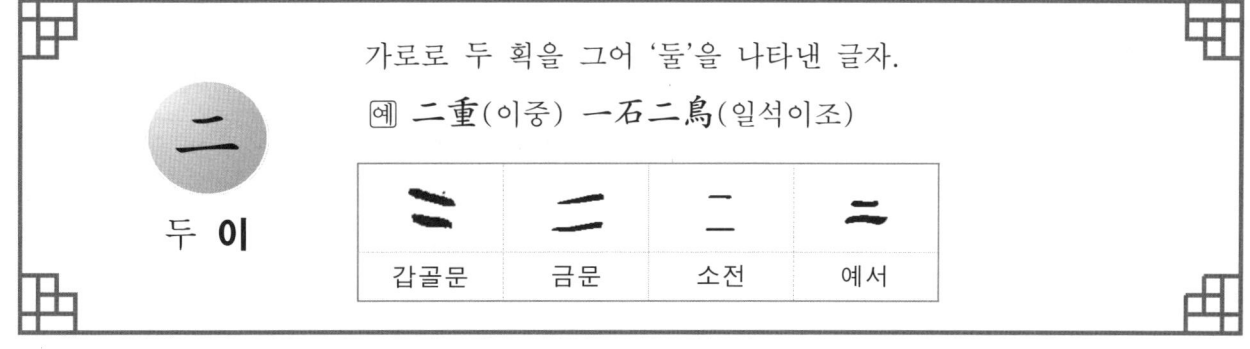

두 **이**

가로로 두 획을 그어 '둘'을 나타낸 글자.

예 二重(이중) 一石二鳥(일석이조)

갑골문	금문	소전	예서
二	二	二	二

한자	훈음	도움말	갑골	금문	소전	예서
于	어조사 **우**	기운이 막혔다 나가는 모양을 나타낸 글자.	亐	亐	亏	亏
五	다섯 **오**	다섯의 뜻을 나타내는 글자.	㐅	㐅	五	
云	이를 **운**	구름의 모양을 본뜬 글자. 뒤에 '말하다'의 뜻을 가짐.	𠃋	云	云	
井	우물 **정**	우물의 모양을 본뜬 글자.	丼	丼	井	井
互*	서로 **호**	실패에 실을 감아놓은 모양을 본뜬 글자. 뒤에 '서로'의 뜻을 가짐.			互	互
	예 **互選**(호선) **相互**(상호)					
亞*	버금 **아**	고대인의 혈거지, 또는 종묘나 분묘의 터를 위에서 내려다 본 모양에서 비롯된 글자.	亞	亞	亞	亞
	예 **亞聖**(아성) **亞流**(아류)					

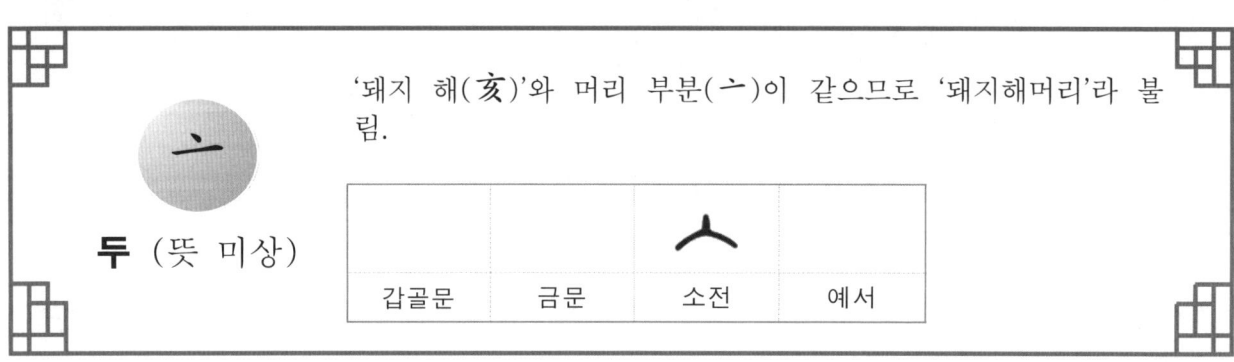

'돼지 해(亥)'와 머리 부분(亠)이 같으므로 '돼지해머리'라 불림.

두 (뜻 미상)

갑골문	금문	소전	예서
		亼	

한자	훈음	도움말	갑골	금문	소전	예서
亡	망할 **망**	사람이 으슥한 곳에 숨어서 보이지 않음을 나타낸 글자.	𠃉	亾	亾	亡
交	사귈 **교**	다리가 엇걸린 사람의 정면 모습을 나타낸 글자.	交	交	交	交
亦	또 **역**	우뚝 선 사람(大)의 두 팔 아래 점을 찍어 '겨드랑이'를 나타낸 글자. 뒤에 '또'의 뜻을 가짐.	亦	亦	亦	亦
亥	돼지 **해**	돼지의 모양을 본뜬 글자. 뒤에 간지(干支)로 쓰임.		亥	亥	亥
京	서울 **경**	높은 누각의 모습을 나타낸 글자. 뒤에 '서울'의 뜻을 가짐.	京	京	京	京

亨*	형통할 **형**	제사 드리는 집을 나타내면서 제사 드려 기원하는 일이 형통하길 바란다는 뜻을 나타낸 글자.	亯 亨
	예 亨通(형통) 萬事亨通(만사형통)	
享*	누릴 **향**	신에게 제사를 드리기 위해 높은 토대 위에 지은 집을 표현한 글자.	亯 享
	예 享年(향년) 享有(향유) 享樂(향락)	
亭*	정자 **정**	높은 건물 모양을 뜻하는 '高'자가 생략된 형태와, 소리를 나타내는 '丁'을 합하여 만든 글자.	亭 亭
	예 亭子(정자)	

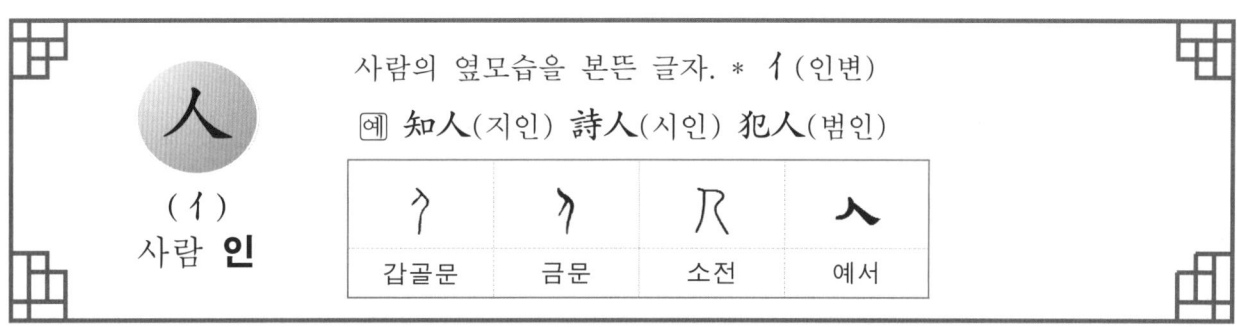

人 (亻)
사람 **인**

사람의 옆모습을 본뜬 글자. * 亻(인변)
예 知人(지인) 詩人(시인) 犯人(범인)

갑골문	금문	소전	예서
𢀓	𢀓	尺	人

한자	훈음	도움말	갑골	금문	소전	예서
今	이제 **금**	거푸집에서 청동기를 만드는 모습을 나타낸 글자. 뒤에 '지금'의 뜻을 가짐.	𠔼	𠔼	今	今
仁	어질 **인**	혼자가 아닌 두(二) 사람(亻)이 서로 사랑하고 친밀하게 지내는 모습을 나타낸 글자.			仁	仁
代	대신할 **대**	사람을 뜻하는 '亻'과 소리를 나타내는 '弋(익)'을 합하여 만든 글자.			代	代
令	하여금 **령**	무릎 꿇은 사람(卩)에게 입(厶)으로 명령하는 모습을 나타낸 글자.	令	令	令	令
仕	벼슬할 **사**	사람을 뜻하는 '亻'과 소리를 나타내는 '士(사)'를 합하여 만든 글자.	仕	仕	仕	仕
仙	신선 **선**	산속(山)에 들어가 도를 닦는 사람(亻)을 나타낸 글자.				仙
以	써 **이**	사람이 연장을 사용하는 모습을 나타낸 글자.	以	以	以	以
他	다를 **타**	사람을 뜻하는 '亻'과 소리를 나타내는 '也(야)'를 합하여 만든 글자.			他	他
伐	칠 **벌**	창(戈)으로 사람(亻)의 목을 치는 모습을 나타낸 글자.	伐	伐	伐	伐

伏	엎드릴 **복**	사람(亻) 옆에 개(犬)가 엎드린 모습을 나타낸 글자.	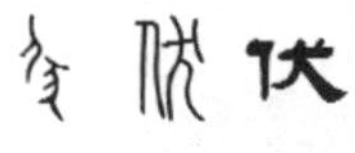
仰	우러를 **앙**	왼쪽에 서 있는 사람을 무릎 꿇은 오른쪽 사람이 우러러 보는 모양(卬)에 사람(亻)을 더한 글자.	
休	쉴 **휴**	사람(亻)이 나무(木) 그늘에서 쉬고 있는 모습을 나타낸 글자.	
但	다만 **단**	사람을 뜻하는 '亻'과 소리를 나타내는 '旦(단)'을 합하여 만든 글자.	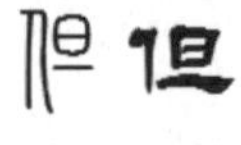
佛	부처 **불**	사람을 뜻하는 '亻'과 소리를 나타내는 '弗(불)'을 합하여 만든 글자.	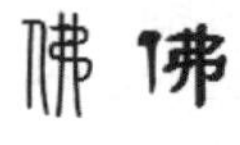
余	나 **여**	지붕과 대들보, 기둥이 있는 간단한 형태의 집의 모양을 나타낸 글자. 뒤에 '나'의 뜻을 가짐.	
位	자리 **위**	옛날 조정에서 신하들이(亻) 품계에 따라 임금 앞에 줄서서(立) 자리하던 모습을 나타낸 글자.	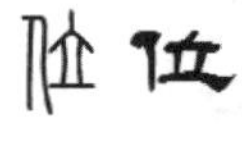
作	지을 **작**	사람을 뜻하는 '亻'과 소리를 나타내는 '乍(사)'를 합하여 만든 글자.	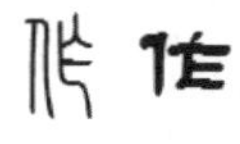
低	낮을 **저**	사람을 뜻하는 '亻'과 소리를 나타내는 '氐(저)'를 합하여 만든 글자.	
住	살 **주**	사람을 뜻하는 '亻'과 소리를 나타내는 '主(주)'를 합하여 만든 글자.	
何	어찌 **하**	사람(亻)이 도끼자루를 지고 있는 모습을 나타낸 글자. 뒤에 '어찌'의 뜻을 가짐.	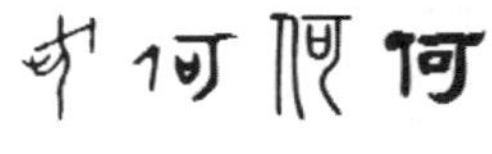
佳	아름다울 **가**	사람을 뜻하는 '亻'과 소리를 나타내는 '圭(규)'를 합하여 만든 글자.	
例	법식 **례**	사람을 뜻하는 '亻'과 소리를 나타내는 '列(렬)'을 합하여 만든 글자.	
使	하여금 **사**	사람을 뜻하는 '亻'과 소리를 나타내는 '吏(리)'를 합하여 만든 글자.	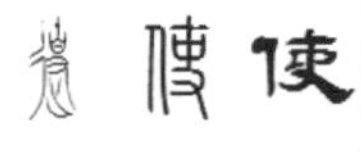
依	의지할 **의**	사람을 뜻하는 '亻'과 소리를 나타내는 '衣(의)'를 합하여 만든 글자.	
來	올 **래**	보리 이삭이 달려있는 모습을 본뜬 글자. 뒤에 '오다'는 뜻을 가짐.	
保	지킬 **보**	아기를 업고 있는 사람의 모습을 본뜬 글자.	
俗	풍속 **속**	사람을 뜻하는 '亻'과 소리를 나타내는 '谷(곡)'을 합하여 만든 글자.	
信	믿을 **신**	사람(亻) 사이의 말(言)은 믿어야 한다는 뜻을 나타낸 글자.	

個	낱개 **개**	사람을 뜻하는 ‘亻’과 소리를 나타내는 ‘固(고)’를 합하여 만든 글자.	個
倫	인륜 **륜**	사람을 뜻하는 ‘亻’과 소리를 나타내는 ‘侖(륜)’을 합하여 만든 글자.	倫 倫
修	닦을 **수**	꾸민다는 뜻의 ‘彡[터럭 삼]’과 소리를 나타내는 ‘攸(유)’를 합하여 만든 글자.	修 修
借	빌릴 **차**	사람을 뜻하는 ‘亻’과 소리를 나타내는 ‘昔(석)’을 합하여 만든 글자.	借 借
假	거짓 **가**	사람을 뜻하는 ‘亻’과 소리를 나타내는 ‘叚(가)’를 합하여 만든 글자.	假 假
偉	클 **위**	사람을 뜻하는 ‘亻’과 소리를 나타내는 ‘韋(위)’를 합하여 만든 글자.	偉 偉
停	머무를 **정**	사람을 뜻하는 ‘亻’과 소리를 나타내는 ‘亭(정)’을 합하여 만든 글자.	停 停
便	편할 **편** 똥오줌 **변**	사람(亻)은 불편한 것을 고쳐서(更) ‘편리하게 만든다’는 뜻을 나타낸 글자.	便 便
備	갖출 **비**	사람을 뜻하는 ‘亻’과 소리를 나타내는 ‘葡(비)’를 합하여 만든 글자.	備 備 備
傷	상할 **상**	사람을 뜻하는 ‘亻’과 소리를 나타내는 ‘募(상)’을 합하여 만든 글자.	傷 傷
傳	전할 **전**	사람을 뜻하는 ‘亻’과 소리를 나타내는 ‘專(전)’을 합하여 만든 글자.	傳 傳 傳 傳
價	값 **가**	사람을 뜻하는 ‘亻’과 소리를 나타내는 ‘賈(가)’를 합하여 만든 글자.	價 價
億	억 **억**	사람을 뜻하는 ‘亻’과 소리를 나타내는 ‘意(익)’를 합하여 만든 글자.	億 億
介*	끼일 **개**	사람이 몸에 무언가 끼고 있는 모양에서 비롯된 글자.	介 介 介
	예 介入(개입) 媒介(매개) 介在(개재)	
付*	부칠 **부**	사람(亻)을 대하고 무언가 손(寸)으로 준다는 뜻을 나타낸 글자.	付 付 付
	예 結付(결부) 當付(당부) 納付(납부) 發付(발부)	
件*	사건 **건**	사람(亻)이 소(牛)를 분해하는 일을 나타낸 글자. 뒤에 ‘물건’의 뜻을 가짐.	件 件
	예 條件(조건) 物件(물건) 要件(요건)	
企*	꾀할 **기**	사람이 발돋움을 꾀하는 글자. ‘止(지)’는 소리를 나타냄.	企 企 企 企
	예 企業(기업) 企劃(기획)	

任*	맡길 **임**	사람을 뜻하는 '亻'과 소리를 나타내는 '壬(임)'을 합하여 만든 글자.	紅 紅 任 任
	예 任員(임원) 任用(임용) 任務(임무)		
仲*	버금 **중**	사람을 뜻하는 '亻'과 소리를 나타내는 '中(중)'을 합하여 만든 글자.	𠆲 仲
	예 仲裁(중재) 仲秋節(중추절) 伯仲(백중)		
伴*	짝 **반**	사람을 뜻하는 '亻'과 소리를 나타내는 '半(반)'을 합하여 만든 글자.	𢔕 伴
	예 隨伴(수반) 同伴(동반) 伴奏(반주)		
伯*	맏 **백**	사람을 뜻하는 '亻'과 소리를 나타내는 '白(백)'을 합하여 만든 글자.	伯 伯
	예 伯父(백부) 叔伯(숙백) 伯仲之勢(백중지세)		
似*	같을 **사**	사람을 뜻하는 '亻'과 소리를 나타내는 '以(이)'를 합하여 만든 글자.	𠂤 似 似
	예 類似(유사) 近似(근사) 似而非(사이비)		
伸*	펼 **신**	사람을 뜻하는 '亻'과 소리를 나타내는 '申(신)'을 합하여 만든 글자.	𠆢 伸
	예 伸張(신장) 伸縮(신축)		
佐*	도울 **좌**	사람을 뜻하는 '亻'과 소리를 나타내는 '左(좌)'를 합하여 만든 글자.	佐
	예 佐郎(좌랑) 補佐(보좌)		
供*	이바지할 **공**	사람을 뜻하는 '亻'과 소리를 나타내는 '共(공)'을 합하여 만든 글자.	供 供
	예 供覽(공람) 供給(공급) 提供(제공)		
侍*	모실 **시**	사람을 뜻하는 '亻'과 소리를 나타내는 '寺(사)'를 합하여 만든 글자.	侍 侍
	예 侍衛(시위) 內侍(내시) 侍女(시녀)		
係*	맬 **계**	사람을 뜻하는 '亻'과 소리를 나타내는 '系(계)'를 합하여 만든 글자.	𢔽 𢕅 係 係
	예 關係(관계)		
侮*	업신여길 **모**	사람을 뜻하는 '亻'과 소리를 나타내는 '每(매)'를 합하여 만든 글자.	侮 侮
	예 侮辱(모욕) 受侮(수모)		

俊*	준걸 **준**	사람을 뜻하는 ‘亻’과 소리를 나타내는 ‘夋(준)’을 합하여 만든 글자.	
	예 **俊傑**(준걸) **俊秀**(준수)		
促*	재촉할 **촉**	사람을 뜻하는 ‘亻’과 소리를 나타내는 ‘足(족)’을 합하여 만든 글자.	
	예 **促求**(촉구) **促迫**(촉박) **促進**(촉진)		
侵*	침노할 **침**	사람을 뜻하는 ‘亻’과 소리를 나타내는 ‘𠬶(침)’ 합하여 만든 글자.	
	예 **侵攻**(침공) **侵略**(침략) **侵害**(침해)		
侯*	제후 **후**	화살이 과녁을 맞힌 모양에서 비롯된 글자. 고대(古代)에 활을 쏘아 과녁에 적중시키는 사람을 제후로 뽑았던 데서 ‘제후’의 뜻으로 쓰인 글자.	
	예 **諸侯**(제후) **侯爵**(후작) **列侯**(열후)		
俱*	함께 **구**	사람을 뜻하는 ‘亻’과 소리를 나타내는 ‘具(구)’를 합하여 만든 글자.	
	예 **俱存**(구존)		
倒*	넘어질 **도**	사람을 뜻하는 ‘亻’과 소리를 나타내는 ‘到(도)’를 합하여 만든 글자.	
	예 **倒置**(도치) **卒倒**(졸도) **打倒**(타도)		
倣*	본받을 **방**	사람을 뜻하는 ‘亻’과 소리를 나타내는 ‘放(방)’을 합하여 만든 글자.	
	예 **模倣**(모방)		
倍*	갑절 **배**	사람을 뜻하는 ‘亻’과 소리를 나타내는 ‘咅(부)’를 합하여 만든 글자.	
	예 **倍加**(배가) **倍數**(배수) **倍率**(배율)		
倉*	곳집 **창**	곡식을 저장하는 한 짝의 문이 달린 곳집을 간단한 형태로 표현한 글자.	
	예 **倉庫**(창고) **穀倉**(곡창) **營倉**(영창)		
値*	값 **치**	사람을 뜻하는 ‘亻’과 소리를 나타내는 ‘直(직)’을 합하여 만든 글자.	
	예 **價値**(가치) **數値**(수치) **基準値**(기준치)		
候*	기후 **후**	사람(亻)이 화살(矢)을 과녁(厂)에 쏘는 것을 지켜본다는 데에서 기후를 잘 살핀다는 뜻을 나타낸 글자.	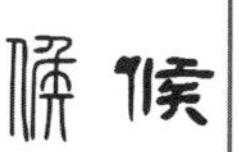
	예 **氣候**(기후) **症候**(증후) **候補**(후보)		

健*	건강할 **건**	사람을 뜻하는 '亻'과 소리를 나타내는 '建(건)'을 합하여 만든 글자.		健 健
	예 健康(건강) 保健(보건) 健全(건전)			
偶*	짝 **우**	사람을 뜻하는 '亻'과 소리를 나타내는 '禺(우)'를 합하여 만든 글자.		偶 偶
	예 偶像(우상) 偶然(우연) 對偶(대우)			
側*	곁 **측**	사람을 뜻하는 '亻'과 소리를 나타내는 '則(칙)'을 합하여 만든 글자.		側 側 側
	예 側近(측근) 側面(측면) 兩側(양측)			
偏*	치우칠 **편**	사람을 뜻하는 '亻'과 소리를 나타내는 '扁(편)'을 합하여 만든 글자.		偏 偏
	예 偏見(편견) 偏執(편집) 偏重(편중) 偏西風(편서풍)			
傑*	뛰어날 **걸**	사람을 뜻하는 '亻'과 소리를 나타내는 '桀(걸)'을 합하여 만든 글자.		傑 傑
	예 傑出(걸출) 傑作(걸작) 豪傑(호걸)			
傍*	곁 **방**	사람을 뜻하는 '亻'과 소리를 나타내는 '旁(방)'을 합하여 만든 글자.		傍 傍
	예 傍聽(방청) 傍觀(방관) 傍若無人(방약무인)			
傾*	기울 **경**	사람을 뜻하는 '亻'과 소리를 나타내는 '頃(경)'을 합하여 만든 글자.		傾 傾
	예 傾向(경향) 傾聽(경청) 傾國之色(경국지색)			
僅*	겨우 **근**	사람을 뜻하는 '亻'과 소리를 나타내는 '菫(근)'을 합하여 만든 글자.		僅 僅
	예 僅少(근소) 僅僅(근근)			
傲*	거만할 **오**	사람을 뜻하는 '亻'과 소리를 나타내는 '敖(오)'를 합하여 만든 글자.		傲 傲
	예 傲慢(오만) 傲氣(오기) 傲霜孤節(오상고절)			
債*	빚 **채**	사람을 뜻하는 '亻'과 소리를 나타내는 '責(책)'을 합하여 만든 글자.		債 債
	예 債券(채권) 債務(채무) 國債(국채)			
催*	재촉할 **최**	사람을 뜻하는 '亻'과 소리를 나타내는 '崔(최)'를 합하여 만든 글자.		催 催
	예 催促(최촉) 開催(개최) 主催(주최)			
僚*	동료 **료**	사람을 뜻하는 '亻'과 소리를 나타내는 '寮(료)'를 합하여 만든 글자.		僚 僚
	예 官僚(관료) 同僚(동료) 閣僚(각료)			

像*	형상 **상**	사람을 뜻하는 '亻'과 소리를 나타내는 '象(상)'을 합하여 만든 글자.	像 像
	예 想像(상상) 胸像(흉상) 佛像(불상)		
僧*	중 **승**	사람을 뜻하는 '亻'과 소리를 나타내는 '曾(증)'을 합하여 만든 글자.	僧 僧
	예 僧舞(승무)		
僞*	거짓 **위**	사람을 뜻하는 '亻'과 소리를 나타내는 '爲(위)'를 합하여 만든 글자.	僞 僞
	예 僞裝(위장) 僞造(위조) 僞善(위선) 虛僞(허위)		
儉*	검소할 **검**	사람을 뜻하는 '亻'과 소리를 나타내는 '僉(첨)'을 합하여 만든 글자.	儉 儉
	예 儉素(검소) 儉約(검약) 勤儉(근검)		
儀*	거동 **의**	사람을 뜻하는 '亻'과 소리를 나타내는 '義(의)'를 합하여 만든 글자.	儀 儀
	예 儀式(의식) 儀禮(의례) 儀軌(의궤)		
儒*	선비 **유**	사람을 뜻하는 '亻'과 소리를 나타내는 '需(수)'를 합하여 만든 글자.	儒 儒
	예 儒林(유림) 儒敎(유교) 儒學(유학)		
償*	갚을 **상**	사람을 뜻하는 '亻'과 소리를 나타내는 '賞(상)'을 합하여 만든 글자.	償 償
	예 償還(상환) 報償(보상) 減價償却(감가상각)		
優*	넉넉할 **우**	사람을 뜻하는 '亻'과 소리를 나타내는 '憂(우)'를 합하여 만든 글자.	優 優
	예 優秀(우수) 優先(우선) 優柔不斷(우유부단)		

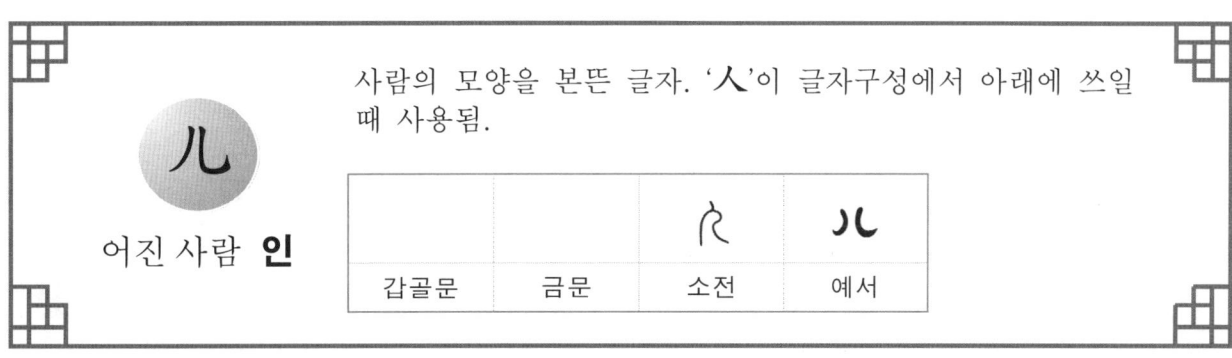

儿
어진 사람 **인**

사람의 모양을 본뜬 글자. '人'이 글자구성에서 아래에 쓰일 때 사용됨.

갑골문	금문	소전	예서
		儿	儿

한자	훈음	도움말	갑골	금문	소전	예서
元	으뜸 **원**	서있는 사람(儿)의 머리를 강조한 모습을 나타낸 글자.	兀	兀	兀	元

한자	훈음	도움말				
兄	맏 **형**	사람(儿)이 입(口)을 벌리고 신에게 무언가 비는 모습을 나타낸 글자. 뒤에 '맏이'의 뜻을 가짐.				
充	채울 **충**	'子'를 거꾸로 표현한 글자와 '儿'자를 더한 글자. 아이를 잘 길러 성장하게 한다는 뜻을 가짐.				
光	빛 **광**	머리 위에 불(火)을 비추고 있는 사람(儿)의 모습을 나타낸 글자.				
先	먼저 **선**	발(止)이 사람(儿) 앞에 먼저 나와 있는 모습을 나타낸 글자.				
兆	조 **조**	점을 치기 위해 거북의 껍데기를 불로 지질 때 생긴 갈라진 무늬를 본뜬 글자.				
免	면할 **면**	투구를 쓰고 서있는 사람의 모습을 본뜬 글자. 투구가 죽음을 면하게 하므로 '면하다'는 뜻을 나타낸 글자.				
兒	아이 **아**	머리에 숨구멍이 굳지 않은 갓난아이의 모습을 나타낸 글자.				
克*	이길 **극**	무거운 갑옷이나 어깨에 멘 무거운 짐 때문에 다리가 구부정하게 되어 있는 모양을 나타낸 글자.				
		예 克服(극복) 克明(극명) 克己復禮(극기복례)				

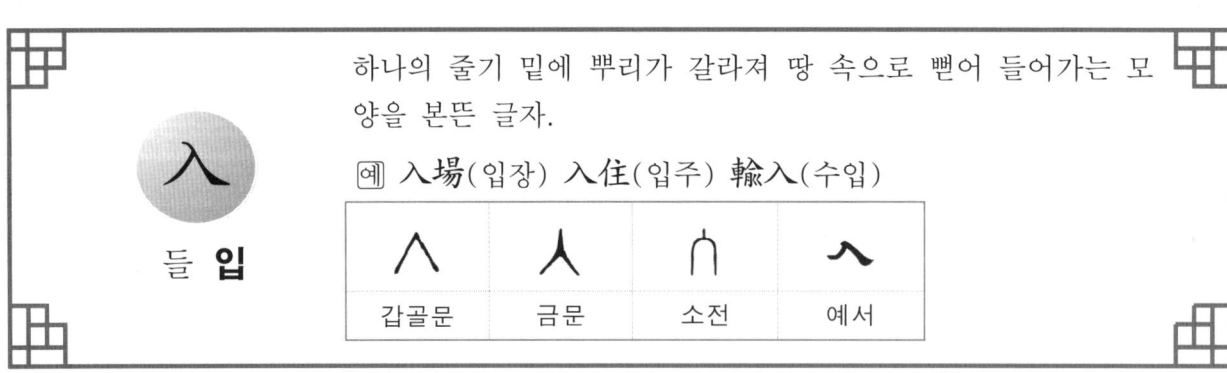

하나의 줄기 밑에 뿌리가 갈라져 땅 속으로 뻗어 들어가는 모양을 본뜬 글자.

예 入場(입장) 入住(입주) 輸入(수입)

갑골문	금문	소전	예서
入	人	∩	入

들 **입**

한자	훈음	도움말	갑골	금문	소전	예서
內	안 **내**	멀다는 뜻의 '冂'과 들어간다는 뜻의 '入'을 더하여 들어가는 곳이 안이라는 것을 표현한 글자.				
全	온전할 **전**	거푸집이 온전하게 닫혀 있는 모양을 본뜬 글자.				
兩	두 **량**	저울에 두 개의 추가 나란히 매달려 있는 모양을 본뜬 글자.				

八
(ハ , ソ)
여덟 **팔**

사물이 둘로 나누어진 모양을 본뜬 글자. 뒤에 '여덟'의 뜻을 가짐.

例 八道(팔도) 八字(팔자) 八方美人(팔방미인)

八	八	八	八
갑골문	금문	소전	예서

한자	훈음	도움말	갑골	금문	소전	예서
公	공변될 **공**	물건(厶)을 공평하게 나눔(八)을 나타낸 글자.	凸	呂	씄	公
六	여섯 **륙**	땅위에 지어진 집 모양을 본뜬 글자. 뒤에 '여섯'의 뜻을 가짐.	介	央	六	
共	함께 **공**	물건을 두 손으로 들고 있는 모양을 본뜬 글자.	𦥑	苗	共	
兵	군사 **병**	병사가 두 손에 무기(斤)를 들고 있는 모습을 나타낸 글자.	𠨷	𠩺	쿪	兵
其	그 **기**	곡식의 알곡과 쭉정이를 골라내는 데 쓰이는 키의 모양을 본뜬 글자. 뒤에 '지시대명사'로 쓰임.	𠬞	𠬞	𠔥	其
典	법 **전**	책을 두 손으로 들고 있는 모습을 나타낸 글자.	𤲋	𤲋	兴	典
兮*	어조사 **혜**	잠시 말을 멈추었다 다시 어세를 높이는 어조사로 쓰이게 된 글자.	𠔃	𠔃	𠔃	兮
	例					
具*	갖출 **구**	두 손으로 제기인 솥(鼎)을 갖춰 들고 있는 모습을 나타낸 글자.		𪔂	𪔂	具
	例 具現(구현) 具體(구체) 具備(구비)					
兼*	겸할 **겸**	두 포기의 벼(禾)를 겸하여 손(又)에 쥐고 있는 모습을 표현한 글자.		秉	秉	兼
	例 兼備(겸비) 兼任(겸임) 兼床(겸상)					

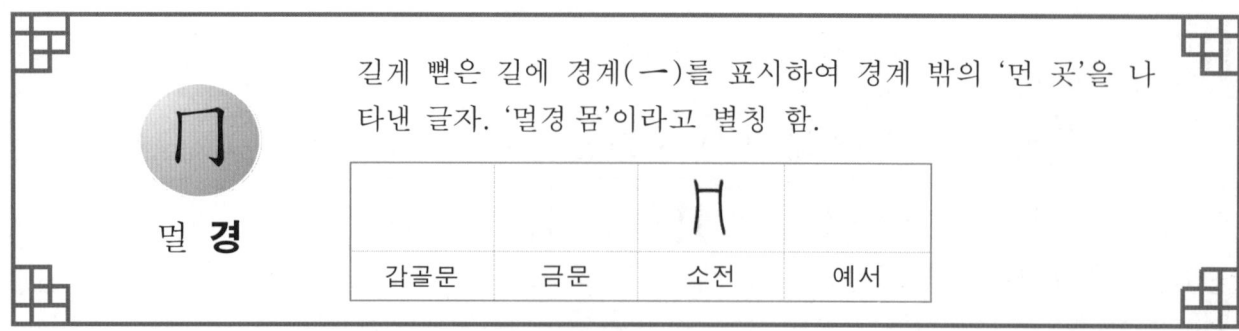

멀 **경**

길게 뻗은 길에 경계(一)를 표시하여 경계 밖의 '먼 곳'을 나타낸 글자. '멀경 몸'이라고 별칭 함.

		冂	
갑골문	금문	소전	예서

한자	훈음	도움말	갑골	금문	소전	예서
冊	책 **책**	대쪽에 글을 써서 가죽 끈으로 엮어 맨 책의 모양을 본뜬 글자.	冊	冊	冊	冊
再	두 **재**	쌓아 놓은 목재 위에 거듭 하나(一)를 더 얹는 모습을 나타낸 글자.		再	再	再
冒*	무릅쓸 **모**	눈(目) 위를 두건(冃)으로 가린 모양을 나타낸 글자.		冒	冒	冒
		예 冒險(모험) 冒頭(모두)				

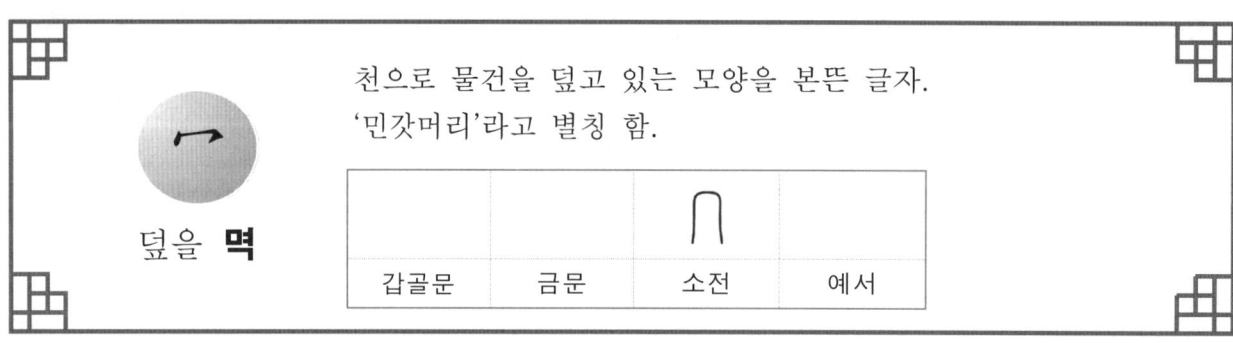

덮을 **멱**

천으로 물건을 덮고 있는 모양을 본뜬 글자. '민갓머리'라고 별칭 함.

		冖	
갑골문	금문	소전	예서

한자	훈음	도움말	갑골	금문	소전	예서
冠*	갓 **관**	덮음을 뜻하는 '冖'과 소리를 나타내는 '元(완)'을 합하여 만든 글자.			冠	冠
		예 冠禮(관례) 弱冠(약관) 冠婚喪祭(관혼상제)				
冥*	어두울 **명**	산모의 다리(冖)와 아기의 머리(日)와 산파의 두 손(六)을 나타낸 글자. 아이 낳는 방이 어둡다는 데서 '어둡다'는 뜻을 가짐.		冥	冥	冥
		예 冥福(명복) 冥想(명상)				

冫 얼음 **빙**

얼음의 무늬 모양을 본뜬 글자. '이 수 변'이라고도 별칭 함.

갑골문	금문	소전	예서

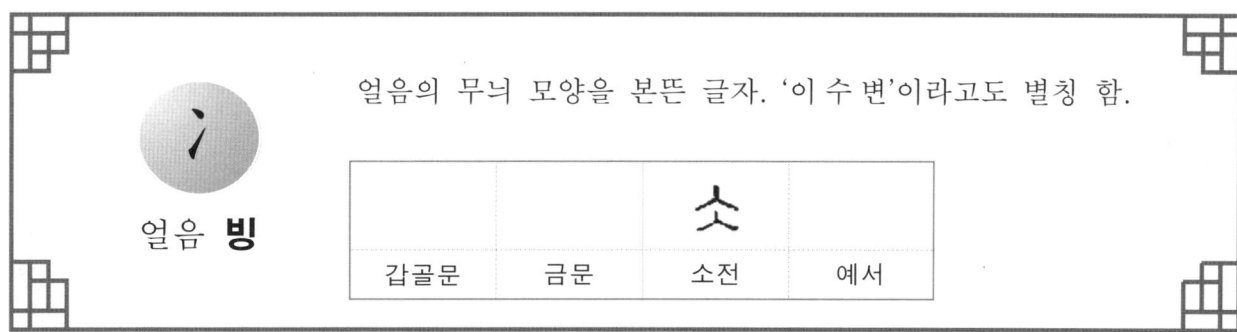

한자	훈음	도움말	갑골 금문 소전 예서
冬	겨울 **동**	얼음(冫)이 어는 '겨울'을 나타낸 글자.	
冷	찰 **랭**	얼음을 뜻하는 '冫'과 소리를 나타내는 '令(령)'을 합하여 만든 글자.	
凍*	얼 **동**	얼음을 뜻하는 '冫'과 소리를 나타내는 '東(동)'을 합하여 만든 글자. 예 凍結(동결) 凍傷(동상) 凍破(동파)	
凝*	엉길 **응**	얼음을 뜻하는 '冫'과 소리를 나타내는 '疑(의)'를 합하여 만든 글자. 예 凝視(응시) 凝結(응결) 凝固(응고)	

几 안석 **궤**

앉아서 몸을 기대는 안석의 모양을 본뜬 글자.

갑골문	금문	소전	예서

한자	훈음	도움말	갑골 금문 소전 예서
凡	무릇 **범**	돛 또는 그릇의 모양을 본뜬 글자.	

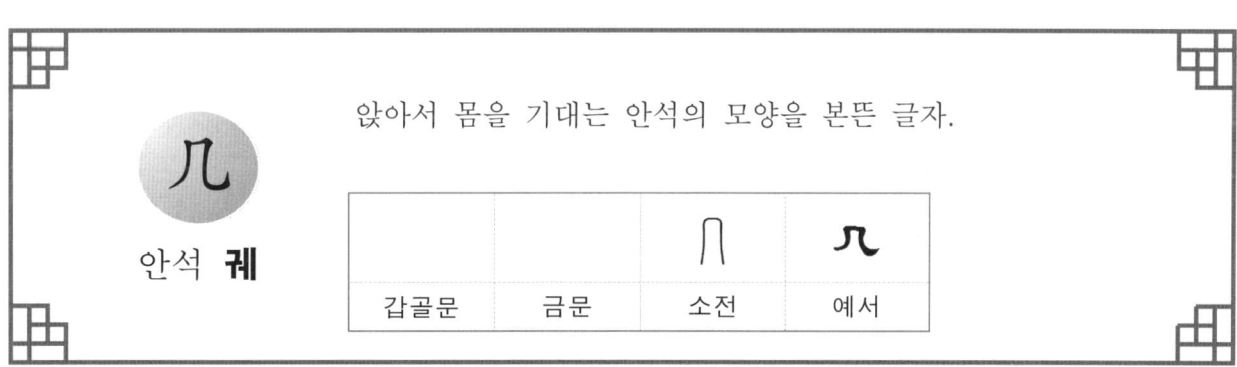

위로 입을 벌리고 있는 구덩이의 모양을 본뜬 글자.
'위 튼 입구 몸'이라고도 별칭 함.

입 벌릴 **감**

	갑골문	금문	소전	예서
			U	

한자	훈음	도움말	갑골	금문	소전	예서
凶	흉할 **흉**	사람이 함정(凵)에 빠진 (乂) 모습을 나타낸 글자.			凶	凶
出	날 **출**	사는 곳(凵)으로부터 발(止)이 벗어나는 모습을 나타낸 글자.	出	出	出	出

칼의 모양을 본뜬 글자. *刂(선칼도방)

예 面刀(면도) 短刀(단도) 銀粧刀(은장도)

칼 **도**
(刂)

	갑골문	금문	소전	예서
				刀

한자	훈음	도움말	갑골	금문	소전	예서
分	나눌 **분**	칼(刀)로 쪼갠다(八)하여 '나누다'는 뜻을 표현한 글자.	分	分	分	分
列	벌일 **렬**	칼(刂)로 뼈(歹)를 발라내어 '벌여놓는다'는 뜻을 나타낸 글자.			列	列
刑	형벌 **형**	칼을 뜻하는 '刂'와 소리를 나타내는 '幵←井(정)'을 합하여 만든 글자.			刑	刑
利	이로울 **리**	벼(禾)를 베는(刂) 모습을 나타낸 글자.	利	利	利	利
別	다를 **별**	칼(刂)로 뼈를 발라내는(另) 모습을 나타낸 글자.			別	別
初	처음 **초**	옷(衣)을 만들 때 칼(刀)로 옷감을 재단하는 일이 맨 처음임을 나타낸 글자.	初	初	初	初
判	판단할 **판**	칼을 뜻하는 '刂'와 소리를 나타내는 '半(반)'을 합하여 만든 글자.			判	判

到	이를 **도**	이른다는 뜻의 '至'와 소리를 나타내는 '刂(도)'를 합하여 만든 글자.	𝕬𝕥 到
前	앞 **전**	종묘에 들어가기에 앞서 대야(月)에 발(止)을 담가 깨끗이 씻는 모습을 나타낸 글자.	肖 肖 歬
則	법칙 **칙** 곧 **즉**	칼(刂)로 솥(貝←鼎)에 글자를 새기는 모습을 나타낸 글자. 뒤에 '법칙'의 뜻을 가짐.	影 影 則
切*	끊을 **절** 온통 **체**	칼을 뜻하는 '刀'와 소리를 나타내는 '七(칠)'을 합하여 만든 글자.	切 切
	예 切實(절실) 一切(일절/일체) 適切(적절)		
刊*	책 펴낼 **간**	칼을 뜻하는 '刂'와 소리를 나타내는 '干(간)'을 합하여 만든 글자.	㸲 刊
	예 刊行(간행) 發刊(발간) 停刊(정간)		
刻*	새길 **각**	칼을 뜻하는 '刂'와 소리를 나타내는 '亥(해)'를 합하여 만든 글자.	𫘝 刻
	예 刻薄(각박) 刻印(각인) 刻骨難忘(각골난망)		
券*	문서 **권**	칼을 뜻하는 '刀'와 소리를 나타내는 '夬(권)'을 합하여 만든 글자.	𧰼 券
	예 旅券(여권) 證券(증권) 福券(복권)		
刷*	인쇄할 **쇄**	칼을 뜻하는 '刂'와 소리를 나타내는 '屌(설)'을 합하여 만든 글자.	刷 刷
	예 刷新(쇄신) 印刷(인쇄)		
刺*	찌를 **자**	칼을 뜻하는 '刂'와 소리를 나타내는 '朿(자)'를 합하여 만든 글자.	𣏳 刺
	예 刺客(자객)		
制*	마를 **제**	나무를 칼(刂)로 자르는 모습을 나타낸 글자.	𣎴 𣐾 制
	예 制度(제도) 制限(제한) 制約(제약)		
削*	깎을 **삭**	칼을 뜻하는 '刂'와 소리를 나타내는 '肖(초)'를 합하여 만든 글자.	𡶒 削
	예 削減(삭감) 削除(삭제) 削髮(삭발)		
剛*	굳셀 **강**	칼을 뜻하는 '刂'와 소리를 나타내는 '岡(강)'을 합하여 만든 글자.	𠛬 𠛬 𠛬 剛
	예 剛直(강직) 金剛山(금강산) 外柔內剛(외유내강)		
副*	버금 **부**	칼을 뜻하는 '刂'와 소리를 나타내는 '畐(복)'을 합하여 만든 글자.	𠚽 副
	예 副業(부업) 副作用(부작용) 副敎材(부교재)		

創*	비롯할 **창**	칼을 뜻하는 '刂'와 소리를 나타내는 '倉(창)'을 합하여 만든 글자.	刱 創
	예 創造(창조) 創作(창작) 創意的(창의적)		
割*	벨 **할**	칼(刂)을 이용해 나눈다는 뜻과 소리를 나타내는 '害(해)'를 합하여 만든 글자.	害 割 割
	예 割愛(할애) 割增(할증) 群雄割據(군웅할거)		
劃*	그을 **획**	칼을 뜻하는 '刂'와 소리를 나타내는 '畫(화)'를 합하여 만든 글자.	劃 劃
	예 計劃(계획) 劃策(획책) 劃期的(획기적)		
劍*	칼 **검**	칼을 뜻하는 '刂'와 소리를 나타내는 '僉(첨)'을 합하여 만든 글자.	劍 劍
	예 劍術(검술) 劍客(검객) 劍道(검도)		
劇*	심할 **극**	칼을 뜻하는 '刂'와 소리를 나타내는 '豦(거)'를 합하여 만든 글자.	劇 劇
	예 演劇(연극) 悲劇(비극) 劇場(극장) 劇的(극적)		

力

힘 **력**

쟁기의 모양을 본뜬 글자.

예 能力(능력) 實力(실력) 餘力(여력)

乀	⅃	劧	力
갑골문	금문	소전	예서

한자	훈음	도움말	갑골	금문	소전	예서
加	더할 **가**	가래질(力)을 하는 사람에게 더 힘내라고 소리치는(口) 모습을 나타낸 글자.		台	舶	加
功	공 **공**	힘을 뜻하는 '力'과 소리를 나타내는 '工(공)'을 합하여 만든 글자.			玏	功
助	도울 **조**	힘을 뜻하는 '力'과 소리를 나타내는 '且(차)'를 합하여 만든 글자.			助	助
勉	힘쓸 **면**	힘을 뜻하는 '力'과 소리를 나타내는 '免(면)'을 합하여 만든 글자.			勉	勉
勞	수고로울 **로**	불(火)을 밝게 켜놓고 일하는 수고로움을 나타낸 글자.			勞	勞
勇	날랠 **용**	힘을 뜻하는 '力'과 소리를 나타내는 '甬(용)'을 합하여 만든 글자.			勇	勇

動	움직일 **동**	힘을 뜻하는 '力'과 소리를 나타내는 '重(중)'을 합하여 만든 글자.	動
務	힘쓸 **무**	힘을 뜻하는 '力'과 소리를 나타내는 '敄(무)'를 합하여 만든 글자.	務
勝	이길 **승**	힘을 뜻하는 '力'과 소리를 나타내는 '朕(짐)'을 합하여 만든 글자.	勝
勤	부지런할 **근**	힘을 뜻하는 '力'과 소리를 나타내는 '堇(근)'을 합하여 만든 글자.	勤
勢	권세 **세**	힘을 뜻하는 '力'과 소리를 나타내는 '執(예)'를 합하여 만든 글자.	勢
勸	권할 **권**	힘을 뜻하는 '力'과 소리를 나타내는 '雚(관)'을 합하여 만든 글자.	勸
劣*	못할 **렬**	힘(力)이 적다(少)는 데서 남보다 '못하다'는 뜻을 나타내는 글자. 예 優劣(우열) 拙劣(졸렬) 劣等(열등) 庸劣(용렬)	劣
努*	힘쓸 **노**	힘을 뜻하는 '力'과 소리를 나타내는 '奴(노)'를 합하여 만든 글자. 예 努力(노력)	努
募*	모을 **모**	힘을 뜻하는 '力'과 소리를 나타내는 '莫(막)'을 합하여 만든 글자. 예 募兵(모병) 募集(모집) 應募(응모)	募
勵*	힘쓸 **려**	힘을 뜻하는 '力'과 소리를 나타내는 '厲(려)'를 합하여 만든 글자. 예 勉勵(면려) 激勵(격려) 督勵(독려)	勵

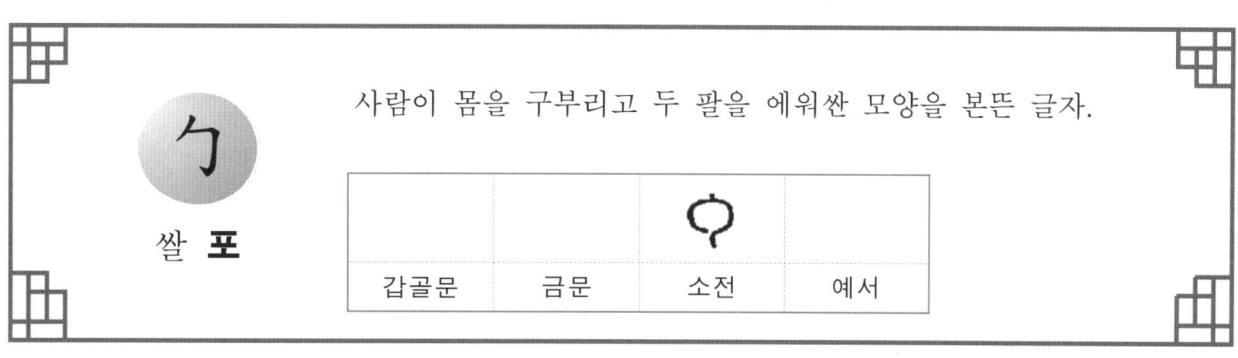

勹
쌀 **포**

사람이 몸을 구부리고 두 팔을 에워싼 모양을 본뜬 글자.

		ϙ	
갑골문	금문	소전	예서

한자	훈음	도움말	갑골	금문	소전	예서
勿	말 **물**	깃발의 모양을 본뜬 글자. 뒤에 '금지사'로 쓰임.				

包*	쌀 **포**	뱃속에 아이가 있는 모습을 나타낸 글자.	
	예 包含(포함) 包容力(포용력) 內包(내포)		

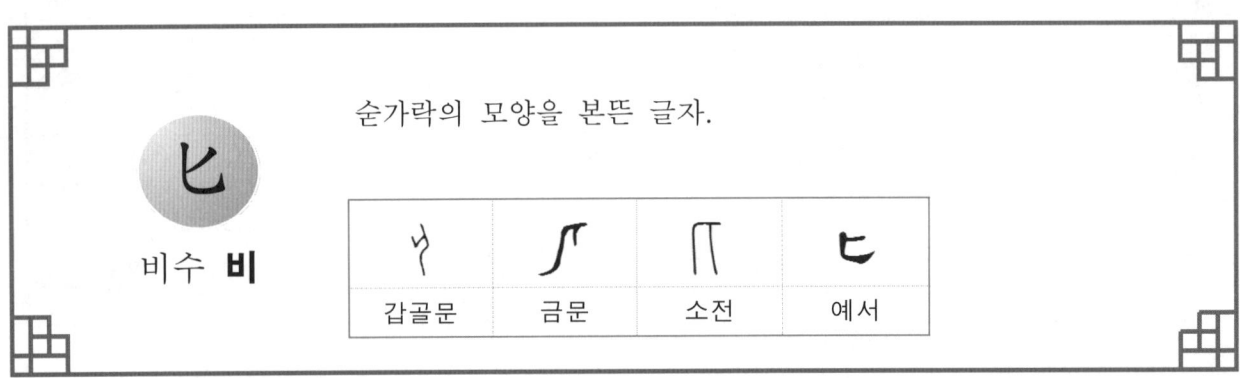

順가락의 모양을 본뜬 글자.

비수 **비**

| | 갑골문 | 금문 | 소전 | 예서 |

한자	훈음	도움말	갑골	금문	소전	예서
北	북녘 **북** 달아날 **배**	두 사람이 등지고 서있는 모습을 나타낸 글자. 뒤에 '북쪽'의 뜻을 가짐.				
化	될 **화**	똑바로 있는 사람(人)과 거꾸로 있는 사람(匕)의 모습으로 변화하다는 뜻을 표현한 글자.				

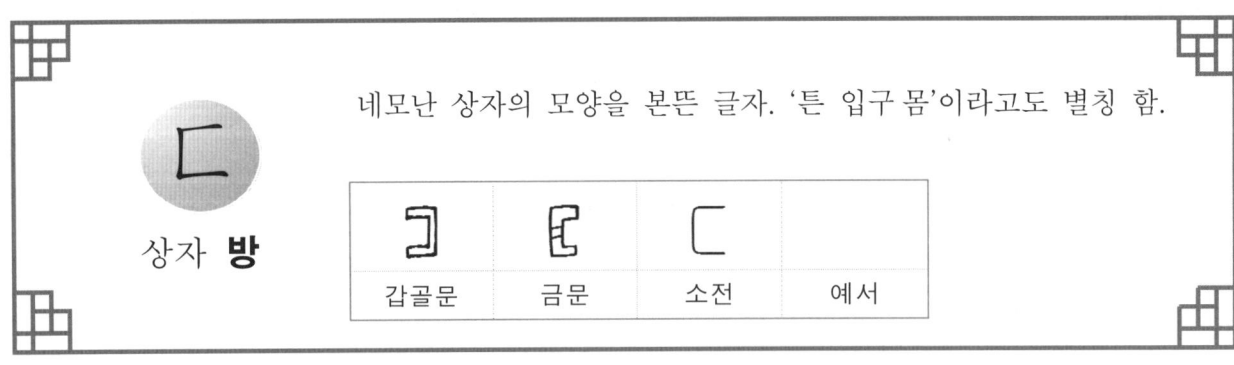

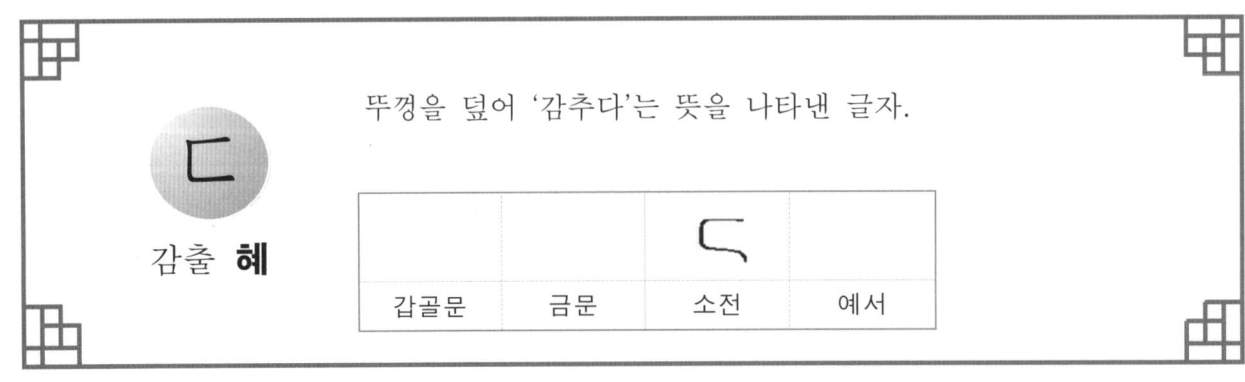

네모난 상자의 모양을 본뜬 글자. '튼 입구 몸'이라고도 별칭 함.

상자 **방**

| | 갑골문 | 금문 | 소전 | 예서 |

뚜껑을 덮어 '감추다'는 뜻을 나타낸 글자.

감출 **혜**

| | 갑골문 | 금문 | 소전 | 예서 |

한자	훈음	도움말	갑골	금문	소전	예서
匹	짝 **필**	나란히 놓은 옷감의 두 끝을 나타낸 글자.		𠤏	匹	匹
區*	나눌 **구**	물건(品)을 일정한 곳에 잘 보관한 모습을 나타낸 글자.	𠙻	𠚩	區	區
	〔예〕 區別(구별) 區間(구간) 區域(구역)					

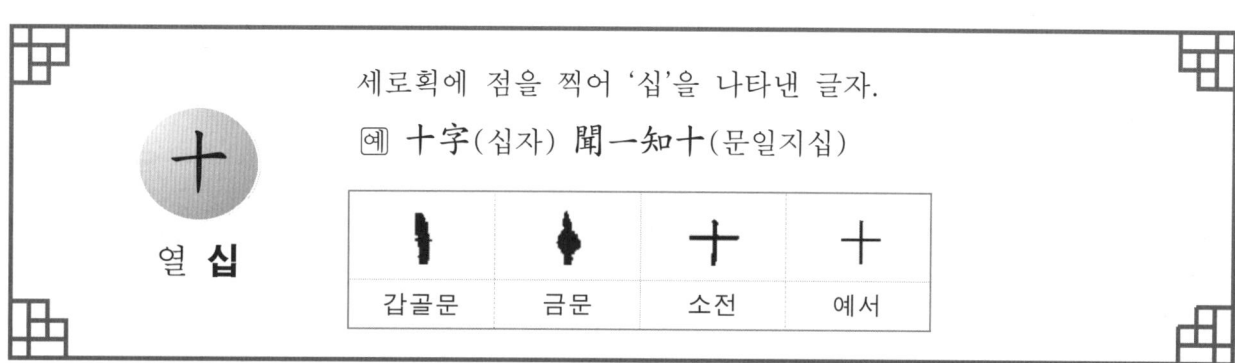

세로획에 점을 찍어 '십'을 나타낸 글자.

〔예〕 十字(십자) 聞一知十(문일지십)

갑골문	금문	소전	예서
		十	十

열 십

한자	훈음	도움말	갑골	금문	소전	예서
千	일천 **천**	'人'과 '一'을 합한 모양으로 '천'을 나타낸 글자.	𠂤	千	千	千
午	낮 **오**	절굿공이의 모양을 본뜬 글자. 뒤에 간지(干支)로 쓰임.	𠂤	𠂤	午	午
半	절반 **반**	소(牛)를 나누는(八) 모습을 나타낸 글자.		半	半	半
卒	군사/마칠 **졸**	병졸들이 입던 갑옷의 모양을 본뜬 글자.		卒	卒	卒
協	도울 **협**	많은 사람(十)이 서로 돕는다하여 그 뜻이 '돕다'가 되고, '劦(협)'이 음의 역할을 하는 글자.			協	協
南	남녘 **남**	고대 악기의 모양을 본뜬 글자. 뒤에 '남쪽'의 뜻을 가짐.	南	南	南	南
卑*	낮을 **비**	신분이 낮은 사람이 도구를 들고 일하는 모습에서 비롯된 글자.		卑	卑	卑
	〔예〕 卑俗語(비속어) 卑下(비하) 尊卑(존비)					
卓*	높을 **탁**	가지런히(匕) 벌여 놓은 것 중에서 가장 앞서다(早)는 뜻을 나타낸 글자.		卓	卓	卓
	〔예〕 食卓(식탁) 卓球(탁구) 卓上空論(탁상공론)					

博*	넓을 **박**	많은 것을 뜻하는 '十'과 소리를 나타내는 '尃(부)'를 합하여 만든 글자.	尃 博 博
	예 博學(박학) 博文約禮(박문약례) 博覽強記(박람강기)		

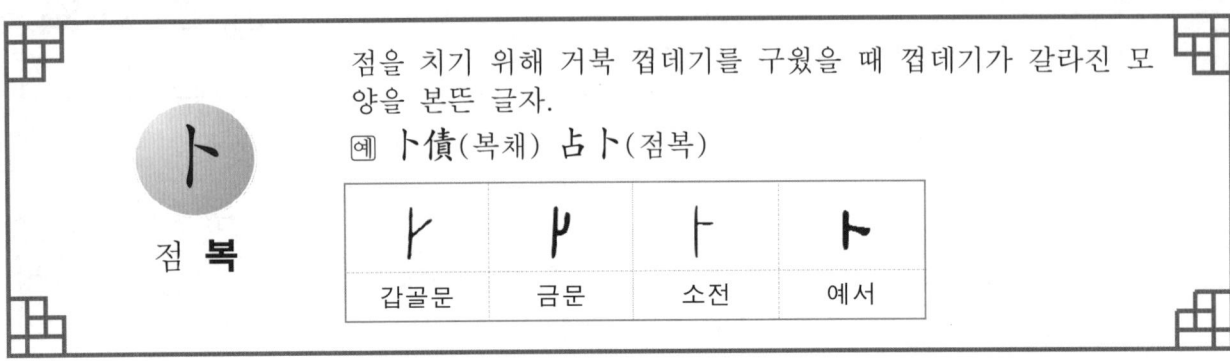

점을 치기 위해 거북 껍데기를 구웠을 때 껍데기가 갈라진 모양을 본뜬 글자.
예 卜債(복채) 占卜(점복)

ㅏ	ㅏ	ㅏ	卜
갑골문	금문	소전	예서

ㅏ
점 **복**

한자	훈음	도움말	갑골	금문	소전	예서
占*	점칠 **점**	거북 껍데기나 소뼈로 점을 칠 때에 나타나는 무늬 모양에서 비롯된 'ㅏ'자와 말을 하는 입 모양에서 비롯된 '口'자가 합쳐진 글자. 예 占居(점거) 占領(점령) 獨占(독점)	占	占	占	占

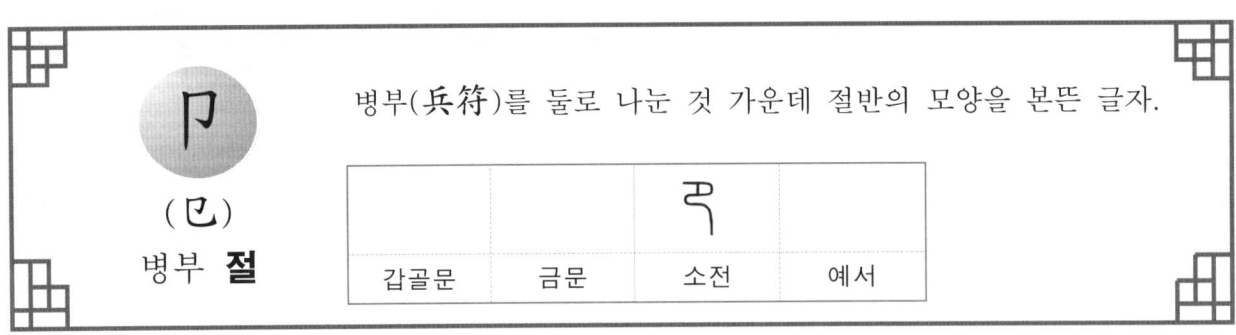

병부(兵符)를 둘로 나눈 것 가운데 절반의 모양을 본뜬 글자.

		卪	
갑골문	금문	소전	예서

卩
(卪)
병부 **절**

한자	훈음	도움말	갑골	금문	소전	예서
卯	토끼 **묘**	칼로 어떤 물건을 반으로 잘라놓은 모양을 본뜬 글자. 뒤에 간지(干支)로 쓰임.	卯	卯	卯	卯
危	위태할 **위**	사람이 절벽(厂) 위와 아래에 있는 모습을 나타낸 글자.			危	危
印	도장 **인**	손(爪)으로 사람(卩)을 누르고 있는 모습을 나타낸 글자. 뒤에 누르는 '도장'을 뜻함.	印	印	印	印
卵	알 **란**	물고기의 알집과 알의 모양을 본뜬 글자.			卵	卵

卷	책 **권**	댓조각으로 만든 책을 꿰매어 두루마리처럼 만든 서책을 뜻하는 글자.	
卽	곧 **즉**	꿇어앉은 자세로 음식이 담긴 그릇 앞으로 다가가는 사람의 모습을 나타낸 글자. 뒤에 '곧'의 뜻을 가짐.	
却*	물리칠 **각**	임금이 군사를 일으킬 때에 주었던 신표(信標)와 관계있는 '卩'자로 인해 임금의 명을 받고 적을 물리친다는 뜻을 갖게 된 글자.	
	예 棄却(기각) 賣却(매각) 冷却(냉각)		
卿*	벼슬 **경**	밥을 가운데 놓고 마주 앉아 있는 사람의 모양을 표현한 글자. 후에 일정한 지역을 다스리는 사람과 관련해 '벼슬'의 뜻을 지니게 된 글자.	
	예 卿宰(경재) 公卿(공경)		

厂

언덕 **한**

가파른 언덕의 모양을 본뜬 글자. '굴 바위 엄' 또는 '민엄호'라고 함.

	갑골문	금문	소전	예서

한자	훈음	도움말	갑골 금문 소전 예서
厚	두터울 **후**	언덕을 뜻하는 '厂'과 소리를 나타내는 '𡗗(후)'를 합하여 만든 글자.	
原	언덕 **원**	언덕(厂)아래에서 샘물(泉)이 나오는 모습을 나타낸 글자.	
厄*	재앙 **액**	벼랑(厂)가에 몸을 구부리고(㔾) 있는 모양을 나타낸 글자.	
	예 厄運(액운) 災厄(재액) 困厄(곤액)		
厥*	그 **궐**	언덕을 뜻하는 '厂'과 소리를 나타내는 '欮(궐)'을 합하여 만든 글자.	
	예 厥女(궐녀) 厥後(궐후)		

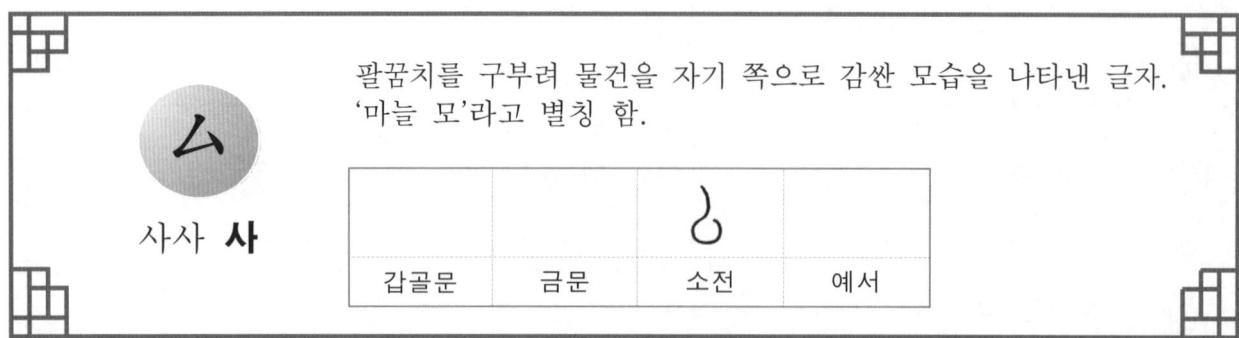

한자	훈음	도움말	갑골	금문	소전	예서
去	갈 **거**	일정한 구역(厶) 밖으로 나가는 사람(大)의 모습을 나타낸 글자.	𠫬	𠫓	𠫓	去
參	참여할 **참** 석 **삼**	별들(厽)이 사람(人) 위에 있는 모양과 소리를 나타내는 '彡(삼)'을 합하여 만든 글자.		𢽾	𠩺	參

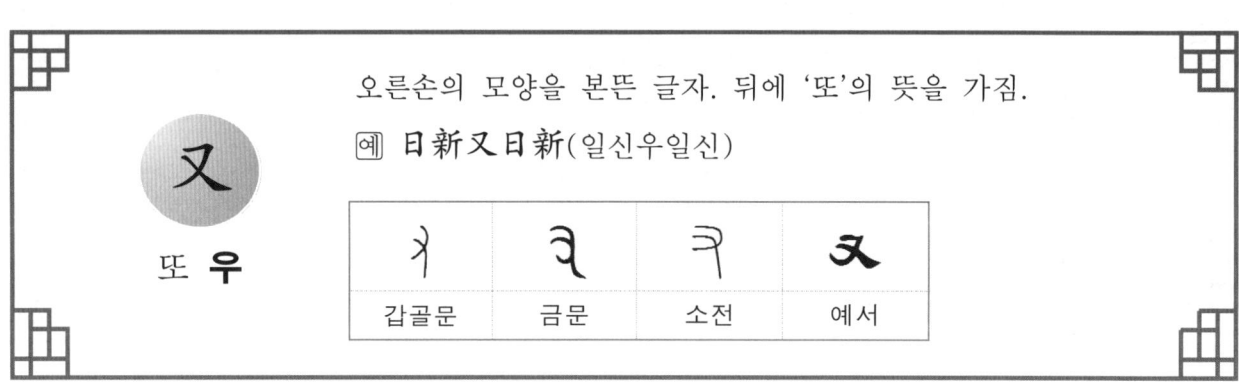

한자	훈음	도움말	갑골	금문	소전	예서
及	미칠 **급**	앞에 간 사람(人)을 따라가 붙잡는(又) 모습에서, '이르다, 미치다'는 뜻을 나타낸 글자.	⿰	⿰	⿰	及
友	벗 **우**	손과 손을 잡는 모양을 본떠 서로 돕는 '친구'를 표현한 글자.	⿰	⿰	⿰	友
反	돌이킬 **반**	손(又)으로 절벽(厂)을 기어오르는 모습을 나타낸 글자.	反	反	反	反
受	받을 **수**	그릇을 주고받는 모습을 나타낸 글자.	⿱	𠬅	𠬅	受
叔	아재비 **숙**	손으로 콩 꼬투리를 따는 모습을 나타낸 글자. 뒤에 '숙부(叔父)'의 뜻을 가짐.		𡬥	𣍜	叔
取	가질 **취**	전쟁에서 적의 귀(耳)를 손(又)으로 잘라 취하는 모습을 나타낸 글자.	⿰	𦔼	𦔻	取

叛*	배반할 **반**	돌아선다는 뜻의 '反'과 소리를 나타내는 '半(반)'을 합하여 만든 글자.
	예 離叛(이반) 叛逆(반역) 叛亂(반란)	

❖ **3 획** ❖

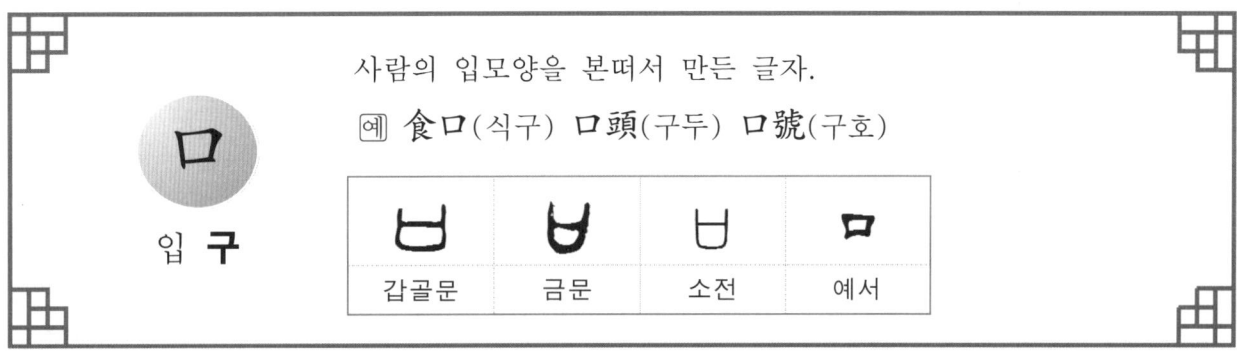

한자	훈음	도움말	갑골	금문	소전	예서
可	옳을 **가**	사람의 입(口)에서 말이 나오는 모습을 나타낸 글자.				
古	예 **고**	여러(十)대에 걸쳐 입(口)으로 전해온다는 뜻을 나타낸 글자.				
句	글귀 **구**	어떤 물건(口)을 넝쿨로 얽는 모습을 나타낸 글자. 뒤에 '글귀'의 뜻을 가짐.				
史	역사 **사**	사냥도구를 손으로 쥔 모습을 나타낸 글자. 뒤에 '역사'의 뜻을 가짐.				
右	오른 **우**	식사할 때 밥을 먹는(口) 손(又)이 '오른쪽'임을 표현한 글자.				
只	다만 **지**	말이 끝나고 숨이 나뉘는 모양을 나타낸 글자.				
各	각각 **각**	발(夂)이 주거지의 입구(口)로 제각각 들어가는 모습에서 그 뜻이 '각각'이 된 글자.				
吉	길할 **길**	선비(士)의 말(口)은 항상 옳고 좋음을 표현한 글자.				
同	같을 **동**	여러(凡) 사람의 입(口)에서 나오는 의견이 모두 같다는 것을 표현한 글자.				
名	이름 **명**	저녁(夕)에는 서로의 얼굴을 알아보기 힘들어 입(口)으로 이름을 부르는 모습을 나타낸 글자.				

合	합할 **합**	그릇의 몸통(口)에 뚜껑(亼)을 덮어놓은 모양을 본뜬 글자.	合 合 合 合
向	향할 **향**	집(宀)에 창문(口)이 난 모양을 본뜬 글자. 뒤에 '향하다'는 뜻을 가짐.	向 向 向 向
告	알릴 **고**	소(牛)를 잡아 신에게 소원을 말하는(口) 모습을 나타낸 글자.	告 告 告 告
君	임금 **군**	백성을 다스리기(尹) 위해 입(口)으로 명령을 내리는 '임금'을 나타낸 글자.	君 君 君 君
否	아닐 **부**	아니라고(不) 말한다(口)는 뜻을 나타낸 글자.	否 否 否
吾	나 **오**	입을 뜻하는 '口'와 소리를 나타내는 '五(오)'를 합하여 만든 글자.	吾 吾 吾
吟	읊을 **음**	입을 뜻하는 '口'와 소리를 나타내는 '今(금)'을 합하여 만든 글자.	吟 吟
吹	불 **취**	입(口)으로 숨을 내쉬어(欠) 부는 모습을 나타낸 글자.	吹 吹 吹 吹
命	목숨 **명**	임금이 입(口)으로 내린 명령(令)은 목숨을 걸고 지켜야 한다는 데서 '목숨', '명령'을 뜻하는 글자.	命 命 命
味	맛 **미**	나무열매를 입(口)으로 먹어보는 모습을 나타내며, '未(미)'는 음을 나타낸 글자.	味 味
呼	부를 **호**	입을 뜻하는 '口'와 소리를 나타내는 '乎(호)'를 합하여 만든 글자.	呼 呼
和	화할 **화**	피리를 뜻하는 '龠'과 소리를 나타내는 '禾(화)'를 합한 글자. '龠'은 뒤에 '口'로 변하였음.	和 和 和
哀	슬플 **애**	입을 뜻하는 '口'와 소리를 나타내는 '衣(의)'를 합하여 만든 글자.	哀 哀 哀
哉	어조사 **재**	입을 뜻하는 '口'와 소리를 나타내는 '戋(재)'를 합하여 만든 글자.	哉 哉 哉
品	물건 **품**	물건이 많이 있는 모습을 나타낸 글자.	品 品 品 品
問	물을 **문**	입을 뜻하는 '口'와 소리를 나타내는 '門(문)'을 합하여 만든 글자.	問 問 問
商	장사 **상**	제사지내던 건물의 앞모습을 본뜬 글자. 뒤에 '장사'의 뜻을 가짐.	商 商 商 商
唯	오직 **유**	입을 뜻하는 '口'와 소리를 나타내는 '隹(추)'를 합하여 만든 글자.	唯 唯 唯 唯

唱	부를 **창**	입을 뜻하는 '口'와 소리를 나타내는 '昌(창)'을 합하여 만든 글자.	唱 唱
單	홑 **단**	양쪽 끝에 돌멩이를 달아매고, 갈라진 곳을 끝으로 단단히 묶은 사냥 도구를 본뜬 글자.	單 單 單 單
喪	잃을 **상**	뽕나무의 여러 가지에 걸린 대바구니가 걸려있는 모양을 본뜬 글자. 뒤에 '잃다'는 뜻을 가짐.	喪 喪 喪 喪
善	착할 **선**	양 뿔 모양의 관악기의 모양을 본뜬 글자. 뒤에 '착하다'는 뜻을 가짐.	善 善 善
喜	기쁠 **희**	악기를 치며 입(口)으로 노래를 부르니 좋아한다는 데서 '기쁘다'를 표현한 글자.	喜 喜 喜 喜
嚴	엄할 **엄**	바위가 많이 널린(吅) 험한 지형(厂)의 모습과 소리를 나타내는 敢(감)을 합한 글자.	嚴 嚴 嚴
叫*	부르짖을 **규**	입을 뜻하는 '口'와 소리를 나타내는 '丩(구)'를 합하여 만든 글자.	叫 叫
	例 絶叫(절규)		
司*	맡을 **사**	신에게 제삿밥을 올리는 과정에서 사용되는 숟가락을 표현한 형태와 입 또는 그릇으로 여겨지는 형태가 합쳐진 글자.	司 司 司 司
	例 司令(사령) 司法府(사법부) 司會者(사회자)		
召*	부를 **소**	입을 뜻하는 '口'와 소리를 나타내는 '刀(도)'를 합하여 만든 글자.	召 召 召 召
	例 召集(소집) 遠禍召福(원화소복)		
吏*	아전 **리**	손에 무언가를 들고 일을 하는 모습을 본떠 '벼슬아치'를 뜻하는 글자.	吏 吏 吏
	例 官吏(관리) 吏讀(이두) 淸白吏(청백리)		
吐*	토할 **토**	입을 뜻하는 '口'와 소리를 나타내는 '土(토)'를 합하여 만든 글자.	吐 吐
	例 吐露(토로) 實吐(실토)		
含*	머금을 **함**	입을 뜻하는 '口'와 소리를 나타내는 '今(금)'을 합하여 만든 글자.	含 含 含
	例 含蓄(함축) 含有(함유) 含憤蓄怨(함분축원)		
吸*	숨 들이쉴 **흡**	입을 뜻하는 '口'와 소리를 나타내는 '及(급)'을 합하여 만든 글자.	吸 吸
	例 吸收(흡수) 吸煙(흡연) 呼吸(호흡)		

한자	훈음	설명	자형
周*	두루 **주**	농경지에 작물이 빽빽하게 들어 차 있거나 두루 새긴 모습을 나타낸 글자.	圕 圕 周 周
	예 周圍(주위) 周旋(주선) 一周(일주)		
咸*	다 **함**	날이 큰 도끼가 달린 창의 형태와 입의 형태가 합쳐진 글자. 창으로 위협하여 입을 다 막는다하여 '다'의 뜻을 가지게 된 글자.	咸 咸 咸 咸
	예 咸興差使(함흥차사)		
哭*	울 **곡**	개(犬)가 울부짖음(吅)을 나타낸 글자.	哭 哭 哭
	예 痛哭(통곡)		
唐*	당나라 **당**	입을 뜻하는 '口'와 소리를 나타내는 '庚(경)'을 합하여 만든 글자.	唐 唐 唐
	예 唐突(당돌) 荒唐(황당)		
員*	인원 **원**	솥(貝←鼎)과 둥그런 입구(口)를 나타낸 글자. 뒤에 '인원', '수효'의 뜻을 가짐.	員 員 員 員
	예 議員(의원) 人員(인원) 職員(직원)		
哲*	밝을 **철**	입을 뜻하는 '口'와 소리를 나타내는 '折(절)'을 합하여 만든 글자.	哲 哲 哲
	예 明哲(명철) 哲學(철학) 哲人(철인)		
啓*	열 **계**	소리쳐 불러서(口) 손(攵←又)으로 닫힌 문(戶)을 연다는 뜻을 나타낸 글자.	啓 啓 啓 啓
	예 啓蒙(계몽) 啓發(계발) 啓導(계도)		
嗚*	탄식할 **오**	입을 뜻하는 '口'와 소리를 나타내는 '烏(오)'를 합하여 만든 글자.	嗚
	예 嗚呼哀哉(오호애재)		
嘗*	맛볼 **상**	맛을 뜻하는 '旨'와 소리를 나타내는 '尙(상)'을 합하여 만든 글자.	嘗 嘗 嘗
	예 未嘗不(미상불)		
器*	그릇 **기**	개고기(犬)를 네 개의 그릇(口)에 나누어 담는 모습을 나타낸 글자.	器 器 器
	예 武器(무기) 器具(기구) 大器晩成(대기만성)		

口 에울 **위**	성벽 등으로 사방을 에워싼 모습을 나타낸 글자. '큰입 구 몸'이라고도 별칭 함.	

	갑골문	금문	소전	예서
		○	▢	

한자	훈음	도움말	갑골	금문	소전	예서
四	넉 **사**	짐승의 콧구멍과 주둥이 부분의 모양을 본뜬 글자. 뒤에 '넷'의 뜻을 가짐.	𠫔	四	四	四
因	인할 **인**	자리(口) 위에 누운 사람(大)의 모습을 나타낸 글자.	因	因	因	因
回	돌 **회**	회오리의 모습을 나타낸 글자.	回	回	回	回
困	곤할 **곤**	나무(木)가 우리(口) 안에 갇혀서 자라지 못하는 모습을 나타낸 글자.	困		困	困
固	굳을 **고**	둘레를 뜻하는 '口'과 소리를 나타내는 '古(고)'를 합하여 만든 글자.	固	固	固	固
國	나라 **국**	특정 지역(口)을 창(戈)과 장애물(一)을 설치하여 지키는 모습을 나타낸 글자.	或	國	國	
圓	둥글 **원**	에워싼다는 뜻의 '口'와 소리를 나타내는 '員(원)'을 합하여 만든 글자.			圓	圓
園	동산 **원**	담을 둘러친 모양을 뜻하는 '口'와 소리를 나타내는 '袁(원)'을 결합한 글자.			園	園
圖	그림 **도**	나라의 영토를 그리는 모습을 나타낸 글자.	圖	圖	圖	
囚*	가둘 **수**	사람(人)이 울타리(口)에 갇혀있는 모습을 나타낸 글자.			囚	囚
	㉮ 罪囚(죄수) 死刑囚(사형수)					
圍*	에울 **위**	에워싼다는 뜻의 '口'와 소리를 나타내는 '韋(위)'를 합하여 만든 글자.			圍	圍
	㉮ 範圍(범위) 周圍(주위) 包圍(포위)					
團*	둥글 **단**	에워싼다는 뜻의 '口'와 소리를 나타내는 '專(전)'을 합하여 만든 글자.			團	團
	㉮ 團合(단합) 集團(집단) 團結(단결)					

흙더미의 모양을 본뜬 글자.

예 土地(토지) 土壤(토양) 農土(농토)

土

흙 **토**

갑골문	금문	소전	예서
Ω	♣	土	土

한자	훈음	도움말	갑골	금문	소전	예서
在	있을 **재**	흙을 뜻하는 '土'와 소리를 나타내는 '才(재)'를 합하여 만든 글자.	中	壮	壮	在
地	땅 **지**	땅을 뜻하는 '土'와 소리를 나타내는 '也(야)'를 합하여 만든 글자.			墬	地
均	고를 **균**	흙을 뜻하는 '土'와 소리를 나타내는 '勻(균)'을 합하여 만든 글자.		旬	坰	均
坐	앉을 **좌**	두 사람이 땅 위에 마주 보며 앉아 있는 모습을 본뜬 글자.			坐	坐
坤	땅 **곤**	땅을 뜻하는 '土'와 소리를 나타내는 '申(신)'을 합하여 만든 글자.			坤	坤
城	재 **성**	땅을 뜻하는 '土'와 소리를 나타내는 '成(성)'을 합하여 만든 글자.		成	娀	城
堅	굳을 **견**	땅을 뜻하는 '土'와 소리를 나타내는 '臤(견)'을 합하여 만든 글자.			堅	堅
基	터 **기**	삼태기(其)로 흙(土)을 날라 터를 닦는 모습을 나타낸 글자.	出	墓	萁	基
堂	집 **당**	땅을 뜻하는 '土'와 소리를 나타내는 '尙(상)'을 합하여 만든 글자.			堂	堂
執	잡을 **집**	두 손이 형틀(幸)에 묶인 채 무릎을 꿇고 있는 사람(丮←丮)의 모습을 나타낸 글자.	報	執	報	執
報	갚을/알릴 **보**	형틀(幸)에서 풀려나게 해 준다는 뜻에서 '갚다'는 뜻을 가짐. '艮(복)'이 음의 역할을 함.		報	報	報
場	마당 **장**	땅을 나타내는 '土'와 소리를 나타내는 '昜(양)'을 합하여, 볕이 잘 드는 양지바른 땅을 표현한 글자.			場	場
墨	먹 **묵**	흙을 뜻하는 '土'와 소리를 나타내는 '黑(흑)'을 합하여 만든 글자.			墨	墨
增	더할 **증**	흙을 뜻하는 '土'와 소리를 나타내는 '曾(증)'을 합하여 만든 글자.			增	增

垂*	드리울 **수**	지면(地面)에 초목의 잎사귀가 드리워진 모양에서 그 자형이 비롯된 글자.	箞	𡳯
	예 垂直(수직) 懸垂幕(현수막) 率先垂範(솔선수범)			
埋*	묻을 **매**	흙을 뜻하는 '土'와 소리를 나타내는 '里(리)'를 합하여 만든 글자.		埋
	예 埋沒(매몰) 埋藏(매장) 埋伏(매복)			
培*	북돋을 **배**	흙을 뜻하는 '土'와 소리를 나타내는 '咅(부)'를 합하여 만든 글자.	壻	培
	예 培養(배양) 栽培(재배)			
域*	지경 **역**	사방이 둘러싸인(口) 땅(一)을 창(戈)을 들고 지키는 곳(土)을 나타낸 글자.	域	域
	예 區域(구역) 地域(지역) 領域(영역)			
堤*	둑 **제**	흙을 뜻하는 '土'와 소리를 나타내는 '是(시)'를 합하여 만든 글자.	堤	堤
	예 堤防(제방) 防波堤(방파제) 防潮堤(방조제)			
塊*	흙덩이 **괴**	흙을 뜻하는 '土'와 소리를 나타내는 '鬼(귀)'를 합하여 만든 글자.	塊	塊
	예 金塊(금괴)			
塗*	바를 **도**	흙을 뜻하는 '土'와 소리를 나타내는 '涂(도)'를 합하여 만든 글자.	塗	塗
	예 塗裝(도장) 塗炭之苦(도탄지고) 道聽塗說(도청도설)			
塞*	변방 **새** 막을 **색**	흙을 뜻하는 '土'와 소리를 나타내는 '寒(색)'을 합하여 만든 글자.	𡩋	塞
	예 要塞(요새) 否塞(비색) 語塞(어색)			
塔*	탑 **탑**	흙을 뜻하는 '土'와 소리를 나타내는 '荅(답)'을 합하여 만든 글자.	塔	塔
	예 石塔(석탑) 尖塔(첨탑)			
境*	지경 **경**	흙을 뜻하는 '土'와 소리를 나타내는 '竟(경)'을 합하여 만든 글자.	境	境
	예 地境(지경) 境界(경계) 環境(환경)			
墓*	무덤 **묘**	흙을 뜻하는 '土'와 소리를 나타내는 '莫(막)'을 합하여 만든 글자.	墓	墓
	예 省墓(성묘) 墓地(묘지) 墓碑(묘비)			

墳*	무덤 **분**	흙을 뜻하는 '土'와 소리를 나타내는 '賁(분)'을 합하여 만든 글자.	墳 墳
	예 墳墓(분묘) 古墳(고분) 墳土(분토)		
墮*	떨어질 **타**	흙을 뜻하는 '土'와 소리를 나타내는 '隋(수)'를 합하여 만든 글자.	墮
	예 墮落(타락)		
壇*	제단 **단**	흙을 뜻하는 '土'와 소리를 나타내는 '亶(단)'을 합하여 만든 글자.	壇 壇
	예 壇上(단상) 講壇(강단) 敎壇(교단)		
壁*	벽 **벽**	흙을 뜻하는 '土'와 소리를 나타내는 '辟(벽)'을 합하여 만든 글자.	壁 壁
	예 壁畫(벽화) 巖壁(암벽) 障壁(장벽)		
墻*	담 **장**	흙을 뜻하는 '土'와 곡물과 곡물을 저장하는 담을 두른 곳집을 나타내는 '嗇(색)'을 합하여 만든 글자. '牆'과 同字.	墻 墻 墻
	예 墻壁(장벽) 墻外(장외) 路柳墻花(노류장화)		
壓*	누를 **압**	흙을 뜻하는 '土'와 소리를 나타내는 '厭(염)'을 합하여 만든 글자.	壓 壓
	예 壓力(압력) 氣壓(기압) 血壓(혈압)		
壞*	무너질 **괴**	흙을 뜻하는 '土'와 소리를 나타내는 '褱(회)'를 합하여 만든 글자.	壞 壞
	예 壞死(괴사) 破壞(파괴)		
壤*	흙 **양**	흙을 뜻하는 '土'와 소리를 나타내는 '襄(양)'을 합하여 만든 글자.	壤 壤
	예 土壤(토양) 天壤之差(천양지차)		

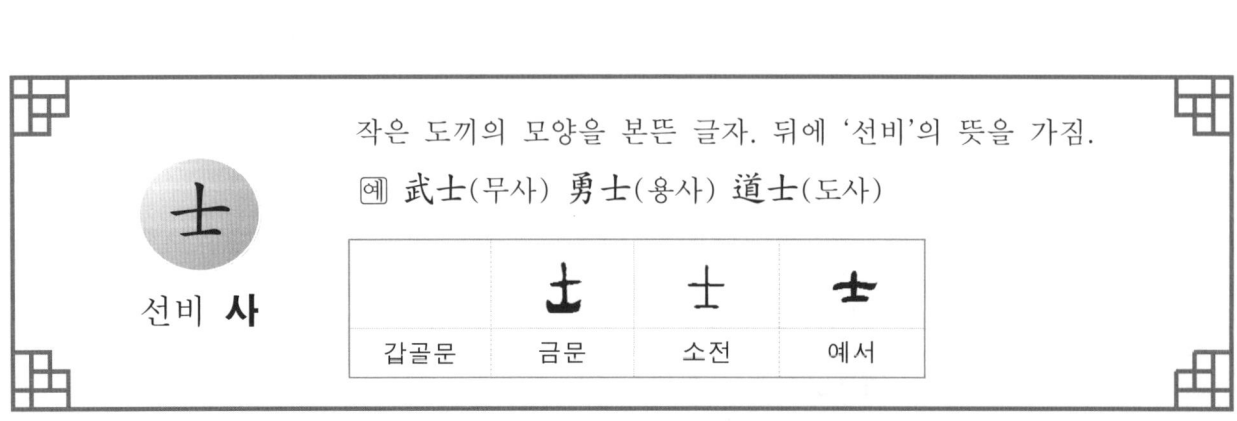

士 선비 **사**

작은 도끼의 모양을 본뜬 글자. 뒤에 '선비'의 뜻을 가짐.

예 武士(무사) 勇士(용사) 道士(도사)

士	士	士
갑골문	금문	소전	예서

한자	훈음	도움말	갑골	금문	소전	예서
壬	천간 **임**	실이 걸려있지 않은 베틀의 모양을 본뜬 글자. 뒤에 간지(干支)로 쓰임.	工	王	王	
壯	씩씩할 **장**	남자를 뜻하는 '士'와 소리를 나타내는 '爿(장)'을 합하여 만든 글자.	牂	壯	壯	
壽	목숨 **수**	늙은이를 뜻하는 '老'와 소리를 나타내는 '畤(수)'를 합하여 만든 글자.			壽	

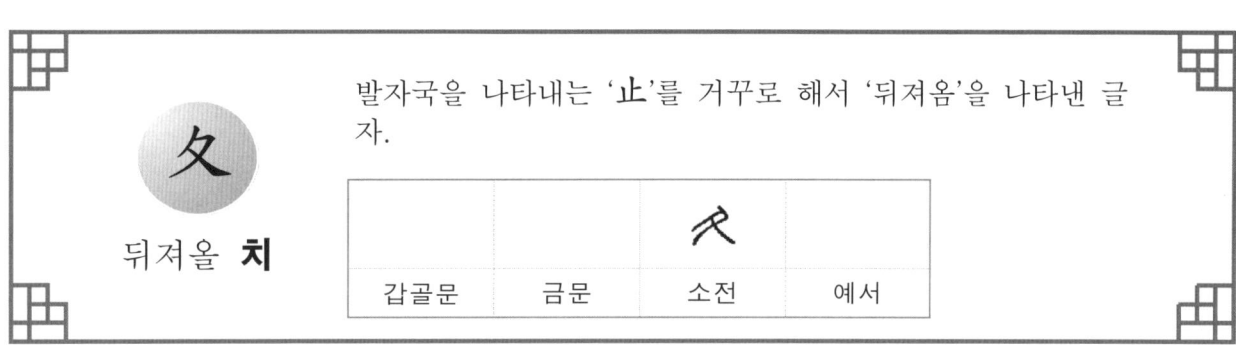

발자국을 나타내는 '止'를 거꾸로 해서 '뒤져옴'을 나타낸 글자.

夂 뒤져올 **치**

갑골문	금문	소전	예서
		夂	

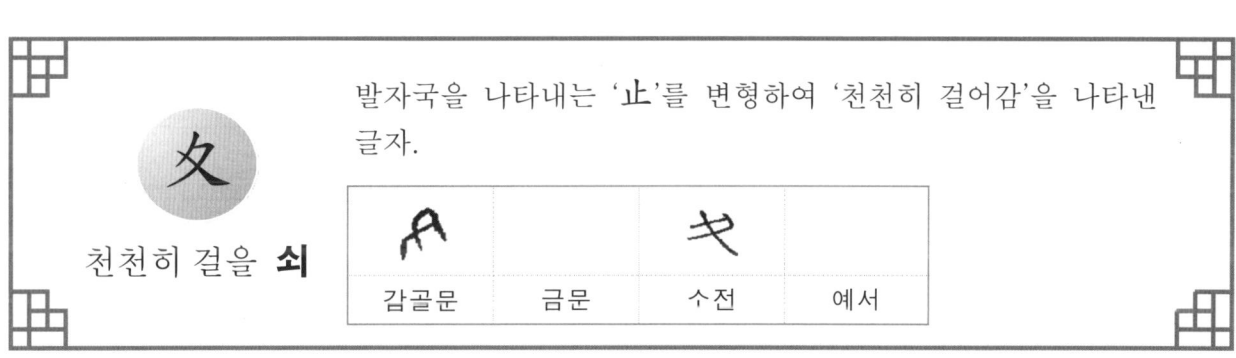

발자국을 나타내는 '止'를 변형하여 '천천히 걸어감'을 나타낸 글자.

夊 천천히 걸을 **쇠**

갑골문	금문	수전	예서
夊		夊	

한자	훈음	도움말	갑골	금문	소전	예서
夏	여름 **하**	여름에 더워서 사지를 쫙 편 사람의 모습을 나타낸 글자.	夏	夏	夏	

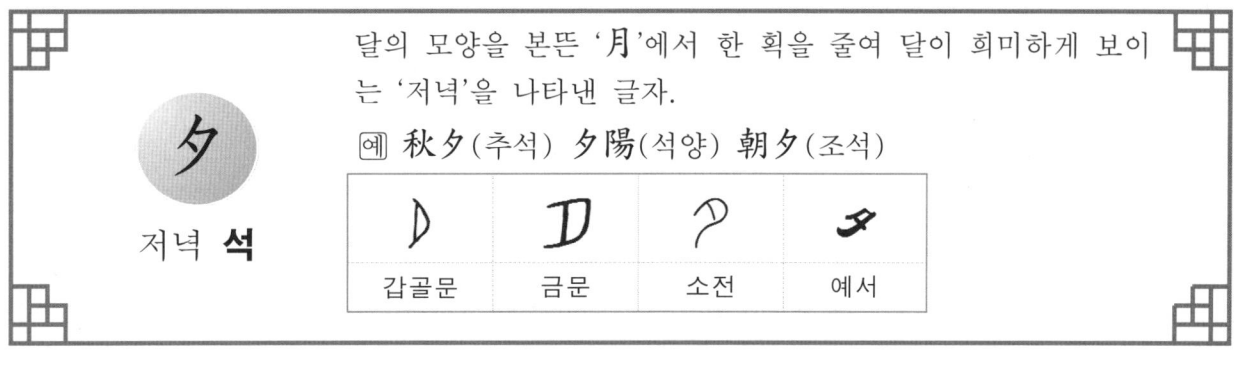

달의 모양을 본뜬 '月'에서 한 획을 줄여 달이 희미하게 보이는 '저녁'을 나타낸 글자.

㉠ 秋夕(추석) 夕陽(석양) 朝夕(조석)

夕 저녁 **석**

갑골문	금문	소전	예서
月	月	夕	夕

한자	훈음	도움말	갑골	금문	소전	예서
外	바깥 외	점(卜)을 저녁(夕)에 치는 것은 정상에서 벗어나는 것이라 하여 '바깥'을 뜻하는 글자.				
多	많을 다	고깃덩어리(夕)가 많이 쌓인 모습을 나타낸 글자.				
夜	밤 야	밤을 뜻하는 '夕'과 소리를 나타내는 '亦(역)'을 합하여 만든 글자.				
夢*	꿈 몽	눈썹과 눈이 강조된 사람이 침상에 누워 자는 모습이다가 후에 침상 대신 '夕'자가 합쳐진 글자.				
		예 惡夢(악몽) 吉夢(길몽) 解夢(해몽)				

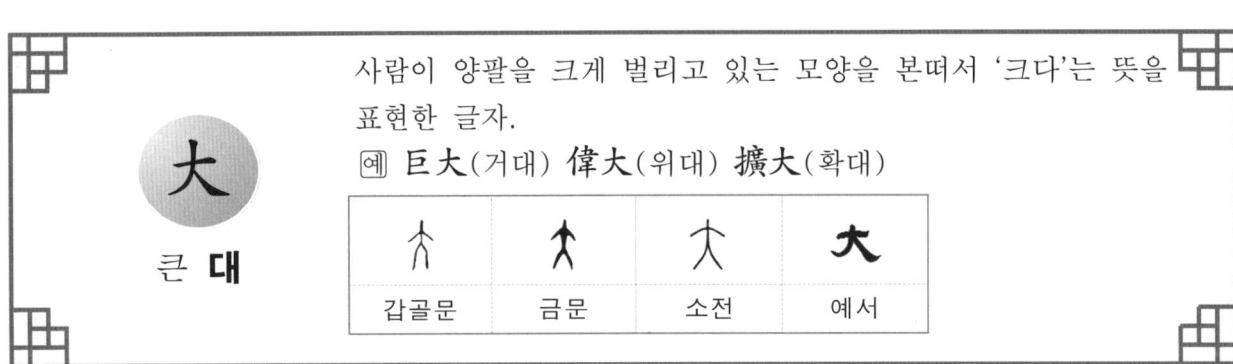

사람이 양팔을 크게 벌리고 있는 모양을 본떠서 '크다'는 뜻을 표현한 글자.

예 巨大(거대) 偉大(위대) 擴大(확대)

갑골문	금문	소전	예서

大
큰 대

한자	훈음	도움말	갑골	금문	소전	예서
夫	지아비 부	성인남자(大)가 머리에 장신구(一)를 꽂은 모습을 나타낸 글자.				
天	하늘 천	사람(大)의 머리(一)를 강조한 글자. 뒤에 '하늘'의 뜻을 지니게 됨.				
太	클 태	크다는 뜻의 '大'의 아래에 점을 찍어 아주 '크다'라는 뜻을 나타낸 글자.				
失	잃을 실	손에 있던 물건이 손에서 빠져나가는 모습을 나타낸 글자.				
奉	받들 봉	풀(丰)을 두 손으로 받드는 모습을 나타낸 글자.				
央*	가운데 앙	베개를 베고 누운 사람의 모습을 나타낸 글자.				
		예 中央(중앙) 震央(진앙)				
夷*	오랑캐 이	동방의 활(弓)을 멘 사람(大)인 동이족을 나타내는 글자.				
		예 東夷(동이) 華夷思想(화이사상) 以夷制夷(이이제이)				

奇*	기이할 **기**	흙을 뜻하는 '土'와 소리를 나타내는 '可(가)'를 합하여 만든 글자.	奇 奇
	예 奇巖(기암) 奇妙(기묘) 奇拔(기발)		
奈*	어찌 **내** 지옥 **나**	크다는 뜻의 '大'와 소리를 나타내는 '示(시)'를 합하여 만든 글자.	奈
	예 奈何(내하) 奈落(나락) 莫無可奈(막무가내)		
契*	맺을 **계**	크다는 뜻의 '大'와 소리를 나타내는 '㓞(갈)'을 합하여 만든 글자.	契 契
	예 契約(계약) 契機(계기) 斷金之契(단금지계)		
奔*	달릴 **분**	사람이 양손을 흔들며 달리는 모양을 나타낸 글자.	𡴋 𠠜 奔
	예 奔走(분주) 狂奔(광분) 東奔西走(동분서주)		
奏*	아뢸 **주**	두 손으로 물건을 받들고 나아간다는 뜻을 나타낸 글자.	𤮺 𡴞 奏
	예 奏請(주청) 演奏(연주) 奏效(주효)		
奚*	어찌 **해**	손으로 머리털 땋는 모습을 나타내어 변발을 하는 종족을 뜻하는 글자. 뒤에 '어찌'의 뜻을 가짐.	𢆡 𢆨 奚 奚
	예 奚琴(해금) 奚必(해필)		
獎*	권면할 **장**	크다는 뜻의 '大'와 소리를 나타내는 '將'을 합하여 만든 글자.	獎 奬
	예 奬勵(장려) 勸奬(권장) 奬學(장학)		
奪*	빼앗을 **탈**	옷(大←衣) 안에 있는 새(隹)를 놓쳐서 손(寸)으로 잡으려는 모습을 나타낸 글자.	奪 奪 奪
	예 奪取(탈취) 收奪(수탈) 與奪(여탈)		
奮*	떨칠 **분**	옷(大←衣) 안에 있는 새(隹)가 달아나 들(田)로 날아간 모습을 나타낸 글자.	奮 奮 奮
	예 奮發(분발) 興奮(흥분) 奮戰(분전)		

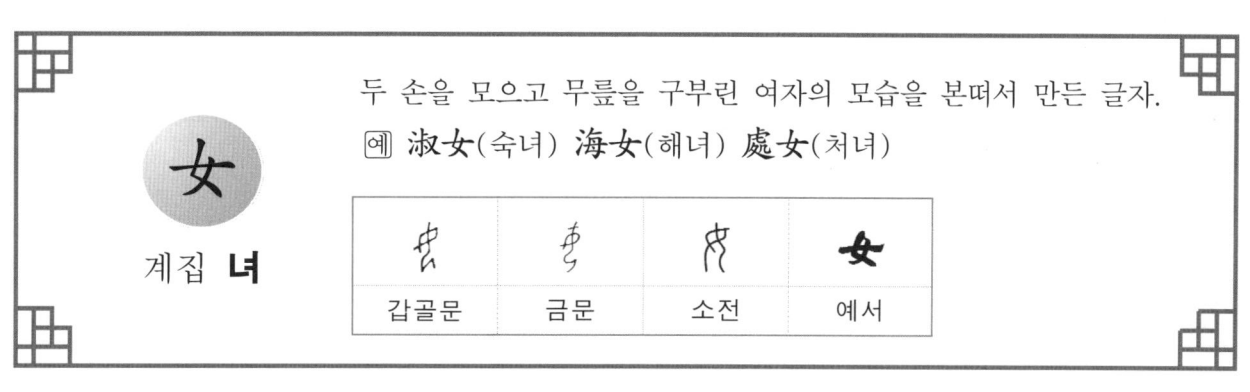

女

계집 **녀**

두 손을 모으고 무릎을 구부린 여자의 모습을 본떠서 만든 글자.

예 淑女(숙녀) 海女(해녀) 處女(처녀)

𡥍	𠨰	𡚽	女
갑골문	금문	소전	예서

한자	훈음	도움말	갑골	금문	소전	예서
如	같을 **여**	꿇어앉은 여자(女)가 진실을 말(口)하는 모습을 나타낸 글자. 뒤에 '같다'는 뜻을 가짐.	𦐇		𠬝	如
好	좋을 **호**	엄마가 아이를 안고 있는 모습을 나타낸 글자.	𡥀	𡥀	𡦆	好
妙	묘할 **묘**	젊은(少) 여자(女)는 예쁘고 묘하다는 데서 '묘하다'는 뜻을 나타낸 글자.				妙
妹	아랫 누이 **매**	여자를 뜻하는 '女'와 소리를 나타내는 '未(미)'를 합하여 만든 글자.	𣕚	𣕚	𣕚	妹
姓	성씨 **성**	여자(女)가 낳은(生) 자식에게 성을 붙여준다는 데서 '성씨'를 표현한 글자.	𡜮		𡜮	姓
始	처음 **시**	여자를 뜻하는 '女'와 소리를 나타내는 '台(태)'를 합하여 만든 글자.		𨔌	𨔌	始
姉	맏누이 **자**	여자를 뜻하는 '女'와 소리를 나타내는 '𠂔(자)'를 합하여 만든 글자.		𠂔	𠂔	姉
妻	아내 **처**	긴 머리를 매만지는 여자의 모습을 나타낸 글자.	𣥲	𣥲	𣥲	妻
威	위엄 **위**	무기(戌←戊)로 위협하는 모습을 나타낸 글자.		𢧏	𢧏	威
婦	며느리 **부**	비(帚)를 들고 집을 청소하는 여자(女)의 모습을 나타낸 글자. 뒤에 '아내'의 뜻을 가짐.	𡗜	𡗜	婦	婦
婚	혼인할 **혼**	여자를 뜻하는 '女'와 소리를 나타내는 '昏(혼)'을 합하여 만든 글자.			𡞫	婚
奴*	종 **노**	손(又)으로 잡힌 여자(女)인 종을 나타낸 글자.	𡚴	𡚴	奴	奴
	예 奴隸(노예) 奴婢(노비) 守錢奴(수전노)					
妄*	망령될 **망**	여자를 뜻하는 '女'와 소리를 나타내는 '亡(망)'을 합하여 만든 글자.		𡚉	𡚉	妄
	예 妄想(망상) 虛妄(허망) 妄言(망언)					
妃*	왕비 **비**	여자를 뜻하는 '女'와 소리를 나타내는 '己(기)'를 합하여 만든 글자.		𡚼	𡚼	妃
	예 王妃(왕비) 廢妃(폐비) 大王大妃(대왕대비)					
妨*	방해할 **방**	여자를 뜻하는 '女'와 소리를 나타내는 '方(방)'을 합하여 만든 글자.			𡞋	妨
	예 妨害(방해) 無妨(무방)					

妥*	평온할 **타**	연약한 여자(女)를 손으로 잡은(爪) 모양을 나타낸 글자.	
	예 妥協(타협) 妥當(타당) 妥結(타결)		
姑*	시어미 **고**	여자를 뜻하는 '女'와 소리를 나타내는 '古(고)'를 합하여 만든 글자.	
	예 姑婦(고부) 姑息之計(고식지계)		
委*	맡길 **위**	여자(女)가 볏단(禾)을 등에 진 모양을 나타낸 글자.	
	예 委員(위원) 委任(위임)		
妾*	첩 **첩**	무릎을 꿇고 앉아 있는 여자(女)와 그 위에 문신을 할 때 사용되는 도구(辛)를 표현한 글자.	
	예 妻妾(처첩) 愛妾(애첩) 宮妾(궁첩)		
姦*	간사할 **간**	세 명의 여자(女)를 나타낸 글자.	
	예 強姦(강간) 姦通(간통)		
姻*	혼인할 **인**	여자를 뜻하는 '女'와 소리를 나타내는 '因(인)'을 합하여 만든 글자.	
	예 婚姻(혼인) 親姻戚(친인척)		
姿*	맵시 **자**	여자를 뜻하는 '女'와 소리를 나타내는 '次(차)'를 합하여 만든 글자.	
	예 姿態(자태) 姿勢(자세) 氷姿玉質(빙자옥질)		
姪*	조카 **질**	여자를 뜻하는 '女'와 소리를 나타내는 '至(지)'를 합하여 만든 글자.	
	예 姪婦(질부) 叔姪(숙질)		
娘*	아가씨 **낭**	여자를 뜻하는 '女'와 소리를 나타내는 '良(량)'을 합하여 만든 글자.	
	예 娘子(낭자)		
娛*	즐거워할 **오**	여자를 뜻하는 '女'와 소리를 나타내는 '吳(오)'를 합하여 만든 글자.	
	예 娛樂(오락)		
婢*	계집종 **비**	여자를 뜻하는 '女'와 소리를 나타내는 '卑(비)'를 합하여 만든 글자.	
	예 奴婢(노비) 官婢(관비)		

媒*	중매 **매**	여자를 뜻하는 '**女**'와 소리를 나타내는 '**某**(모)'를 합하여 만든 글자.	𡜣 媒
	예 仲媒(중매) 媒體(매체) 大衆媒體(대중매체)		
嫌*	싫어할 **혐**	여자를 뜻하는 '**女**'와 소리를 나타내는 '**兼**(겸)'을 합하여 만든 글자.	𡞞 嫌
	예 嫌疑(혐의) 嫌惡(혐오)		

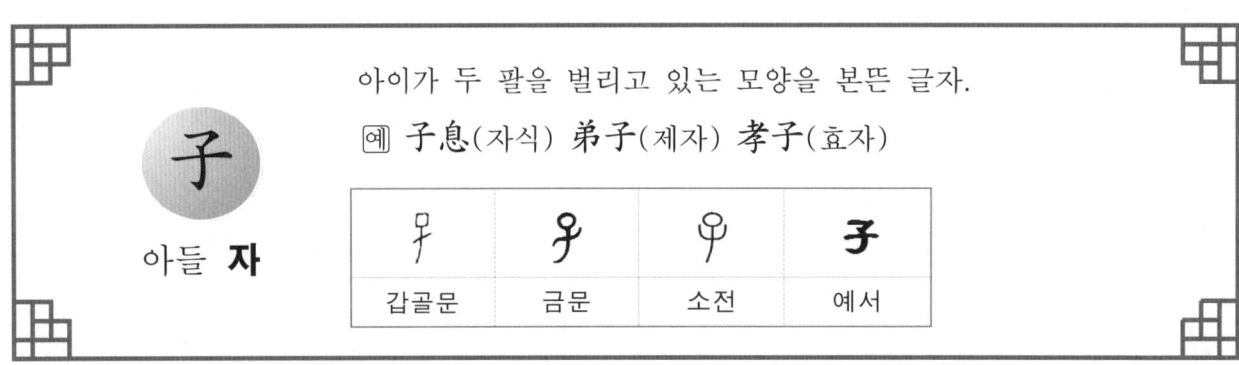

아이가 두 팔을 벌리고 있는 모양을 본뜬 글자.

예 子息(자식) 弟子(제자) 孝子(효자)

子
아들 **자**

| | 갑골문 | 금문 | 소전 | 예서 |

한자	훈음	도움말	갑골	금문	소전	예서
字	글자 **자**	집(宀)에서 아이(子)를 낳듯이 글자를 결합해 문자를 만든다는 뜻을 나타낸 글자.		𡥉	𡨋	字
存	있을 **존**	어린자식을 잘 보호하고 있음을 나타낸 글자.			𡨁	存
孝	효도 **효**	자식(子)이 나이든(老) 부모님을 부축하며 효도를 행하는 모습을 나타낸 글자.		𣥐	𡕨	孝
季	철 **계**	벼(禾)를 짊어진 아이(子)의 모습을 본떠 '막내'를 나타낸 글자.	𣚺	𣝓	𥞥	季
孫	손자 **손**	자식(子)에게서 자식에게로 이어지는(系) '손자'를 나타낸 글자.	𡥝	𡥘	𦃟	孫
學	배울 **학**	산가지(爻)를 이용해 숫자를 배우는 모습을 나타낸 글자.	𥤤	𥤫	𦡒	學
孔*	구멍 **공**	아이(子)가 어머니의 젖을 빠는 모양(乚)을 나타낸 글자.	𡦂	𡦃	孔
		예 孔子(공자) 氣孔(기공) 骨多孔症(골다공증)				
孤*	외로울 **고**	아이를 뜻하는 '子'와 소리를 나타내는 '瓜(과)'를 합하여 만든 글자.			𡥟	孤
		예 孤立(고립) 孤兒(고아) 孤獨(고독)				

孟*	맏 **맹**	아이를 뜻하는 '子'와 소리를 나타내는 '皿(명)'을 합하여 만든 글자.	罍 罍 孟
	예 孟子(맹자) 孟浪(맹랑) 孟母三遷(맹모삼천)		
孰*	누구 **숙**	신에게 제사 드리기 위해 높은 토대 위에 지은 집의 형태(享)와 손에 무언가 들고 있는 모습(丮)을 합한 글자. 뒤에 '누구'의 뜻을 가짐.	鞄 孰
	예 孰是孰非(숙시숙비)		

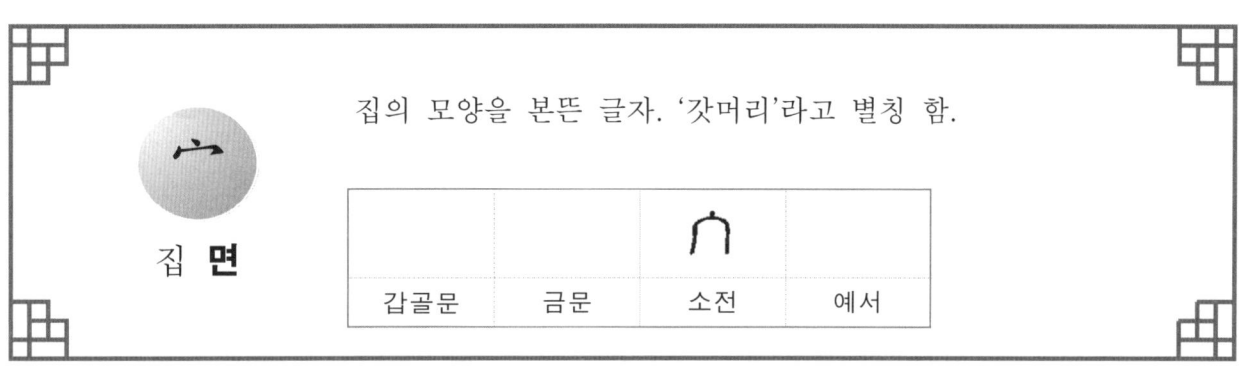

		집의 모양을 본뜬 글자. '갓머리'라고 별칭 함.		
宀 집 **면**		갑골문	금문	宀 소전	예서

한자	훈음	도움말	갑골	금문	소전	예서
守	지킬 **수**	관청에서 관리가 나라의 법도에 따라 나라를 지킴을 나타낸 글자.	🔲	🔲	守	
安	편안할 **안**	여자(女)가 집(宀)안에 편안하게 있는 모습을 나타낸 글자.	🔲	🔲	🔲	安
宇	집 **우**	집을 뜻하는 '宀'과 소리를 나타내는 '于(우)'를 합하여 만든 글자.	🔲	🔲	🔲	宇
宅	집 **택** 댁 **댁**	집을 뜻하는 '宀'과 소리를 나타내는 '乇(탁)'을 합하여 만든 글자.	🔲	🔲	🔲	宅
完	완전할 **완**	집을 뜻하는 '宀'과 소리를 나타내는 '元(원)'을 합하여 만든 글자.			🔲	完
官	벼슬 **관**	높은 언덕(𠂤)에 벼슬아치들이 일을 처리하는 집(宀)의 모습을 나타낸 글자.	🔲	🔲	🔲	官
定	정할 **정**	집을 뜻하는 '宀'과 소리를 나타내는 '正(정)'을 합하여 만든 글자.		🔲	🔲	定
宗	마루 **종**	집안(宀)에 신주(示)가 있는 모습을 나타낸 글자.	🔲	🔲	🔲	宗
宙	집 **주**	집을 뜻하는 '宀'과 소리를 나타내는 '由(유)'를 합하여 만든 글자.			🔲	宙

客	손님 **객**	집을 뜻하는 '宀'과 소리를 나타내는 '各(각)'을 합하여 만든 글자.	宕 宕 客
室	집 **실**	집을 뜻하는 '宀'과 소리를 나타내는 '至(지)'를 합하여 만든 글자.	室 室 室 室
家	집 **가**	예전에 집(宀) 안에서 돼지(豕)를 키웠다는 데서 유래한 글자.	家 家 家 家
容	얼굴 **용**	집과 관련된 '宀'과 소리를 나타내는 '合←公(공)'을 합하여 만든 글자.	容 容
害	해칠 **해**	집(宀)에 들어 앉아 입(口)으로 남을 흉보는 (丯) 모습을 나타낸 글자.	害 害 害
密	빽빽할 **밀**	산을 뜻하는 '山'과 소리를 나타내는 '宓(복/밀)'을 합하여 만든 글자.	密 密 密
宿	잠잘 **숙** 별자리 **수**	집안(宀)에 자리(百의 형태)를 깔고 누운 사람(人)의 모습을 나타낸 글자.	宿 宿 宿 宿
寅	범 **인**	화살의 모양을 본뜬 글자. 뒤에 간지(干支)로 쓰임.	寅 寅 寅
富	부자 **부**	집을 뜻하는 '宀'과 소리를 나타내는 '畐(복)'을 합하여 만든 글자.	富 富 富
寒	찰 **한**	사람이 얼음(冫)이 맺힌 집(宀)에서 추워하는 모습을 나타낸 글자.	寒 寒 寒
實	열매 **실**	집안(宀)에 동전 꾸러미(毌)와 재물(貝)이 가득한 모습을 나타낸 글자.	實 實 實
察	살필 **찰**	집(宀)을 정성껏 돌본다 하여 '살피다'의 뜻을 나타내고 '祭(제)'로 인해 '찰'의 음을 지니게 된 글자.	察 察
宜*	마땅 **의**	고기를 겹쳐 도마 위에 쌓아 놓은 모양을 본뜬 글자. 희생물인 고기를 쌓아 놓고 신에게 제사를 드리는 것이 마땅한 도리임을 뜻하는 글자.	宜 宜 宜
	예 便宜(편의) 宜當(의당)		
宣*	베풀 **선**	집을 뜻하는 '宀'과 소리를 나타내는 '亘(선)'을 합하여 만든 글자.	宣 宣 宣 宣
	예 宣傳(선전) 宣布(선포) 宣言(선언)		
宮*	집 **궁**	집(宀)에 방이 있는 모습을 나타낸 글자. 진(秦)나라 이후 '대궐'의 뜻으로만 쓰임.	宮 宮 宮
	예 王宮(왕궁) 宮女(궁녀) 宮中(궁중)		
宴*	잔치 **연**	집(宀)에서 편안하게(晏) 지낸다는 뜻을 나타내는 글자. '晏(안)'이 음의 역할을 함.	宴 宴 宴
	예 宴會(연회) 壽宴(수연)		

宰*	재상 **재**	관청(宀)에서 죄인(辛)을 다스리는 벼슬아치를 뜻하는 글자.	宰 宰 宰 宰
	예 主宰(주재) 宰相(재상)		
寄*	부칠 **기**	집을 뜻하는 '宀'과 소리를 나타내는 '奇(기)'를 합하여 만든 글자.	寄 寄
	예 寄宿(기숙) 寄生(기생) 寄附(기부)		
寂*	고요할 **적**	집을 뜻하는 '宀'과 소리를 나타내는 '叔(숙)'을 합하여 만든 글자.	寂
	예 靜寂(정적) 寂滅(적멸)		
寡*	적을 **과**	집(宀)안에 머리가 강조된 사람(頁)이 있는 모습을 나타낸 글자. 후에 뜻을 분명히 하기 위해 '刀'를 덧붙임.	寡 寡
	예 寡占(과점) 寡婦(과부) 衆寡不敵(중과부적)		
寧*	편안할 **녕**	사당(宀)에서 제단(丁) 위의 그릇(皿)에 피를 담아 제사를 올리니 마음(心)이 편안함을 나타내는 글자.	寧 寧 寧 寧
	예 安寧(안녕) 康寧(강녕) 丁寧(정녕)		
寢*	잠잘 **침**	집(宀) 안의 침상(爿)에서 잔다는 뜻을 나타내는 글자. '寑(침)'이 음의 역할을 함.	寢
	예 寢睡(침수) 起寢(기침) 寢臺(침대)		
寬*	너그러울 **관**	집을 뜻하는 '宀'과 소리를 나타내는 '莧(환)'을 합하여 만든 글자.	寬 寬
	예 寬容(관용) 寬大(관대) 寬弘(관홍)		
寫*	베낄 **사**	집을 뜻하는 '宀'과 소리를 나타내는 '舄(석)'을 합하여 만든 글자.	寫 寫
	예 複寫(복사) 寫眞(사진) 試寫會(시사회)		
審*	살필 **심**	집(宀) 안에서 입(口)으로 먹는 쌀(米)을 잘 살핀다는 뜻을 나타내는 글자.	審 審 審
	예 審議(심의) 審査(심사) 審判(심판)		
寶*	보배 **보**	집(宀)에 재물(貝)과 옥(玉)이 있는 모습에 소리를 나타내는 '缶(부)'를 합하여 만든 글자.	寶 寶 寶 寶
	예 國寶(국보) 寶物(보물) 寶石(보석)		

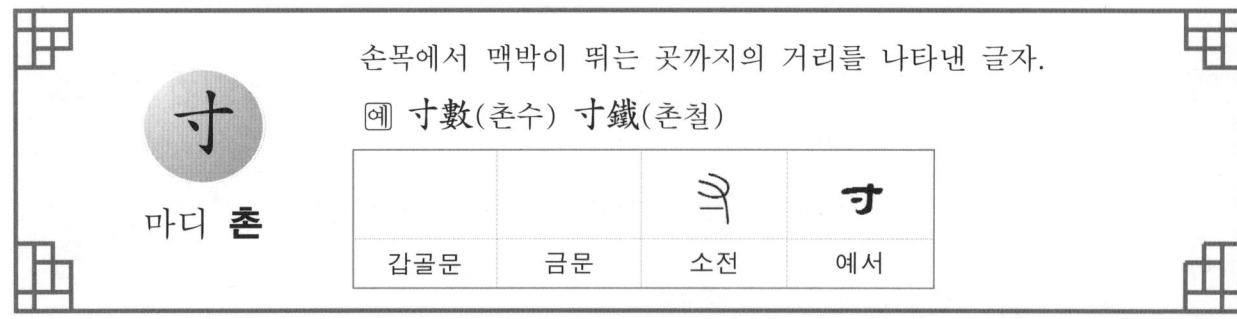

마디 **촌**	손목에서 맥박이 뛰는 곳까지의 거리를 나타낸 글자. 예 寸數(촌수) 寸鐵(촌철)

	갑골문	금문	소전	예서
寸			肘	寸

한자	훈음	도움말	갑골	금문	소전	예서
寺	절 **사**	손을 뜻하는 '寸'과 소리를 나타내는 '土(←之)'를 합하여 만든 글자. 뒤에 '절'의 뜻을 가짐.	㞢	㞢		寺
射	쏠 **사**	손으로 화살을 잡아당기는 모습을 나타낸 글자.	身	身	躺	射
將	장수 **장**	뜻을 나타내는 '月+寸'과 소리를 나타내는 '爿(장)'을 합하여 만든 글자.	將		將	將
尊	높을 **존**	술(酋)병을 공손하게 받들고(寸)있는 모습을 나타낸 글자.	尊		尊	尊
對	대답할 **대**	어떤 물건을 손으로 잡고 있는 모습을 나타낸 글자. 뒤에 '대답하다'는 뜻을 가짐.	對	對	對	對
封*	봉할 **봉**	손으로 식물을 땅에 심는 모양을 표현하여, 나무를 심을 때에 흙을 북돋는데서 '봉하다'는 뜻을 나타낸 글자.	封	封	封	
		예 封建(봉건) 封墳(봉분) 同封(동봉) 冊封(책봉)				
專*	오로지 **전**	실감개를 손에 쥐고 있는 모양을 본뜬 글자. 뒤에 '오로지'의 뜻을 가짐.	專	專	專	專
		예 專攻(전공) 專念(전념) 專門家(전문가)				
尋*	찾을 **심**	두 손을 벌려 길이를 재는 모습을 나타낸 글자. 뒤에 두 손은 ㅋ과 寸자로, 재는 대상과 도구는 口와 工자로 바뀌었음.	尋		尋	尋
		예 尋訪(심방) 尋常(심상) 推尋(추심)				
導*	인도할 **도**	손을 뜻하는 '寸'과 소리를 나타내는 '道(도)'를 합하여 만든 글자.	導	導	導	
		예 引導(인도) 傳導(전도) 半導體(반도체)				

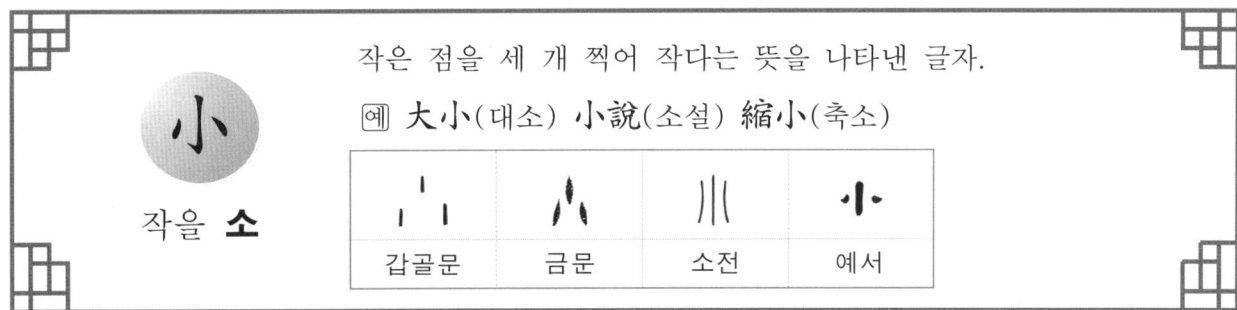

작은 점을 세 개 찍어 작다는 뜻을 나타낸 글자.

小
작을 **소**

㉑ 大小(대소) 小說(소설) 縮小(축소)

갑골문	금문	소전	예서

한자	훈음	도움말	갑골	금문	소전	예서
少	적을/젊을 **소**	작은 물건 네 개가 올망졸망 모여 있는 모양을 본뜬 글자.				少
尙	오히려 **상**	뜻을 나타내는 '八'과 소리를 나타내는 '向(향)'을 합하여 만든 글자.				尙
尖*	뾰족할 **첨**	아래가 크고(大) 위는 작은(小) 모양으로 '끝이 날카롭다'는 뜻을 나타낸 글자. ㉑ 尖端(첨단) 尖銳(첨예) 尖兵(첨병)				尖

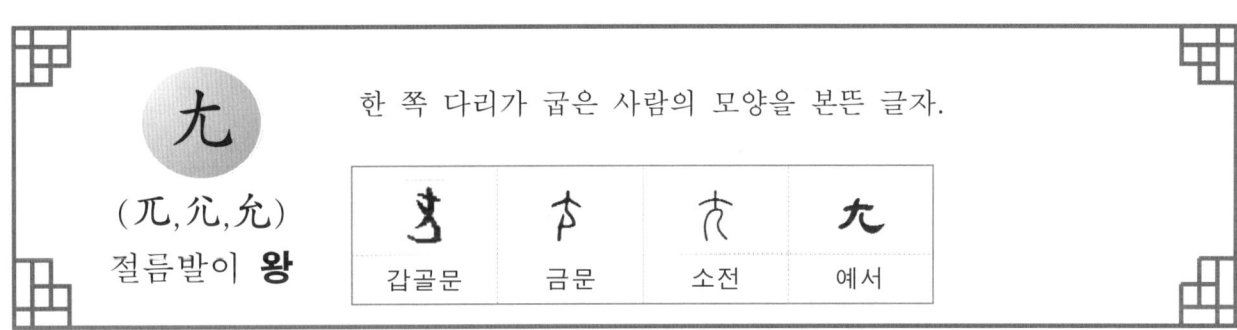

한 쪽 다리가 굽은 사람의 모양을 본뜬 글자.

尢
(兀,尣,允)
절름발이 **왕**

갑골문	금문	소전	예서

한자	훈음	도움말	갑골	금문	소전	예서
尤	더욱 **우**	손에 상처가 난 모습을 나타낸 글자.				尤
就	나아갈 **취**	높음을 뜻하는 '京'과 다르다는 뜻의 '尤'를 합하여 만든 글자.				就

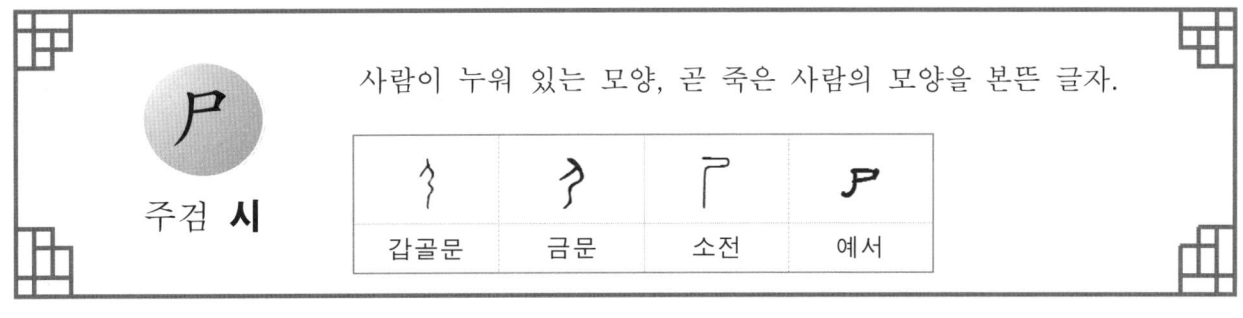

사람이 누워 있는 모양, 곧 죽은 사람의 모양을 본뜬 글자.

尸
주검 **시**

갑골문	금문	소전	예서

한자	훈음	도움말	갑골	금문	소전	예서
尺	자 **척**	발 부분에 표를 한 모양으로, 한 치의 열 배를 나타낸 글자.			尺	尺
尾	꼬리 **미**	사람의 몸(尸)에 짐승의 털(毛)로 만든 장식물을 늘어뜨린 모양.	尾	尾		尾
居	살 **거**	앉아있는 사람을 뜻하는 '尸'와 소리를 나타내는 '古(고)'를 합하여 만든 글자.	居	居		居
屋	집 **옥**	사람이 이르러(至) 몸(尸)을 맡겨 사는 곳을 나타낸 글자.			屋	屋
展	펼 **전**	사람을 뜻하는 '尸'와 소리를 나타내는 '㙓←襄(전)'을 합하여 만든 글자.			展	展
局*	판 **국**	자(尺)로 잰 듯이 정확한 말(口)을 법도에 따라 한다는 데서 '관청'의 뜻을 나타낸 글자. 예 局面(국면) 局限(국한) 結局(결국)			局	局
屈*	굽힐 **굴**	구부러진 꼬리를 뜻하는 '尸←尾'와 소리를 나타내는 '出(출)'을 합하여 만든 글자. 예 屈伏(굴복) 屈伸(굴신) 屈辱(굴욕)		屈	屈	屈
屏*	병풍 **병**	늘어놓는다는 뜻의 '尸'와 소리를 나타내는 '幷(병)'을 합하여 만든 글자. 예 屏風(병풍) 畫屏(화병)			屏	屏
屢*	자주 **루**	집을 뜻하는 '尸'와 소리를 나타내는 '婁(루)'를 합하여 만든 글자. 예 屢次(누차) 屢屢(누누)			屢	屢
履*	밟을 **리**	사람(尸)과 간다는 뜻의 '彳+夂'와 신발의 모양(舟)을 합하여 만든 글자. 예 履歷(이력) 履行(이행) 如履薄氷(여리박빙)			履	履
層*	층 **층**	집을 뜻하는 '尸←广'와 소리를 나타내는 '曾(증)'을 합하여 만든 글자. 예 地層(지층) 層階(층계) 層數(층수)			層	層
屬*	무리 **속**	꼬리를 뜻하는 '尸←尾'와 소리를 나타내는 '蜀(촉)'을 합하여 만든 글자. 예 所屬(소속) 從屬(종속) 歸屬(귀속)			屬	屬

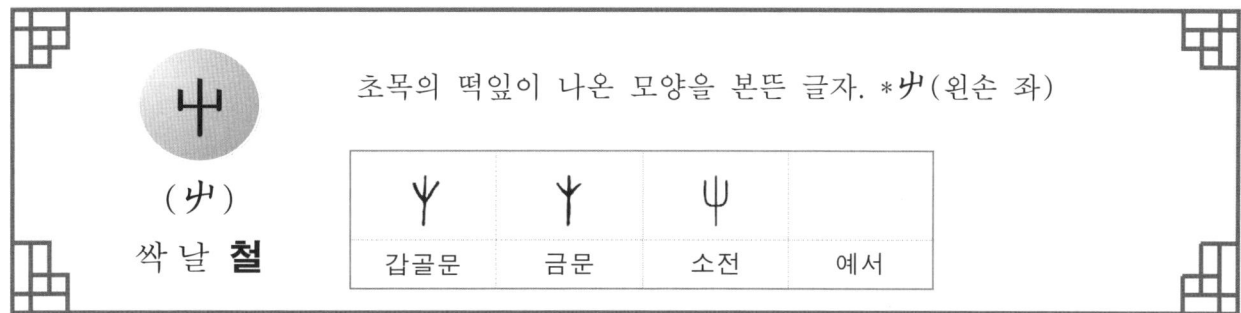

한자	훈음	도움말	갑골	금문	소전	예서
屯*	모일 **둔** 예 屯田(둔전)	굳은 땅을 뚫고 어렵게 돋아나는 새싹을 표현한 글자. 뒤에 '진을 치다'는 뜻을 가짐.	𡳿	𡳿	屯	屯

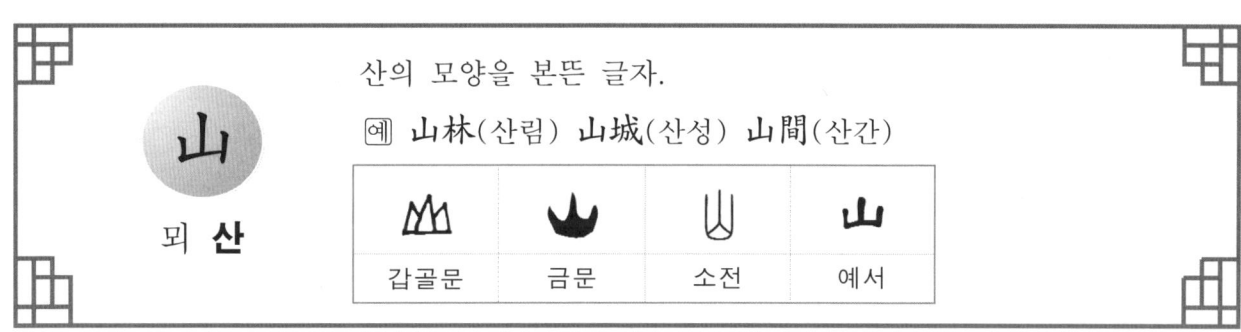

한자	훈음	도움말	갑골	금문	소전	예서
島	섬 **도**	산을 뜻하는 '山'과 소리를 나타내는 '鳥(조)'를 합하여 만든 글자.			島	島
崇	높일 **숭**	산을 뜻하는 '山'과 소리를 나타내는 '宗(종)'을 합하여 만든 글자.			崇	崇
巖	바위 **암**	산을 뜻하는 '山'과 소리를 나타내는 '嚴(엄)'을 합하여 만든 글자.			巖	巖
岳*	큰 산 **악** 예 山岳(산악)	언덕(丘)과 산(山)을 합하여 큰 산을 뜻하는 글자.	岳	岳	岳	岳
岸*	언덕 **안** 예 海岸(해안) 沿岸(연안)	산(山)을 깎아 지를듯한 지형(厂)의 뜻과 소리를 나타내는 '干(간)'을 합하여 만든 글자.			岸	岸
峯*	봉우리 **봉** 예 最高峯(최고봉) 希望峯(희망봉)	산을 뜻하는 '山'과 소리를 나타내는 '夆(봉)'을 합하여 만든 글자.			峯	峰

崩*	무너질 **붕**	산을 뜻하는 '山'과 소리를 나타내는 '朋(붕)'을 합하여 만든 글자.	嵋 崩
	예 崩御(붕어) 崩壞(붕괴)		
嶺*	고개 **령**	산을 뜻하는 '山'과 소리를 나타내는 '領(령)'을 합하여 만든 글자.	嶺 嶺
	예 分水嶺(분수령) 大關嶺(대관령)		

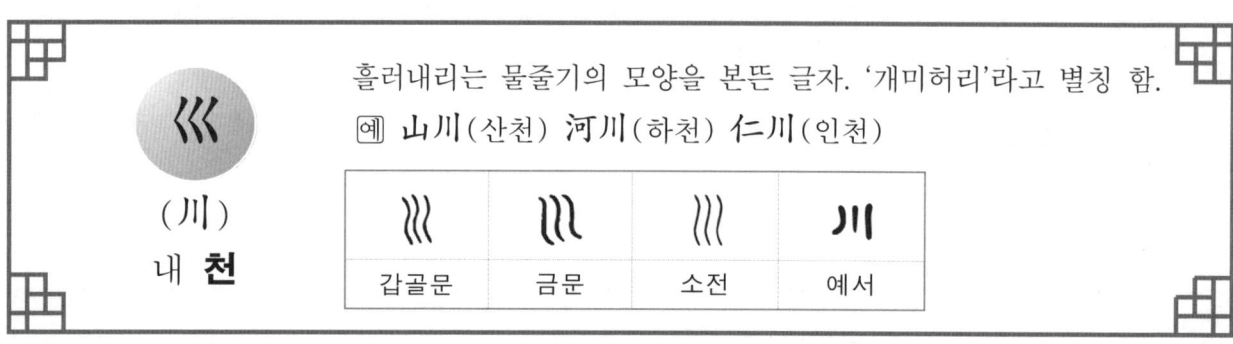

(川)
내 **천**

흘러내리는 물줄기의 모양을 본뜬 글자. '개미허리'라고 별칭 함.
예 山川(산천) 河川(하천) 仁川(인천)

巛	巛	巛	川
갑골문	금문	소전	예서

한자	훈음	도움말	갑골	금문	소전	예서
州*	고을 **주**	냇물(川)에 둘러싸인 섬(河中島)의 모양을 본떠 한정된 '구역'의 뜻을 나타낸 글자.	州 州 州 州			
	예 濟州(제주) 光州(광주)					
巡*	순행할 **순**	길을 뜻하는 '辶'과 소리를 나타내는 '巛(천)'을 합하여 만든 글자.	巡 巡			
	예 巡訪(순방) 巡察(순찰)					

工
장인 **공**

물건을 만드는 장인이 사용하는 도구의 모양을 본뜬 글자.
예 工夫(공부) 工場(공장) 工程(공정)

工	工	工	工
갑골문	금문	소전	예서

한자	훈음	도움말	갑골	금문	소전	예서
巨	클 **거**	큰 도구(工)의 모습을 나타낸 글자.	巨 巨 巨			
左	왼 **좌**	왼손(屮)에 도구(工)을 들고 일을 돕는다는 뜻을 표현한 글자.	左 左 左			

巧*	공교할 **교**	장인을 뜻하는 '工'과 소리를 나타내는 '丂(교)'를 합하여 만든 글자.	丂巧
	예 巧妙(교묘) 精巧(정교) 工巧(공교)		
差*	어긋날 **차**	어긋나 있는 곡물 이삭의 모양을 나타낸 글자. '左(좌)'가 음의 역할을 함.	좌 좌 差
	예 差異(차이) 誤差(오차) 隔差(격차)		

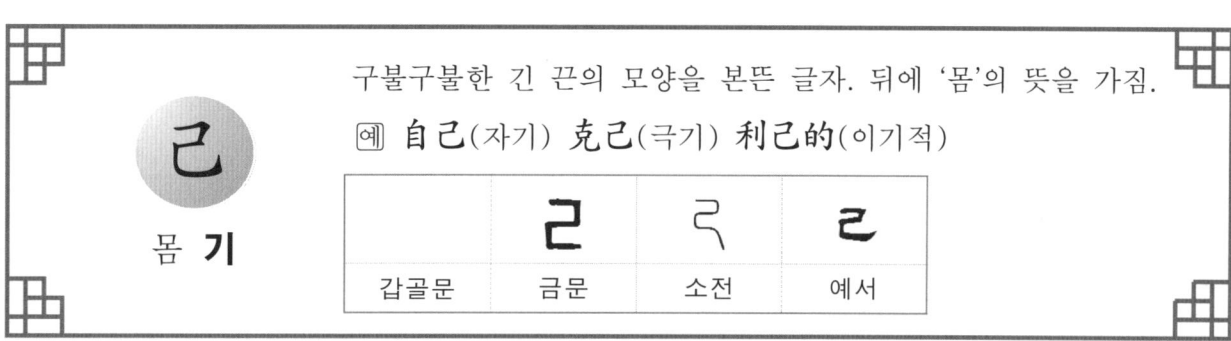

구불구불한 긴 끈의 모양을 본뜬 글자. 뒤에 '몸'의 뜻을 가짐.

예 自己(자기) 克己(극기) 利己的(이기적)

己 몸 **기**

己	己	己
갑골문	금문	소전	예서

한자	훈음	도움말	갑골	금문	소전	예서
巳	뱀 **사**	강보에 싸인 아기의 모습을 본뜬 글자. 뒤에 간지(干支)로 쓰임.	巳 巳 巳 巳
已	이미 **이**	끝이 구부러진 농기구의 모양을 본뜬 글자.	已
巷*	거리 **항**	고을을 뜻하는 '邑'과 소리를 나타내는 '共(공)'을 합하여 만든 글자.	巷 巷
	예 巷說(항설) 巷間(항간) 街談巷說(가담항설)		

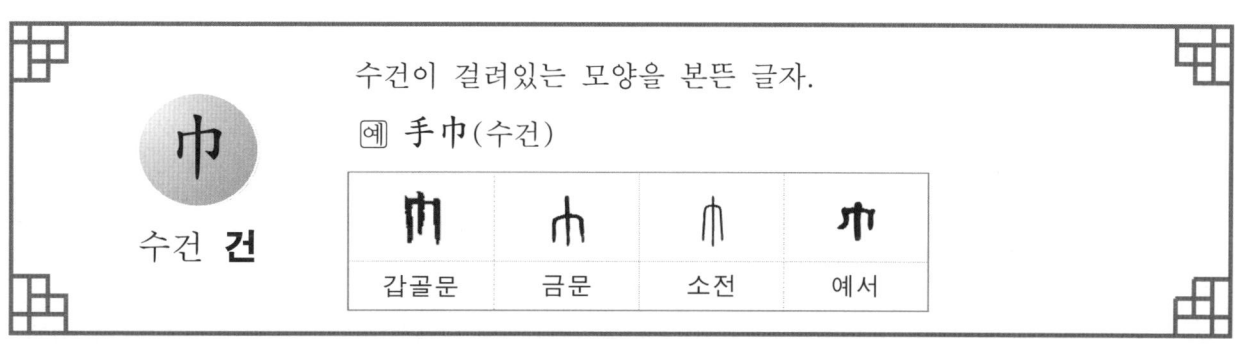

수건이 걸려있는 모양을 본뜬 글자.

예 手巾(수건)

巾 수건 **건**

巾	巾	巾	巾
갑골문	금문	소전	예서

한자	훈음	도움말	갑골	금문	소전	예서
市	저자 **시**	'止'+'八'+'丂'로 이루어진 글자. '止(지)'가 소리를 나타냄.	市 市 市

布	베/펼 **포**	수건을 뜻하는 '巾'과 소리를 나타내는 '父(부)'를 합하여 만든 글자.	布
希	바랄 **희**	실을 섞어 짠(爻) 옷감(巾)의 뜻을 나타낸 글자. 뒤에 '바라다'는 뜻을 가짐.	希
帝	임금 **제**	하늘에 제사지낼 때 쓰는 제상(祭床)의 모양을 본뜬 글자. 뒤에 '임금'의 뜻을 가짐.	帝
師	스승 **사**	군사들이 많이 둘러선 모습을 나타낸 글자. 뒤에 '스승'의 뜻을 가짐.	師
席	자리 **석**	수건을 뜻하는 '巾'과 소리를 나타내는 '庶(서)'를 합하여 만든 글자.	席
常	항상 **상**	수건을 뜻하는 '巾'과 소리를 나타내는 '尙(상)'을 합하여 만든 글자.	常
帥*	장수 **수**	수건을 뜻하는 '巾'과 소리를 나타내는 '𠂤(퇴)'를 합하여 만든 글자.	帥
	예 將帥(장수) 總帥(총수)		
帶*	띠 **대**	허리띠에 패옥이 달려 있는 모양을 본뜬 글자.	帶
	예 帶電(대전) 寒帶(한대) 連帶(연대)		
帳*	휘장 **장**	수건을 뜻하는 '巾'과 소리를 나타내는 '長(장)'을 합하여 만든 글자.	帳
	예 帳幕(장막) 帳簿(장부) 通帳(통장)		
幅*	폭 **폭**	수건을 뜻하는 '巾'과 소리를 나타내는 '畐(복)'을 합하여 만든 글자.	幅
	예 步幅(보폭) 增幅(증폭) 全幅的(전폭적)		
幕*	장막 **막**	수건을 뜻하는 '巾'과 소리를 나타내는 '莫(막)'을 합하여 만든 글자.	幕
	예 開幕(개막) 閉幕(폐막) 懸垂幕(현수막)		
幣*	폐백 **폐**	수건을 뜻하는 '巾'과 소리를 나타내는 '敝(폐)'를 합하여 만든 글자.	幣
	예 紙幣(지폐) 造幣(조폐) 僞幣(위폐)		

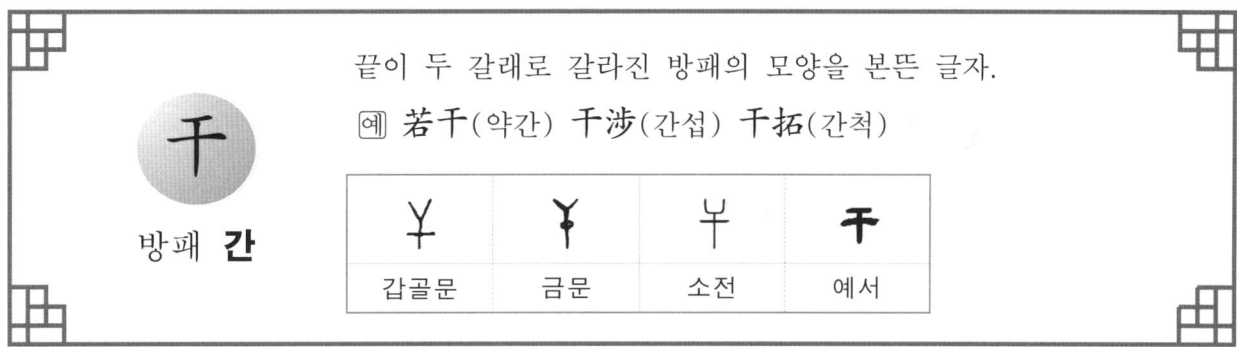

干 방패 **간**

끝이 두 갈래로 갈라진 방패의 모양을 본뜬 글자.

예 若干(약간) 干涉(간섭) 干拓(간척)

Ψ	Ψ	屮	干
갑골문	금문	소전	예서

한자	훈음	도움말	갑골	금문	소전	예서
平	평평할 **평**	물 위에 뜬 물풀의 모양을 본떠서, 수면이 고르고 평평하다는 뜻을 나타낸 글자.		乎	丂	平
年	해 **년**	익어서 고개 숙인 곡식을 사람이 등에 지고 있는 모습을 나타낸 글자.	秂	秂	秊	年
幸	다행 **행**	죄수들의 팔에 채우는 형구의 모양을 본뜬 글자. 뒤에 '다행'이라는 뜻을 가짐.		夲	夲	幸
幹*	줄기 **간**	나무를 뜻하는 '木'과 소리를 나타내는 '倝(간)'을 합하여 만든 글자. 뒤에 '木'은 '干'으로 바뀜.				幹
	예 根幹(근간) 基幹(기간) 幹部(간부)					

玄 작을 **요**

가는 실을 뜻하는 糸자의 윗부분만 나타낸 글자. '작다'는 뜻을 가짐.

		么	
갑골문	금문	소전	예서

한자	훈음	도움말	갑골	금문	소전	예서
幼	어릴 **유**	힘(力)이 작다(幺)는 뜻을 나타낸 글자.	幻	幼	幼	幼
幾	몇 **기**	베틀에 실을 걸쳐 옷감을 짜는 사람을 나타낸 글자.		㡬	㡬	幾
幽*	그윽할 **유**	산을 뜻하는 '山'과 소리를 나타내는 '丝(유)'를 합하여 만든 글자.	幽	幽	幽	幽
	예 幽閉(유폐) 幽靈(유령) 幽明(유명)					

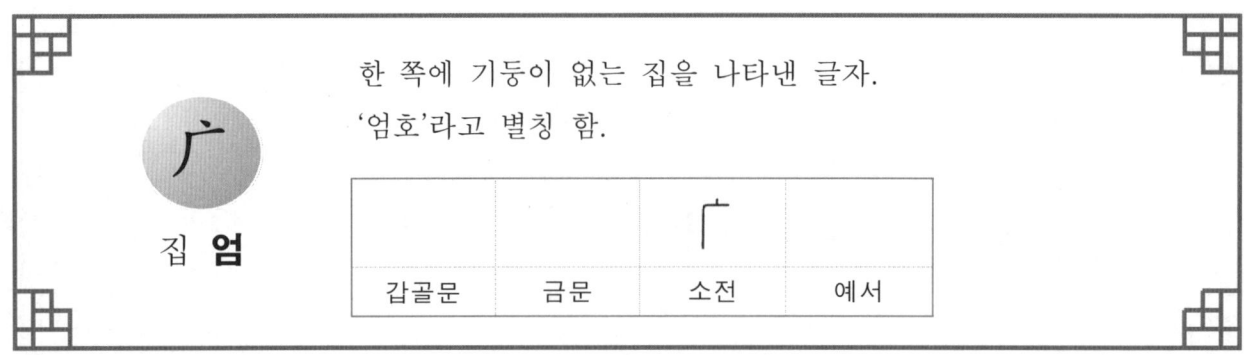

한 쪽에 기둥이 없는 집을 나타낸 글자.
'엄호'라고 별칭 함.

广
집 **엄**

		广	
갑골문	금문	소전	예서

한자	훈음	도움말	갑골	금문	소전	예서
序	차례 **서**	집을 뜻하는 '广'과 소리를 나타내는 '予(여)'를 합하여 만든 글자.			序	序
庚	천간 **경**	고대 악기의 모양 또는 곡물을 터는 기구의 모양을 본뜬 글자. 뒤에 간지(干支)로 쓰임.	甬	甬	甬	庚
店	가게 **점**	집을 뜻하는 '广'과 소리를 나타내는 '占(점)'을 합하여 만든 글자.			坫	店
庭	뜰 **정**	집을 뜻하는 '广'과 소리를 나타내는 '廷(정)'을 합하여 만든 글자.			庭	庭
度	법도 **도** 헤아릴 **탁**	두 손을 펴서 길이를 재는 모습을 나타낸 글자.			度	度
廣	넓을 **광**	집을 뜻하는 '广'과 소리를 나타내는 '黃(황)'을 합하여 만든 글자.	廣	廣	廣	廣
府*	관청 **부**	집을 뜻하는 '广'과 소리를 나타내는 '付(부)'를 합하여 만든 글자.			府	府
	예 政府(정부) 行政府(행정부) 立法府(입법부)					
底*	밑 **저**	집을 뜻하는 '广'과 소리를 나타내는 '氐(저)'를 합하여 만든 글자.			底	底
	예 海底(해저) 底邊(저변) 徹底(철저)					
庫*	곳집 **고**	집(广)안에 수레(車)를 보관하는 곳을 나타낸 글자.		庫	庫	庫
	예 在庫(재고) 倉庫(창고) 封庫罷職(봉고파직)					
座*	자리 **좌**	집을 뜻하는 '广'과 소리를 나타내는 '坐(좌)'를 합하여 만든 글자.				座
	예 座席(좌석) 座標(좌표) 計座(계좌)					
康*	편안할 **강**	곡물을 터는 기구의 모양인 庚자와 그 밑에 떨어진 곡물의 껍질인 겨를 나타낸 글자.		庚	康	康
	예 健康(건강) 小康(소강) 壽福康寧(수복강녕)					

庶*	여러 **서**	여러 사람이 모여 사는 집 안의 보온을 위해 돌을 따뜻하게 달구는 모양을 표현한 글자.	阆庑庶庶
	예 庶民(서민) 庶子(서자) 庶務(서무)		
庸*	떳떳할 **용**	기구(庚)를 이용(用)해 곡물의 알을 떨어뜨리는 모습을 표현한 글자. '用(용)'이 음의 역할을 함.	庸
	예 庸劣(용렬) 中庸(중용)		
廊*	행랑 **랑**	집을 뜻하는 '广'과 소리를 나타내는 '郎(랑)'을 합하여 만든 글자.	廊廊
	예 舍廊(사랑) 行廊(행랑) 畫廊(화랑)		
廉*	청렴할 **렴**	집을 뜻하는 '广'과 소리를 나타내는 '兼(겸)'을 합하여 만든 글자.	廉廉
	예 廉恥(염치) 廉價(염가) 淸廉(청렴)		
廟*	사당 **묘**	집을 뜻하는 '广'과 소리를 나타내는 '朝(조)'를 합하여 만든 글자.	廟廟廟
	예 家廟(가묘) 宗廟(종묘) 廟堂(묘당)		
廢*	폐할 **폐**	집을 뜻하는 '广'과 소리를 나타내는 '發(발)'을 합하여 만든 글자.	廢廢
	예 廢虛(폐허) 廢鑛(폐광) 廢止(폐지)		
廳*	청사 **청**	집을 뜻하는 '广'과 소리를 나타내는 '聽(청)'을 합하여 만든 글자.	廳廳
	예 廳舍(청사) 官廳(관청) 敎育廳(교육청)		

廴 길게 걸을 인

길이 길게 늘어진 모습을 나타낸 글자.
'민책받침'이라고도 별칭 함.

갑골문	금문	소전	예서
		廴	

한자	훈음	도움말	갑골	금문	소전	예서
建	세울 **건**	붓(聿)으로 길(廴)의 설계도를 그려 계획을 세운다는 뜻을 나타낸 글자.		建建建		
延*	끌 **연**	길(廴)과 발(止←止) 모양을 본떠서 멀리 걸어간다는 뜻을 나타낸 글자.			延延	
	예 延着(연착) 延期(연기) 延長(연장)					

廷*	조정 **정**	길을 뜻하는 '廴'과 소리를 나타내는 '壬(정)'을 합하여 만든 글자.	 徎 𨓦 廷
	예 **法廷**(법정) **朝廷**(조정) **宮廷**(궁정)		

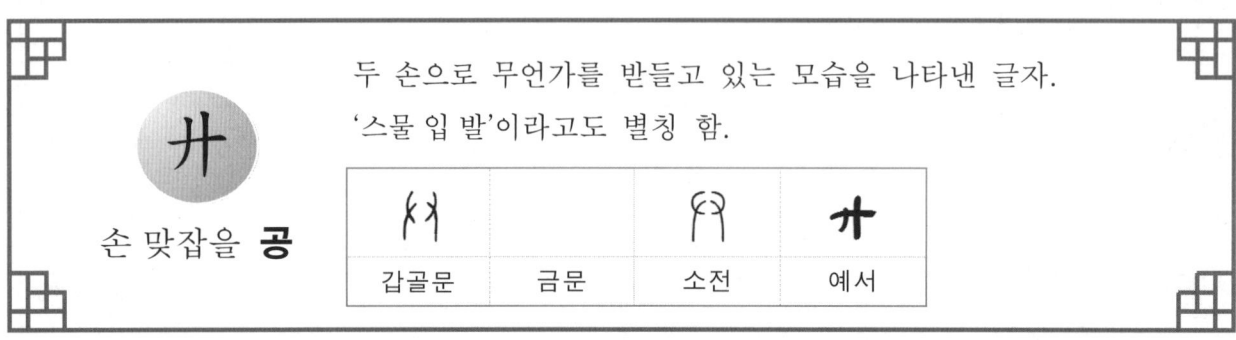

손 맞잡을 **공**

두 손으로 무언가를 받들고 있는 모습을 나타낸 글자.
'스물 입 발'이라고도 별칭 함.

𦥑		廾	廾
갑골문	금문	소전	예서

한자	훈음	도움말	갑골	금문	소전	예서
弄*	희롱 **롱**	양 손(廾)으로 구슬(王←玉)을 가지고 논다는 뜻을 나타낸 글자.		王廾	𢍄	弄
	예 **愚弄**(우롱) **弄談**(농담) **弄瓦之慶**(농와지경)					
弊*	해질 **폐**	개를 뜻하는 '廾←犬'과 소리를 나타내는 '敝(폐)'를 합하여 만든 글자.			𢍕	弊
	예 **弊端**(폐단) **病弊**(병폐) **民弊**(민폐)					

주살 **익**

원래는 줄을 매다는 말뚝을 나타낸 글자. 후에 줄을 매달아 쏘는 화살인 '주살'을 뜻함.

⊥	⺻	弋	弋
갑골문	금문	소전	예서

한자	훈음	도움말	갑골	금문	소전	예서
式	법 **식**	장인(工)이 본보기가 되도록 물건을 만든다는 데서 법이라는 뜻을 나타낸 글자. '弋(익)'은 음을 나타냄.			�	式

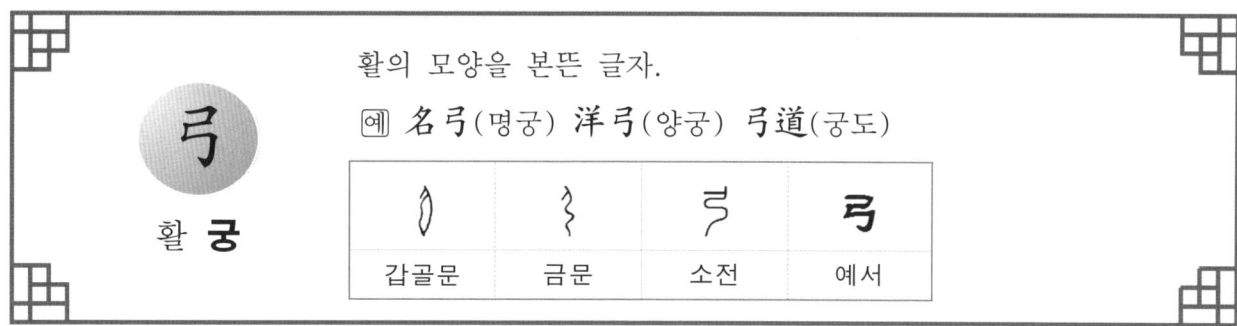

한자	훈음	도움말	갑골	금문	소전	예서
引	끌 **인**	활(弓)의 시위(丨)를 끌어당기는 모습을 나타낸 글자.		𢏚	弲	引
弟	아우 **제**	끈으로 어떤 물건을 묶어놓은 모양을 본뜬 글자. 뒤에 '아우'의 뜻을 가짐.	𢎂	𢎂	𢎀	弟
弱	약할 **약**	어린 새의 두 날개가 나란히 펼쳐진 모습을 본떠 약함을 나타낸 글자.			弱	弱
強	강할 **강**	벌레를 뜻하는 '虫'과 소리를 나타내는 '弘(홍)'을 합하여 만든 글자. 후에 '彊[강할 강]'자를 대신함.			強	強
弔*	조상할 **조**	옛날에 문상할 때 짐승을 막기 위해 사람(丨←人)이 활(弓)을 가지고 갔다는 뜻을 나타낸 글자.	𢎞	𢎞	弔	弔
		예 弔旗(조기) 弔問(조문) 慶弔(경조)				
弘*	클 **홍**	활을 뜻하는 '弓'과 소리를 나타내는 'ㅿ←宏(굉)'을 합하여 만든 글자.	𢎞	𢎞	弘	弘
		예 弘報(홍보) 弘益人間(홍익인간)				
張*	베풀 **장**	활을 뜻하는 '弓'과 소리를 나타내는 '長(장)'을 합하여 만든 글자.			張	張
		예 主張(주장) 張三李四(장삼이사) 虛張聲勢(허장성세)				
彈*	탄알 **탄**	활을 뜻하는 '弓'과 소리를 나타내는 '單(단)'을 합하여 만든 글자.	𢎞		彈	彈
		예 彈壓(탄압) 爆彈(폭탄) 彈丸(탄환)				

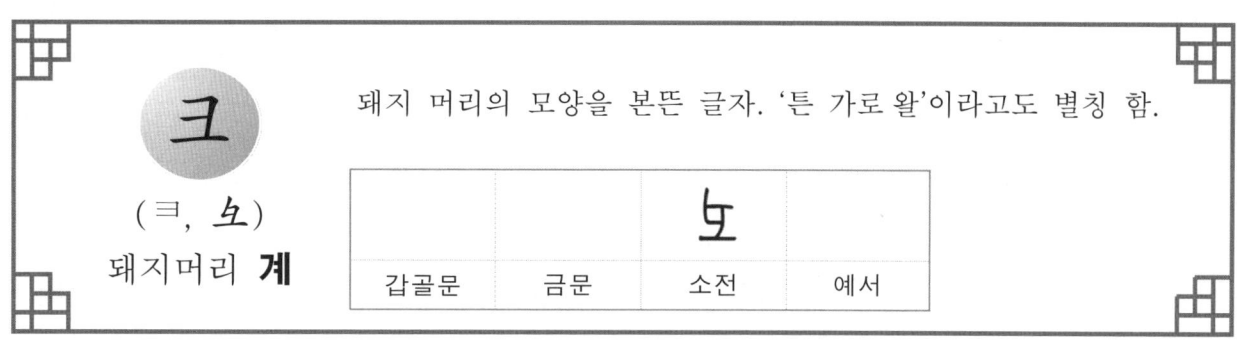

가지런히 나있는 짐승의 털의 모양을 본뜬 글자.
'삐친 석 삼'이라고도 별칭 함.

터럭 **삼**

갑골문	금문	소전	예서
		彡	

한자	훈음	도움말	갑골	금문	소전	예서
形	모양 **형**	머리털을 뜻하는 '彡'과 소리를 나타내는 '幵←井(정)'을 합하여 만든 글자.			形	形
彩*	채색 **채**	꾸민다는 뜻의 '彡'과 소리를 나타내는 '采(채)'를 합하여 만든 글자.			彩	彩
		예 色彩(색채) 光彩(광채) 多彩(다채)				
影*	그림자 **영**	장식을 뜻하는 '彡'과 소리를 나타내는 '景(경)'을 합하여 만든 글자.				影
		예 影響(영향) 投影(투영) 無影(무영)				

사거리의 한쪽을 본뜬 글자.
'두 인 변', '중 인 변'이라고도 별칭 함.

자축거릴 **척**

갑골문	금문	소전	예서
		彳	

한자	훈음	도움말	갑골	금문	소전	예서
往	갈 **왕**	길(彳)을 발(止)로 걸어서 간다하여 그 뜻이 '가다'가 되고, '王(왕)'이 음의 역할을 하는 글자. 후에 '止'와 '王'이 합쳐져 '主'의 형태가 되었음.	徃	徃	往	
彼	저 **피**	길을 뜻하는 '彳'과 소리를 나타내는 '皮(피)'를 합하여 만든 글자.		彼	彼	
待	기다릴 **대**	길을 뜻하는 '彳'과 소리를 나타내는 '寺(사)'를 합하여 만든 글자.	待	待	待	
律	법 **률**	길을 뜻하는 '彳'과 소리를 나타내는 '聿(율)'을 합하여 만든 글자.	律	律	律	
後	뒤 **후**	길(彳)에서 발목이 끈(幺)에 묶여 뒤쳐져 오는 모습을 나타낸 글자.	後	後	後	後

한자	뜻과 음	설명	자형
徒	무리 **도**	뜻을 나타내는 '彳', '止'와 소리를 나타내는 '土'를 합하여 만든 글자.	徒 社 徒 徒
得	얻을 **득**	거리(彳)에서 재물(貝)을 손(寸)으로 줍는 모습을 나타낸 글자.	得 得 得 得
從	좇을 **종**	앞사람을 뒷사람이 좇는 모양을 본뜬 글자.	從 從 從
復	돌아올 **복** 다시 **부**	길을 뜻하는 '彳'과 소리를 나타내는 '复(복)'을 합하여 만든 글자.	復 復 復
德	덕 **덕**	뜻을 나타내는 '心'과 소리를 나타내는 '直'을 합한 '悳(덕)'에 '彳'이 더해진 글자.	德 德 德
役*	부릴 **역**	무기(殳)를 들고 이리저리 다니면서(彳) 나라를 지킨다는 뜻을 나타내는 글자.	役 役
	예 役割(역할) 兵役(병역) 用役(용역)		
征*	칠 **정**	길을 뜻하는 '彳'과 소리를 나타내는 '正(정)'을 합하여 만든 글자.	征 征 征 征
	예 征伐(정벌) 征服(정복) 遠征(원정)		
徑*	지름길 **경**	길을 뜻하는 '彳'과 소리를 나타내는 '巠(경)'을 합하여 만든 글자.	徑 徑
	예 直徑(직경) 半徑(반경)		
徐*	천천히 **서**	길을 뜻하는 '彳'과 소리를 나타내는 '余(여)'를 합하여 만든 글자.	徐 徐
	예 徐行(서행)		
御*	어거할 **어**	길을 뜻하는 '彳'과 소리를 나타내는 '卸(사)'를 합하여 만든 글자.	御 御 御
	예 御殿(어전) 御使(어사) 制御(제어)		
循*	돌 **순**	길을 뜻하는 '彳'과 소리를 나타내는 '盾(순)'을 합하여 만든 글자.	循 循 循
	예 循環(순환) 因循姑息(인순고식)		
微*	작을 **미**	길을 뜻하는 '彳'과 소리를 나타내는 '𢼸(미)'를 합하여 만든 글자.	微 微
	예 微笑(미소) 微細(미세) 幾微(기미)		
徵*	부를 **징**	작음을 뜻하는 '微←微'와 소리를 나타내는 '壬(정)'을 합하여 만든 글자.	徵 徵
	예 特徵(특징) 徵候(징후) 徵收(징수) 徵兵(징병)		
徹*	통할 **철**	길을 뜻하는 '彳'과 소리를 나타내는 '㪅(철)'을 합하여 만든 글자.	徹 徹
	예 徹底(철저) 徹夜(철야) 貫徹(관철)		

❖ 4 획 ❖

心	심장의 모양을 본떠 '마음'을 표현한 글자. * 忄 (심방변)
(忄, 小) 마음 **심**	예 安心(안심) 操心(조심) 銘心(명심)

	갑골문	금문	소전	예서
	♡	♡	♥	心

한자	훈음	도움말	갑골	금문	소전	예서
必	반드시 **필**	긴 자루가 달린 도량형기의 모양을 본뜬 글자. 뒤에 '반드시'의 뜻을 가짐.	弎	戈	爪	必
忙	바쁠 **망**	마음을 뜻하는 '忄'과 소리를 나타내는 '亡(망)'을 합하여 만든 글자.				忙
忘	잊을 **망**	마음을 뜻하는 '心'과 소리를 나타내는 '亡(망)'을 합하여 만든 글자.		芯	忘
忍	참을 **인**	마음을 뜻하는 '心'과 소리를 나타내는 '刃(인)'을 합하여 만든 글자.		忍	忍
志	뜻 **지**	마음을 뜻하는 '心'과 소리를 나타내는 '士(←止)'를 합하여 만든 글자.	뵛	志	志
快	쾌할 **쾌**	마음을 뜻하는 '忄'과 소리를 나타내는 '夬(결)'을 합하여 만든 글자.		快	快
念	생각 **념**	마음을 뜻하는 '心'과 소리를 나타내는 '今(금)'을 합하여 만든 글자.	슌	念	念
性	성품 **성**	마음을 뜻하는 '忄'과 소리를 나타내는 '生(생)'을 합하여 만든 글자.		性	性
忠	충성 **충**	마음을 뜻하는 '心'과 소리를 나타내는 '中(중)'을 합하여 만든 글자.	壴	忠	忠
急	급할 **급**	마음을 뜻하는 '心'과 소리를 나타내는 '刍←及(급)'을 합하여 만든 글자.		急	急
怒	성낼 **노**	마음을 뜻하는 '心'과 소리를 나타내는 '奴(노)'를 합하여 만든 글자.		怒	怒
思	생각 **사**	마음을 뜻하는 '心'과 소리를 나타내는 '田←囟(신)'을 합하여 만든 글자.		思	思
怨	원망할 **원**	마음을 뜻하는 '心'과 소리를 나타내는 '夗(원)'을 합하여 만든 글자.		怨	怨

恨	한할 **한**	마음을 뜻하는 '忄'과 소리를 나타내는 '艮(간)'을 합하여 만든 글자.	㣻恨
恒	항상 **항**	마음을 뜻하는 '忄'과 소리를 나타내는 '亘←亙(긍)'을 합하여 만든 글자.	㣲亙恆
悅	기쁠 **열**	마음을 뜻하는 '忄'과 소리를 나타내는 '兌(태)'를 합하여 만든 글자.	悅
悟	깨달을 **오**	마음을 뜻하는 '忄'과 소리를 나타내는 '吾(오)'를 합하여 만든 글자.	㤿悟
恩	은혜 **은**	마음을 뜻하는 '心'과 소리를 나타내는 '因(인)'을 합하여 만든 글자.	㤙恩
惜	아낄 **석**	마음을 뜻하는 '忄'과 소리를 나타내는 '昔(석)'을 합하여 만든 글자.	㤮惜
情	뜻 **정**	마음을 뜻하는 '忄'과 소리를 나타내는 '靑(청)'을 합하여 만든 글자.	㥯情
患	근심 **환**	마음을 뜻하는 '心'과 소리를 나타내는 '串(관)'을 합하여 만든 글자.	患患
悲	슬플 **비**	마음을 뜻하는 '心'과 소리를 나타내는 '非(비)'를 합하여 만든 글자.	悲悲
惡	악할 **악** 미워할 **오**	마음을 뜻하는 '心'과 소리를 나타내는 '亞(아)'를 합하여 만든 글자.	惡惡
惠	은혜 **혜**	언행을 삼가고(叀) 어진 마음(心)을 베푼다는 데서 '은혜'를 뜻하는 글자.	叀惠惠
感	느낄 **감**	마음을 뜻하는 '心'과 소리를 나타내는 '咸(함)'을 합하여 만든 글자.	感感
想	생각 **상**	마음을 뜻하는 '心'과 소리를 나타내는 '相(상)'을 합하여 만든 글자.	想想
愁	근심 **수**	마음을 뜻하는 '心'과 소리를 나타내는 '秋(추)'를 합하여 만든 글자.	愁愁
愛	사랑 **애**	소리를 나타내는 '旡(기)'와 뜻을 나타내는 '心'+'夊'가 더해져서 사랑한다는 뜻을 표현한 글자.	愛愛
意	뜻 **의**	뜻이 마음(心)에서 나오는 소리(音)임을 나타낸 글자.	意意
慈	사랑 **자**	마음을 뜻하는 '心'과 소리를 나타내는 '玆(자)'를 합하여 만든 글자.	玆慈慈
慶	경사 **경**	남의 좋은 일에 사슴(鹿)을 가지고 가서(夊) 축하한다(心)는 데서 '경사'의 뜻을 나타낸 글자.	慶慶慶慶
憂	근심 **우**	걷고 있는 사람의 모습을 본뜬 글자.	憂憂

憶	생각할 **억**	마음을 뜻하는 '忄'과 소리를 나타내는 '意'를 합하여 만든 글자.	憶
應	응할 **응**	마음을 뜻하는 '心'과 소리를 나타내는 '雁(응)'을 합하여 만든 글자.	應
忌*	꺼릴 **기**	마음을 뜻하는 '心'과 소리를 나타내는 '己(기)'를 합하여 만든 글자.	忌
	예 忌避(기피) 禁忌(금기)		
怪*	기이할 **괴**	마음을 뜻하는 '忄'과 소리를 나타내는 '圣(골)'을 합하여 만든 글자.	怪
	예 怪疾(괴질) 怪異(괴이) 怪奇(괴기)		
忽*	갑자기 **홀**	마음을 뜻하는 '心'과 소리를 나타내는 '勿(물)'을 합하여 만든 글자.	忽
	예 忽然(홀연) 疏忽(소홀) 忽待(홀대)		
怠*	게으를 **태**	마음을 뜻하는 '心'과 소리를 나타내는 '台(태)'를 합하여 만든 글자.	怠
	예 怠慢(태만) 勤怠(근태) 過怠料(과태료)		
恐*	두려울 **공**	마음을 뜻하는 '心'과 소리를 나타내는 '巩(공)'을 합하여 만든 글자.	恐
	예 恐懼(공구) 恐怖(공포)		
恭*	공손 **공**	마음을 뜻하는 '心'과 소리를 나타내는 '共(공)'을 합하여 만든 글자.	恭
	예 恭敬(공경) 過恭非禮(과공비례)		
恕*	용서할 **서**	마음을 뜻하는 '心'과 소리를 나타내는 '如(여)'를 합하여 만든 글자.	恕
	예 容恕(용서)		
息*	숨쉴 **식**	코(自)와 가슴(心)을 통해 숨을 쉬는 모습을 나타낸 글자.	息
	예 休息(휴식) 消息(소식) 自強不息(자강불식)		
恣*	방자할 **자**	마음을 뜻하는 '心'과 소리를 나타내는 '次(차)'를 합하여 만든 글자.	恣
	예 恣行(자행) 恣意的(자의적) 放恣(방자)		
恥*	부끄러울 **치**	마음을 뜻하는 '心'과 소리를 나타내는 '耳(이)'를 합하여 만든 글자.	恥
	예 恥辱(치욕) 不恥下問(불치하문) 厚顏無恥(후안무치)		

悔*	뉘우칠 **회**	마음을 뜻하는 '忄'과 소리를 나타내는 '每(매)'를 합하여 만든 글자.	懺 悔
	囫 後悔(후회) 悔恨(회한) 後悔莫及(후회막급)		
悠*	멀 **유**	마음을 뜻하는 '心'과 소리를 나타내는 '攸(유)'를 합하여 만든 글자.	懲 悠
	囫 悠遠(유원) 悠久(유구) 悠悠(유유)		
惟*	생각할 **유**	마음을 뜻하는 '忄'과 소리를 나타내는 '隹(추)'를 합하여 만든 글자.	惟 惟
	囫 惟一(유일) 惟獨(유독) 思惟(사유)		
惱*	괴로워할 **뇌**	마음을 뜻하는 '忄'과 소리를 나타내는 '𡿺(노)'를 합하여 만든 글자.	
	囫 惱殺(뇌쇄) 苦惱(고뇌) 煩惱(번뇌)		
惑*	미혹할 **혹**	마음을 뜻하는 '心'과 소리를 나타내는 '或(혹)'을 합하여 만든 글자.	惑 惑 惑
	囫 疑惑(의혹) 誘惑(유혹) 不惑(불혹)		
愧*	부끄러울 **괴**	마음을 뜻하는 '忄'과 소리를 나타내는 '鬼(귀)'를 합하여 만든 글자.	愧 愧 愧
	囫 自愧(자괴)		
愼*	삼갈 **신**	마음을 뜻하는 '忄'과 소리를 나타내는 '眞(진)'을 합하여 만든 글자.	愼 愼
	囫 愼重(신중) 勤愼(근신)		
愚*	어리석을 **우**	마음을 뜻하는 '心'과 소리를 나타내는 '禺(우)'을 합하여 만든 글자.	愚 愚 愚
	囫 愚惡(우악) 愚賢(우현) 愚公移山(우공이산)		
愈*	더욱 **유**	마음을 뜻하는 '心'과 소리를 나타내는 '兪(유)'를 합하여 만든 글자.	愈
	囫		
慨*	슬퍼할 **개**	마음을 뜻하는 '忄'과 소리를 나타내는 '旣(기)'를 합하여 만든 글자.	慨 慨
	囫 慨歎(개탄) 感慨無量(감개무량)		
慣*	버릇 **관**	마음을 뜻하는 '忄'과 소리를 나타내는 '貫(관)'을 합하여 만든 글자.	慣
	囫 慣性(관성) 習慣(습관) 慣行(관행)		

慢*	거만할 **만**	마음을 뜻하는 '忄'과 소리를 나타내는 '曼(만)'을 합하여 만든 글자.	慢 慢
	예 怠慢(태만) 慢性(만성)		
慘*	참혹할 **참**	마음을 뜻하는 '忄'과 소리를 나타내는 '參(참)'을 합하여 만든 글자.	慘 慘
	예 慘狀(참상) 慘敗(참패) 悲慘(비참)		
態*	모양 **태**	마음을 뜻하는 '心'과 소리를 나타내는 '能(능)'을 합하여 만든 글자.	態 態
	예 態度(태도) 生態系(생태계) 炎涼世態(염량세태)		
慮*	생각 **려**	마음을 뜻하는 '心'과 소리를 나타내는 '盧(로)'를 합하여 만든 글자.	慮 慮
	예 考慮(고려) 憂慮(우려) 千慮一失(천려일실)		
憐*	불쌍할 **련**	마음을 뜻하는 '忄'과 소리를 나타내는 '粦(린)'을 합하여 만든 글자.	憐 憐
	예 哀憐(애련) 可憐(가련) 同病相憐(동병상련)		
慕*	사모할 **모**	마음을 뜻하는 '小'과 소리를 나타내는 '莫(막)'을 합하여 만든 글자.	慕 慕 慕
	예 追慕(추모) 思慕(사모)		
憫*	불쌍히여길 **민**	마음을 뜻하는 '忄'과 소리를 나타내는 '閔(민)'을 합하여 만든 글자.	憫
	예 憐憫(연민)		
憤*	분할 **분**	마음을 뜻하는 '忄'과 소리를 나타내는 '賁(분)'을 합하여 만든 글자.	憤 憤
	예 憤怒(분노) 憤慨(분개) 發憤忘食(발분망식)		
慾*	욕심 **욕**	마음을 뜻하는 '心'과 소리를 나타내는 '欲(욕)'을 합하여 만든 글자.	慾
	예 慾心(욕심) 貪慾(탐욕) 慾望(욕망)		
慰*	위로할 **위**	마음을 뜻하는 '忄'과 소리를 나타내는 '尉(위)'를 합하여 만든 글자.	慰 慰
	예 慰勞(위로) 慰安(위안)		
憎*	미워할 **증**	마음을 뜻하는 '忄'과 소리를 나타내는 '曾(증)'을 합하여 만든 글자.	憎 憎
	예 憎惡(증오) 愛憎(애증) 可憎(가증)		

慙 *	부끄러워할 **참**	마음을 뜻하는 '心'과 소리를 나타내는 '斬(참)'을 합하여 만든 글자.	慙 慙
	예 慙愧(참괴) 慙悔(참회)		
慧 *	지혜 **혜**	마음을 뜻하는 '心'과 소리를 나타내는 '彗(혜)'을 합하여 만든 글자.	慧 慧
	예 慧眼(혜안) 智慧(지혜) 慧敏(혜민)		
憲 *	법 **헌**	청동기를 만들 때 거푸집의 아귀가 맞지 않아 잘못 만들어진 주물의 모양을 나타낸 글자.	憲 憲 憲
	예 憲法(헌법) 違憲(위헌) 改憲(개헌)		
懇 *	정성 **간**	마음을 뜻하는 '心'과 소리를 나타내는 '貇(간)'을 합하여 만든 글자.	懇 懇
	예 懇談(간담) 懇求(간구) 懇切(간절)		
懲 *	징계할 **징**	마음을 뜻하는 '心'과 소리를 나타내는 '徵(징)'을 합하여 만든 글자.	懲 懲
	예 懲罰(징벌) 懲役(징역) 勸善懲惡(권선징악)		
懷 *	품을 **회**	마음을 뜻하는 '忄'과 소리를 나타내는 '褱(회)'를 합하여 만든 글자.	懷 懷
	예 懷抱(회포) 懷柔(회유) 感懷(감회)		
懸 *	매달 **현**	마음을 뜻하는 '心'과 소리를 나타내는 '縣(현)'을 합하여 만든 글자.	懸
	예 懸隔(현격) 懸賞(현상) 懸河之辯(현하지변)		
懼 *	두려울 **구**	마음을 뜻하는 '忄'과 소리를 나타내는 '瞿(구)'를 합하여 만든 글자.	懼 懼 懼
	예 疑懼心(의구심)		
戀 *	사모할 **련**	마음을 뜻하는 '心'과 소리를 나타내는 '䜌(련)'을 합하여 만든 글자.	戀
	예 戀愛(연애) 戀慕(연모) 戀歌(연가)		

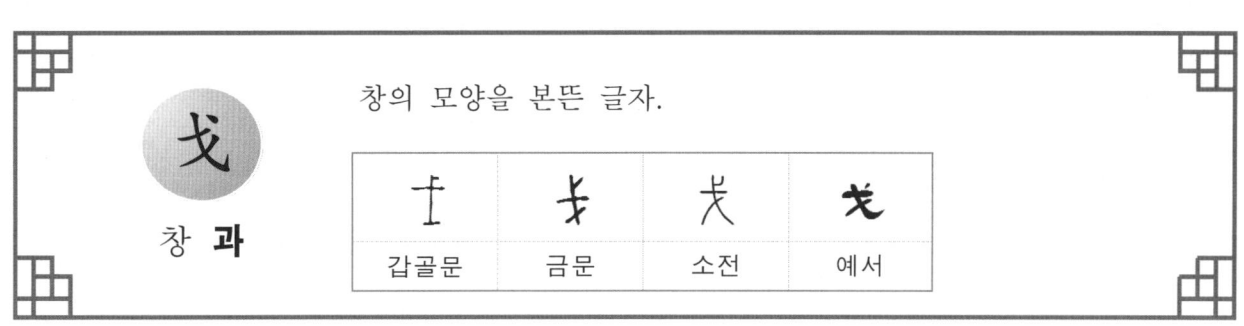

창의 모양을 본뜬 글자.

戈
창 **과**

甲骨文	金文	小篆	隸書
갑골문	금문	소전	예서

한자	훈음	도움말	갑골	금문	소전	예서
戊	천간 **무**	날이 큰 도끼가 달린 창을 본뜬 글자. 뒤에 간지(干支)로 쓰임.				
戌	개 **술**	도끼가 달린 창의 모양을 본뜬 글자. 뒤에 간지(干支)로 쓰임.				
成	이룰 **성**	뜻을 나타내는 '戈'와 소리를 나타내는 '丁(정)'을 합하여 만든 글자.				
我	나 **아**	날이 세 개 달린 창의 모양을 본뜬 글자. 뒤에 '나'의 뜻을 가짐.				
或	혹 **혹**	특정 지역(口)을 창(戈)과 장애물(一)을 설치하여 지키는 모습을 나타낸 글자. 뒤에 '혹시'의 뜻을 가짐.				
戰	싸움 **전**	뜻을 나타내는 '戈'와 소리를 나타내는 '單(단)'을 합하여 만든 글자.				
戒*	경계할 **계**	창(戈)을 양손(廾)으로 들고 경계하는 모습을 나타낸 글자.				
		예 戒律(계율) 警戒(경계) 一罰百戒(일벌백계)				
戚*	겨레 **척**	창과 관련된 '戊'와 소리를 나타내는 '尗(숙)'을 합하여 만든 글자.				
		예 戚臣(척신) 親戚(친척)				
戲*	희롱할 **희**	창을 뜻하는 '戈'와 소리를 나타내는 '虘(희)'를 합하여 만든 글자. '戯'는 俗字임.				
		예 戲弄(희롱) 戲曲(희곡) 戲劇(희극)				

戶

지게문 호

지게문의 모양을 본뜬 글자.

예 窓戶(창호) 戶籍(호적) 戶口(호구)

日		尸	戸
갑골문	금문	소전	예서

한자	훈음	도움말	갑골	금문	소전	예서
房	방 **방**	집을 뜻하는 '戶'와 소리를 나타내는 '方(방)'을 합하여 만든 글자.				
所	바 **소**	집(戶)에서 도끼(斤)로 일을 하는 모습을 나타낸 글자. 뒤에 '장소'의 뜻을 가짐.				

手
(扌)
손 **수**

다섯 손가락을 편 손 모양을 본뜬 글자. * 扌(재방변)

예 **歌手**(가수) **失手**(실수) **洗手**(세수)

갑골문	금문	소전	예서
ᛃ	ᛉ	手	手

한자	훈음	도움말	갑골	금문	소전	예서
才	재주 **재**	새싹이 땅 위로 돋아나는 모습을 나타낸 글자.	中	十	才	才
打	칠 **타**	손을 뜻하는 '扌'와 소리를 나타내는 '丁(정)'을 합하여 만든 글자.			扚	打
技	재주 **기**	손을 뜻하는 '扌'와 소리를 나타내는 '支(지)'를 합하여 만든 글자.			技	技
扶	도울 **부**	손을 뜻하는 '扌'와 소리를 나타내는 '夫(부)'를 합하여 만든 글자.			扶	扶
投	던질 **투**	뜻을 나타내는 '扌'와 소리를 나타내는 '殳(수)'를 합하여 만든 글자.			投	投
承	이을 **승**	뜻을 나타내는 '手'와 소리를 나타내는 '丞(승)'을 합하여 만든 글자.	𢎫	𢎩	爾	承
招	부를 **초**	손을 뜻하는 '扌'와 소리를 나타내는 '召(소)'를 합하여 만든 글자.			招	招
抱	안을 **포**	손을 뜻하는 '扌'와 소리를 나타내는 '包(포)'를 합하여 만든 글자.			抱	抱
拜	절 **배**	몸을 숙여 손(手)으로 풀을 뽑는 모습의 글자. 그 모습이 절하는 것과 비슷해 '절'의 뜻을 가짐.	𢪊	拜	拜	
拾	주울 **습** 열 **십**	손을 뜻하는 '扌'와 소리를 나타내는 '合(합)'을 합하여 만든 글자.			拾	拾
持	가질 **지**	손을 뜻하는 '扌'와 소리를 나타내는 '寺(사)'를 합하여 만든 글자.			持	持
指	손가락/가리킬 **지**	손을 뜻하는 '扌'와 소리를 나타내는 '旨(지)'를 합하여 만든 글자.	指	指	指	
授	줄 **수**	손을 뜻하는 '扌'와 소리를 나타내는 '受(수)'를 합하여 '주다)'를 뜻하는 글자.			授	授
接	이을 **접**	손을 뜻하는 '扌'와 소리를 나타내는 '妾(첩)'을 합하여 만든 글자.			接	接

採	캘 **채**	손을 뜻하는 '扌'와 소리를 나타내는 '采(채)'를 합하여 만든 글자.		採
推	밀 **추**	손을 뜻하는 '扌'와 소리를 나타내는 '隹(추)'를 합하여 만든 글자.	摧	推
探	찾을 **탐**	손을 뜻하는 '扌'와 소리를 나타내는 '罙(담)'을 합하여 만든 글자.	㰱	探
揚	날릴/떨칠 **양**	손을 뜻하는 '扌'와 소리를 나타내는 '昜(양)'을 합하여 만든 글자.	揚	揚
擧	들 **거**	손(手)으로 들어 올린다하여 '들다'를 나타낸 글자. '與(여)'는 소리를 나타냄.	擧	擧
托*	맡길 **탁**	손을 뜻하는 '扌'와 소리를 나타내는 '乇(탁)'을 합하여 만든 글자.		托
	예 依托(의탁)			
批*	비평할 **비**	손을 뜻하는 '扌'와 소리를 나타내는 '比(비)'를 합하여 만든 글자.		批
	예 批評(비평) 批判(비판)			
抑*	누를 **억**	손을 뜻하는 '扌'와 소리를 나타내는 '卬(앙)'을 합하여 만든 글자.	抑	抑
	예 抑留(억류) 抑揚(억양) 抑壓(억압)			
折*	꺾을 **절**	도끼(斤)로 나무를 찍어 나무가 꺾인 모양(扌)을 나타낸 글자.	折 斨 斱	折
	예 折半(절반) 九折羊腸(구절양장)			
抄*	베낄 **초**	손을 뜻하는 '扌'와 소리를 나타내는 '少(소)'를 합하여 만든 글자.		抄
	예 抄錄(초록) 抄略(초략) 抄本(초본)			
把*	잡을 **파**	손을 뜻하는 '扌'와 소리를 나타내는 '巴(파)'를 합하여 만든 글자.	把	把
	예 把守(파수)			
抗*	겨룰 **항**	손을 뜻하는 '扌'와 소리를 나타내는 '亢(항)'을 합하여 만든 글자.	抗	抗
	예 抗議(항의) 抗訴(항소) 反抗(반항) 對抗(대항)			
拒*	막을 **거**	손을 뜻하는 '扌'와 소리를 나타내는 '巨(거)'를 합하여 만든 글자.		拒
	예 拒否(거부) 拒絕(거절) 抗拒(항거)			

拘*	잡을 **구**	손을 뜻하는 '扌'와 소리를 나타내는 '句(구)'를 합하여 만든 글자.	拘
	예 拘束(구속) 不拘(불구) 拘留(구류)		
拍*	칠 **박**	손을 뜻하는 '扌'와 소리를 나타내는 '白(백)'을 합하여 만든 글자.	拍
	예 拍車(박차) 拍手(박수) 拍子(박자)		
拔*	뺄 **발**	손을 뜻하는 '扌'와 소리를 나타내는 '犮(발)'을 합하여 만든 글자.	拔
	예 海拔(해발) 選拔(선발) 拔本塞源(발본색원)		
拂*	떨칠 **불**	손을 뜻하는 '扌'와 소리를 나타내는 '弗(불)'을 합하여 만든 글자.	拂
	예 支拂(지불) 滯拂(체불) 換拂(환불)		
押*	누를 **압**	손을 뜻하는 '扌'와 소리를 나타내는 '甲(압)'을 합하여 만든 글자.	押
	예 押收(압수) 押留(압류) 押韻(압운)		
抵*	거스를 **저**	손을 뜻하는 '扌'와 소리를 나타내는 '氐(저)'를 합하여 만든 글자.	抵
	예 抵抗(저항) 抵觸(저촉) 根抵當(근저당)		
拙*	못날 **졸**	손을 뜻하는 '扌'와 소리를 나타내는 '出(출)'을 합하여 만든 글자.	拙
	예 拙稿(졸고) 拙速(졸속) 拙劣(졸렬)		
拓*	넓힐 **척**	손을 뜻하는 '扌'와 소리를 나타내는 '石(석)'을 합하여 만든 글자.	拓
	예 拓植(척식) 開拓(개척) 干拓地(간척지)		
抽*	뽑을 **추**	손을 뜻하는 '扌'와 소리를 나타내는 '由(유)'를 합하여 만든 글자.	抽
	예 抽出(추출) 抽象(추상)		
挑*	돋울 **도**	손을 뜻하는 '扌'와 소리를 나타내는 '兆(조)'를 합하여 만든 글자.	挑
	예 挑戰(도전) 挑發(도발)		
拳*	주먹 **권**	손을 뜻하는 '手'와 소리를 나타내는 '𢍏(권)'을 합하여 만든 글자.	拳
	예 拳鬪(권투) 鐵拳(철권) 赤手空拳(적수공권)		

振*	떨칠 **진**	손을 뜻하는 '扌'와 소리를 나타내는 '辰(진)'을 합하여 만든 글자.	振
	예 振幅(진폭) 振動(진동) 不振(부진)		
捉*	잡을 **착**	손을 뜻하는 '扌'와 소리를 나타내는 '足(족)'을 합하여 만든 글자.	捉
	예 捕捉(포착)		
捕*	잡을 **포**	손을 뜻하는 '扌'와 소리를 나타내는 '甫(보)'를 합하여 만든 글자.	捕
	예 逮捕(체포) 追捕(추포)		
掛*	걸 **괘**	손을 뜻하는 '扌'와 소리를 나타내는 '卦(괘)'를 합하여 만든 글자.	掛
	예 掛圖(괘도) 掛鐘時計(괘종시계)		
掠*	노략질할 **략**	손을 뜻하는 '扌'와 소리를 나타내는 '京(경)'을 합하여 만든 글자.	掠
	예 掠奪(약탈) 攻掠(공략)		
排*	물리칠 **배**	손을 뜻하는 '扌'와 소리를 나타내는 '非(비)'를 합하여 만든 글자.	排
	예 排斥(배척) 排除(배제) 排他的(배타적)		
捨*	버릴 **사**	손을 뜻하는 '扌'와 소리를 나타내는 '舍(사)'를 합하여 만든 글자.	捨
	예 取捨(취사) 捨生取義(사생취의)		
掃*	쓸 **소**	손을 뜻하는 '扌'와 소리를 나타내는 '帚(추)'를 합하여 만든 글자.	掃
	예 淸掃(청소) 掃除(소제)		
援*	도울 **원**	손을 뜻하는 '扌'와 소리를 나타내는 '爰(원)'을 합하여 만든 글자.	援
	예 支援(지원) 援助(원조) 孤立無援(고립무원)		
掌*	손바닥 **장**	손을 뜻하는 '手'와 소리를 나타내는 '尙(상)'을 합하여 만든 글자.	掌
	예 分掌(분장) 管掌(관장) 拍掌大笑(박장대소)		
提*	끌 **제**	손을 뜻하는 '扌'와 소리를 나타내는 '是(시)'를 합하여 만든 글자.	提
	예 提出(제출) 提議(제의) 提示(제시) 提案(제안)		

換*	바꿀 **환**	손을 뜻하는 '扌'와 소리를 나타내는 '奐(환)'을 합하여 만든 글자.	換
	예 換氣(환기) 換錢(환전) 換率(환율)		
揮*	휘두를 **휘**	손을 뜻하는 '扌'와 소리를 나타내는 '軍(군)'을 합하여 만든 글자.	揮
	예 揮毫(휘호) 揮帳(휘장) 指揮者(지휘자)		
損*	덜 **손**	손을 뜻하는 '扌'와 소리를 나타내는 '員(원)'을 합하여 만든 글자.	損
	예 損傷(손상) 毀損(훼손) 損益(손익)		
搜*	찾을 **수**	손을 뜻하는 '扌'와 소리를 나타내는 '叟(수)'를 합하여 만든 글자.	搜
	예 搜査(수사) 搜索(수색)		
搖*	흔들 **요**	손을 뜻하는 '扌'와 소리를 나타내는 '䍃(요)'를 합하여 만든 글자.	搖
	예 動搖(동요) 搖亂(요란)		
携*	끌 **휴**	손을 뜻하는 '扌'와 소리를 나타내는 '隽←巂(휴)'를 합하여 만든 글자.	攜
	예 携帶(휴대) 提携(제휴)		
摘*	딸 **적**	손을 뜻하는 '扌'와 소리를 나타내는 '啇(적)'을 합하여 만든 글자.	摘
	예 摘發(적발) 指摘(지적) 摘示(적시)		
播*	뿌릴 **파**	손을 뜻하는 '扌'와 소리를 나타내는 '番(번)'을 합하여 만든 글자.	播
	예 播種(파종) 傳播(전파) 播多(파다)		
據*	의거할 **거**	손을 뜻하는 '扌'와 소리를 나타내는 '豦(거)'를 합하여 만든 글자.	據
	예 根據(근거) 證據(증거) 占據(점거)		
擔*	멜 **담**	손을 뜻하는 '扌'와 소리를 나타내는 '詹(첨)'을 합하여 만든 글자.	擔
	예 擔保(담보) 加擔(가담) 擔當(담당) 擔任(담임)		
擁*	안을 **옹**	손을 뜻하는 '扌'와 소리를 나타내는 '雍(옹)'을 합하여 만든 글자.	擁
	예 擁護(옹호) 抱擁(포옹) 擁壁(옹벽)		

操*	잡을 **조**	손을 뜻하는 '扌'와 소리를 나타내는 '喿(소)'를 합하여 만든 글자.	㸅 操
	예 操心(조심) 體操(체조) 操作(조작)		
擇*	가릴 **택**	손을 뜻하는 '扌'와 소리를 나타내는 '睪(역)'을 합하여 만든 글자.	擇 擇
	예 選擇(선택) 採擇(채택) 殺生有擇(살생유택)		
擊*	칠 **격**	손을 뜻하는 '扌'와 소리를 나타내는 '毃(격)'을 합하여 만든 글자.	擊 擊
	예 打擊(타격) 擊破(격파) 遊擊手(유격수)		
擴*	넓힐 **확**	손을 뜻하는 '扌'와 소리를 나타내는 '廣(광)'을 합하여 만든 글자.	擴
	예 擴大(확대) 擴散(확산) 擴張(확장)		
攝*	끌어잡을 **섭**	손을 뜻하는 '扌'와 소리를 나타내는 '聶(섭)'을 합하여 만든 글자.	攝 攝
	예 攝取(섭취) 攝生(섭생) 包攝(포섭)		

| | 支 | 대나무 가지(十)를 든 손(又)의 모습을 나타낸 글자. |
| 지탱할 **지** | 예 支出(지출) 支持(지지) 支配(지배) |

갑골문	금문	소전	예서
		숯	支

| | 支 (攵) 칠 **복** | 손으로 막대기를 잡고 있는 모습을 나타낸 글자.
 * 攵(등글월문) |

갑골문	금문	소전	예서
		攴	

한자	훈음	도움말	갑골	금문	소전	예서
收	거둘 **수**	친다는 뜻의 '攵'과 소리를 나타내는 '丩(구)'를 합하여 만든 글자.			收	收

改	고칠 **개**	친다는 뜻의 '攵'과 소리를 나타내는 '己(기)'를 합하여 만든 글자.	改 攺
放	놓을 **방**	친다는 뜻의 '攵'과 소리를 나타내는 '方(방)'을 합하여 만든 글자.	扴 玫 放
故	연고 **고**	친다는 뜻의 '攵'과 소리를 나타내는 '古(고)'를 합하여 만든 글자.	故 故 故
政	정사 **정**	바르지 않은 것을 쳐서(攵) 바로잡음(正)을 나타낸 글자.	政 政 政
效	본받을 **효**	친다는 뜻의 '攵'과 소리를 나타내는 '交(교)'를 합하여 만든 글자.	敎 敎 敎 效
敎	가르칠 **교**	어린아이(子)를 가르치기(爻) 위하여 매를 드는 (攵) 모습을 나타낸 글자.	敎 敎 敎 敎
救	구원할 **구**	친다는 뜻의 '攵'과 소리를 나타내는 '求(구)'를 합하여 만든 글자.	救 救 救
敗	패할 **패**	친다는 뜻의 '攵'과 소리를 나타내는 '貝(패)'를 합하여 만든 글자.	敗 敗 敗
敢	감히 **감**	창을 잡고 무릅쓰고 나아간다는 뜻을 나타낸 글자.	敢 敢
散	흩어질 **산**	고기(月)를 산산이 흩어놓은 모습을 나타낸 글자.	散 散
敬	공경할 **경**	머리위에 커다란 장식을 얹고 다소곳이 꿇어앉은 사람의 모습(苟)에 '口'와 '攵'을 덧붙인 글자.	敬 敬 敬
數	셈 **수**	막대기로 숫자를 헤아린다는 뜻의 '攵'과 소리를 나타내는 '婁(루)'를 합하여 만든 글자.	數 數
敵	원수 **적**	친다는 뜻의 '攵'과 소리를 나타내는 '啇(적)'을 합하여 만든 글자.	敵 敵
攻*	칠 **공**	친다는 뜻의 '攵'과 소리를 나타내는 '工(공)'을 합하여 만든 글자.	攻 攻 攻
	예 攻守(공수) 攻擊(공격) 難攻不落(난공불락)		
敏*	재빠를 **민**	친다는 뜻의 '攵'과 소리를 나타내는 '每(매)'를 합하여 만든 글자.	敏 敏 敏 敏
	예 敏感(민감) 機敏(기민)		
敍*	펼 **서**	친다는 뜻의 '攴'과 소리를 나타내는 '余(여)'를 합하여 만든 글자.	敍 敍
	예 敍述(서술) 敍事(서사) 自敍傳(자서전)		
敦*	도타울 **돈**	친다는 뜻의 '攵'과 소리를 나타내는 '享←𦎫(순)'을 합하여 만든 글자.	敦 敦 敦
	예 敦厚(돈후) 敦篤(돈독)		

整*	가지런할 **정**	흩어진 것을 묶고(束) 앞뒤를 쳐서(攵) 가지런히 한다는 뜻과 소리를 나타내는 '正(정)'을 합하여 만든 글자.	整 整 整
	예 整理(정리) 調整(조정) 整備(정비)		

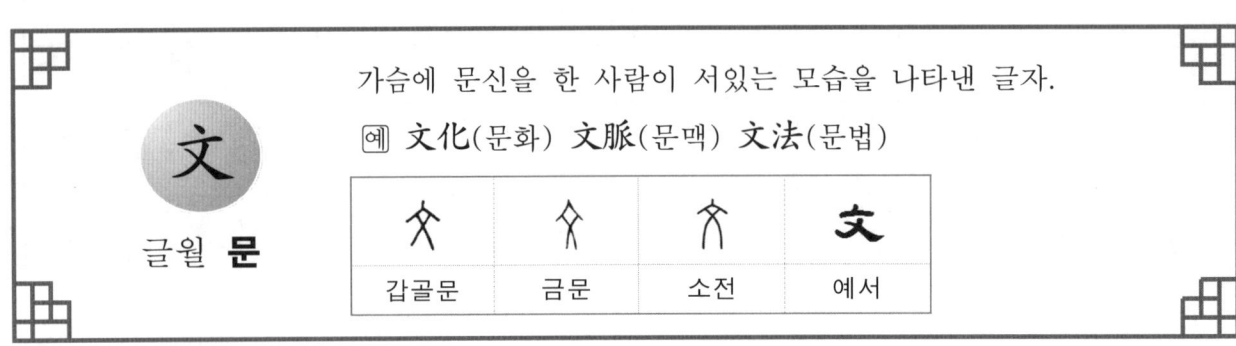

文 글월 **문**

가슴에 문신을 한 사람이 서있는 모습을 나타낸 글자.

예 文化(문화) 文脈(문맥) 文法(문법)

갑골문	금문	소전	예서
夾	夾	夾	文

斗 말 **두**

곡식을 담아 양을 헤아리는 '말'의 모양을 본뜬 글자.

예 泰山北斗(태산북두) 北斗七星(북두칠성)

갑골문	금문	소전	예서
斗	斗	斗	斗

한자	훈음	도움말	갑골	금문	소전	예서
料	헤아릴 **료**	쌀(米)의 양을 잰다(斗)는 뜻을 나타낸 글자.			料	料
斜*	비낄 **사**	곡식의 양을 헤아린다는 뜻을 가진 '斗'와 소리를 나타내는 '余(여)'를 합하여 만든 글자.			斜	斜
	예 斜陽(사양) 傾斜(경사) 斜線(사선)					

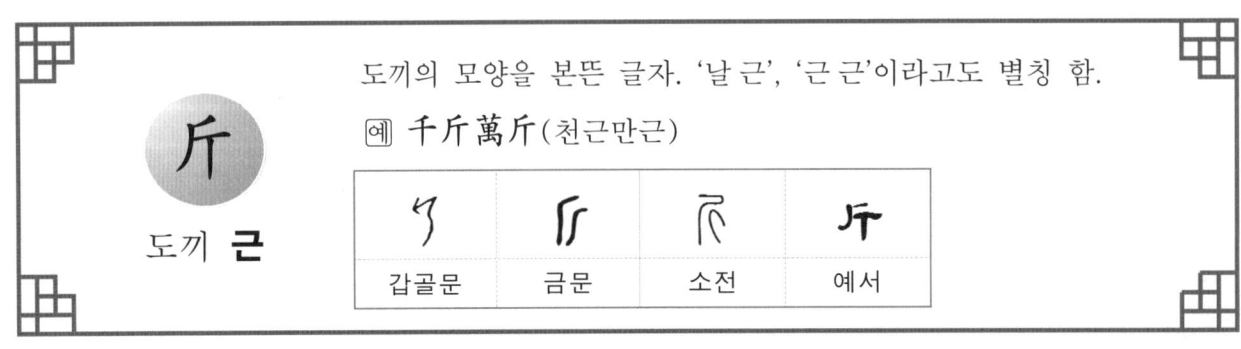

斤 도끼 **근**

도끼의 모양을 본뜬 글자. '날 근', '근 근'이라고도 별칭 함.

예 千斤萬斤(천근만근)

갑골문	금문	소전	예서
斤	斤	斤	斤

한자	훈음	도움말	갑골	금문	소전	예서
新	새로울 **신**	도끼(斤)로 베는 모습에서 '새롭다'는 뜻을 가지고, '亲[개암나무 진]'이 음의 역할을 하는 글자.	剂	新	新	新
斥*	물리칠 **척**	집(广)을 헐어 없앤다는 뜻과 소리를 나타내는 '屰(역)'을 합하여 만든 글자.			斥	斥
		예 斥邪(척사) 斥和碑(척화비) 斥候兵(척후병)				
斯*	이 **사**	도끼를 뜻하는 '斤'과 소리를 나타내는 '其(기)'를 합하여 만든 글자.		斯	斯	斯
		예 斯文亂賊(사문난적)				
斷*	끊을 **단**	도끼(斤)로 실타래(𢇍)를 자르는 모습을 나타낸 글자.			斷	斷
		예 斷腸(단장) 分斷(분단) 孟母斷機(맹모단기)				

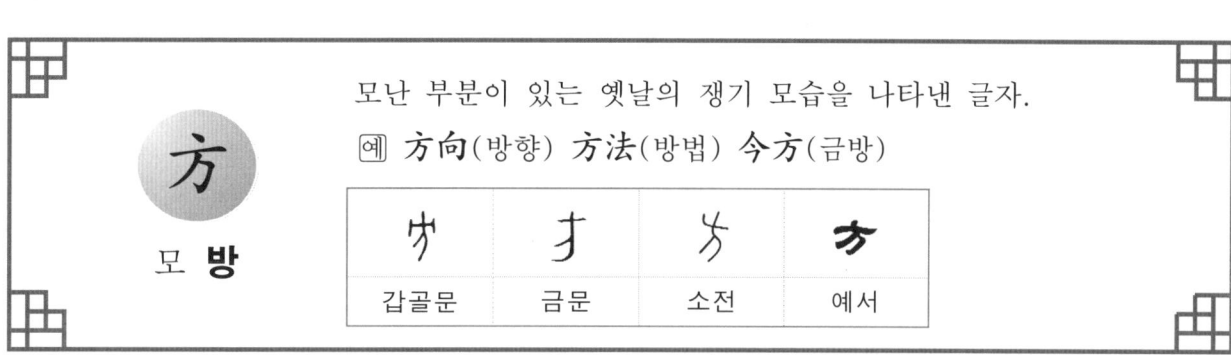

모난 부분이 있는 옛날의 쟁기 모습을 나타낸 글자.

예 方向(방향) 方法(방법) 今方(금방)

方
모 **방**

갑골문	금문	소전	예서
屮	才	𠂤	方

한자	훈음	도움말	갑골	금문	소전	예서
於	어조사 **어**	까마귀 모양을 본뜬 글자. 뒤에 어조사(語助辭)로 쓰임.	𦏵	於	於	於
施	베풀 **시**	깃발을 뜻하는 '㫃'과 소리를 나타내는 '也(야)'를 합하여 만든 글자.			施	施
旅	나그네 **려**	깃발(㫃) 아래 두 사람이 모여 있는 모습을 나타낸 글자.	旅	旅	旅	旅
族	겨레 **족**	전쟁이 나면 깃발(㫃)아래 같은 핏줄의 무리가 활(矢)을 들고 싸운다는 뜻을 나타낸 글자.	族	族	族	族
旋*	돌 **선**	일정하게 경계를 두른 지역의 둘레를 발(疋)로 돈다는 뜻과 소리를 나타내는 '㫃(언)'을 합하여 만든 글자.	旋		旋	旋
		예 旋回(선회) 旋風(선풍) 周旋(주선)				
旗*	깃발 **기**	깃발을 뜻하는 '㫃'과 소리를 나타내는 '其(기)'를 합하여 만든 글자.			旗	旗
		예 旗手(기수) 國旗(국기) 太極旗(태극기)				

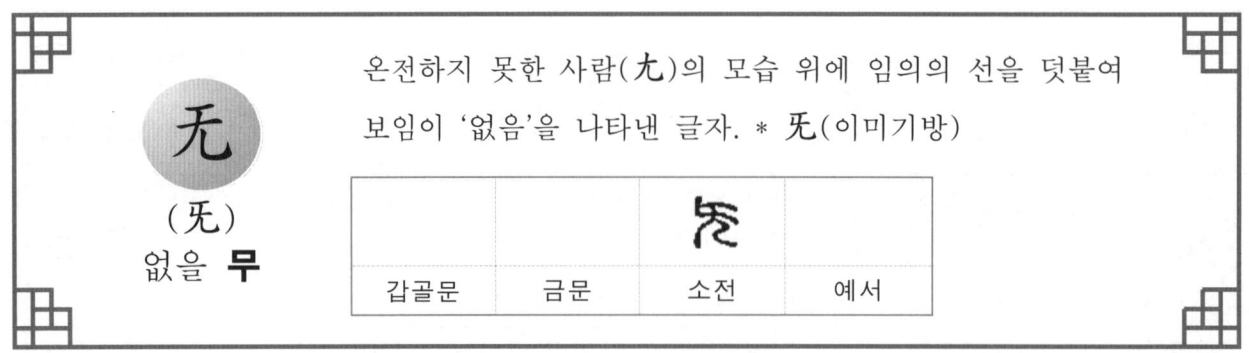

한자	훈음	도움말	갑골 금문 소전 예서
旣	이미 **기**	그릇에 수북이 담긴 음식을 이미 배불리 먹고 돌아앉은 모습을 나타낸 글자.	旣 旣 旣 旣

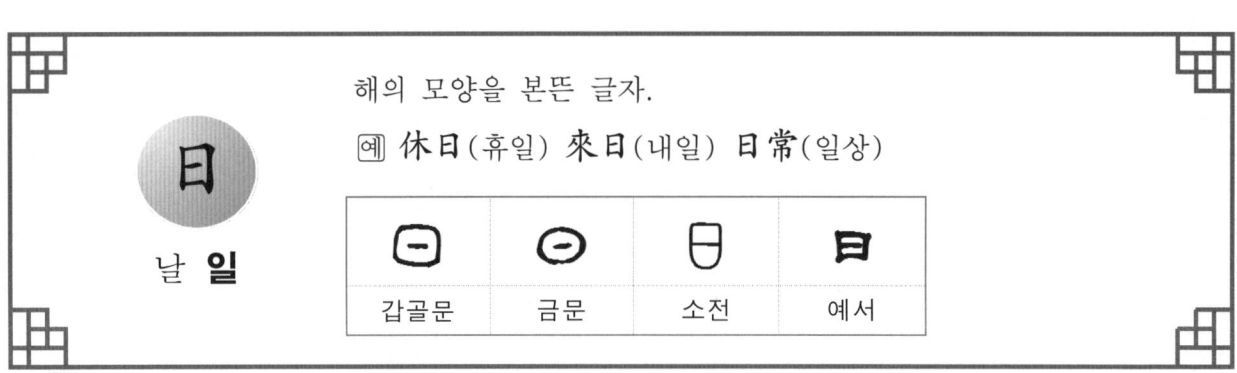

한자	훈음	도움말	갑골 금문 소전 예서
早	이를 **조**	태양(日)이 떠오르는 이른 아침을 나타낸 글자.	早 早
明	밝을 **명**	해(日)와 달(月)이 밝다는 뜻을 나타낸 글자.	明 明 明 明
昔	예 **석**	홍수가 나던 지난 어느 날(日)을 나타낸 글자.	昔 昔 昔 昔
易	쉬울 **이** 바꿀 **역**	햇빛이 구름사이로 비쳐 흐렸다 개었다 날씨가 바뀌는 모습을 나타낸 글자.	易 易 易 易
昌	창성할 **창**	아침 해(日)가 막 수면 위로 솟아오르는 모습을 나타낸 글자.	昌 昌 昌
星	별 **성**	많은 별을 나타낸 '晶→日'과 소리를 나타내는 '生(생)'을 합하여 만든 글자.	星 星 星 星
是	옳을 **시**	해(日)처럼 정확하고 바르다(正)는 뜻을 나타낸 글자.	是 是

昨	어제 **작**	날을 뜻하는 '日'과 소리를 나타내는 '乍(사)'를 합하여 만든 글자.		
春	봄 **춘**	봄 볕(日)에 풀이 돋아나는 모습과 소리를 나타내는 '屯(둔)→夫'을 합하여 만든 글자.		
時	때 **시**	해를 뜻하는 '日'과 소리를 나타내는 '寺(사)'를 합하여 만든 글자.		
晚	늦을 **만**	해를 뜻하는 '日'과 소리를 나타내는 '免(면)'을 합하여 만든 글자.		
晝	낮 **주**	하루(一)종일 해(日)가 떠 있어 책(書)을 읽을 수 있는 동안이라는 뜻이 합하여 '낮'을 뜻하게 된 글자.		
景	볕 **경**	해를 뜻하는 '日'과 소리를 나타내는 '京(경)'을 합하여 만든 글자.		
晴	갤 **청**	해를 뜻하는 '日'과 소리를 나타내는 '靑(청)'을 합하여 만든 글자.		
暖	따뜻할 **난**	해를 뜻하는 '日'과 소리를 나타내는 '爰(원)'을 합하여 만든 글자.		
暑	더울 **서**	해를 뜻하는 '日'과 소리를 나타내는 '者(자)'를 합하여 만든 글자.		
暗	어두울 **암**	해를 뜻하는 '日'과 소리를 나타내는 '音(음)'을 합하여 만든 글자.		
暮	저물 **모**	풀숲 밑으로 해가 저무는 모습을 나타낸 '莫'에 '日'이 덧붙여신 글자.		
暴	사나울 **포/폭**	해(日)가 나오자(出) 두 손으로 곡식을 말리기 위해 곳간에서 꺼낸다는 뜻을 나타낸 글자.		
旦*	아침 **단**	해가 막 떠오르기 시작했으나 아직 수면을 벗어나지 않은 아침 풍경을 표현한 글자.		
	예 早旦(조단) 元旦(원단) 一旦(일단)			
旬*	열흘 **순**	해를 뜻하는 '日'과 소리를 나타내는 '勻(균)'을 합하여 만든 글자.		
	예 旬報(순보) 中旬(중순) 三旬九食(삼순구식)			
旱*	가물 **한**	해를 뜻하는 '日'과 소리를 나타내는 '干(간)'을 합하여 만든 글자.		
	예 水旱(수한)			
昇*	오를 **승**	해를 뜻하는 '日'과 소리를 나타내는 '升(승)'을 합하여 만든 글자.		
	예 昇降(승강) 昇級(승급) 昇進(승진)			

昏*	저물 **혼**	나무뿌리(氏) 아래로 해(日)가 져서 '어둡다'는 뜻을 나타내는 글자.	𣊡 昏 昏
	예 昏迷(혼미) 黃昏(황혼) 昏定晨省(혼정신성)		
昭*	밝을 **소**	해를 뜻하는 '日'과 소리를 나타내는 '召(소)'를 합하여 만든 글자.	昭 昭
	예 昭詳(소상)		
映*	비칠 **영**	해를 뜻하는 '日'과 소리를 나타내는 '央(앙)'을 합하여 만든 글자.	映 映
	예 映畫(영화) 反映(반영) 放映(방영)		
晨*	새벽 **신**	해를 뜻하는 '日'과 소리를 나타내는 '辰(신)'을 합하여 만든 글자.	晨 晨
	예 晨明(신명)		
普*	넓을 **보**	해(日) 위에 구름이 나란히(竝) 널리 펼쳐져 있음을 표현하여 '널리'의 뜻을 지니게 된 글자.	普 普
	예 普及(보급) 普通(보통) 普遍(보편)		
智*	지혜 **지**	밝음을 뜻하는 '日'과 소리를 나타내는 '知(지)'를 합하여 만든 글자.	智 智 智
	예 機智(기지) 衆智(중지) 仁義禮智(인의예지)		
暇*	겨를 **가**	해를 뜻하는 '日'과 소리를 나타내는 '叚(가)'를 합하여 만든 글자.	暇 暇
	예 閑暇(한가) 餘暇(여가) 休暇(휴가)		
暢*	화창할 **창**	번개가 칠 때 빛이 번쩍이며 펼쳐지는 모양에서 비롯된 '申'자와 소리를 나타내는 '昜(양)'을 합하여 만든 글자.	暢
	예 暢達(창달) 流暢(유창) 和暢(화창)		
暫*	잠깐 **잠**	해를 뜻하는 '日'과 소리를 나타내는 '斬(참)'을 합하여 만든 글자.	暫 暫
	예 暫時(잠시) 暫定(잠정)		
曆*	책력 **력**	해를 뜻하는 '日'과 소리를 나타내는 '厤(력)'을 합하여 만든 글자.	曆 曆
	예 陽曆(양력) 陰曆(음력) 冊曆(책력)		
曉*	새벽 **효**	해를 뜻하는 '日'과 소리를 나타내는 '堯(요)'를 합하여 만든 글자.	曉 曉
	예 曉星(효성)		

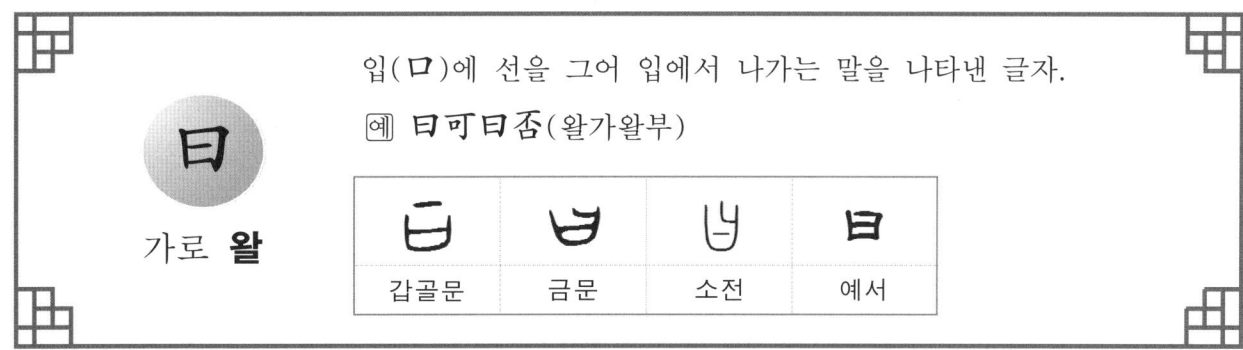

입(口)에 선을 그어 입에서 나가는 말을 나타낸 글자.

예 曰可曰否(왈가왈부)

| | 갑골문 | 금문 | 소전 | 예서 |

가로 **왈**

한자	훈음	도움말	갑골	금문	소전	예서
曲	굽을 **곡**	굽은 곡자 모양을 본뜬 글자.				
更	다시 **갱** 고칠 **경**	친다는 뜻의 '攴'과 소리를 나타내는 '丙(병)'을 합하여 만든 글자.				
書	글 **서**	붓(聿)으로 적은 것이라 하여 '글'을 뜻하고, 소리를 나타내는 '者(자)'를 합하여 만든 글자.				
曾	일찍 **증**	떡시루의 모양을 본뜬 글자. 뒤에 '일찍이'의 뜻을 가짐.				
最	가장 **최**	투구(冃)를 쓴 적장의 귀를 잘라와 최고의 전공을 세웠다는 뜻을 나타낸 글자.				
會	모일 **회**	뚜껑 덮은 그릇 안에 음식이 있는 모습을 나타낸 글자.				
替*	바꿀 **체**	함정에 빠진 두 사람의 모습을 나타낸 글자. 뒤에 '바꾸다'는 뜻을 가짐. 예 移替(이체) 交替(교체) 代替(대체)				

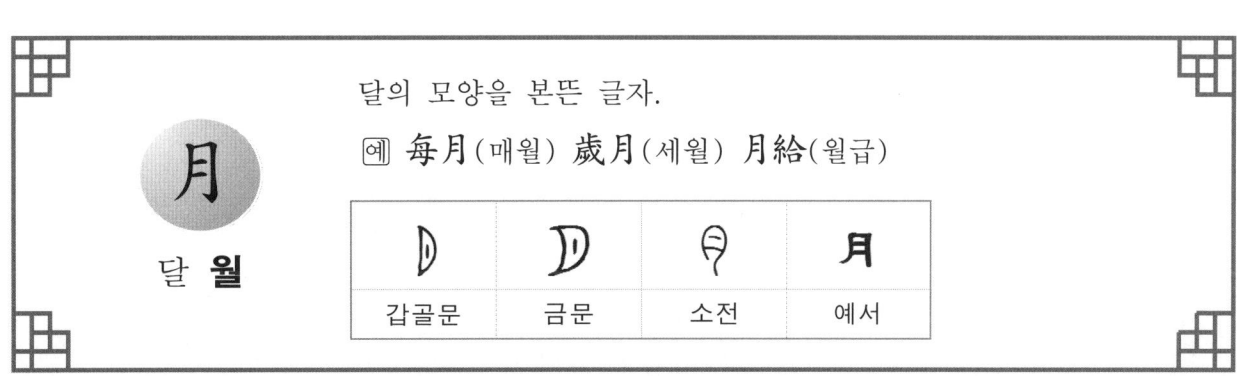

달의 모양을 본뜬 글자.

예 每月(매월) 歲月(세월) 月給(월급)

| | 갑골문 | 금문 | 소전 | 예서 |

달 **월**

한자	훈음	도움말	갑골	금문	소전	예서
有	있을 **유**	손(又)에 고기(月)를 들고 있다 하여 '가지다'를 뜻하는 글자.				

服	옷/다스릴 **복**	본래 다스린다는 뜻을 나타내는 글자. 뒤에 '옷'의 뜻을 가짐. '艮(복)'이 음의 역할을 함.	服 服 服 服
朋	벗 **붕**	실이나 끈으로 꿰어놓은 조개들의 모양을 본뜬 글자. 뒤에 '벗'의 뜻을 가짐.	朋 朋 朋 朋
望	바랄 **망**	땅위에 서 있는 사람(壬)이 달(月)을 바라보는 모습을 나타낸 글자. '亡(망)'이 음의 역할을 함.	望 望 望
期	기약할 **기**	달을 뜻하는 '月'과 소리를 나타내는 '其(기)'를 합하여 만든 글자.	期 期 期
朝	아침 **조**	해가 떠오르는데 서쪽 하늘에는 아직 달(月)이 떠있다 하여 '아침'을 뜻하는 글자.	朝 朝 朝
朔*	초하루 **삭**	달을 뜻하는 '月'과 소리를 나타내는 '屰(역)'을 합하여 만든 글자.	朔 朔 朔
	예 朔風(삭풍) 朔望月(삭망월)		

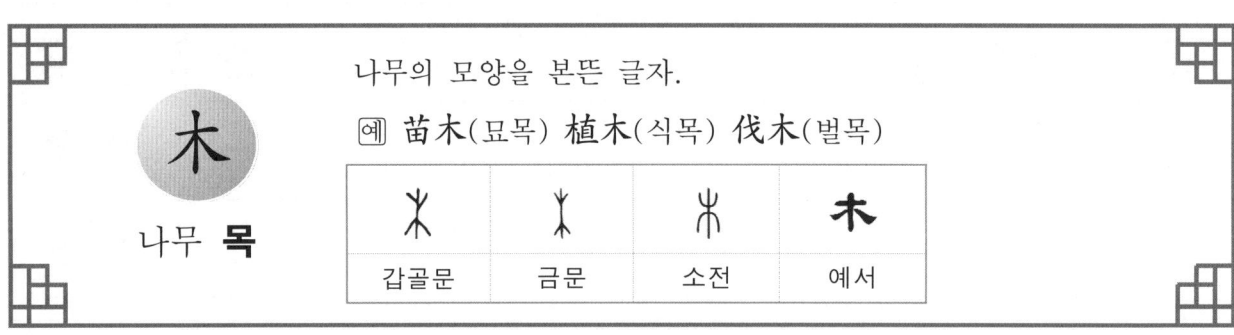

나무의 모양을 본뜬 글자.

예 苗木(묘목) 植木(식목) 伐木(벌목)

나무 **목**

갑골문	금문	소전	예서
木	木	木	木

한자	훈음	도움말	갑골	금문	소전	예서
末	끝 **말**	나무(木)의 위쪽에 표적(一)을 붙여 나무의 가지 끝을 나타낸 글자.		末	末	末
未	아닐 **미**	나무의 끝에 아직 크게 자라지 않은 가지가 있는 모습을 나타낸 글자.		未	未	未
本	근본 **본**	나무(木) 아래쪽에 표를 붙여 나무의 뿌리를 나타낸 글자.		本	本	本
朴	순박할/성 **박**	나무를 뜻하는 '木'과 소리를 나타내는 '卜(복)'을 합하여 만든 글자.			朴	朴
朱	붉을 **주**	구슬과 그 구슬이 빠지지 않도록 양쪽을 동여 맨 모양을 나타낸 글자. 뒤에 '붉다'는 뜻을 가짐.	朱	朱	朱	朱
李	오얏/성 **리**	나무를 뜻하는 '木'과 소리를 나타내는 '子(자)'를 합하여 만든 글자.	李	李	李	李
材	재목 **재**	나무를 뜻하는 '木'과 소리를 나타내는 '才(재)'를 합하여 만든 글자.			材	材

村	마을 **촌**	나무를 뜻하는 '木'과 소리를 나타내는 '寸(촌)'을 합하여 만든 글자.	村
果	실과 **과**	나무(木)에 과실(田)이 달린 모습을 나타낸 글자.	果 果 果 果
東	동녘 **동**	알곡이나 과일을 가득 담아 양 끝을 묶어놓은 자루의 모양을 본뜬 글자. 뒤에 '동쪽'의 뜻을 가짐.	東 東 東 東
林	수풀 **림**	나무(木)를 두 번 더하여 나무가 많이 모여 있는 '숲'을 표현한 글자.	林 林 林 林
杯	잔 **배**	나무를 뜻하는 '木'과 소리를 나타내는 '不(불)'을 합하여 만든 글자.	杯
松	소나무 **송**	나무를 뜻하는 '木'과 소리를 나타내는 '公(공)'을 합하여 만든 글자.	松 松 松
枝	가지 **지**	나무를 뜻하는 '木'과 소리를 나타내는 '支(지)'를 합하여 만든 글자.	枝 枝
柳	버들 **류**	나무를 뜻하는 '木'과 소리를 나타내는 '卯(묘)'를 합하여 만든 글자.	柳 柳 柳 柳
柔	부드러울 **유**	나무를 뜻하는 '木'과 소리를 나타내는 '矛(모)'를 합하여 만든 글자.	柔 柔
校	학교 **교**	나무를 뜻하는 '木'과 소리를 나타내는 '交(교)'를 합하여 만든 글자.	校 校
根	뿌리 **근**	나무를 뜻하는 '木'과 소리를 나타내는 '艮(간)'을 합하여 만든 글자.	根 根
案	책상 **안**	나무를 뜻하는 '木'과 소리를 나타내는 '安(안)'을 합하여 만든 글자.	案 案
栽	심을 **재**	나무를 뜻하는 '木'과 소리를 나타내는 '𢦏(재)'를 합하여 만든 글자.	栽 栽 栽
植	심을 **식**	나무를 뜻하는 '木'과 소리를 나타내는 '直(직)'을 합하여 만든 글자.	植 植
極	다할 **극**	나무를 뜻하는 '木'과 소리를 나타내는 '亟(극)'을 합하여 만든 글자.	極 極
業	일 **업**	악기를 거는 받침을 본뜬 글자. 뒤에 '일'의 뜻을 가짐.	業 業 業
榮	영화 **영**	나무를 뜻하는 '木'과 소리를 나타내는 '熒(영)'을 합하여 만든 글자.	榮 榮
樂	풍류 **악** 즐거울 **락** 좋아할 **요**	원래 줄을 나무에 묶은 옛날 악기를 나타내며, 악기를 다루며 풍류를 즐긴다는 뜻을 표현한 글자.	樂 樂 樂 樂
橋	다리 **교**	나무를 뜻하는 '木'과 소리를 나타내는 '喬(교)'를 합하여 만든 글자.	橋 橋

樹	나무 **수**	나무를 뜻하는 '木'과 소리를 나타내는 '尌(주)'를 합하여 만든 글자.	樹 樹
權	권세 **권**	나무를 뜻하는 '木'과 소리를 나타내는 '雚(관)'을 합하여 만든 글자.	權 權
束*	묶을 **속**	자루의 위아래를 묶은 모습을 나타낸 글자.	束 束 束 束
	예 約束(약속) 拘束(구속) 束手無策(속수무책)		
析*	가를 **석**	나무(木)을 도끼(斤)로 쪼갠다는 뜻을 나타내는 글자.	析 析 析 析
	예 分析(분석)		
枕*	베개 **침**	나무를 뜻하는 '木'과 소리를 나타내는 '尤(임)'을 합하여 만든 글자.	枕 枕
	예 木枕(목침) 枕席(침석) 高枕安眠(고침안면)		
板*	널빤지 **판**	나무를 뜻하는 '木'과 소리를 나타내는 '反(반)'을 합하여 만든 글자.	板
	예 漆板(칠판) 鐵板(철판) 黑板(흑판)		
架*	시렁 **가**	나무를 뜻하는 '木'과 소리를 나타내는 '加(가)'를 합하여 만든 글자.	架
	예 架空(가공)		
枯*	마를 **고**	나무를 뜻하는 '木'과 소리를 나타내는 '古(고)'를 합하여 만든 글자.	枯 枯
	예 枯渴(고갈) 枯死(고사) 榮枯盛衰(영고성쇠)		
某*	아무 **모**	나무에 열매가 달린 모양에서 비롯된 글자. 뒤에 '아무'의 뜻을 가짐.	某 某 某
	예 某種(모종) 某處(모처) 某氏(모씨)		
査*	조사할 **사**	나무를 뜻하는 '木'과 소리를 나타내는 '且(차)'를 합하여 만든 글자.	査
	예 檢査(검사) 調査(조사) 踏査(답사)		
染*	물들일 **염**	물감이 되는 식물(木)의 즙(氵)에 여러 차례(九) 적셔 물들인다는 뜻을 나타내는 글자.	染 染
	예 染色(염색) 感染(감염) 傳染(전염)		
柱*	기둥 **주**	나무를 뜻하는 '木'과 소리를 나타내는 '主(주)'를 합하여 만든 글자.	柱 柱
	예 支柱(지주) 四柱(사주) 電信柱(전신주)		

格*	격식 **격**	나무를 뜻하는 '木'과 소리를 나타내는 '各(각)'을 합하여 만든 글자.	格格格
	예 人格(인격) 合格(합격) 價格(가격)	
桂*	계수나무 **계**	나무를 뜻하는 '木'과 소리를 나타내는 '圭(규)'를 합하여 만든 글자.	桂桂
	예 月桂樹(월계수) 月桂冠(월계관)	
桃*	복숭아 **도**	나무를 뜻하는 '木'과 소리를 나타내는 '兆(조)'를 합하여 만든 글자.	桃桃
	예 桃花(도화) 武陵桃源(무릉도원) 桃園結義(도원결의)	
栗*	밤 **률**	나무(木)에 가시가 있는 열매(西)가 달려 있는 모양을 나타낸 글자.	栗栗栗
	예 生栗(생률) 黃栗(황률) 甘栗(감률)	
桑*	뽕나무 **상**	잎이 무성한 뽕나무의 모양을 본뜬 글자.	桑桑桑
	예 桑田碧海(상전벽해)	
株*	그루 **주**	나무를 뜻하는 '木'과 소리를 나타내는 '朱(주)'를 합하여 만든 글자.	株株
	예 株式(주식) 株價(주가) 株主(주주)	
核*	씨 **핵**	나무를 뜻하는 '木'과 소리를 나타내는 '亥(해)'를 합하여 만든 글자.	核核
	예 核心(핵심) 結核(결핵) 核武器(핵무기)	
械*	기계 **계**	나무를 뜻하는 '木'과 소리를 나타내는 '戒(계)'를 합하여 만든 글자.	械械
	예 機械(기계)	
梁*	들보 **량**	나무(木)를 물(氵)에 걸쳐놓는다는 뜻을 나타낸 글자. '刅(창)'이 음의 역할을 함.	梁梁
	예 橋梁(교량) 梁上君子(양상군자)	
梨*	배 **리**	나무를 뜻하는 '木'과 소리를 나타내는 '利(리)'를 합하여 만든 글자.	梨梨
	예 梨花(이화) 烏飛梨落(오비이락)	
梅*	매화 **매**	나무를 뜻하는 '木'과 소리를 나타내는 '每(매)'를 합하여 만든 글자.	梅梅
	예 梅花(매화) 梅實(매실) 雪中梅(설중매)	

條*	조목 **조**	나무를 뜻하는 '木'과 소리를 나타내는 '攸(유)'를 합하여 만든 글자.	條 條 條
	예 條約(조약) 條項(조항) 金科玉條(금과옥조)		
棄*	버릴 **기**	어린아이(去←子)를 두 손(木←廾)으로 삼태기(世←箕)에 담아 버리는 모습을 나타낸 글자.	棄 棄 棄
	예 遺棄(유기) 廢棄(폐기) 自暴自棄(자포자기)		
楊*	버들 **양**	나무를 뜻하는 '木'과 소리를 나타내는 '昜(양)'을 합하여 만든 글자.	楊 楊 楊
	예 垂楊(수양) 楊貴妃(양귀비) 楊子(양자)		
構*	얽을 **구**	나무를 뜻하는 '木'과 소리를 나타내는 '冓(구)'를 합하여 만든 글자.	構 構
	예 構築(구축) 構造(구조) 構成(구성)		
概*	대개 **개**	나무를 뜻하는 '木'과 소리를 나타내는 '旣(기)'를 합하여 만든 글자.	概 概
	예 概念(개념)		
樓*	다락 **루**	나무를 뜻하는 '木'과 소리를 나타내는 '婁(루)'를 합하여 만든 글자.	樓 樓
	예 樓閣(누각) 望樓(망루)		
模*	법 **모**	나무를 뜻하는 '木'과 소리를 나타내는 '莫(막)'을 합하여 만든 글자.	模 模
	예 模倣(모방) 規模(규모) 模樣(모양)		
樣*	모양 **양**	나무를 뜻하는 '木'과 소리를 나타내는 '羕(양)'을 합하여 만든 글자.	樣 樣
	예 樣態(양태) 樣相(양상) 多樣(다양)		
標*	표할 **표**	나무를 뜻하는 '木'과 소리를 나타내는 '票(표)'를 합하여 만든 글자.	標 標
	예 標語(표어) 標識(표지) 標準語(표준어)		
機*	베틀 **기**	나무를 뜻하는 '木'과 소리를 나타내는 '幾(기)'를 합하여 만든 글자.	機 機
	예 機智(기지) 機會(기회) 勿失好機(물실호기)		
橫*	가로 **횡**	나무를 뜻하는 '木'과 소리를 나타내는 '黃(황)'을 합하여 만든 글자.	橫 橫
	예 橫暴(횡포) 橫領(횡령) 合從連橫(합종연횡)		

檢*	검사할 **검**	나무를 뜻하는 '木'과 소리를 나타내는 '僉(첨)'을 합하여 만든 글자.	檢 檢
	예 檢査(검사) 檢事(검사) 點檢(점검)		
檀*	박달나무 **단**	나무를 뜻하는 '木'과 소리를 나타내는 '亶(단)'을 합하여 만든 글자.	檀 檀
	예 檀紀(단기) 檀君(단군)		
欄*	난간 **란**	나무를 뜻하는 '木'과 소리를 나타내는 '闌(란)'을 합하여 만든 글자.	欄
	예 欄干(난간) 空欄(공란)		

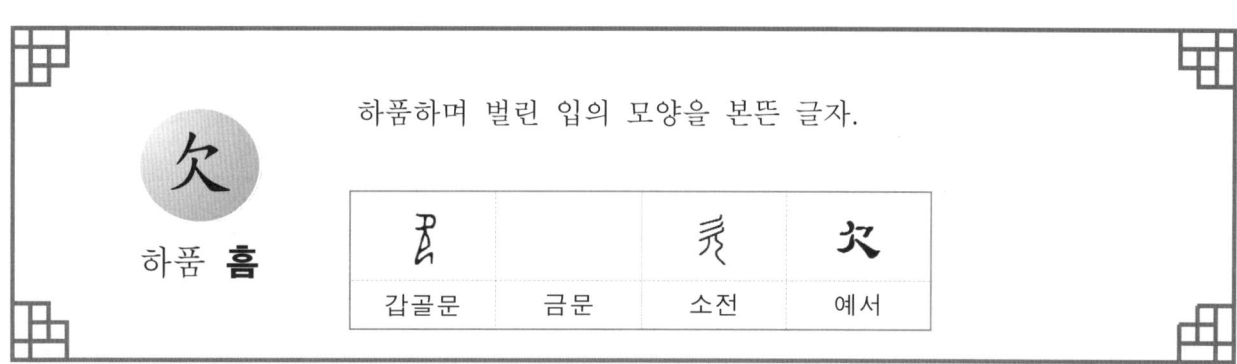

欠
하품 **흠**

하품하며 벌린 입의 모양을 본뜬 글자.

갑골문	금문	소전	예서
			欠

한자	훈음	도움말	갑골	금문	소전	예서
次	버금 **차**	사람이 피곤하여 하품(欠)을 하는 모습을 나타낸 글자.				次
欲	하고자할 **욕**	입 벌린 모습을 뜻하는 '欠'과 소리를 나타내는 '谷(곡)'을 합하여 만든 글자.				欲
歌	노래 **가**	입 벌린 모습을 뜻하는 '欠'과 소리를 나타내는 '哥(가)'를 합하여 만든 글자.				歌
歡	기쁠 **환**	입 벌린 모습을 뜻하는 '欠'과 소리를 나타내는 '雚(관)'을 합하여 만든 글자.				歡
欺*	속일 **기**	입 벌린 모습을 뜻하는 '欠'과 소리를 나타내는 '其(기)'를 합하여 만든 글자.				欺
		예 詐欺(사기) 欺弄(기롱)				
歎*	탄식할 **탄**	입 벌린 모습을 뜻하는 '欠'과 소리를 나타내는 '堇(근)'을 합하여 만든 글자.				歎
		예 歎息(탄식) 感歎(감탄) 晩時之歎(만시지탄)				

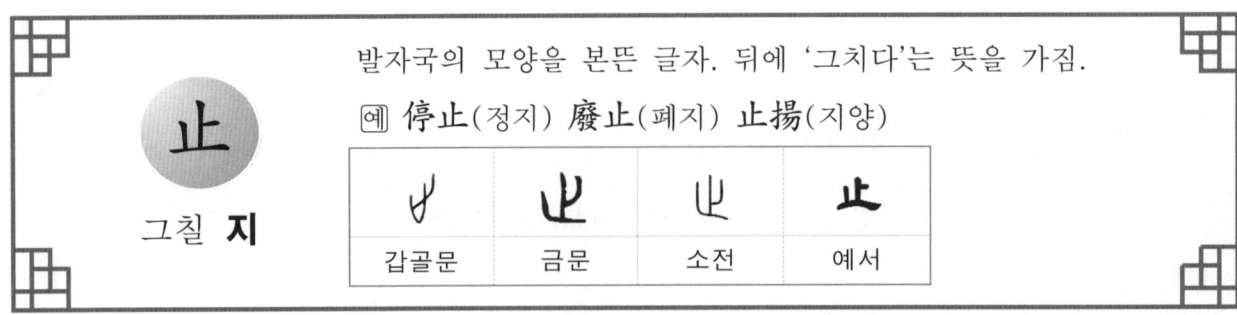

止
그칠 **지**

발자국의 모양을 본뜬 글자. 뒤에 '그치다'는 뜻을 가짐.

예 **停止**(정지) **廢止**(폐지) **止揚**(지양)

갑골문	금문	소전	예서
			止

한자	훈음	도움말	갑골	금문	소전	예서
正	바를 **정**	발(止)이 목표(一)를 향해 똑바로 나아가는 모습을 표현한 글자.				正
此	이 **차**	발과 사람의 모양을 합하여 그 사람이 서있는 바로 '이곳'을 나타낸 글자.				此
步	걸음 **보**	오른쪽 발자국과 왼쪽 발자국이 잇닿아 있는 모양을 본뜬 글자.				步
武	굳셀 **무**	창(戈)을 메고 걷고 있는(止) 사람의 모습을 나타낸 글자.				武
歲	해 **세**	제물을 잡는 도끼가 달린 창(戈)을 나타내며, 한 해에 한 번씩 제물을 잡는다는 데서 '해'를 뜻하게 된 글자.				歲
歷	지낼 **력**	발자국을 뜻하는 '止'와 소리를 나타내는 '麻(력)'을 합하여 만든 글자.				歷
歸	돌아갈 **귀**	원래 음의 역할을 하는 '自'와 결혼한 여자를 이르는 '婦'와 관련된 '帚(추)'가 뜻의 역할을 하는 글자.				歸

歹
(歺)
뼈 앙상할 **알**

앙상한 해골의 모양을 본뜬 글자.
'죽을 사 변'이라고도 별칭 함.

갑골문	금문	소전	예서
			歹

한자	훈음	도움말	갑골	금문	소전	예서
死	죽을 **사**	뼈(歹) 옆에 고개 떨어뜨리고 무릎 꿇은 사람(匕)의 모습을 나타낸 글자.				死
殃*	재앙 **앙**	죽음을 뜻하는 '歹'과 소리를 나타내는 '央(앙)'을 합하여 만든 글자. 예 **災殃**(재앙) **池魚之殃**(지어지앙)				殃

한자	훈음	도움말					갑골	금문	소전	예서
殆*	위태할 **태**	죽음을 뜻하는 '歹'과 소리를 나타내는 '台(태)'를 합하여 만든 글자.							龤	殆
	예 **危殆**(위태) **殆半**(태반)									
殊*	다를 **수**	죽음을 뜻하는 '歹'과 소리를 나타내는 '朱(주)'를 합하여 만든 글자.							牂	殊
	예 **殊常**(수상) **特殊**(특수)									
殉*	따라죽을 **순**	죽음을 뜻하는 '歹'과 소리를 나타내는 '旬(순)'을 합하여 만든 글자.								殉
	예 **殉葬**(순장) **殉節**(순절) **殉國先烈**(순국선열)									
殘*	남을 **잔**	뼈를 뜻하는 '歹'과 소리를 나타내는 '戔(잔)'을 합하여 만든 글자.							牋	殘
	예 **殘額**(잔액) **殘忍**(잔인) **殘留**(잔류)									

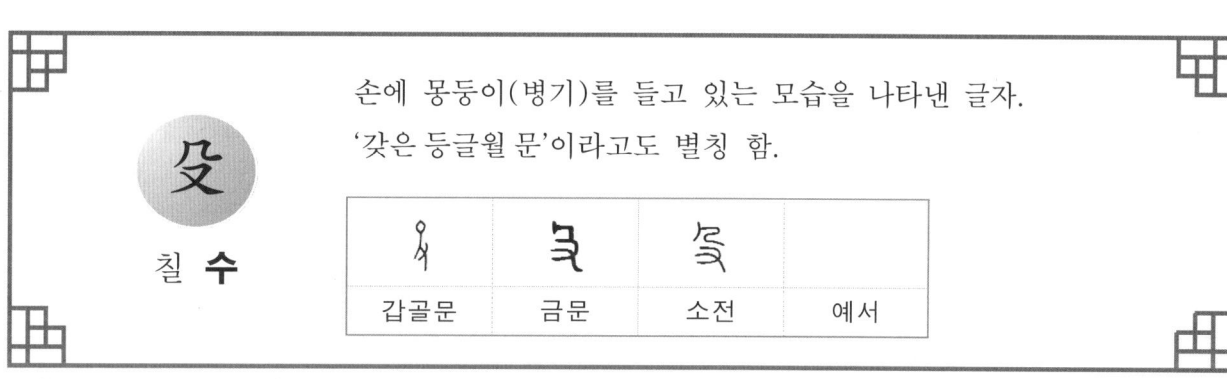

殳
칠 **수**

손에 몽둥이(병기)를 들고 있는 모습을 나타낸 글자.
'갖은 등글월 문'이라고도 별칭 함.

갑골문	금문	소전	예서

한자	훈음	도움말	갑골	금문	소전	예서
殺	죽일 **살** 빠를 **쇄**	몽둥이를 뜻하는 '殳'와 소리를 나타내는 '㣺(살)'을 합하여 만든 글자.			黐	殺
段*	충계 **단**	몽둥이(殳)를 손에 쥐고 언덕(厂)의 광석 조각을 쪼아내는 모습을 나타낸 글자.		㕃	豚	段
	예 **段階**(단계) **文段**(문단) **手段**(수단)					
殿*	대궐 **전**	창을 뜻하는 '殳'와 소리를 나타내는 '屍(둔)'을 합하여 만든 글자.			黐	殿
	예 **宮殿**(궁전) **集賢殿**(집현전) **大雄殿**(대웅전)					
毁*	헐 **훼**	'毀'의 속자. 흙을 뜻하는 '土'와 소리를 나타내는 '毀(훼)'를 합하여 만든 글자.			毀	毁
	예 **毀損**(훼손)					

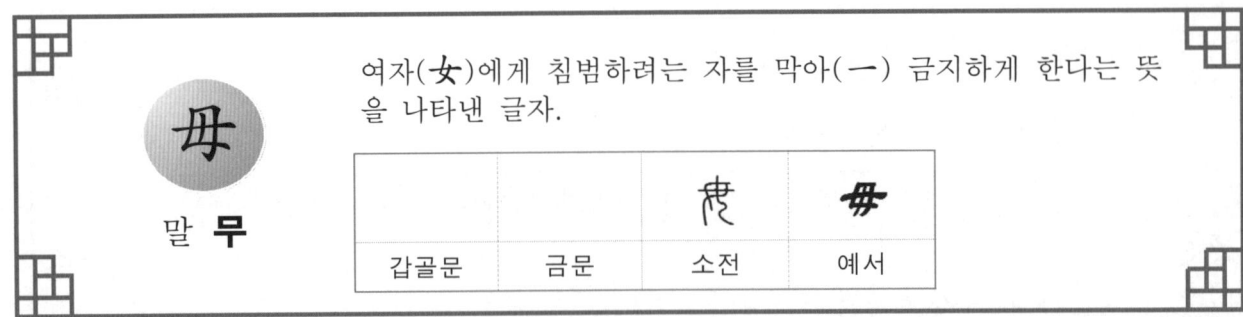

여자(女)에게 침범하려는 자를 막아(一) 금지하게 한다는 뜻을 나타낸 글자.

말 **무**

	갑골문	금문	소전	예서

한자	훈음	도움말	갑골	금문	소전	예서
母	어머니 **모**	어머니의 젖을 나타낸 글자.				
每	매양 **매**	머리 장식을 꽂은 여인의 모습을 나타낸 글자. 뒤에 '매번'의 뜻을 가짐.				
毒*	독 **독**	윗부분은 무성한 줄기와 잎, 아랫부분은 식물의 뿌리에 해당하는 한 포기의 독초를 표현한 글자. 예 中毒(중독) 解毒(해독) 消毒(소독)				

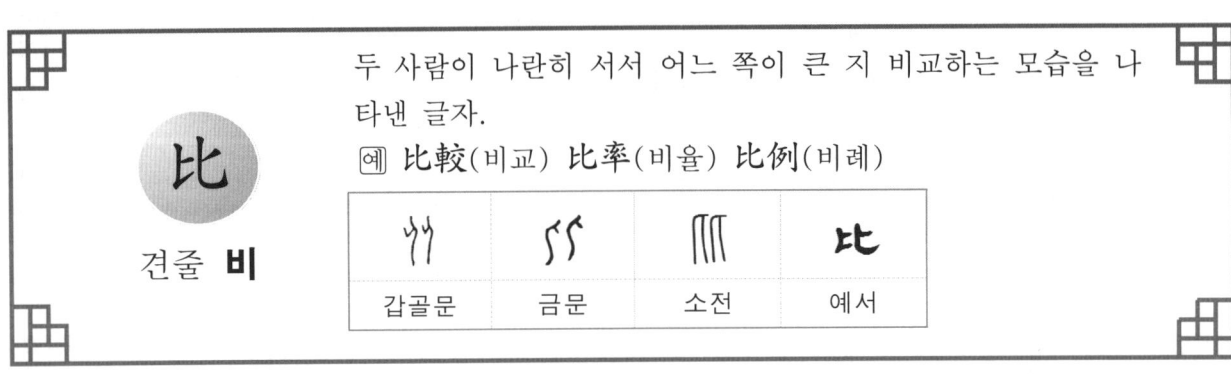

두 사람이 나란히 서서 어느 쪽이 큰 지 비교하는 모습을 나타낸 글자.
예 比較(비교) 比率(비율) 比例(비례)

견줄 **비**

	갑골문	금문	소전	예서

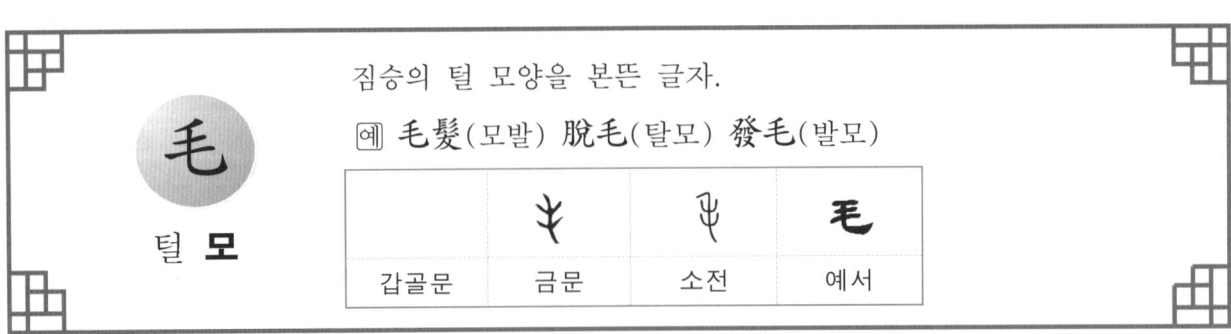

짐승의 털 모양을 본뜬 글자.
예 毛髮(모발) 脫毛(탈모) 發毛(발모)

털 **모**

	갑골문	금문	소전	예서

한자	훈음	도움말	갑골	금문	소전	예서
毫*	가는 털 **호**	털을 뜻하는 '毛'와 소리를 나타내는 '高(고)'를 합하여 만든 글자. 예 秋毫(추호) 揮毫(휘호)				

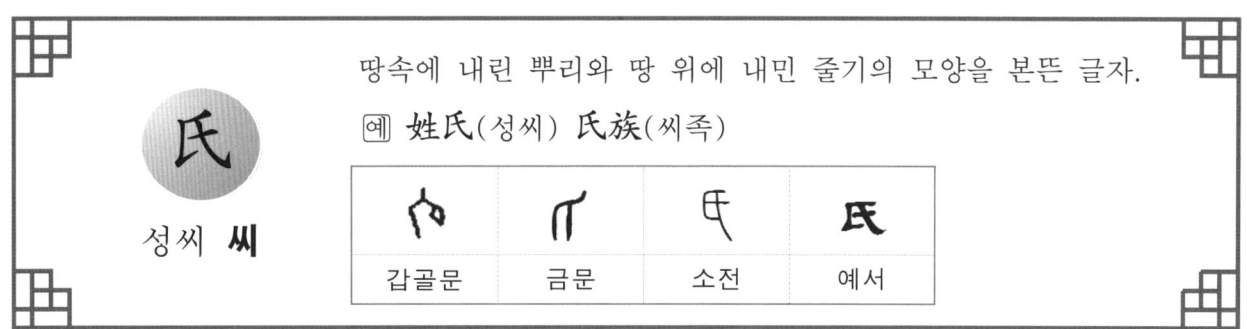

한자	훈음	도움말	갑골	금문	소전	예서
民	백성 **민**	포로의 한쪽 눈을 날카로운 도구로 찌른 모양을 본뜬 글자.		甲 甲 民		

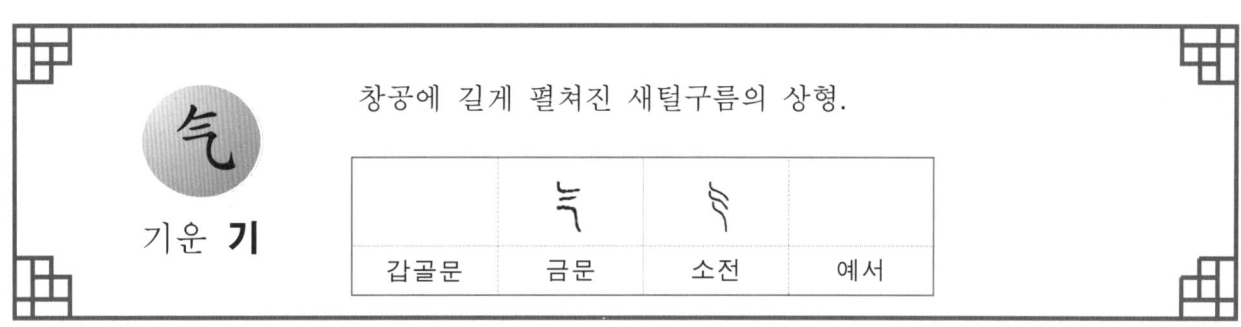

한자	훈음	도움말	갑골	금문	소전	예서
氣	기운 **기**	쌀을 뜻하는 '米'와 소리를 나타내는 '气(기)'를 합하여 만든 글자.			氣 氣	

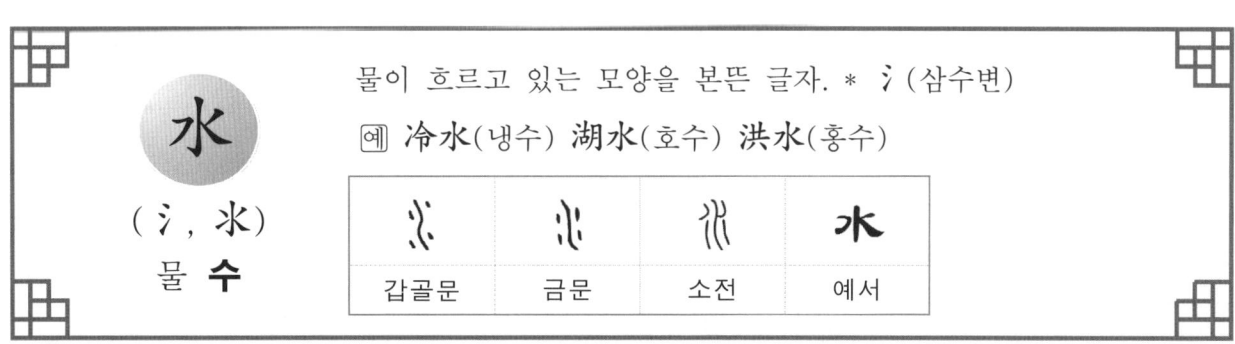

한자	훈음	도움말	갑골	금문	소전	예서
氷	얼음 **빙**	물에 떠있는 얼음의 모습을 나타낸 글자.		氷 氷 氷		
永	길 **영**	물줄기가 길게 흘러가는 모습을 표현한 글자.	永 永 永 永			
江	강 **강**	물을 뜻하는 ' 氵'와 소리를 나타내는 '工(공)'을 합하여 만든 글자.		江 江 江		

汝	너 **여**	물을 뜻하는 'ⅰ'와 소리를 나타내는 '女(녀)'를 합하여 '시내이름', '이인칭 대명사'를 나타내는 글자.		
決	결단할 **결**	물을 뜻하는 'ⅰ'와 소리를 나타내는 '夬(결)'을 합하여 만든 글자.		
求	구할 **구**	짐승의 가죽으로 만든 옷의 모양을 본뜬 글자. 뒤에 '구한다'는 뜻을 가짐.		
法	법 **법**	올바르지 않은 것을 쫓아내고(去), 물(ⅰ)과 같이 공평함을 나타낸 글자.		
油	기름 **유**	물을 뜻하는 'ⅰ'와 소리를 나타내는 '由(유)'를 합하여 만든 글자.		
泣	울 **읍**	물을 뜻하는 'ⅰ'와 소리를 나타내는 '立(립)'을 합하여 만든 글자.		
注	물댈 **주**	물을 뜻하는 'ⅰ'와 소리를 나타내는 '主(주)'를 합하여 만든 글자.		
治	다스릴 **치**	물을 뜻하는 'ⅰ'와 소리를 나타내는 '台(태)'를 합하여 만든 글자.		
泰	클 **태**	물을 뜻하는 '水'와 두 손을 뜻하는 '廾'과 소리를 나타내는 '大(대)'를 합하여 만든 글자.		
波	물결 **파**	물을 뜻하는 'ⅰ'와 소리를 나타내는 '皮(피)'를 합하여 만든 글자.		
河	물 **하**	물을 뜻하는 'ⅰ'와 소리를 나타내는 '可(가)'를 합하여 만든 글자.		
洞	골 **동** 밝을 **통**	물을 뜻하는 'ⅰ'와 소리를 나타내는 '同(동)'을 합하여 만든 글자.		
洗	씻을 **세**	물을 뜻하는 'ⅰ'와 소리를 나타내는 '先(선)'을 합하여 만든 글자.		
洋	큰바다 **양**	물을 뜻하는 'ⅰ'와 소리를 나타내는 '羊(양)'을 합하여 만든 글자.		
泉	샘 **천**	물이 흘러나오는 샘의 모습을 본뜬 글자.		
活	살 **활**	물을 뜻하는 'ⅰ'와 소리를 나타내는 '舌←昏('괄)을 합하여 만든 글자.		
浪	물결 **랑**	물을 뜻하는 'ⅰ'와 소리를 나타내는 '良(량)'을 합하여 만든 글자.		
流	흐를 **류**	물(ⅰ)에서 아이가 거꾸로 떠내려가는 모습을 나타낸 글자.		
浮	뜰 **부**	물을 뜻하는 'ⅰ'와 소리를 나타내는 '孚(부)'를 합하여 만든 글자.		

消	사라질 **소**	물을 뜻하는 'ɣ'와 소리를 나타내는 '肖(초)'를 합하여 만든 글자.	消
浴	목욕할 **욕**	물을 뜻하는 'ɣ'와 소리를 나타내는 '谷(곡)'을 합하여 만든 글자.	浴
海	바다 **해**	강물을 나타내는 'ɣ'와 소리를 나타내는 '每(매)'를 합하여 물이 모이는 바다를 표현한 글자.	海
涼	서늘할 **량**	물을 뜻하는 'ɣ'와 소리를 나타내는 '京(경)'을 합하여 만든 글자. '涼'은 속자임.'	涼
淑	맑을 **숙**	물을 뜻하는 'ɣ'와 소리를 나타내는 '叔(숙)'을 합하여 만든 글자.	淑
深	깊을 **심**	물을 뜻하는 'ɣ'와 소리를 나타내는 '㸶(담)'을 합하여 만든 글자.	深
淨	깨끗할 **정**	물을 뜻하는 'ɣ'와 소리를 나타내는 '爭(쟁)'을 합하여 만든 글자.	淨
淺	얕을 **천**	물을 뜻하는 'ɣ'와 소리를 나타내는 '戔(잔)'을 합하여 만든 글자.	淺
淸	맑을 **청**	물을 뜻하는 'ɣ'와 소리를 나타내는 '靑(청)'을 합하여 만든 글자.	淸
混	섞을 **혼**	물을 뜻하는 'ɣ'와 소리를 나타내는 '昆(곤)'을 합하여 만든 글자.	混
渴	목마를 **갈**	물을 뜻하는 'ɣ'와 소리를 나타내는 '曷(갈)'을 합하여 만든 글자.	渴
減	덜 **감**	물을 뜻하는 'ɣ'와 소리를 나타내는 '咸(함)'을 합하여 만든 글자.	減
湖	호수 **호**	물을 뜻하는 'ɣ'와 소리를 나타내는 '胡(호)'를 합하여 만든 글자.	湖
溪	시내 **계**	물을 뜻하는 'ɣ'와 소리를 나타내는 '奚(해)'를 합하여 만든 글자. '谿'와 동자임.	溪
溫	따뜻할 **온**	물을 뜻하는 'ɣ'와 소리를 나타내는 '昷(온)'을 합하여 만든 글자.	溫
滿	찰 **만**	물을 뜻하는 'ɣ'와 소리를 나타내는 '㒼(만)'을 합하여 만든 글자.	滿
漁	고기 잡을 **어**	물(ɣ)속에서 고기(魚)를 잡는 모습을 나타낸 글자.	漁
漢	한수 **한**	물을 뜻하는 'ɣ'와 소리를 나타내는 '𦰩(근)'을 합하여 만든 글자.	漢
潔	깨끗할 **결**	물을 뜻하는 'ɣ'와 소리를 나타내는 '絜(혈)'을 합하여 만든 글자.	潔

汚*	더러울 **오**	물을 뜻하는 'ⅰ'와 소리를 나타내는 '亐←于(우)'를 합하여 만든 글자.	汚
	예 汚染(오염) 汚名(오명) 汚物(오물)		
池*	못 **지**	물을 뜻하는 'ⅰ'와 소리를 나타내는 '也(야)'를 합하여 만든 글자.	池
	예 電池(전지) 貯水池(저수지) 酒池肉林(주지육림)		
汗*	땀 **한**	물을 뜻하는 'ⅰ'와 소리를 나타내는 '干(간)'을 합하여 만든 글자.	汗
	예 汗蒸幕(한증막) 多汗症(다한증)		
沒*	빠질 **몰**	물을 뜻하는 'ⅰ'와 소리를 나타내는 '殳(몰)'을 합하여 만든 글자.	沒
	예 沒收(몰수) 沒入(몰입) 沒落(몰락)		
沙*	모래 **사**	물을 뜻하는 'ⅰ'와 소리를 나타내는 '少(소)'를 합하여 만든 글자.	沙
	예 沙漠(사막) 黃沙(황사) 沙器(사기)		
沈*	잠길 **침**	물을 뜻하는 'ⅰ'와 소리를 나타내는 '冘(임)'을 합하여 만든 글자.	沈
	예 沈沒(침몰) 沈潛(침잠) 浮沈(부침) 沈滯(침체)		
泥*	진흙 **니**	물을 뜻하는 'ⅰ'와 소리를 나타내는 '尼(니)'를 합하여 만든 글자.	泥
	예 泥田鬪狗(이전투구) 雲泥之差(운니지차)		
泊*	배댈 **박**	물을 뜻하는 'ⅰ'와 소리를 나타내는 '白(백)'을 합하여 만든 글자.	泊
	예 淡泊(담박) 宿泊(숙박)		
沿*	물따라내려갈 **연**	물을 뜻하는 'ⅰ'와 소리를 나타내는 '㕣(연)'을 합하여 만든 글자.	沿
	예 沿革(연혁) 沿岸(연안)		
泳*	헤엄칠 **영**	물을 뜻하는 'ⅰ'와 소리를 나타내는 '永(영)'을 합하여 만든 글자.	泳
	예 水泳(수영) 平泳(평영) 背泳(배영)		
況*	하물며 **황**	물을 뜻하는 'ⅰ'와 소리를 나타내는 '兄(형)'을 합하여 만든 글자.	況
	예 不況(불황) 好況(호황) 狀況(상황)		

한자	훈음	풀이	자형
洲*	물가 **주**	물을 뜻하는 ‘氵’와 소리를 나타내는 ‘州(주)’를 합하여 만든 글자. 예 三角洲(삼각주) 滿洲(만주)	
派*	물갈래 **파**	물(氵)이 갈라져 흐른다(𠂢)는 뜻을 나타내는 글자. 예 派遣(파견) 學派(학파) 派兵(파병)	
洪*	넓을 **홍**	물을 뜻하는 ‘氵’와 소리를 나타내는 ‘共(공)’을 합하여 만든 글자. 예 洪水(홍수) 洪範(홍범)	
涉*	건널 **섭**	물(氵)을 걸어서(步) 건넌다는 뜻을 나타내는 글자. 예 涉獵(섭렵) 交涉(교섭) 干涉(간섭)	
浸*	적실 **침**	물을 뜻하는 ‘氵’와 소리를 나타내는 ‘𠬶(침)’을 합하여 만든 글자. 예 浸透(침투) 浸水(침수)	
浦*	물가 **포**	물을 뜻하는 ‘氵’와 소리를 나타내는 ‘甫(보)’를 합하여 만든 글자. 예 浦口(포구) 鏡浦臺(경포대)	
浩*	넓을 **호**	물을 뜻하는 ‘氵’와 소리를 나타내는 ‘告(고)’를 합하여 만든 글자. 예 浩然之氣(호연지기)	
淡*	맑을 **담**	물을 뜻하는 ‘氵’와 소리를 나타내는 ‘炎(염)’을 합하여 만든 글자. 예 淡白(담백) 冷淡(냉담) 淡水(담수)	
淚*	눈물 **루**	물을 뜻하는 ‘氵’와 소리를 나타내는 ‘戾(려)’를 합하여 만든 글자. 예 血淚(혈루) 落淚(낙루) 垂淚(수루)	
涯*	물가 **애**	물을 뜻하는 ‘氵’와 소리를 나타내는 ‘厓(애)’를 합하여 만든 글자. 예 生涯(생애)	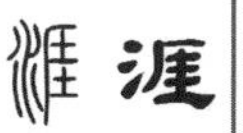
淫*	음란할 **음**	물을 뜻하는 ‘氵’와 소리를 나타내는 ‘㸒(음)’을 합하여 만든 글자. 예 淫亂(음란)	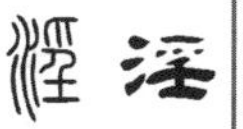

添*	더할 **첨**	물을 뜻하는 ‘氵’와 소리를 나타내는 ‘忝(첨)’를 합하여 만든 글자. 예 **添削**(첨삭) **添附**(첨부) **別添**(별첨)	
渡*	건널 **도**	물을 뜻하는 ‘氵’와 소리를 나타내는 ‘度(도)’를 합하여 만든 글자. 예 **讓渡**(양도) **不渡**(부도) **賣渡**(매도)	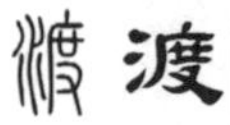
測*	헤아릴 **측**	물을 뜻하는 ‘氵’와 소리를 나타내는 ‘則(칙)’을 합하여 만든 글자. 예 **測量**(측량) **測雨器**(측우기) **推測**(추측)	
湯*	끓을 **탕**	물을 뜻하는 ‘氵’와 소리를 나타내는 ‘昜(양)’을 합하여 만든 글자. 예 **冷湯**(냉탕) **再湯**(재탕) **金城湯池**(금성탕지)	
港*	항구 **항**	물을 뜻하는 ‘氵’와 소리를 나타내는 ‘巷(항)’을 합하여 만든 글자. 예 **出港**(출항) **開港**(개항) **空港**(공항)	
滅*	멸망할 **멸**	물을 뜻하는 ‘氵’와 소리를 나타내는 ‘威(멸)’을 합하여 만든 글자. 예 **滅亡**(멸망) **消滅**(소멸) **生者必滅**(생자필멸)	
源*	근원 **원**	물을 뜻하는 ‘氵’와 소리를 나타내는 ‘原(원)’을 합하여 만든 글자. 예 **根源**(근원) **資源**(자원) **起源**(기원)	
準*	법도 **준**	물을 뜻하는 ‘氵’와 소리를 나타내는 ‘隼(준)’을 합하여 만든 글자. 예 **基準**(기준) **準備**(준비) **平準化**(평준화)	
漏*	샐 **루**	물을 뜻하는 ‘氵’와 소리를 나타내는 ‘扇(루)’를 합하여 만든 글자. 예 **漏落**(누락) **漏電**(누전) **漏水**(누수)	
漠*	사막 **막**	물을 뜻하는 ‘氵’와 소리를 나타내는 ‘莫(막)’을 합하여 만든 글자. 예 **漠然**(막연) **沙漠**(사막)	
漫*	물질펀할 **만**	물을 뜻하는 ‘氵’와 소리를 나타내는 ‘曼(만)’을 합하여 만든 글자. 예 **漫醉**(만취) **浪漫**(낭만) **漫畵**(만화)	

演*	펼 **연**	물을 뜻하는 '�氵'와 소리를 나타내는 '寅(인)'을 합하여 만든 글자.	演演
	예 演藝(연예) 出演(출연) 演技(연기) 公演(공연)		
滴*	물방울 **적**	물을 뜻하는 '�氵'와 소리를 나타내는 '商(적)'을 합하여 만든 글자.	滴滴
	예 硯滴(연적)		
漸*	점차 **점**	물을 뜻하는 '�氵'와 소리를 나타내는 '斬(참)'을 합하여 만든 글자.	漸漸
	예 漸層(점층) 漸漸(점점) 漸次(점차)		
滯*	막힐 **체**	물을 뜻하는 '�氵'와 소리를 나타내는 '帶(대)'를 합하여 만든 글자.	滯滯
	예 滯納(체납) 停滯(정체) 延滯(연체)		
漆*	옻칠할 **칠**	물을 뜻하는 '�氵'와 소리를 나타내는 '桼(칠)'을 합하여 만든 글자.	漆漆
	예 漆器(칠기) 漆板(칠판) 漆黑(칠흑)		
漂*	뜰 **표**	물을 뜻하는 '�氵'와 소리를 나타내는 '票(표)'를 합하여 만든 글자.	漂漂
	예 漂流(표류) 漂白(표백)		
潤*	윤택할 **윤**	물을 뜻하는 '�氵'와 소리를 나타내는 '閏(윤)'을 합하여 만든 글자.	潤潤
	예 潤澤(윤택) 潤色(윤색) 利潤(이윤)		
潛*	잠길 **잠**	물을 뜻하는 '�氵'와 소리를 나타내는 '朁(참)'을 합하여 만든 글자.	潛潛
	예 潛在(잠재) 潛水(잠수) 潛伏(잠복)		
潮*	조수 **조**	물을 뜻하는 '�氵'와 소리를 나타내는 '朝(조)'를 합하여 만든 글자.	潮
	예 潮流(조류) 滿潮(만조) 潮境水域(조경수역)		
激*	부딪칠 **격**	물을 뜻하는 '�氵'와 소리를 나타내는 '敫(교)'를 합하여 만든 글자.	激激
	예 激勵(격려) 激突(격돌) 激甚(격심) 急激(급격)		
濁*	흐릴 **탁**	물을 뜻하는 'ㅓ'와 소리를 나타내는 '蜀(촉)'을 합하여 만든 글자.	濁濁
	예 混濁(혼탁) 淸濁(청탁) 濁酒(탁주)		

澤*	못 **택**	물을 뜻하는 ' 氵'와 소리를 나타내는 '睪(역)'을 합하여 만든 글자.	澤 澤
	예 德澤(덕택) 惠澤(혜택) 光澤(광택)		
濫*	넘칠 **람**	물을 뜻하는 ' 氵'와 소리를 나타내는 '監(감)'을 합하여 만든 글자.	濫 濫
	예 濫用(남용) 濫發(남발)		
濕*	젖을 **습**	물을 뜻하는 ' 氵'와 햇볕에 말리고 있는 고치실 '㬎(현)'을 합하여 만든 글자.	濕 濕
	예 濕度(습도) 濕地(습지) 陰濕(음습)		
濟*	건널 **제**	물을 뜻하는 ' 氵'와 소리를 나타내는 '齊(제)'를 합하여 만든 글자.	濟 濟 濟
	예 濟州(제주) 決濟(결제) 經濟(경제) 救濟(구제)		
濯*	씻을 **탁**	물을 뜻하는 ' 氵'와 소리를 나타내는 '翟(적)'을 합하여 만든 글자.	濯 濯 濯
	예 洗濯(세탁) 洗濯機(세탁기)		

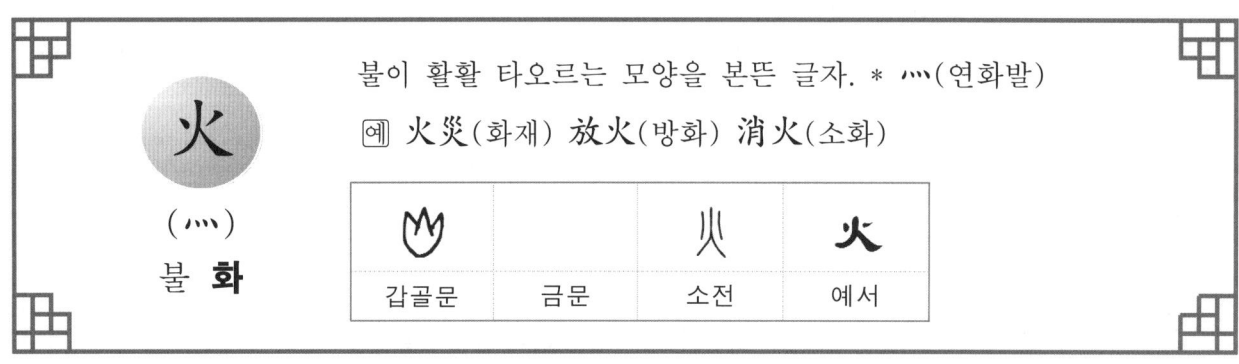

불이 활활 타오르는 모양을 본뜬 글자. * 灬(연화발)

예 火災(화재) 放火(방화) 消火(소화)

火
(灬)
불 **화**

갑골문	금문	소전	예서

한자	훈음	도움말	갑골	금문	소전	예서
炎	불꽃 **염**	불길(火)이 활활 타오르는 모양을 나타낸 글자.				炎
烈	뜨거울 **렬**	불을 뜻하는 '灬'와 소리를 나타내는 '列(렬)'을 합하여 만든 글자.				烈
烏	까마귀 **오**	새를 뜻하는 '鳥'에서 눈을 나타내는 점을 빼 눈이 안 보이는 까마귀의 모양을 나타낸 글자.				烏
無	없을 **무**	양손에 깃털을 들고 춤추는 모습을 나타낸 글자. 뒤에 '없다'는 뜻을 가짐.				無
然	그럴 **연**	개(犬) 고기(月)를 불(灬)에 굽는 모습을 나타낸 글자. 뒤에 '그러하다'는 뜻을 가짐.				然

煙	연기 **연**	불을 뜻하는 '火'와 소리를 나타내는 동시에 막힌 다는 뜻을 가진 '垔(인)'을 합하여 만든 글자.	煙 煙
熱	더울 **열**	불을 뜻하는 '灬'와 소리를 나타내는 '埶(예)'를 합하여 만든 글자.	熱 熱
燈	등잔 **등**	불을 뜻하는 '火'와 소리를 나타내는 '登(등)'을 합하여 만든 글자.	燈
災*	재앙 **재**	물(巛)이 넘쳐 홍수가 나는 모습과 화재(火)가 나는 모습을 나타낸 글자.	巛 巛 災
	예 災難(재난) 災害(재해) 天災地變(천재지변)		
炭*	숯 **탄**	불을 뜻하는 '火'와 소리를 나타내는 '岸(안)'을 합하여 만든 글자.	炭 炭
	예 石炭(석탄) 炭鑛(탄광) 炭素(탄소)		
焉*	어조사 **언**	새의 모습을 나타낸 글자. 뒤에 어조사로 쓰이게 됨.	焉 焉 焉
	예 焉敢生心(언감생심)		
煩*	번거로울 **번**	머리(頁)에 열(火)이 있어 아픔을 뜻하는 글자.	煩 煩
	예 煩惱(번뇌) 煩雜(번잡)		
照*	비칠 **조**	불을 뜻하는 '灬'와 소리를 나타내는 '昭(소)'를 합하여 만든 글자.	照 照
	예 觀照(관조) 對照(대조) 落照(낙조)		
熟*	익을 **숙**	불을 뜻하는 '灬'와 소리를 나타내는 '孰(숙)'을 합하여 만든 글자.	熟
	예 熟眠(숙면) 成熟(성숙) 深思熟考(심사숙고)		
燒*	불사를 **소**	불을 뜻하는 '火'와 소리를 나타내는 '堯(요)'를 합하여 만든 글자.	燒 燒
	예 燒却(소각) 全燒(전소) 燒失(소실)		
燃*	불탈 **연**	불을 뜻하는 '火'와 소리를 나타내는 '然(연)'을 합하여 만든 글자.	燃
	예 燃燒(연소) 燃料(연료)		
燕*	제비 **연**	제비의 부리(甘), 몸통(口), 날개(北), 꼬리(灬)를 나타낸 글자.	燕 燕 燕
	예 燕行(연행) 燕尾服(연미복)		
營*	경영할 **영**	집을 뜻하는 '呂'와 소리를 나타내는 '熒(형)'을 합하여 만든 글자.	營 營
	예 經營(경영) 營業(영업) 營利(영리)		

燥*	마를 조	불을 뜻하는 '火'와 소리를 나타내는 '喿(소)'를 합하여 만든 글자.	燥
	例 乾燥(건조) 燥濕(조습)		
燭*	촛불 촉	불을 뜻하는 '火'와 소리를 나타내는 '蜀(촉)'을 합하여 만든 글자.	燭
	例 華燭(화촉) 洞房華燭(동방화촉)		
爆*	터질 폭	불을 뜻하는 '火'와 소리를 나타내는 '暴(폭)'을 합하여 만든 글자.	爆
	例 爆彈(폭탄) 爆發(폭발) 起爆(기폭)		
爐*	화로 로	불을 뜻하는 '火'와 소리를 나타내는 '盧(로)'를 합하여 만든 글자.	爐
	例 火爐(화로) 輕水爐(경수로) 紅爐點雪(홍로점설)		

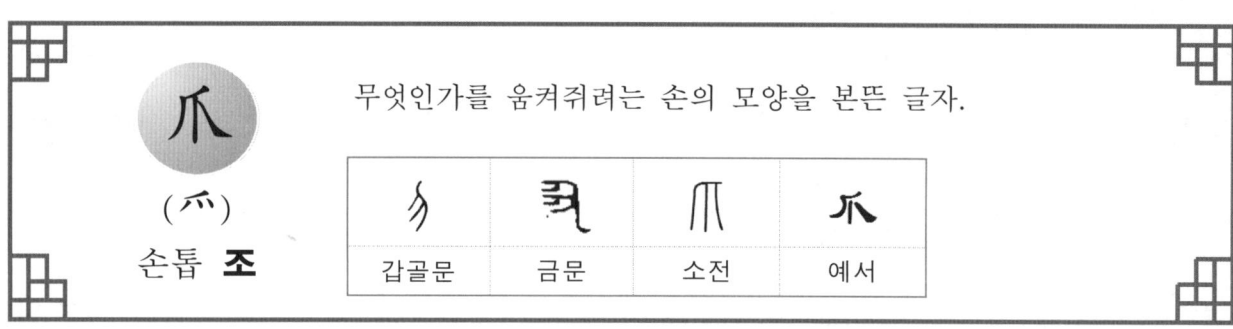

爪 (爫) 손톱 조

무엇인가를 움켜쥐려는 손의 모양을 본뜬 글자.

갑골문	금문	소전	예서

한자	훈음	도움말	갑골	금문	소전	예서
爭	다툴 쟁	물건을 서로 가지려고 다투고 있는 두 손의 모습을 나타낸 글자.				
爲	할 위	손으로 코끼리를 부려 일하게 하는 모습을 나타낸 글자.				
爵*	벼슬 작	새 모양의 술잔을 손에 들고 있는 모습을 나타낸 글자.				
	例 爵祿(작록) 公爵(공작) 爵位(작위)					

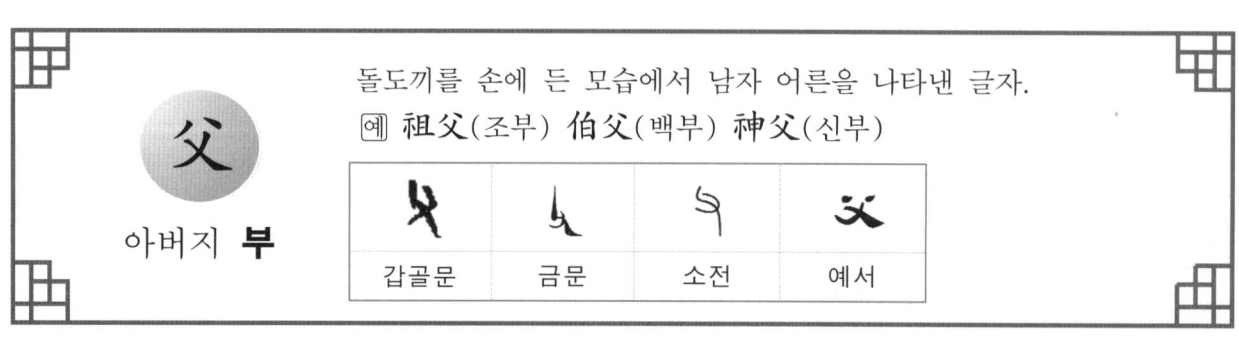

父 아버지 부

돌도끼를 손에 든 모습에서 남자 어른을 나타낸 글자.
例 祖父(조부) 伯父(백부) 神父(신부)

갑골문	금문	소전	예서

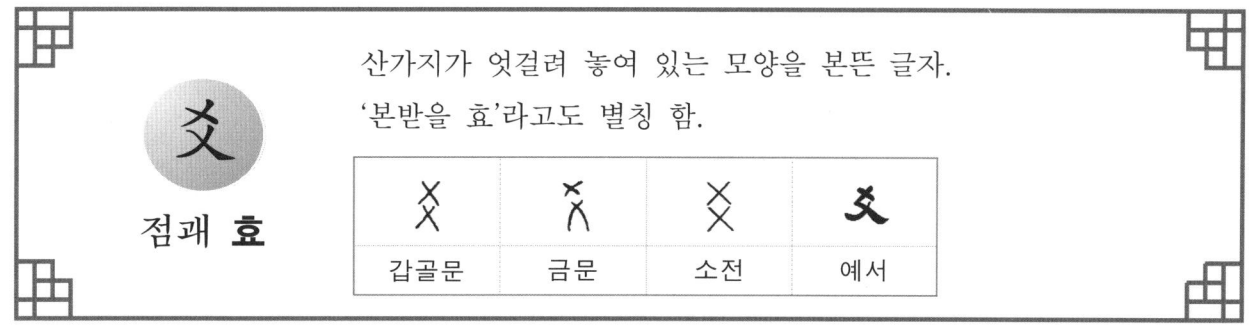

산가지가 엇걸려 놓여 있는 모양을 본뜬 글자.
'본받을 효'라고도 별칭 함.

점괘 **효**

갑골문	금문	소전	예서

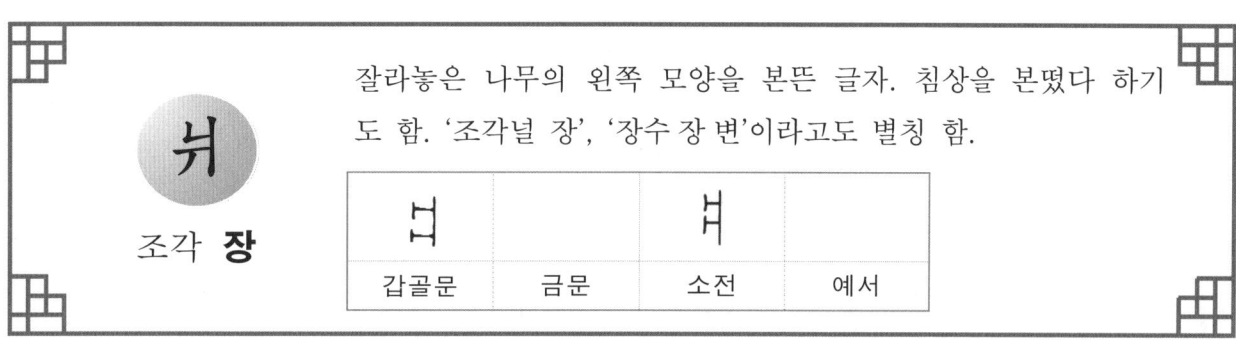

잘라놓은 나무의 왼쪽 모양을 본뜬 글자. 침상을 본떴다 하기
도 함. '조각널 장', '장수 장 변'이라고도 별칭 함.

조각 **장**

갑골문	금문	소전	예서

牀*	평상 **상**	나무를 뜻하는 '木'과 소리를 나타내는 '爿(장)'을 합하여 만든 글자. '床'은 속자(俗字)임.	床
	예 寢牀(침상) 起牀(기상) 病牀(병상)		

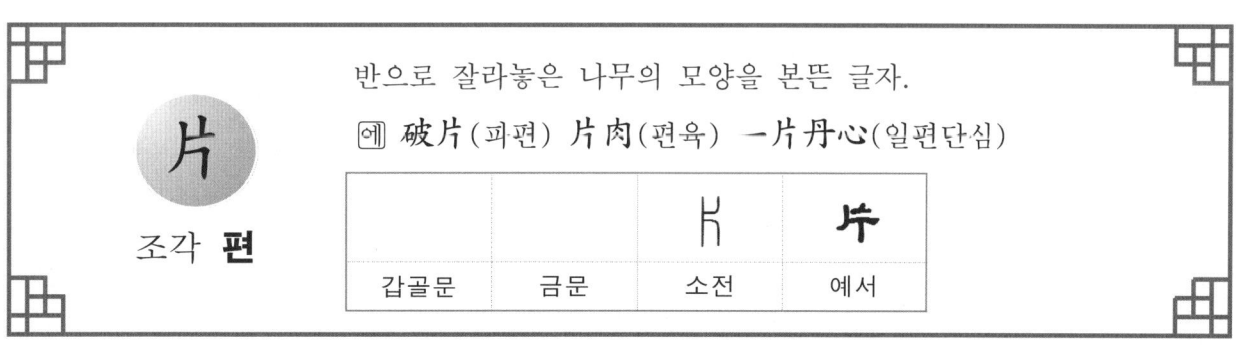

반으로 잘라놓은 나무의 모양을 본뜬 글자.
예 破片(파편) 片肉(편육) 一片丹心(일편단심)

조각 **편**

갑골문	금문	소전	예서

한자	훈음	도움말	갑골	금문	소전	예서
版*	판목 **판**	나무 조각을 뜻하는 '片'과 소리를 나타내는 '反(반)'을 합하여 만든 글자.			版	版
		예 版權(판권) 出版(출판) 番號版(번호판)				

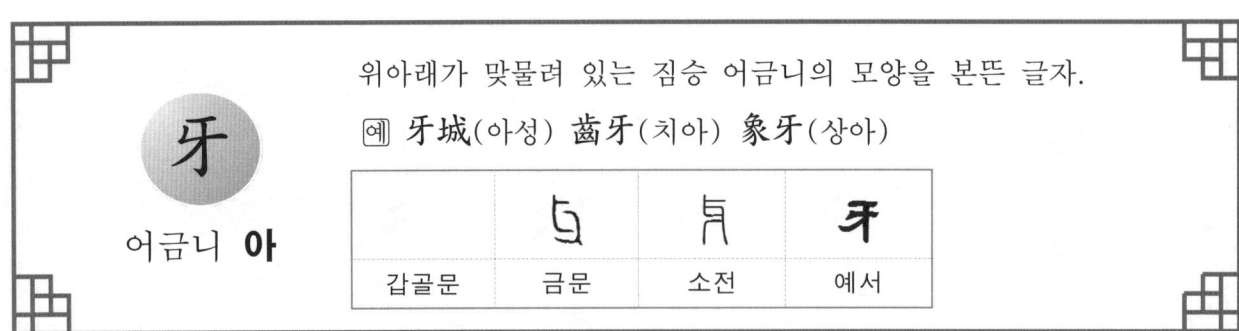

위아래가 맞물려 있는 짐승 어금니의 모양을 본뜬 글자.

牙 어금니 아

예 牙城(아성) 齒牙(치아) 象牙(상아)

갑골문	금문	소전	예서
㠯	㥯	㫃	牙

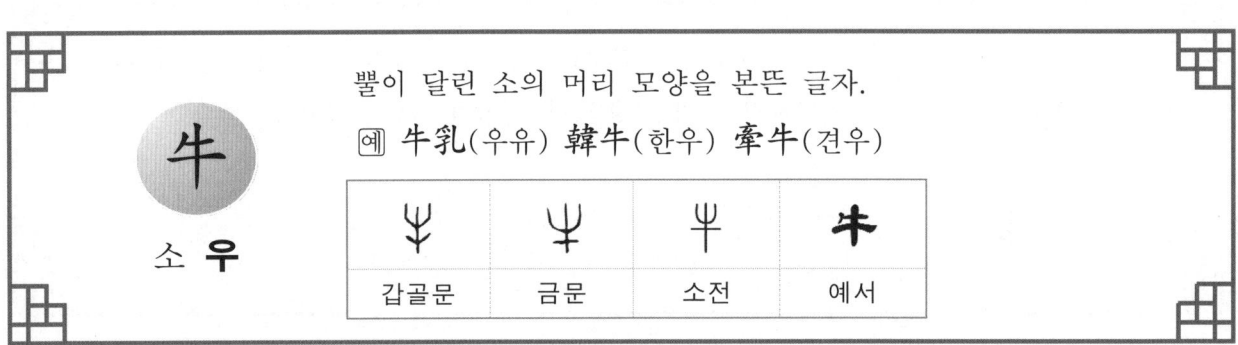

뿔이 달린 소의 머리 모양을 본뜬 글자.

牛 소 우

예 牛乳(우유) 韓牛(한우) 牽牛(견우)

갑골문	금문	소전	예서
ψ	ψ	半	牛

한자	훈음	도움말	갑골	금문	소전	예서
物	물건 **물**	소를 뜻하는 '牛'와 소리를 나타내는 '勿(물)'을 합하여 만든 글자.			物	物
特	특별할 **특**	소를 뜻하는 '牛'와 소리를 나타내는 '寺(사)'를 합하여 만든 글자.			特	特
牧*	칠 **목**	손에 막대기를 들고 소(牛)를 치는(攵) 모습을 나타낸 글자.	牧	牧	牧	牧
		예 牧場(목장) 放牧(방목) 牧童(목동)				
牽*	끌 **견**	소(牛)를 울타리(冖) 밖으로 잡아끄는 모습을 나타낸 글자. '玄(현)'이 음의 역할을 함.			牽	牽
		예 牽制(견제) 牽引(견인) 牽強附會(견강부회)				

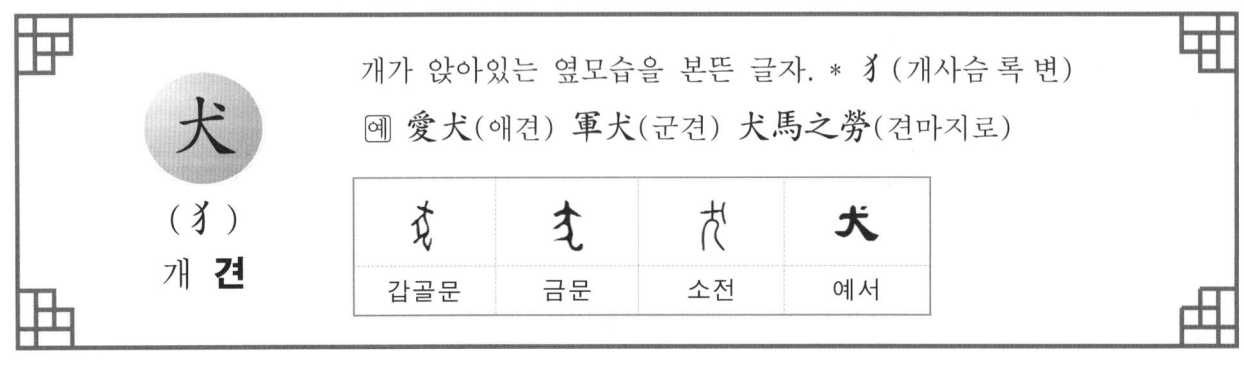

개가 앉아있는 옆모습을 본뜬 글자. * 犭(개사슴록 변)

犬 (犭) 개 견

예 愛犬(애견) 軍犬(군견) 犬馬之勞(견마지로)

갑골문	금문	소전	예서
犬	犬	犬	犬

한자	훈음	도움말	갑골	금문	소전	예서
猶	같을 **유**	뜻을 나타내는 '犭'과 소리를 나타내는 '酋(추)'를 합하여 만든 글자.		揹	攜	猶
獨	홀로 **독**	개를 뜻하는 '犭'과 소리를 나타내는 '蜀(촉)'을 합하여 만든 글자.			獨	獨
犯*	범할 **범**	개를 뜻하는 '犭'과 소리를 나타내는 '巳←弓(함)'을 합하여 만든 글자.			㹟	犯
		예 犯人(범인) 犯罪(범죄) 侵犯(침범)				
狂*	미칠 **광**	개를 뜻하는 '犭'과 소리를 나타내는 '王(왕)'을 합하여 만든 글자.			㹩	狂
		예 熱狂(열광) 狂氣(광기) 狂犬(광견)				
狗*	개 **구**	개를 뜻하는 '犭'과 소리를 나타내는 '句(구)'를 합하여 만든 글자.			狗	狗
		예 堂狗風月(당구풍월) 羊頭狗肉(양두구육)				
狀*	모양 **상** 문서 **장**	개를 뜻하는 '犬'과 소리를 나타내는 '爿(장)'을 합하여 만든 글자.			狀	狀
		예 狀況(상황) 狀態(상태) 賞狀(상장)				
猛*	사나울 **맹**	개를 뜻하는 '犭'과 소리를 나타내는 '孟(맹)'을 합하여 만든 글자.			猛	猛
		예 猛獸(맹수) 勇猛(용맹) 猛威(맹위)				
獄*	옥 **옥**	마주보며 짖는(言) 두 마리의 개(犭+犬)의 모습을 나타낸 글자.		獄	獄	獄
		예 監獄(감옥) 地獄(지옥) 投獄(투옥)				
獲*	사로잡을 **획**	개를 뜻하는 '犭'과 소리를 나타내는 '蒦(확)'을 합하여 만든 글자.			獲	獲
		예 獲得(획득) 捕獲(포획) 漁獲高(어획고)				
獵*	사냥할 **렵**	개를 뜻하는 '犭'과 소리를 나타내는 '巤(렵)'을 합하여 만든 글자.	獵	獵	獵	
		예 獵奇(엽기) 密獵(밀렵) 獵銃(엽총)				
獸*	짐승 **수**	사냥도구(單)모양과 개(犬)를 합하여 만든 글자. 뒤에 '짐승'의 뜻을 가짐.	獸	獸	獸	
		예 禽獸(금수) 野獸(야수) 人面獸心(인면수심)				
獻*	드릴 **헌**	개를 뜻하는 '犭'과 소리를 나타내는 '鬳(권)'을 합하여 만든 글자.	獻	獻	獻	獻
		예 獻身(헌신) 獻納(헌납) 獻血(헌혈)				

❖ 5 획 ❖

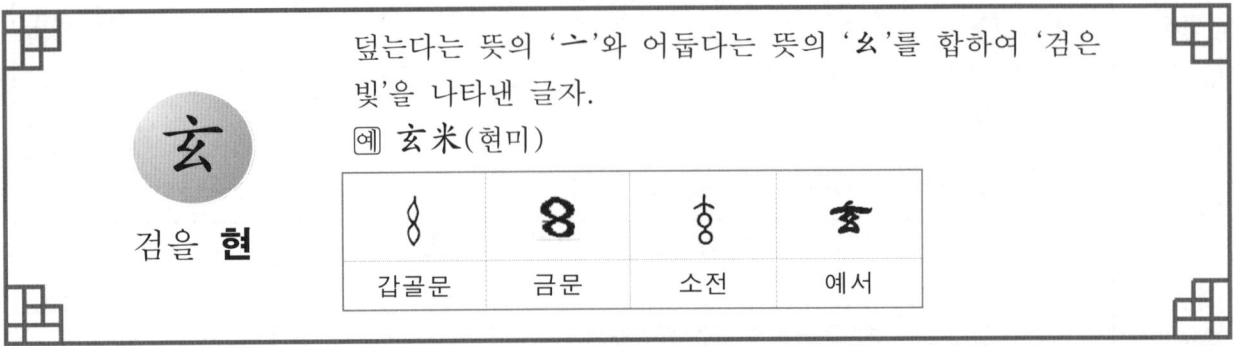

玄 검을 **현**	덮는다는 뜻의 '宀'와 어둡다는 뜻의 '幺'를 합하여 '검은 빛'을 나타낸 글자. 예 玄米(현미)

한자	훈음	도움말	갑골	금문	소전	예서
玆*	이 **자**	'玄'자 둘을 더하여 검다는 뜻을 나타내는 글자.			玆	玆
	예 玆山魚譜(자산어보)					
率*	비율 **률** 거느릴 **솔**	실로 만든 그물모양을 표현한 글자.	率	率	率	率
	예 統率(통솔) 效率(효율) 比率(비율) 確率(확률)					

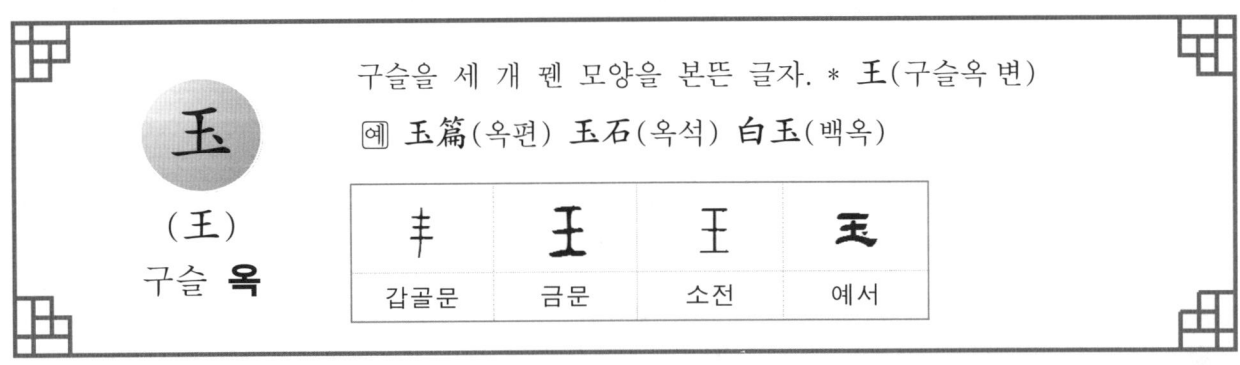

玉 (王) 구슬 **옥**	구슬을 세 개 꿴 모양을 본뜬 글자. * 王(구슬옥 변) 예 玉篇(옥편) 玉石(옥석) 白玉(백옥)

한자	훈음	도움말	갑골	금문	소전	예서
王	임금 **왕**	자루를 끼지 않은 큰 도끼(권력의 상징)의 모양을 본뜬 글자.	王	王	王	王
理	다스릴 **리**	옥(王←玉)을 갈고 다듬는 모습을 나타낸 글자. '里(리)'가 음의 역할을 함.			理	理
現	나타날 **현**	옥을 뜻하는 '王←玉'과 소리를 나타내는 '見(견)'을 합하여 만든 글자.				現

珍*	보배 **진**	옥을 뜻하는 '王←玉'과 소리를 나타내는 '㐱(진)'을 합하여 만든 글자.	珍 珍
	예 珍貴(진귀) 山海珍味(산해진미)		
班*	나눌 **반**	옥(王←玉)을 쪼개어(刂) 나누는 모습을 나타낸 글자.	班 班 班
	예 兩班(양반) 班長(반장) 班常(반상)		
珠*	구슬 **주**	옥을 뜻하는 '王←玉'과 소리를 나타내는 '朱(주)'를 합하여 만든 글자.	珠 珠
	예 珠算(주산) 珠玉(주옥)		
球*	공 **구**	옥을 뜻하는 '王←玉'과 소리를 나타내는 '求(구)'를 합하여 만든 글자.	球 球
	예 地球(지구) 野球(야구) 卓球(탁구)		
琴*	거문고 **금**	거문고의 모양을 본뜬 글자. '今(금)'이 음의 역할을 함.	琴 琴
	예 風琴(풍금) 心琴(심금) 奚琴(해금)		
環*	고리 **환**	옥을 뜻하는 '王←玉'과 소리를 나타내는 '睘(선)'을 합하여 만든 글자.	環 環 環
	예 循環(순환) 環境(환경)		

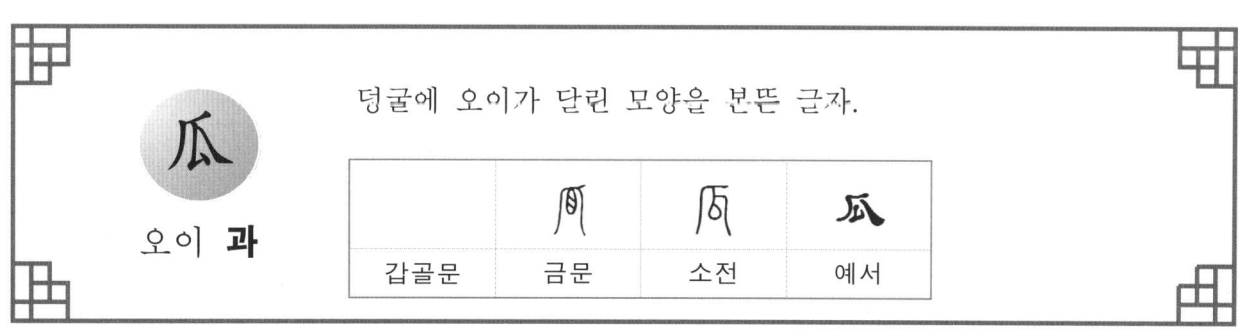

덩굴에 오이가 달린 모양을 본뜬 글자.

瓜
오이 **과**

갑골문	금문	소전	예서

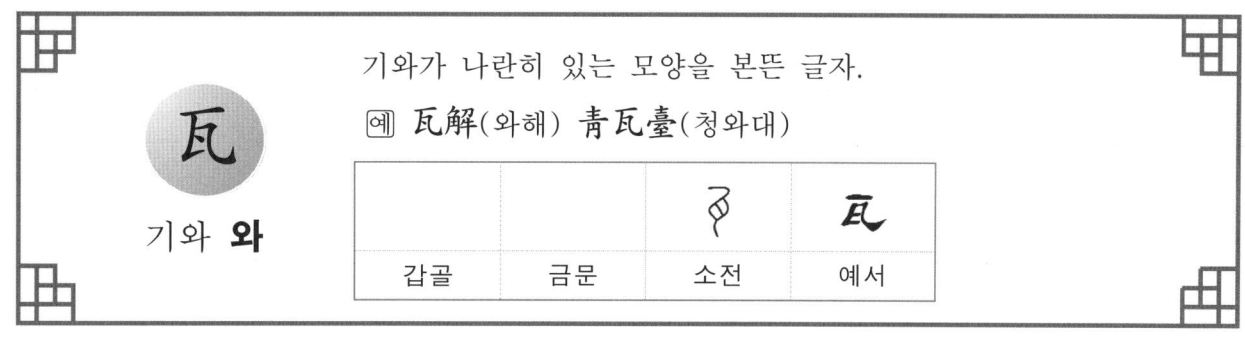

기와가 나란히 있는 모양을 본뜬 글자.

예 瓦解(와해) 靑瓦臺(청와대)

瓦
기와 **와**

갑골	금문	소전	예서

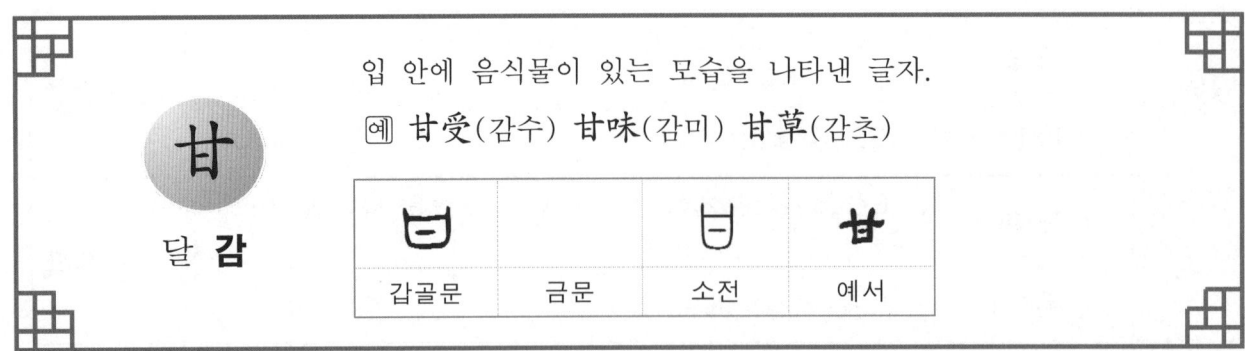

입 안에 음식물이 있는 모습을 나타낸 글자.

예 甘受(감수) 甘味(감미) 甘草(감초)

달 감

갑골문	금문	소전	예서
ᗮ	ᗮ	甘	

한자	훈음	도움말	갑골	금문	소전	예서
甚	심할 심	부뚜막 위에 물 담은 그릇을 놓고 밑에서 불을 때는 화덕의 모양을 본뜬 글자.			븝	甚

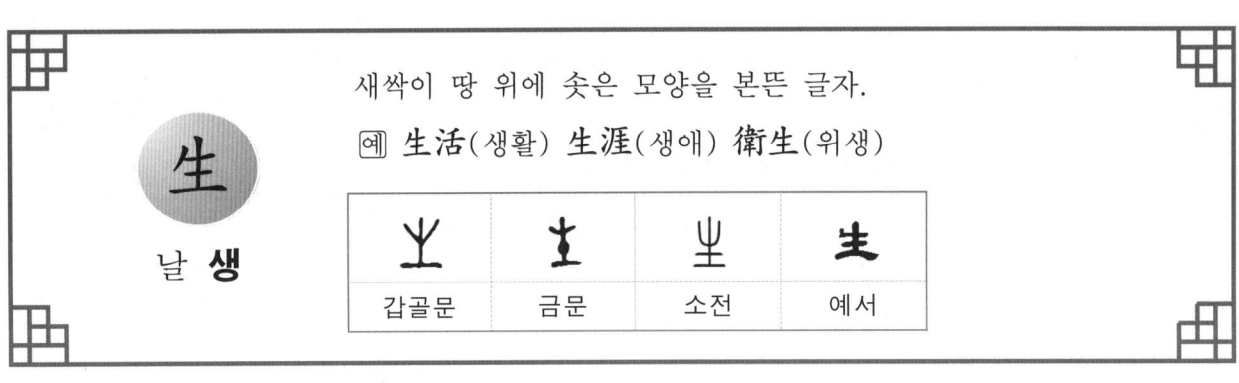

새싹이 땅 위에 솟은 모양을 본뜬 글자.

예 生活(생활) 生涯(생애) 衛生(위생)

날 생

갑골문	금문	소전	예서
㞢	坓	坓	生

한자	훈음	도움말	갑골	금문	소전	예서
産	낳을 산	낳는다는 뜻의 '生'과 소리를 나타내는 '彦(언)'을 합하여 만든 글자.		産	産	産

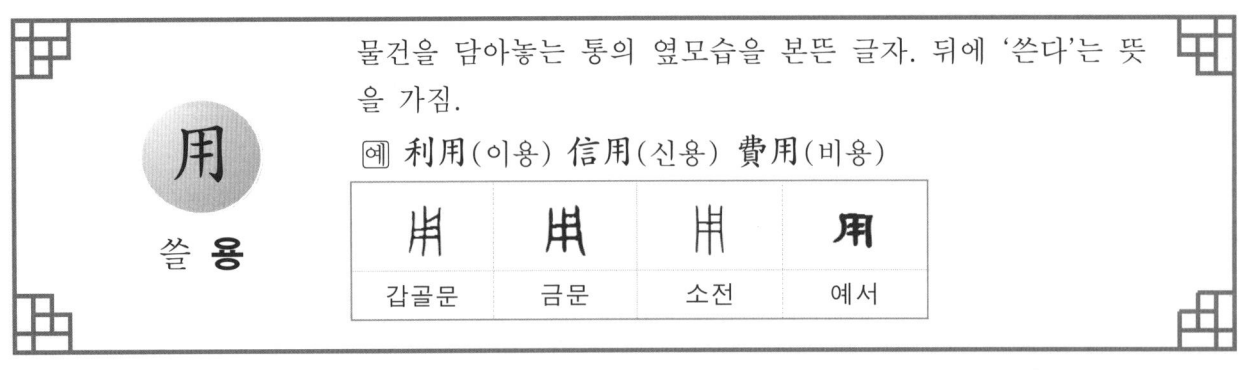

물건을 담아놓는 통의 옆모습을 본뜬 글자. 뒤에 '쓴다'는 뜻을 가짐.

예 利用(이용) 信用(신용) 費用(비용)

쓸 용

갑골문	금문	소전	예서
用	用	用	用

밭의 모양을 본뜬 글자.

㉠ 油田(유전) 田畓(전답) 均田(균전)

田
밭 **전**

갑골문	금문	소전	예서

한자	훈음	도움말	갑골	금문	소전	예서
甲	껍질 **갑**	가죽 갑옷의 모양을 본뜬 글자.				
申	납 **신**	번갯불이 번쩍이는 모양을 본뜬 글자. 뒤에 간지(干支)로 쓰임.				
由	말미암을 **유**	술 단지의 모양을 본뜬 글자. 뒤에 '말미암다'는 뜻을 가짐.				
男	사내 **남**	농사일에 힘을 쓰는 모습을 표현한 글자.				
界	지경 **계**	밭을 뜻하는 '田'과 소리를 나타내는 '介(개)'를 합하여 만든 글자.				
留	머무를 **류**	밭을 뜻하는 '田'과 소리를 나타내는 '卯(묘)'를 합하여 만든 글자.				
異	다를 **이**	양손을 벌린 사람의 모습을 본떠, '양손으로 물건을 나누어줌'이라는 뜻이 '다르다'는 뜻으로 변한 글자.				
番	차례 **번**	'采'과 '田'은 발자국 모양을 나타낸 것으로, 땅에 찍힌 발자국으로 짐승이 지나간 차례를 알 수 있다는 뜻을 나타낸 글자.				
畫	그림 **화**	붓(聿)을 잡고 그림을 그리는 모습을 나타낸 글자. 畵는 속자(俗字)임.				
當	마땅할 **당**	밭을 뜻하는 '田'과 소리를 나타내는 '尙(상)'을 합하여 만든 글자.				
畓*	논 **답**	밭(田)위에 물(水)을 합하여 '논'을 뜻하는 글자.				
		㉠ 田畓(전답)				
畏*	두려울 **외**	귀신머리(田←甶)를 한 사람이 손에 몽둥이를 들고 위협하는 모습에 두려워함을 나타내는 글자.				
		㉠ 畏敬(외경) 敬畏(경외) 後生可畏(후생가외)				
畜*	기를 **축**	짐승의 창자모양(玄)과 위 모양(田)을 합하여, 위장에 음식물이 쌓여있는 모습을 표현한 글자.				
		㉠ 家畜(가축) 畜産(축산) 畜舍(축사)				

한자	훈음	도움말	갑골/금문/소전/예서
略*	간략할 **략**	밭을 뜻하는 '田'과 소리를 나타내는 '各(각)'을 합하여 만든 글자.	略 略
	㉖ 省略(생략) 略字(약자) 簡略(간략)		
畢*	마칠 **필**	짐승을 잡는 자루가 달린 그물 모양을 본뜬 글자. 뒤에 '마치다'는 뜻을 가짐.	畢 畢 畢
	㉖ 畢竟(필경) 未畢(미필)		
畿*	경기 **기**	밭을 뜻하는 '田'과 소리를 나타내는 '幾←幾(기)'를 합하여 만든 글자.	畿 畿
	㉖ 畿湖(기호) 京畿(경기)		

발의 모양을 본뜬 '足'을 변형하여 만든 글자.
'필 필'이라고도 별칭 함.

足
발 **소**

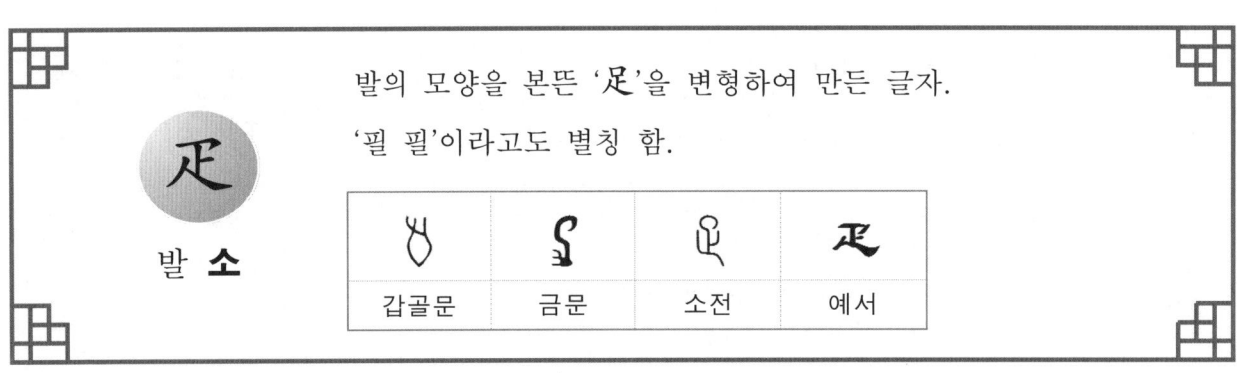

갑골문	금문	소전	예서

한자	훈음	도움말	갑골	금문	소전	예서
疏*	성길 **소**	물이 잘 흐르게(㐬) 한다는 데서 '트이다'는 뜻을 나타내는 글자. '疋(소)'가 음의 역할을 함.			疏	疏
	㉖ 疏遠(소원) 疏密(소밀) 疏通(소통) 疏外(소외)					
疑*	의심 **의**	지팡이를 짚은 노인이 갈림길에서 고개를 옆으로 돌린 모습을 표현한 글자.	疑	疑	疑	
	㉖ 疑問(의문) 疑心(의심) 疑懼(의구)					

사람이 병상에 누워 기댄 모양을 본뜬 글자.
'병 질 엄'이라고도 별칭 함.

疒
병들 **녁**

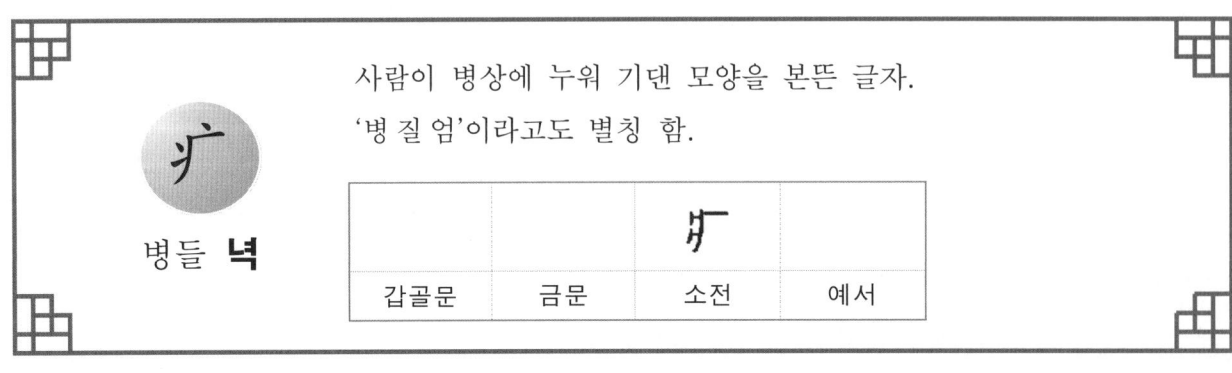

갑골문	금문	소전	예서

한자	훈음	도움말	갑골	금문	소전	예서
病	병 **병**	병을 뜻하는 '疒'과 소리를 나타내는 '丙(병)'을 합하여 만든 글자.			㿃	病
疫*	염병 **역**	병을 뜻하는 '疒'과 소리를 나타내는 '殳←役(역)'을 합하여 만든 글자.			疫	疫
		예 疫學(역학) 免疫(면역) 防疫(방역)				
症*	증세 **증**	병을 뜻하는 '疒'과 소리를 나타내는 '正(정)'을 합하여 만든 글자.				症
		예 渴症(갈증) 症狀(증상) 症候群(증후군)				
疾*	병 **질**	병을 뜻하는 '疒'과 소리를 나타내는 '矢(시)'를 합하여 만든 글자.	𤕻	疾	㿄	疾
		예 疾走(질주) 疾病(질병) 疾患(질환)				
疲*	피곤할 **피**	병을 뜻하는 '疒'과 소리를 나타내는 '皮(피)'를 합하여 만든 글자.			疲	疲
		예 疲困(피곤) 疲勞(피로)				
痛*	아플 **통**	병을 뜻하는 '疒'과 소리를 나타내는 '甬(용)'을 합하여 만든 글자.			痛	痛
		예 痛症(통증) 痛快(통쾌) 頭痛(두통)				

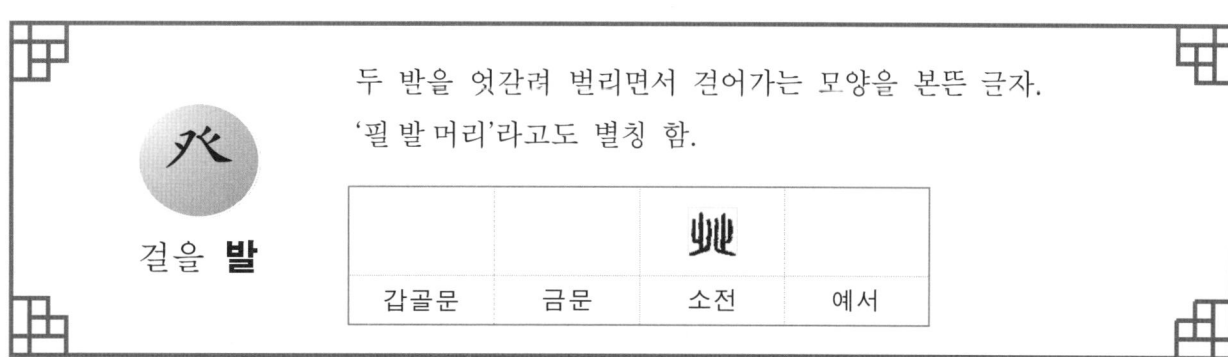

두 발을 엇갈려 벌리면서 걸어가는 모양을 본뜬 글자.
'필 발 머리'라고도 별칭 함.

걸을 **발**

갑골문	금문	소전	예서
		癶	

한자	훈음	도움말	갑골	금문	소전	예서
癸	천간 **계**	무기의 모양을 본뜬 글자. 뒤에 간지(干支)로 쓰임.	𤼀	癸	癸	癸
登	오를 **등**	두 손으로 제기(豆)를 들고 제단을 올라가는 모습을 나타낸 글자.	登	登	登	登
發	필 **발**	활을 뜻하는 '弓'과 소리를 나타내는 '癹(발)'을 합하여 만든 글자.	發	發	發	發

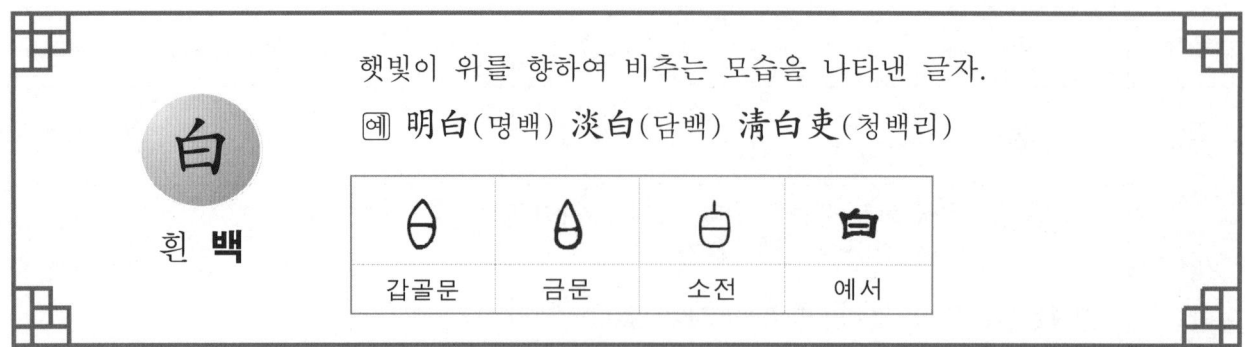

햇빛이 위를 향하여 비추는 모습을 나타낸 글자.

白 흰 백

㉠ 明白(명백) 淡白(담백) 淸白吏(청백리)

			갑골문	금문	소전	예서

한자	훈음	도움말	갑골	금문	소전	예서
百	일백 **백**	'白'에 '一'을 더하여 숫자 '백'을 나타낸 글자.				
的	과녁 **적**	흰색을 뜻하는 '白'과 소리를 나타내는 '勺(작)'을 합하여 만든 글자.				
皆	다 **개**	사람이 줄을 짓는다는 뜻의 '比'와 말함을 뜻하는 '白'을 합하여 모두 같이 말한다는 뜻을 나타낸 글자.				
皇	임금 **황**	화려한 장식을 한 모자의 모양을 본뜬 글자.				

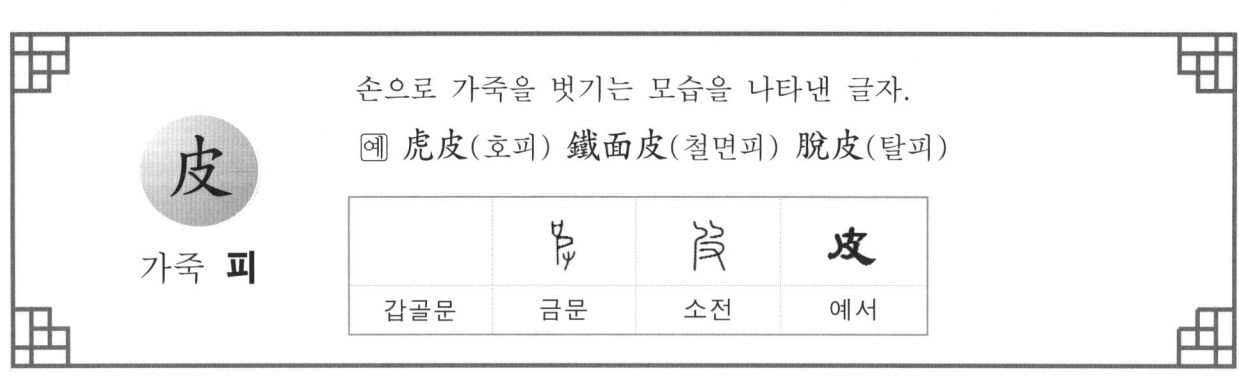

손으로 가죽을 벗기는 모습을 나타낸 글자.

皮 가죽 피

㉠ 虎皮(호피) 鐵面皮(철면피) 脫皮(탈피)

	갑골문	금문	소전	예서

그릇의 모양을 본뜬 글자.

皿 그릇 명

	갑골문	금문	소전	예서

한자	훈음	도움말	갑골	금문	소전	예서
益	더할 **익**	그릇(皿)에 물이 넘치는 모양을 나타낸 글자.				
盛	성할 **성**	그릇을 뜻하는 '皿'과 소리를 나타내는 '成(성)'을 합하여 만든 글자.				
盡	다할 **진**	밥을 다 먹은 빈 그릇(皿)을 가는 막대기(聿)로 저어 씻는 모습을 나타낸 글자.				
盜*	도둑 **도**	그릇(皿)에 담긴 음식을 보고 침(次←沆)을 흘리며 훔친다는 뜻을 나타내는 글자.				
		예 盜聽(도청) 盜賊(도적) 盜用(도용)				
盟*	맹세 **맹**	그릇을 뜻하는 '皿'과 소리를 나타내는 '明(명)'을 합하여 만든 글자.				
		예 盟約(맹약) 同盟(동맹) 血盟(혈맹)				
監*	볼 **감**	눈(臣: 눈의 상형)을 크게 뜨고 몸을 구부려 물이 담긴 대야(皿)에 비친 자기 얼굴을 내려다보는 모습을 나타낸 글자.				
		예 監督(감독) 監視(감시) 監獄(감옥)				
盤*	소반 **반**	그릇을 뜻하는 '皿'과 소리를 나타내는 '般(반)'을 합하여 만든 글자.				
		예 基盤(기반) 初盤(초반) 盤石(반석)				

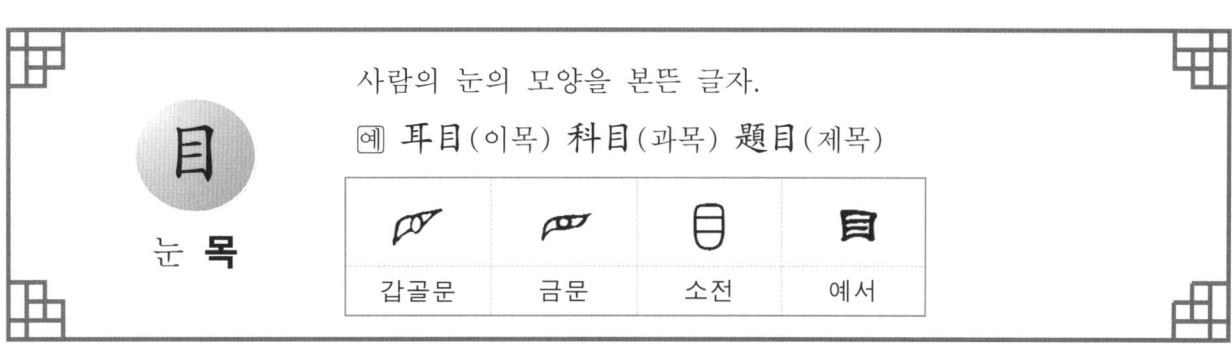

目
눈 **목**

사람의 눈의 모양을 본뜬 글자.

예 耳目(이목) 科目(과목) 題目(제목)

갑골문	금문	소전	예서

한자	훈음	도움말	갑골	금문	소전	예서
直	곧을 **직**	측량막대(丨)를 눈(目)에 대고 곧은지를 살피는 모양.				
看	볼 **간**	눈(目) 위에 손(手) 끝을 얹고 바라보는 모습을 나타낸 글자.				
相	서로 **상**	나무(木)를 눈(目)으로 바라보는 모습을 나타낸 글자.				

省	살필 **성** 덜 **생**	세밀하게(少) 본다(目)는 뜻을 나타낸 글자.	⿰ ⿰ 峕 省
眠	잠잘 **면**	눈을 뜻하는 '目'과 소리를 나타내는 '民(민)'을 합하여 만든 글자.	眠
眞	참 **진**	솥 위에 숟가락(匕)이 있는 모양을 본뜬 글자. 뒤에 '참됨'의 뜻을 가짐.	眞 眞
眼	눈 **안**	눈을 뜻하는 '目'과 소리를 나타내는 '艮(간)'을 합하여 만든 글자.	眼 眼
盲*	소경 **맹**	눈을 뜻하는 '目'과 소리를 나타내는 '亡(망)'을 합하여 만든 글자.	盲 盲
	예 盲點(맹점) 盲目的(맹목적) 群盲評象(군맹평상)		
眉*	눈썹 **미**	눈썹의 모양을 본뜬 글자.	⿰ 眉 眉 眉
	예 白眉(백미) 眉間(미간) 擧案齊眉(거안제미)		
督*	감독할 **독**	눈을 뜻하는 '目'과 소리를 나타내는 '叔(숙)'을 합하여 만든 글자.	督 督
	예 督勵(독려) 督促(독촉) 監督(감독)		
睦*	화목할 **목**	눈을 뜻하는 '目'과 소리를 나타내는 '坴(륙)'을 합하여 만든 글자.	睦 睦
	예 和睦(화목) 親睦(친목)		
睡*	졸 **수**	눈을 뜻하는 '目'과 소리를 나타내는 '垂(수)'를 합하여 만든 글자.	睡 睡
	예 睡眠(수면) 午睡(오수) 昏睡狀態(혼수상태)		
瞬*	눈 깜짝할 **순**	눈을 뜻하는 '目'과 소리를 나타내는 '舜(순)'을 합하여 만든 글자.	瞬
	예 瞬間(순간) 瞬息間(순식간)		

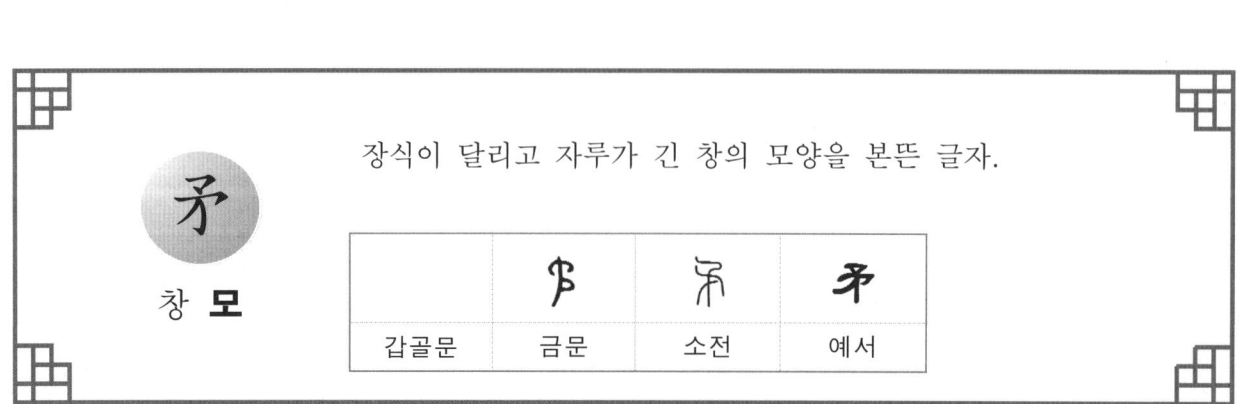

장식이 달리고 자루가 긴 창의 모양을 본뜬 글자.

矛
창 **모**

甲골문	금문	소전	예서

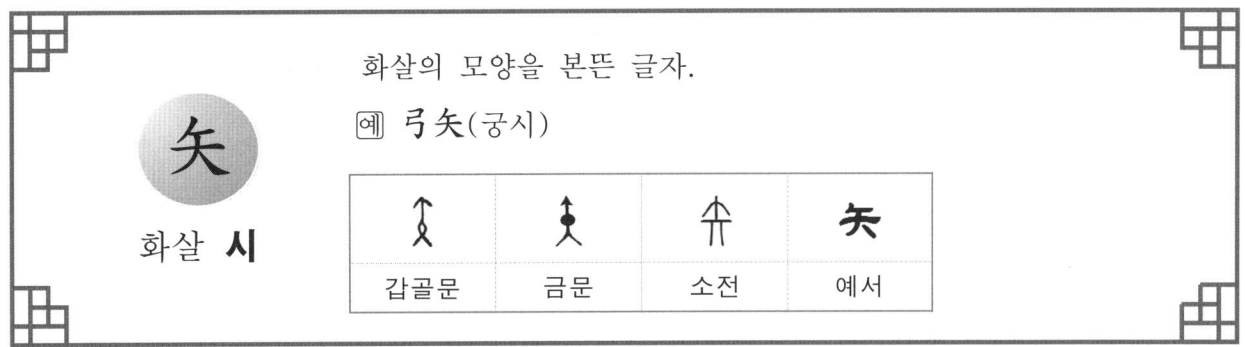

화살의 모양을 본뜬 글자.

예 弓矢(궁시)

矢
화살 **시**

갑골문	금문	소전	예서

한자	훈음	도움말	갑골	금문	소전	예서
矣	어조사 **의**	뜻을 나타내는 '矢'와 소리를 나타내는 'ㅿ(사)'를 합하여 만든 글자.				
知	알 **지**	이치를 아는 사람은 입(口)에서 나오는 말이 화살(矢)처럼 빠름을 나타낸 글자.				
短	짧을 **단**	짧은 길이를 재는 화살(矢)과 콩(豆)을 합하여 짧음을 나타낸 글자.				
矯*	바로잡을 **교**	화살을 뜻하는 '矢'와 소리를 나타내는 '喬(교)'를 합하여 만든 글자. 예 矯正(교정) 矯導所(교도소) 矯角殺牛(교각살우)				

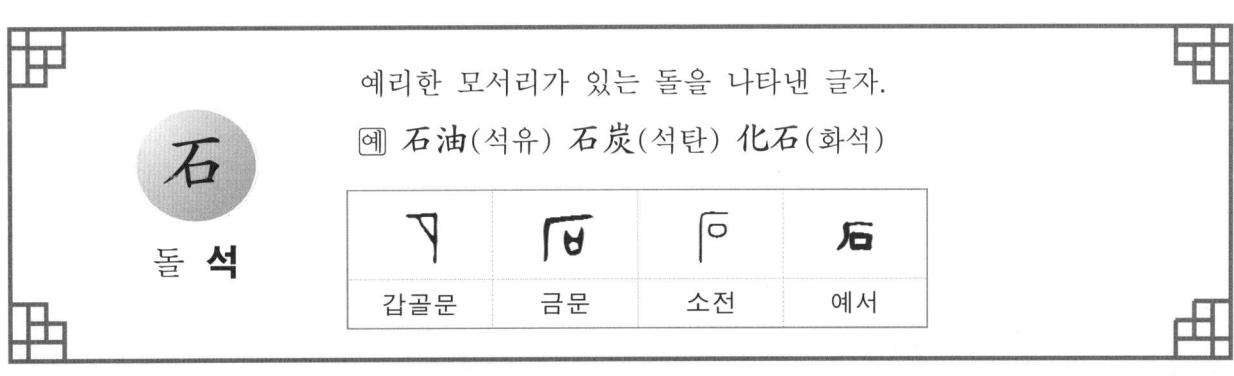

예리한 모서리가 있는 돌을 나타낸 글자.

예 石油(석유) 石炭(석탄) 化石(화석)

石
돌 **석**

갑골문	금문	소전	예서

한자	훈음	도움말	갑골	금문	소전	예서
破	깨뜨릴 **파**	돌을 뜻하는 '石'과 소리를 나타내는 '皮(피)'를 합하여 만든 글자.				
硏	갈 **연**	돌을 뜻하는 '石'과 소리를 나타내는 '幵(견)'을 합하여 만든 글자.				
硬*	굳을 **경**	돌을 뜻하는 '石'과 소리를 나타내는 '更(경)'을 합하여 만든 글자. 예 強硬(강경) 硬直(경직) 硬軟(경연)				

한자	훈음	도움말	갑골 금문 소전 예서
碑*	비석 **비**	돌을 뜻하는 '石'과 소리를 나타내는 '卑(비)'를 합하여 만든 글자.	牌 碑
	예 碑銘(비명) 墓碑(묘비) 碑石(비석)		
碧*	푸를 **벽**	색이 푸른 옥(王←玉)과 돌(石)을 표현한 글자. '白(백)'이 음의 역할을 함.	碧 碧
	예 碧眼(벽안) 碧昌牛(벽창우)		
確*	굳을 **확**	돌을 뜻하는 '石'과 소리를 나타내는 '寉(학)'을 합하여 만든 글자.	確
	예 確率(확률) 確信(확신) 確認(확인)		
磨*	갈 **마**	돌을 뜻하는 '石'과 소리를 나타내는 '麻(마)'를 합하여 만든 글자.	磨
	예 研磨(연마)		
礎*	주춧돌 **초**	돌을 뜻하는 '石'과 소리를 나타내는 '楚(초)'를 합하여 만든 글자.	礎 礎
	예 基礎(기초) 礎石(초석) 柱礎(주초)		

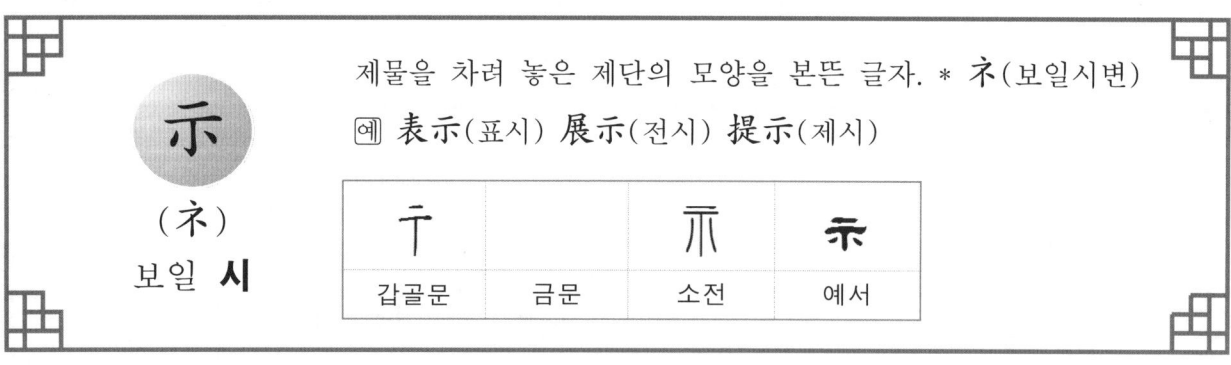

示
(礻)
보일 **시**

제물을 차려 놓은 제단의 모양을 본뜬 글자. * 礻(보일시변)

예 表示(표시) 展示(전시) 提示(제시)

갑골문	금문	소전	예서
干		示	示

한자	훈음	도움말	갑골	금문	소전	예서
神	귀신 **신**	제단을 뜻하는 '示'와 소리를 나타내는 '申(신)'을 합하여 만든 글자.	示	神		神
祖	할아버지 **조**	제사상(示)과 제물을 쌓아올린 모양(且)을 합하여 '할아버지, 조상'을 표현한 글자.	祖	祖		祖
祝	빌 **축**	제단(示) 앞에서 입을 벌리고 비는 사람(兄)의 모습을 나타낸 글자.	祝	祝	祝	祝
祭	제사 **제**	고기(肉)를 손(又)으로 제단(示)에 올려놓고 신에게 제사를 지내는 모습을 나타낸 글자.	祭	祭	祭	祭

禁	금할 **금**	제단을 뜻하는 '示'와 소리를 나타내는 '林(림)'을 합하여 만든 글자.	禁 禁
福	복 **복**	제단을 뜻하는 '示'와 소리를 나타내는 '畐(복)'을 합하여 만든 글자.	福 福 福
禮	예도 **례**	제단을 뜻하는 '示'와 소리를 나타내는 '豊(례)'를 합하여 만든 글자.	禮 禮
社*	모일 **사**	높은 언덕(土)위에 제단(示)을 쌓은 모습을 나타낸 글자.	社 社 社
	예 社會(사회) 創社(창사) 社員(사원)		
祀*	제사 **사**	제단을 뜻하는 '示'와 소리를 나타내는 '巳(사)'를 합하여 만든 글자.	祀 祀 祀 祀
	예 祭祀(제사) 告祀(고사) 合祀(합사)		
祈*	빌 **기**	제단을 뜻하는 '示'와 소리를 나타내는 '斤(근)'을 합하여 만든 글자.	祈 祈
	예 祈願(기원) 祈雨祭(기우제)		
祕*	숨길 **비**	제단을 뜻하는 '示'와 소리를 나타내는 '必(필)'을 합하여 만든 글자.	祕 祕
	예 祕密(비밀) 極祕(극비) 祕書(비서)		
祥*	상서로울 **상**	제단을 뜻하는 '示'와 소리를 나타내는 '羊(양)'을 합하여 만든 글자.	祥
	예 發祥地(발상지) 不祥事(불상사)		
票*	표 **표**	두 손(白)으로 무언가 태우기 위해 불을 피워놓은 모습을 나타낸 글자.	票 票
	예 手票(수표) 投票(투표) 郵票(우표)		
祿*	녹 **록**	제단을 뜻하는 '示'와 소리를 나타내는 '彔(록)'을 합하여 만든 글자.	祿 祿
	예 國祿(국록) 貫祿(관록)		
禍*	재앙 **화**	제단을 뜻하는 '示'와 소리를 나타내는 '咼(괘)'를 합하여 만든 글자.	禍 禍 禍
	예 禍福(화복) 禍根(화근)		
禪*	고요할 **선**	제단을 뜻하는 '示'와 소리를 나타내는 '單(단)'을 합하여 만든 글자.	禪 禪
	예 禪宗(선종) 禪房(선방) 禪讓(선양)		

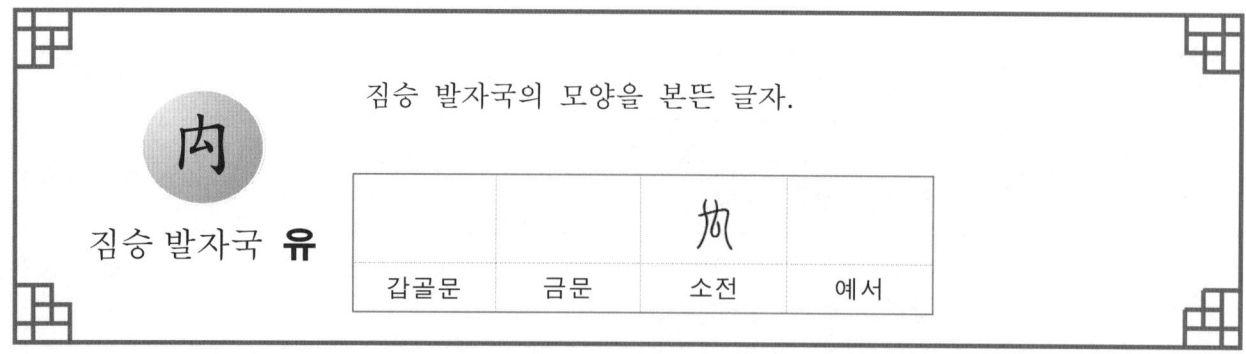

짐승 발자국의 모양을 본뜬 글자.

内
짐승 발자국 **유**

갑골문	금문	소전	예서
		内	

한자	훈음	도움말	갑골	금문	소전	예서
禽*	새 **금**	짐승을 잡기 위한 긴 자루와 그 끝에 달린 그물의 모양을 표현한 글자. '今(금)'이 음의 역할을 함. 예 禽獸(금수) 家禽(가금)			禽	禽 禽

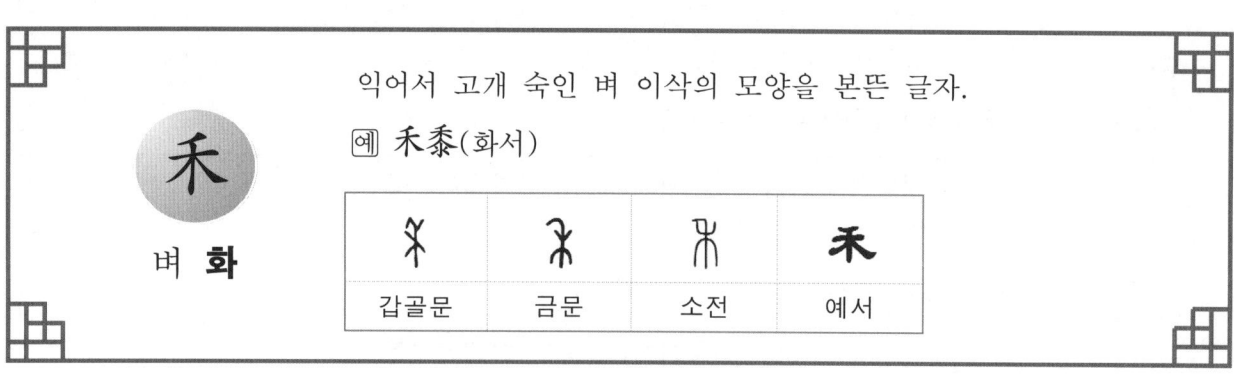

익어서 고개 숙인 벼 이삭의 모양을 본뜬 글자.
예 禾黍(화서)

禾
벼 **화**

갑골문	금문	소전	예서
禾	禾	禾	禾

한자	훈음	도움말	갑골	금문	소전	예서
私	사사로울 **사**	벼를 뜻하는 '禾'와 소리를 나타내는 'ム(사)'를 합하여 만든 글자.			私	私
秀	빼어날 **수**	벼(禾)가 아이를 밴 것처럼 볼록하게(乃) 잘 익어 '빼어나다'는 뜻을 가진 글자.			秀	秀
科	과목 **과**	곡식(禾)을 말(斗)로 나누는 모습을 나타낸 글자. 뒤에 '등급, 과목'의 뜻을 가짐.			科	科
秋	가을 **추**	벼(禾)가 익는(火) 계절인 가을을 나타낸 글자.			秋	秋
移	옮길 **이**	벼를 뜻하는 '禾'와 소리를 나타내는 '多(다)'를 합하여 만든 글자.			移	移
稅	세금 **세**	벼를 뜻하는 '禾'와 소리를 나타내는 '兌(태)'를 합하여 만든 글자.			稅	稅
種	씨 **종**	벼를 뜻하는 '禾'와 소리를 나타내는 '重(중)'을 합하여 만든 글자.			種	種

穀	곡식 **곡**	벼를 뜻하는 '禾'와 소리를 나타내는 '殼(각)'을 합하여 만든 글자.	𣪊 穀
秒*	초 **초**	벼를 뜻하는 '禾'와 소리를 나타내는 '少(소)'를 합하여 만든 글자.	秒 秒
	예 分秒(분초) 秒速(초속) 秒針(초침)		
租*	조세 **조**	벼를 뜻하는 '禾'와 소리를 나타내는 '且(차)'를 합하여 만든 글자.	租 租
	예 租貢(조공) 租稅(조세)		
秩*	차례 **질**	벼를 뜻하는 '禾'와 소리를 나타내는 '失(실)'을 합하여 만든 글자.	秩 秩
	예 秩序(질서)		
程*	길 **정**	벼를 뜻하는 '禾'와 소리를 나타내는 '呈(정)'을 합하여 만든 글자.	程 程
	예 旅程(여정) 工程(공정) 里程標(이정표)		
稀*	드물 **희**	벼를 뜻하는 '禾'와 소리를 나타내는 '希(희)'를 합하여 만든 글자.	稀 稀
	예 稀少(희소) 稀釋(희석) 稀薄(희박) 古稀(고희)		
稱*	일컬을 **칭**	벼를 뜻하는 '禾'와 소리를 나타내는 '爯(칭)'을 합하여 만든 글자.	稱 稱
	예 名稱(명칭) 略稱(약칭) 稱讚(칭찬) 對稱(대칭)		
稿*	원고 **고**	벼를 뜻하는 '禾'와 소리를 나타내는 '高(고)'를 합하여 만든 글자.	稾 稿
	예 草稿(초고) 寄稿(기고) 原稿(원고)		
稻*	벼 **도**	벼를 뜻하는 '禾'와 소리를 나타내는 '舀(요)'를 합하여 만든 글자.	稻 稻 稻
	예 稻作(도작) 稻熱病(도열병)		
積*	쌓을 **적**	벼를 뜻하는 '禾'와 소리를 나타내는 '責(책)'을 합하여 만든 글자.	積 積
	예 積立(적립) 面積(면적) 積極的(적극적)		
穫*	거둘 **확**	벼를 뜻하는 '禾'와 소리를 나타내는 '蒦(확)'을 합하여 만든 글자.	穫 穫
	예 收穫(수확)		

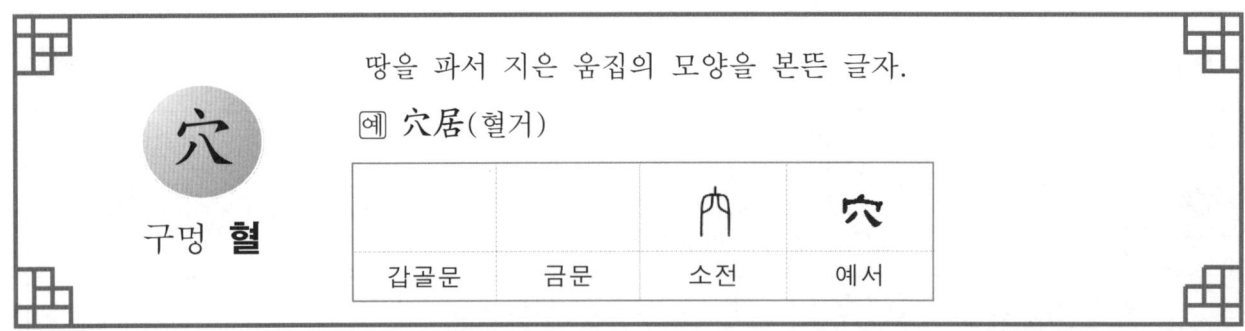

한자	훈음	도움말	갑골	금문	소전	예서
究	궁구할 **구**	구멍을 뜻하는 '穴'과 소리를 나타내는 '九(구)'를 합하여 만든 글자.			穼	究
空	빌 **공**	공구(工)로 땅을 파낸 곳(穴)이 비었다는 데서 '비다'를 뜻하는 글자.		穼	空	空
窓	창문 **창**	벽에 구멍(穴)을 내어 밝은(悤) 빛을 받아들이게 한다는 뜻을 나타낸 글자.			窗	窓
突*	갑자기 **돌**	개(犬)가 구멍(穴)에서 갑자기 뛰어나오는 모양을 표현한 글자.			突	突
突*	예 突破(돌파) 突然變異(돌연변이) 追突(추돌)				突	突
窮*	다할 **궁**	구멍을 뜻하는 '穴'과 소리를 나타내는 '躬(궁)'을 합하여 만든 글자.			窮	窮
窮*	예 困窮(곤궁) 窮地(궁지) 無窮花(무궁화)				窮	窮
竊*	훔칠 **절**	구멍(穴)과 쌀(米)과 벌레의 모습을 표현한 글자. '禼(설)'이 음의 역할을 함.			竊	竊
竊*	예 竊盜(절도) 竊取(절취) 竊盜犯(절도범)				竊	竊

땅을 파서 지은 움집의 모양을 본뜬 글자.
예 穴居(혈거)

穴 구멍 **혈**

갑골문	금문	소전	예서
		內	穴

사람이 두 발을 딛고 땅 위에 버티어 서는 모양을 본뜬 글자.
예 自立(자립) 起立(기립) 獨立(독립)

立 설 **립**

갑골문	금문	소전	예서
夵	夵	立	立

한자	훈음	도움말	갑골	금문	소전	예서
章	글 **장**	문신을 새기는 도구(辛)의 끝부분이 먹물을 머금고 있는 모양을 표현한 글자. 그 문신에 의해 새겨진 '글'이라는 뜻을 가짐.		章	章	章

童	아이 **동**	문신을 새기는 도구(辛)로 노예의 눈(目)을 찔러 멀게 하는 모양과 소리를 나타내는 '東(동)'을 합하여 만든 글자.	뿌	童 童
端	바를/끝 **단**	뜻을 나타내는 '立'과 소리를 나타내는 '耑(단)'을 합하여 만든 글자.		端 端
競	다툴 **경**	두 사람(儿)이 심하게 말다툼(誩)을 하는 모습을 나타낸 글자.	競 競 競 競
並*	나란히 할 **병**	두 개의 '立(립)'을 더하여 나란한 모양을 표현한 글자.	竝 竝 竝 並
	예 竝列(병렬) 竝行(병행) 竝設(병설)		
竟*	마침내 **경**	악기모양(立)과 입모양(曰)과 사람(儿)을 합하여 음악 연주가 끝났음을 표현한 글자.	竟 竟 竟 竟
	예 畢竟(필경)		

❖ **6 획** ❖

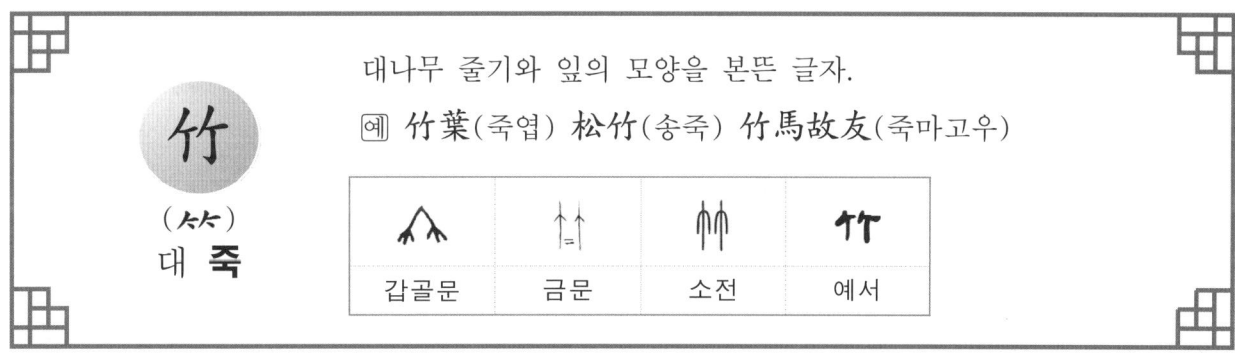

한자	훈음	도움말	갑골	금문	소전	예서
笑	웃음 **소**	소리를 나타내는 '夭'와, 대나무(竹)가 흔들리는 소리가 웃음소리 같다는 뜻을 합쳐서 만든 글자.			笑	笑
答	대답 **답**	대나무를 뜻하는 '竹'과 소리를 나타내는 '合(합)'을 합하여 만든 글자.			答	答
等	무리 **등**	관청(寺)의 관리가 대쪽(竹)으로 만든 서류를 가지런히 분류하는 모습을 나타낸 글자.			等	等
筆	붓 **필**	손에 붓을 쥔 모양의 '聿'과 대나무 자루를 나타내는 '竹'을 합하여 대나무로 만든 붓을 뜻하는 글자.			筆	筆
算	셈 **산**	대나무(竹)로 만들어진 수판(目:옛날 계산기 형상)을 두 손(廾)으로 든 모습을 나타낸 글자.			算	算

節	마디 **절**	대나무를 뜻하는 '竹'과 소리를 나타내는 '卽(즉)'을 합하여 만든 글자.	節 範 節
篇	책 **편**	대나무를 뜻하는 '竹'과 소리를 나타내는 '扁(편)'을 합하여 만든 글자.	篇 篇
第	차례 **제**	대나무를 뜻하는 '竹'과 소리를 나타내는 '弟(제)'를 합하여 만든 글자.	第
符*	부신 **부**	대나무를 뜻하는 '竹'과 소리를 나타내는 '付(부)'를 합하여 만든 글자.	符 符
	예 符號(부호) 符合(부합) 免罪符(면죄부)	
策*	꾀 **책**	대나무를 뜻하는 '竹'과 소리를 나타내는 '朿(자)'를 합하여 만든 글자.	策 策
	예 散策(산책) 政策(정책) 苦肉之策(고육지책)	
管*	대롱 **관**	대나무를 뜻하는 '竹'과 소리를 나타내는 '官(관)'을 합하여 만든 글자.	管 管
	예 管理(관리) 保管(보관) 主管(주관)	
範*	법 **범**	수레를 뜻하는 '車'와 소리를 나타내는 '笵←范(범)'을 합하여 만든 글자.	範 範
	예 示範(시범) 模範(모범) 率先垂範(솔선수범)	
篤*	도타울 **독**	말을 뜻하는 '馬'와 소리를 나타내는 '竹(죽)'을 합하여 만든 글자.	篤 篤
	예 篤敬(독경) 篤實(독실) 危篤(위독)	
築*	쌓을 **축**	나무를 뜻하는 '木'과 소리를 나타내는 '筑(축)'을 합하여 만든 글자.	築 築 築
	예 築臺(축대) 建築(건축) 新築(신축) 改築(개축)	
簡*	대쪽 **간**	대나무를 뜻하는 '竹'과 소리를 나타내는 '間(간)'을 합하여 만든 글자.	簡 簡
	예 簡潔(간결) 簡單(간단) 簡素(간소)	
簿*	문서 **부**	대나무를 뜻하는 '竹'과 소리를 나타내는 '溥(부)'를 합하여 만든 글자.	簿
	예 簿記(부기) 名簿(명부) 置簿(치부)	
籍*	문서 **적**	대나무를 뜻하는 '竹'과 소리를 나타내는 '耤(적)'을 합하여 만든 글자.	籍 籍
	예 書籍(서적) 國籍(국적) 戶籍(호적)	

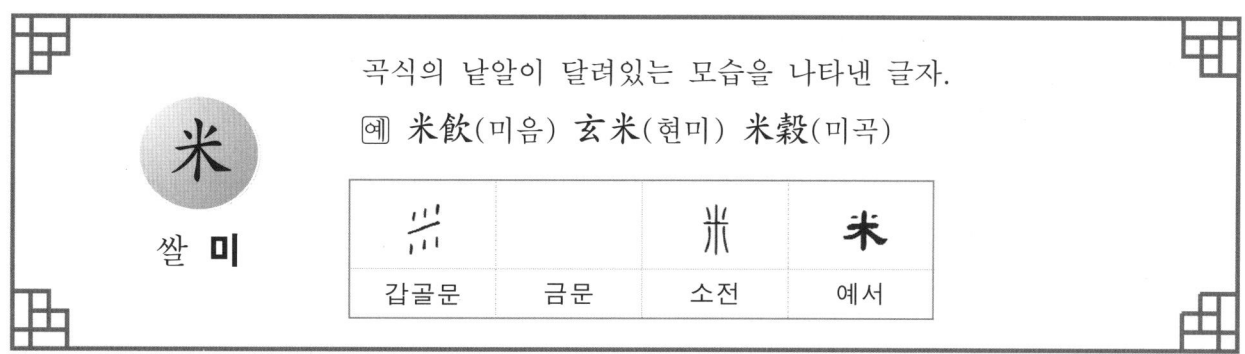

곡식의 낱알이 달려있는 모습을 나타낸 글자.
㉠ 米飮(미음) 玄米(현미) 米穀(미곡)

쌀 **미**

	갑골문	금문	소전	예서
	〃〃		米	米

한자	훈음	도움말	갑골	금문	소전	예서
精	정기 **정**	쌀을 뜻하는 '米'와 소리를 나타내는 '青(청)'을 합하여 만든 글자.			精	精
粉*	가루 **분**	쌀을 뜻하는 '米'와 소리를 나타내는 '分(분)'을 합하여 만든 글자.			粉	粉
		㉠ 粉飾(분식) 粉乳(분유) 粉末(분말)				
粟*	조 **속**	초목에 열매 달린 모양(覀)과 '米(미)'를 합하여 찧지 않은 곡식 낱알, 특히 '조'를 나타내는 글자.			粟	粟
		㉠ 粟米(속미)				
粧*	단장할 **장**	쌀을 뜻하는 '米'와 소리를 나타내는 '庄(장)'을 합하여 만든 글자. '妝'과 同字.	妝	妝	妝	妝
		㉠ 治粧(치장) 丹粧(단장) 化粧(화장)				
糖*	엿 **당**	쌀을 뜻하는 '米'와 소리를 나타내는 '唐(당)'을 합하여 만든 글자.			糖	糖
		㉠ 果糖(과당) 糖分(당분) 血糖(혈당)				
糧*	양식 **량**	쌀을 뜻하는 '米'와 소리를 나타내는 '量(량)'을 합하여 만든 글자.			糧	糧
		㉠ 糧穀(양곡) 食糧(식량) 軍糧(군량)				

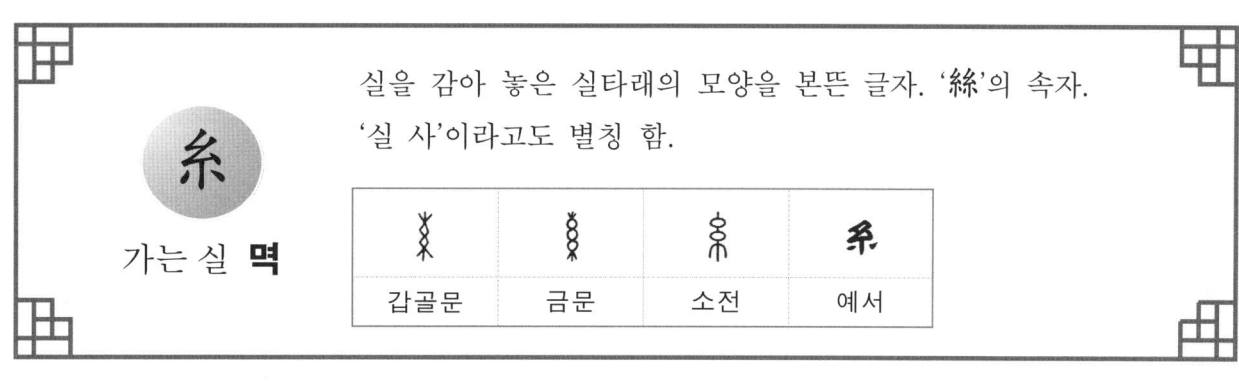

실을 감아 놓은 실타래의 모양을 본뜬 글자. '絲'의 속자.
'실 사'이라고도 별칭 함.

가는 실 **멱**

	갑골문	금문	소전	예서
	𢆶	𢆶	糸	糸

한자	훈음	도움말	갑골	금문	소전	예서
約	맺을 **약**	실을 뜻하는 '糸'와 소리를 나타내는 '勺(작)'을 합하여 만든 글자.			約	約
紅	붉을 **홍**	실을 뜻하는 '糸'와 소리를 나타내는 '工(공)'을 합하여 만든 글자.			紅	紅
素	흴 **소**	여러 올을 당겨 모아 만든 실을 나타낸 글자.			素	素
純	순수할 **순**	실을 뜻하는 '糸'와 소리를 나타내는 '屯(둔)'을 합하여 만든 글자.		純	純	純
紙	종이 **지**	실을 뜻하는 '糸'와 소리를 나타내는 '氏(씨)'를 합하여 만든 글자.			紙	紙
細	가늘 **세**	실을 뜻하는 '糸'와 소리를 나타내는 '田←囟(신)'을 합하여 만든 글자.			細	細
終	마칠 **종**	실을 뜻하는 '糸'와 소리를 나타내는 '冬(동)'을 합하여 만든 글자.			終	終
結	맺을 **결**	실을 뜻하는 '糸'와 소리를 나타내는 '吉(길)'을 합하여 만든 글자.			結	結
給	줄 **급**	실을 뜻하는 '糸'와 소리를 나타내는 '合(합)'을 합하여 만든 글자.			給	給
絲	실 **사**	실을 감아 놓은 모양을 본뜬 글자.	絲	絲	絲	絲
絕	끊을 **절**	칼(刀)로 실(糸)을 자르는 사람(巴←卩)의 모습을 나타낸 글자.			絕	絕
統	거느릴 **통**	실을 뜻하는 '糸'와 소리를 나타내는 '充(충)'을 합하여 만든 글자.			統	統
經	지날/글 **경**	실을 뜻하는 '糸'와 소리를 나타내는 '巠(경)'을 합하여 만든 글자.		經	經	經
綠	푸를 **록**	실을 뜻하는 '糸'와 소리를 나타내는 '彔(록)'을 합하여 만든 글자.			綠	綠
練	익힐 **련**	실을 뜻하는 '糸'와 소리를 나타내는 '柬(간)'을 합하여 만든 글자.			練	練
線	줄 **선**	실을 뜻하는 '糸'와 소리를 나타내는 '泉(천)'을 합하여 만든 글자.			線	線
續	이을 **속**	실을 뜻하는 '糸'와 소리를 나타내는 '賣(육)'을 합하여 만든 글자.			續	續
系*	이어 맬 **계**	손으로 실타래(糸)를 잇는 모양을 본뜬 글자. 예 體系(체계) 系譜(계보) 太陽系(태양계)			系	系

糾*	살필 **규**	실을 뜻하는 '糸'와 소리를 나타내는 '丩(구)'를 합하여 만든 글자.	紏 糾
	예 糾彈(규탄) 糾明(규명) 紛糾(분규)		
紀*	벼리 **기**	실을 뜻하는 '糸'와 소리를 나타내는 '己(기)'를 합하여 만든 글자.	紀 紀
	예 世紀(세기) 西紀(서기) 紀念(기념)		
級*	등급 **급**	실을 뜻하는 '糸'와 소리를 나타내는 '及(급)'을 합하여 만든 글자.	級 級
	예 進級(진급) 等級(등급) 階級(계급)		
納*	들일 **납**	실을 뜻하는 '糸'와 소리를 나타내는 '內(내)'를 합하여 만든 글자.	納 納
	예 納稅(납세) 納入(납입) 容納(용납)		
紛*	어지러울 **분**	실을 뜻하는 '糸'와 소리를 나타내는 '分(분)'을 합하여 만든 글자.	紛 紛
	예 紛亂(분란) 內紛(내분)		
索*	찾을 **색** 동아줄 **삭**	초목의 줄기(十)를 실(糸)처럼 꼬아 새끼를 만든 모양을 나타내 글자.	索 索
	예 索引(색인) 檢索(검색)		
累*	여러 **루**	실을 뜻하는 '糸'와 소리를 나타내는 '田←畾(뢰)'를 합하여 만든 글자.	累 累
	예 累積(누적) 累次(누차) 累卵之危(누란지위)		
紫*	자줏빛 **자**	실을 뜻하는 '糸'와 소리를 나타내는 '此(차)'를 합하여 만든 글자.	紫 紫 紫
	예 紫朱(자주) 紫色(자색) 紫外線(자외선)		
組*	짤 **조**	실을 뜻하는 '糸'와 소리를 나타내는 '且(차)'를 합하여 만든 글자.	組 組 組
	예 組織(조직) 勞組(노조) 組合(조합)		
絃*	줄 **현**	실을 뜻하는 '糸'와 소리를 나타내는 '玄(현)'을 합하여 만든 글자.	絃
	예 絃樂(현악) 管絃(관현) 伯牙絶絃(백아절현)		
絡*	얽을 **락**	실을 뜻하는 '糸'와 소리를 나타내는 '各(각)'을 합하여 만든 글자.	絡 絡
	예 連絡(연락) 脈絡(맥락)		
絹*	비단 **견**	실을 뜻하는 '糸'와 소리를 나타내는 '肙(연)'을 합하여 만든 글자.	絹 絹
	예 絹織(견직) 絹絲(견사)		

字	訓音	설명	古字
綱*	벼리 **강**	실을 뜻하는 '糸'와 소리를 나타내는 '岡(강)'을 합하여 만든 글자.	
	예 紀綱(기강) 綱領(강령) 三綱五倫(삼강오륜)		
緊*	굳게 얽을 **긴**	실을 뜻하는 '糸'와 소리를 나타내는 '臤(현)'을 합하여 만든 글자.	
	예 緊張(긴장) 緊縮(긴축) 緊急(긴급)		
綿*	솜 **면**	비단(帛)을 짜는 실이 길게 이어짐(糸←系)을 나타내는 글자. 뒤에 '솜'의 뜻을 가지고 되었음.	
	예 綿密(면밀) 純綿(순면)		
維*	벼리 **유**	실을 뜻하는 '糸'와 소리를 나타내는 '隹(추)'를 합하여 만든 글자.	
	예 維持(유지) 維新(유신) 進退維谷(진퇴유곡)		
緖*	실마리 **서**	실을 뜻하는 '糸'와 소리를 나타내는 '者(자)'를 합하여 만든 글자.	
	예 端緒(단서) 情緒(정서) 頭緒(두서)		
緣*	인연 **연**	실을 뜻하는 '糸'와 소리를 나타내는 '彖(단)'을 합하여 만든 글자.	
	예 緣故(연고) 血緣(혈연) 緣木求魚(연목구어)		
緩*	느릴 **완**	실을 뜻하는 '糸'와 소리를 나타내는 '爰(원)'을 합하여 만든 글자.	
	예 緩和(완화) 緩急(완급) 緩慢(완만)		
緯*	씨줄 **위**	실을 뜻하는 '糸'와 소리를 나타내는 '韋(위)'를 합하여 만든 글자.	
	예 經緯(경위) 緯度(위도) 北緯(북위)		
編*	엮을 **편**	실을 뜻하는 '糸'와 소리를 나타내는 '扁(편)'을 합하여 만든 글자.	
	예 改編(개편) 編成(편성) 編入(편입)		
縣*	고을 **현**	죄인의 머리를 베어 줄로 묶어 거꾸로 나무에 매단 모양을 표현한 글자.	
	예 縣監(현감) 縣令(현령) 郡縣(군현)		
繁*	번성할 **번**	실을 뜻하는 '糸'와 소리를 나타내는 '敏(민)'을 합하여 만든 글자.	
	예 繁盛(번성) 繁榮(번영) 農繁期(농번기)		
績*	길쌈 **적**	실을 뜻하는 '糸'와 소리를 나타내는 '責(책)'을 합하여 만든 글자.	
	예 功績(공적) 成績(성적) 業績(업적)		

한자	훈음	도움말	갑골 금문 소전 예서
縱*	세로 **종**	실을 뜻하는 '糸'와 소리를 나타내는 '從(종)'을 합하여 만든 글자.	縱 縱
	예 縱橫(종횡) 放縱(방종) 縱列(종렬)		
總*	거느릴 **총**	실을 뜻하는 '糸'와 소리를 나타내는 '悤(총)'을 합하여 만든 글자.	總 總
	예 總員(총원) 總務(총무) 總力(총력)		
縮*	줄어질 **축**	실을 뜻하는 '糸'와 소리를 나타내는 '宿(숙)'을 합하여 만든 글자.	縮 縮
	예 縮尺(축척) 縮小(축소) 短縮(단축)		
織*	짤 **직**	실을 뜻하는 '糸'와 소리를 나타내는 '戠(시)'를 합하여 만든 글자.	織 織 織
	예 織物(직물) 麻織(마직)		
繫*	얽어맬 **계**	실을 뜻하는 '糸'와 소리를 나타내는 '𣪠(격)'을 합하여 만든 글자.	繫 繫
	예 繫留(계류) 連繫(연계)		
繼*	이을 **계**	끊어진 것(𢇍)을 실(糸)로 이은 모습을 나타낸 글자.	繼 繼
	예 繼續(계속) 繼承(계승) 繼母(계모)		

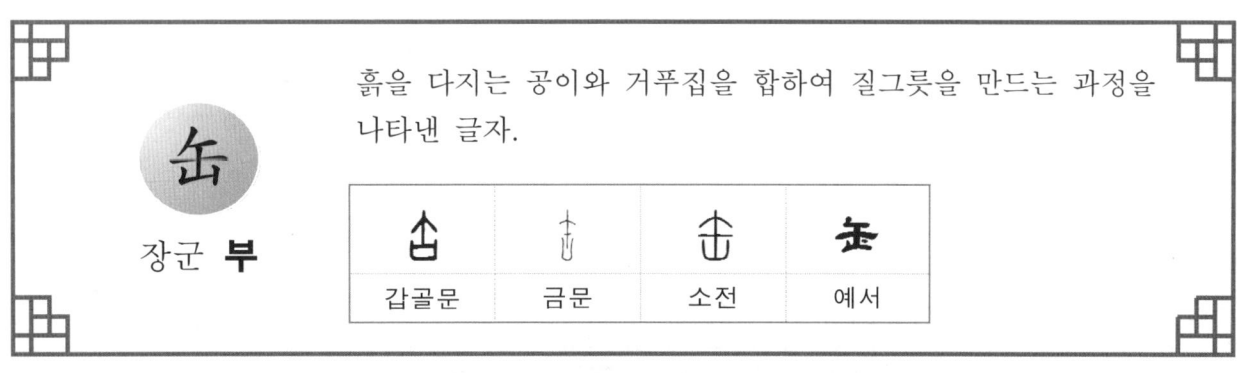

缶
장군 **부**

흙을 다지는 공이와 거푸집을 합하여 질그릇을 만드는 과정을 나타낸 글자.

갑골문	금문	소전	예서

한자	훈음	도움말	갑골	금문	소전	예서
缺*	이지러질 **결**	질그릇을 뜻하는 '缶'와 소리를 나타내는 '夬(결)'을 합하여 만든 글자.			缺	缺
	예 缺陷(결함) 缺勤(결근) 缺禮(결례)					

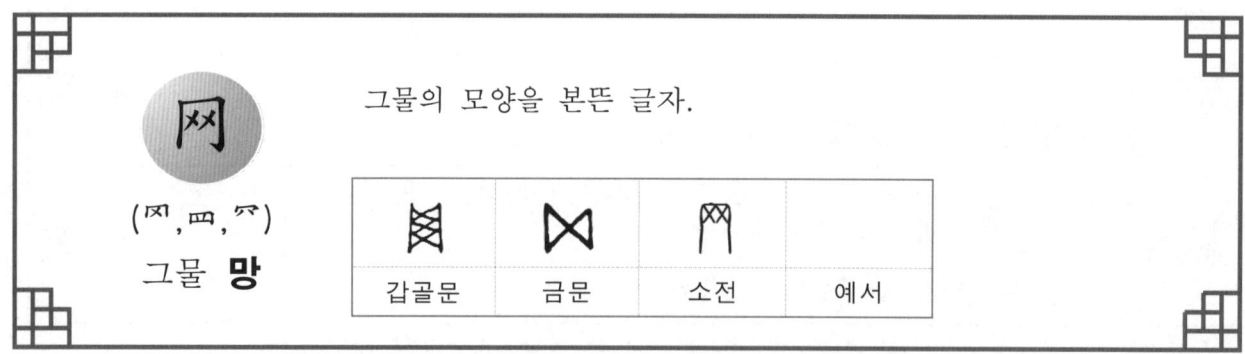

그물의 모양을 본뜬 글자.

网
(罔, 罒, 罓)
그물 **망**

갑골문	금문	소전	예서

한자	훈음	도움말	갑골	금문	소전	예서
罪	허물 **죄**	그릇된(非) 일을 하여 법의 그물(网)로 잡는 모습을 나타낸 글자.			罪	罪
罔*	없을 **망**	그물을 뜻하는 '罒'과 소리를 나타내는 '亡(망)'을 합하여 만든 글자.			罔	罔
		예 罔測(망측) 罔極(망극)				
置*	둘 **치**	그물을 뜻하는 '罒'과 소리를 나타내는 '直(직)'을 합하여 만든 글자.			置	置
		예 放置(방치) 裝置(장치) 位置(위치) 設置(설치)				
罰*	벌할 **벌**	죄를 지은 사람을 그물질(罒)하듯 잡아서 칼(刂)이나 말(言)로 벌주는 모습을 나타낸 글자.	罰	罰	罰	
		예 罰則(벌칙) 罰金(벌금) 賞罰(상벌)				
署*	관청 **서**	그물을 뜻하는 '罒'과 소리를 나타내는 '者(자)'를 합하여 만든 글자.			署	署
		예 署名(서명) 部署(부서) 官公署(관공서)				
罷*	파할 **파**	현자(能)는 법망(罒)에 걸려도 곧 풀려난다 하여 '방면하다'는 뜻을 나타내는 글자.			罷	罷
		예 罷市(파시) 罷職(파직) 罷免(파면)				
羅*	벌일 **라**	새(隹)를 잡기 위해 실(糸)같은 것으로 짠 그물(罒)의 모양을 표현한 글자.			羅	羅
		예 新羅(신라) 羅列(나열) 全羅道(전라도)				

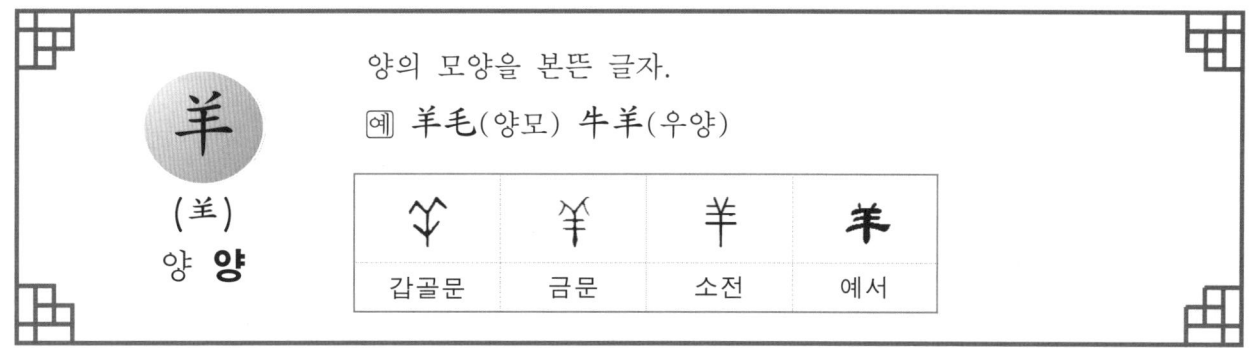

양의 모양을 본뜬 글자.

예 羊毛(양모) 牛羊(우양)

	갑골문	금문	소전	예서
羊 (羊) 양 **양**				羊

한자	훈음	도움말	갑골	금문	소전	예서
美	아름다울 **미**	아름답게 보이기 위해 화려한 깃털 장식을 한 사람의 모습을 본뜬 글자.				美
着	붙을 **착**	'著'가 본자(本字)임. 뒤에 '입다, 붙이다'는 뜻을 가지게 된 글자.				著
義	옳을 **의**	의식에 사용된 깃털(羊)이 장식된 창(我)을 나타낸 글자.				義
群*	무리 **군**	양을 뜻하는 '羊'과 소리를 나타내는 '君(군)'을 합하여 만든 글자.				群
		예 群衆(군중) 群落(군락) 症候群(증후군)				

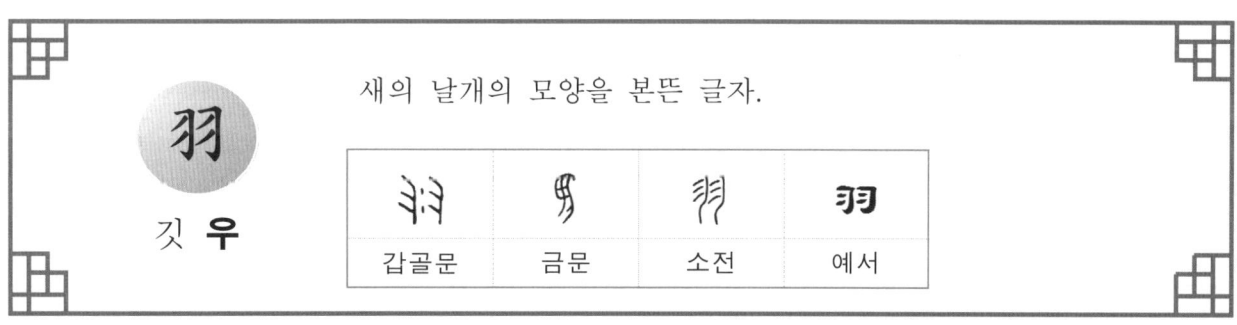

새의 날개의 모양을 본뜬 글자.

	갑골문	금문	소전	예서
羽 깃 **우**				羽

한자	훈음	도움말	갑골	금문	소전	예서
習	익힐 **습**	새가 날개(羽)를 퍼덕거리며 연습하는 모습을 나타낸 글자.				習
翁*	늙은이 **옹**	깃을 뜻하는 '羽'과 소리를 나타내는 '公(공)'을 합하여 만든 글자.				翁
		예 老翁(노옹) 塞翁之馬(새옹지마)				
翼*	날개 **익**	깃을 뜻하는 '羽'과 소리를 나타내는 '異(이)'를 합하여 만든 글자.				翼
		예 右翼(우익) 左翼(좌익)				

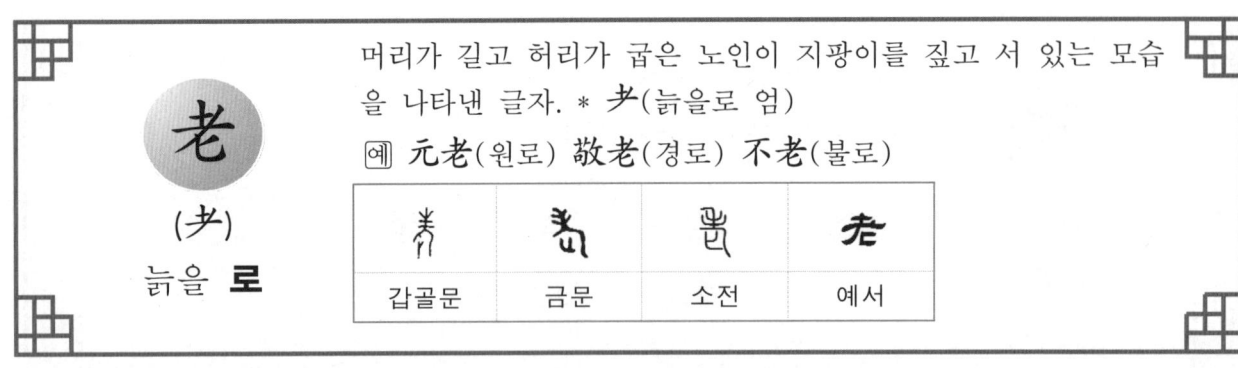

老
(耂)
늙을 **로**

머리가 길고 허리가 굽은 노인이 지팡이를 짚고 서 있는 모습을 나타낸 글자. * 耂(늙을로 엄)

예 元老(원로) 敬老(경로) 不老(불로)

갑골문	금문	소전	예서
			老

한자	훈음	도움말	갑골	금문	소전	예서
考	상고할 **고**	오래 산 노인은 생각이 깊음을 나타낸 글자.				考
者	놈 **자**	솥에 나물과 고깃덩어리를 넣고 삶는 모습을 나타낸 글자. 뒤에 '사람'의 뜻을 가짐.				者

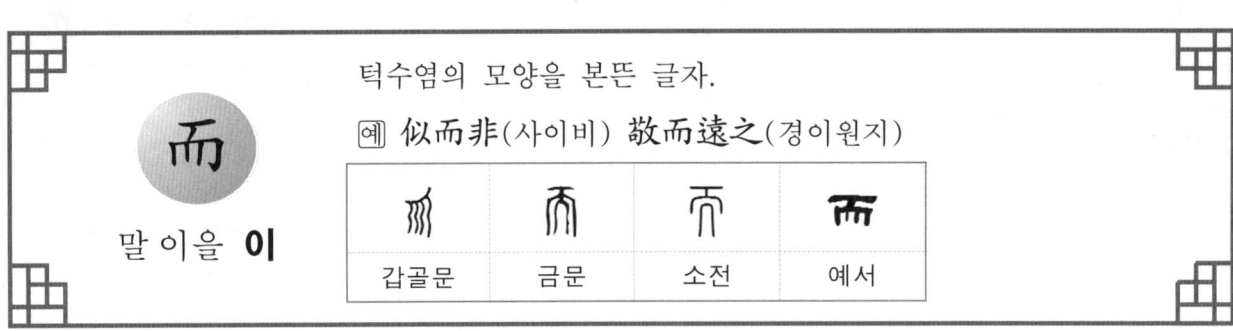

而

말이을 **이**

턱수염의 모양을 본뜬 글자.

예 似而非(사이비) 敬而遠之(경이원지)

갑골문	금문	소전	예서
			而

한자	훈음	도움말	갑골	금문	소전	예서
耐*	견딜 **내**	법도(寸)에 따라 구레나룻(而)을 깎는 형벌을 견뎌낸다는 뜻을 나타내는 글자. '而(이)'가 음의 역할을 함.				耐
	예 耐性(내성) 耐久(내구) 忍耐(인내)					

耒

쟁기 **뢰**

흐트러진 풀(丰)을 나무(木)로 만든 연장으로 갈아엎는다고 하여 '쟁기'의 뜻을 나타낸 글자. '가래 뢰'라고도 별칭 함.

갑골문	금문	소전	예서
			耒

한자	훈음	도움말	갑골	금문	소전	예서
耕	밭갈 **경**	쟁기를 뜻하는 '耒'와 소리를 나타내는 '井(정)'을 합하여 만든 글자.				耕

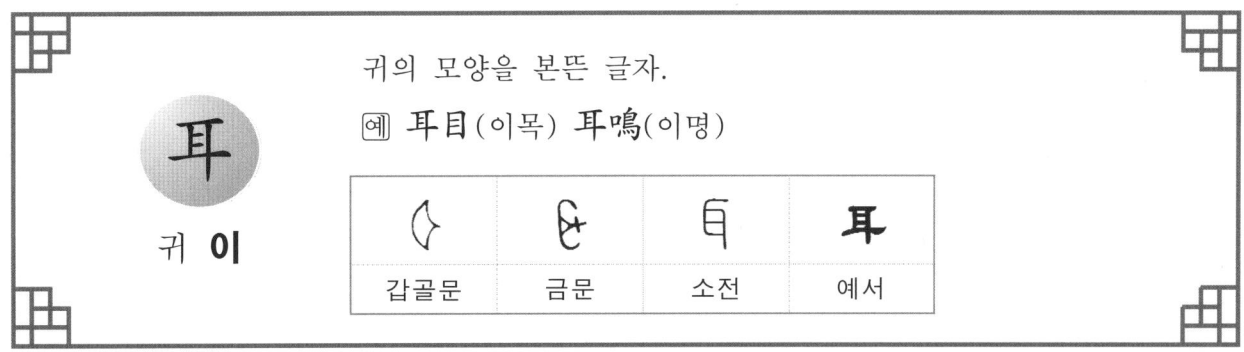

耳		
귀 **이**		

귀의 모양을 본뜬 글자.

예 耳目(이목) 耳鳴(이명)

갑골문	금문	소전	예서

한자	훈음	도움말	갑골	금문	소전	예서
聖	성스러울 **성**	다른 사람의 말(口)을 귀담아 듣는(耳) 모습을 나타낸 글자. '壬(정)'이 음의 역할을 함.				
聞	들을 **문**	유난히 귀가 큰 사람이 앉아서 손으로 입을 막은 채 누군가의 말을 귀 기울여 듣고 있는 모습을 나타낸 글자.				
聲	소리 **성**	악기(声)를 손으로 쳐서(殳) 귀(耳)로 들을 수 있는 것으로 '소리'를 나타낸 글자.				
聽	들을 **청**	뜻을 나타내는 '耳'와 소리를 나타내는 '壬(정)'을 합하여 만든 글자.				
耶*	어조사 **야**	고을을 뜻하는 'ß'와 소리를 나타내는 '耳←牙(아)'를 합하여 만든 글자. 뒤에 '어조사'의 뜻을 가짐. 예 有耶無耶(유야무야)				耶
聘*	부를 **빙**	귀를 뜻하는 '耳'와 소리를 나타내는 '甹(병)'을 합하여 만든 글자. 예 招聘(초빙) 聘父(빙부)				
聯*	잇닿을 **련**	'聯(련)'과 동자로서, 전쟁에서 죽인 적의 '귀(耳)'를 '실(絲)'에 잇닿게 꿴 것을 나타낸 글자. 예 聯想(연상) 聯邦(연방) 關聯(관련)				
聰*	귀 밝을 **총**	귀를 뜻하는 '耳'와 소리를 나타내는 '悤(총)'을 합하여 만든 글자. 예 聰敏(총민) 聰明(총명)				
職*	벼슬 **직**	귀를 뜻하는 '耳'와 소리를 나타내는 '戠(시)'를 합하여 만든 글자. 예 職業(직업) 就職(취직) 退職(퇴직)				

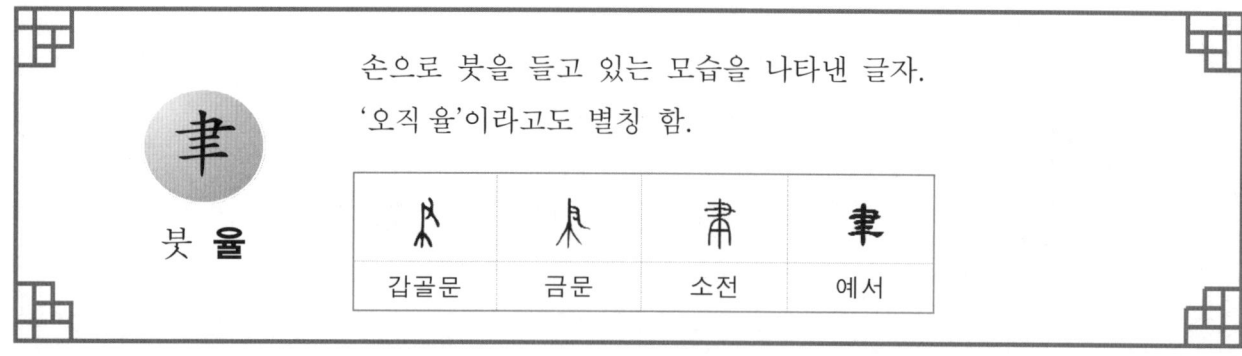

한자	훈음	도움말	갑골	금문	소전	예서
肅*	엄숙할 **숙**	손에 수건을 들고(聿) 깊은 못(淵←淵) 위에서 일을 하듯 삼가고 조심해야한다는 뜻을 나타낸 글자.			肅	肅
	예 肅然(숙연) 靜肅(정숙) 嚴肅(엄숙)					

肉
(月)
고기 **육**

고깃덩어리 모습을 본뜬 글자. * 月(육달월)
예 肉體(육체) 血肉(혈육) 肉身(육신)

	갑골문	금문	소전	예서
				肉

한자	훈음	도움말	갑골	금문	소전	예서
育	기를 **육**	거꾸로 세운 갓난아이(太)를 기르다(月)는 뜻을 나타낸 글자.			育	育
能	능할 **능**	곰이 기어가는 모습을 본뜬 글자. 뒤에 '능하다'는 뜻을 가짐.		能	能	能
胸	가슴 **흉**	몸을 뜻하는 '月'과 소리를 나타내는 '匈(흉)'을 합하여 만든 글자.				胸
脚	다리 **각**	몸을 뜻하는 '月'과 소리를 나타내는 '却(각)'을 합하여 만든 글자.			脚	脚
脫	벗을 **탈**	몸을 뜻하는 '月'과 소리를 나타내는 '兌(태)'를 합하여 만든 글자.			脫	脫
肝*	간 **간**	몸을 뜻하는 '月'과 소리를 나타내는 '干(간)'을 합하여 만든 글자.			肝	肝
	예 肝硬化(간경화) 鐵石肝腸(철석간장)					

肖 *	닮을 **초**	몸을 뜻하는 '月'과 소리를 나타내는 '小(소)'를 합하여 만든 글자.	肖
	예 肖像(초상) 不肖(불초)	
肩 *	어깨 **견**	사람의 어깨모양을 본뜬 글자.	肩
	예 比肩(비견) 肩章(견장)	
肯 *	즐길 **긍**	뼈(止←骨)에 붙은 살(月)을 나타낸 글자. 뒤에 '옳다, 즐기다'의 뜻을 가짐.	肯
	예 肯定(긍정) 肯定的(긍정적) 首肯(수긍)	
肥 *	살찔 **비**	몸을 뜻하는 '月'과 소리를 나타내는 '巴←己(기)'를 합하여 만든 글자.	肥
	예 肥滿(비만) 天高馬肥(천고마비)	
肺 *	허파 **폐**	몸을 뜻하는 '月'과 소리를 나타내는 '市(불)'을 합하여 만든 글자.	肺
	예 肺活量(폐활량) 肺炎(폐렴)	
背 *	등 **배**	몸을 뜻하는 '月'과 소리를 나타내는 '北(배)'를 합하여 만든 글자.	背
	예 背景(배경) 背信(배신) 背水陣(배수진)	
胃 *	밥통 **위**	음식이 들어있는 위장의 모양을 본뜬 글자.	胃
	예 胃腸(위장)	
胞 *	태보 **포**	몸을 뜻하는 '月'과 소리를 나타내는 '包(포)'를 합하여 만든 글자.	胞
	예 細胞(세포) 同胞(동포)	
胡 *	오랑캐 **호**	몸을 뜻하는 '月'과 소리를 나타내는 '古(고)'를 합하여 만든 글자.	胡
	예 丙子胡亂(병자호란) 胡蝶之夢(호접지몽)	
脈 *	맥 **맥**	몸(月)에 물줄기(辰)처럼 여러 갈래로 갈라져 흐른다는 데서 '혈맥'을 나타낸 글자.	脈
	예 山脈(산맥) 文脈(문맥) 氣盡脈盡(기진맥진)	
脅 *	위협할 **협**	몸을 뜻하는 '月'과 소리를 나타내는 '劦(협)'을 합하여 만든 글자.	脅
	예 威脅(위협) 脅迫(협박)	

脣*	입술 **순**	몸을 뜻하는 '月'과 소리를 나타내는 '辰(신)'을 합하여 만든 글자.		脣 脣
	예 脣亡齒寒(순망치한) 丹脣(단순)		
腦*	뇌 **뇌**	몸을 뜻하는 '月'과 소리를 나타내는 '䐣(노)'를 합하여 만든 글자.		腦
	예 腦死(뇌사) 腦卒中(뇌졸중) 頭腦(두뇌)		
腹*	배 **복**	몸을 뜻하는 '月'과 소리를 나타내는 '复(복)'을 합하여 만든 글자.		腹 腹
	예 腹部(복부) 抱腹絕倒(포복절도) 面從腹背(면종복배)		
腰*	허리 **요**	몸을 뜻하는 '月'과 소리를 나타내는 '要(요)'를 합하여 만든 글자.		腰
	예 腰痛(요통) 腰絕(요절)		
腸*	창자 **장**	몸을 뜻하는 '月'과 소리를 나타내는 '昜(양)'을 합하여 만든 글자.		腸 腸
	예 大腸(대장) 腸炎(장염) 斷腸(단장)		
腐*	썩을 **부**	몸을 뜻하는 '肉'과 소리를 나타내는 '府(부)'를 합하여 만든 글자.		腐 腐
	예 腐敗(부패) 豆腐(두부) 不正腐敗(부정부패)		
臟*	오장 **장**	몸을 뜻하는 '月'과 소리를 나타내는 '藏(장)'을 합하여 만든 글자.		臟
	예 心臟(심장) 肝臟(간장) 內臟(내장)		

臣 신하 **신**

고개 숙인 채 치켜뜬 눈의 모양을 본뜬 글자. 뒤에 '신하'의 뜻을 가짐.
예 忠臣(충신) 功臣(공신) 戚臣(척신)

| 갑골문 | 금문 | 소전 | 예서 |

한자	훈음	도움말	갑골	금문	소전	예서
臥	누울 **와**	사람(人)이 눈(臣)으로 내려다보고 있는 모습을 본뜬 글자. 누운 사람을 본다하여 '눕다'의 뜻을 지니게 됨.			臥	臥

臨*	임할 **림**	사람(人)이 여러 물체(品)를 내려다보고(臣) 있는 모습을 나타낸 글자.	朢 臨 臨
	예 降臨(강림) 臨機應變(임기응변) 臨戰無退(임전무퇴)		

코의 모양을 본뜬 글자.

예 自主(자주) 自然(자연) 自制(자제)

自

스스로 **자**

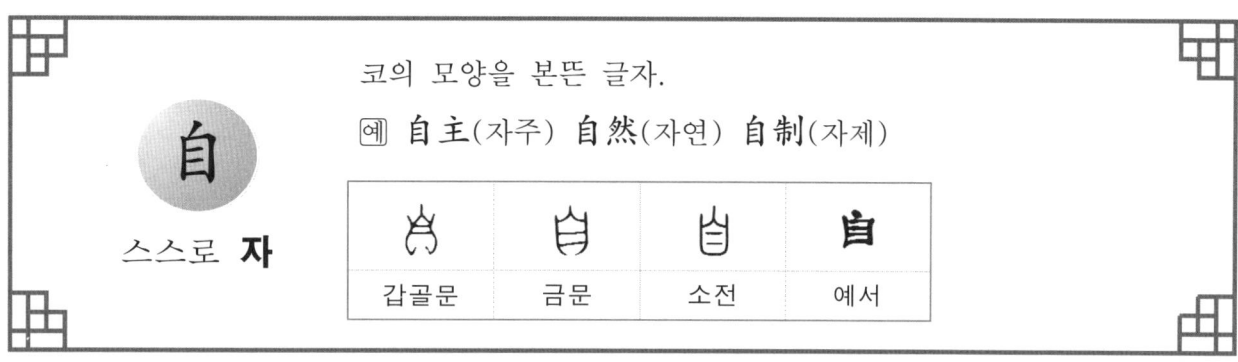

| 갑골문 | 금문 | 소전 | 예서 |

한자	훈음	도움말	갑골	금문	소전	예서
臭*	냄새 **취**	개(犬)는 코(自)로 냄새를 잘 맡는다고 하여 '냄새'의 뜻을 가진 글자.	臭		臭	臭
	예 惡臭(악취) 脫臭(탈취) 香臭(향취)					

화살이 땅(一)에 이른 모습을 나타낸 글자.

예 至極(지극) 至誠(지성)

至

이를 **지**

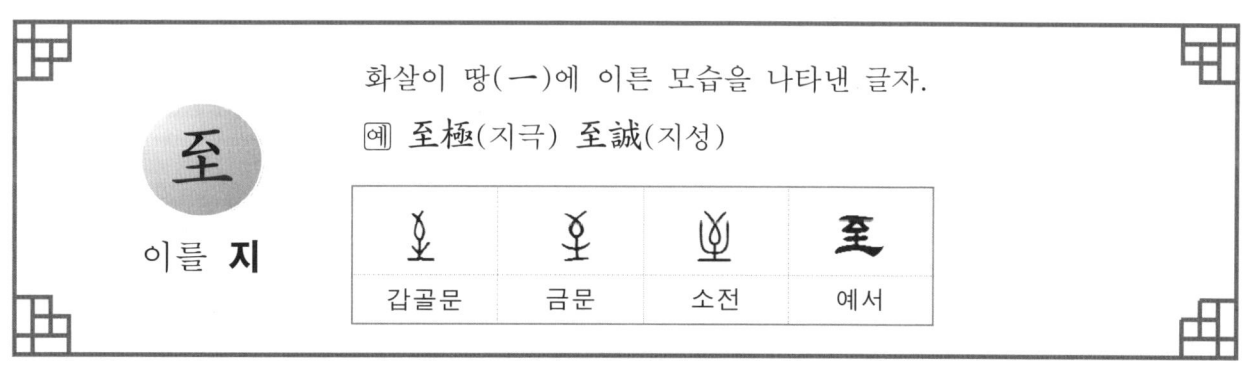

| 갑골문 | 금문 | 소전 | 예서 |

한자	훈음	도움말	갑골	금문	소전	예서
致	이를 **치**	'이르다'는 뜻의 '至'와 매질한다는 뜻의 '攵'을 합하여 이르다는 뜻을 나타낸 글자.		致		致
臺*	대 **대**	지붕이 장식된 집이 높은 대 위에 서 있는 모양을 나타낸 글자.			臺	臺
	예 臺本(대본) 燈臺(등대) 下石上臺(하석상대)					

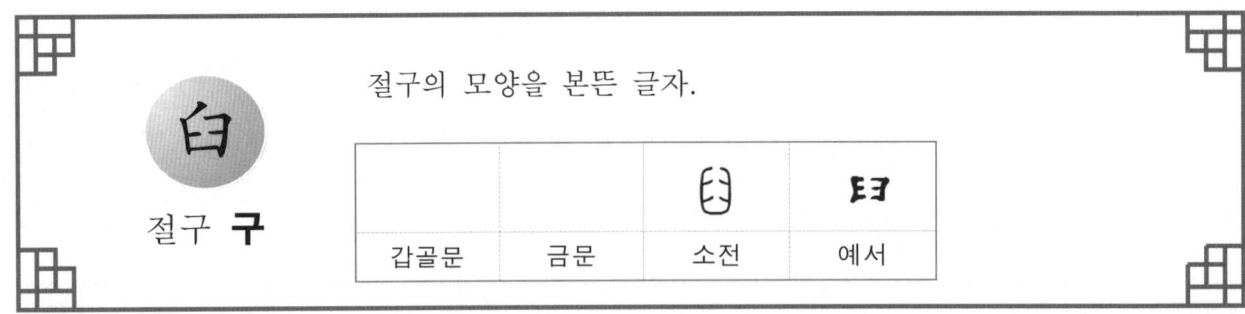

한자	훈음	도움말	갑골	금문	소전	예서
與	더불/줄 **여**	두 사람이 함께 새끼 꼬는 모습을 나타낸 글자.				
興	일어날 **흥**	여럿이 함께(同) 들어 올리다(舁)는 뜻을 나타낸 글자. '同(동)'이 음의 역할을 함.				
舊	예 **구**	부엉이의 모양을 본뜬 글자. 뒤에 '옛것'의 뜻을 가짐. '臼(구)'가 음의 역할을 함.				

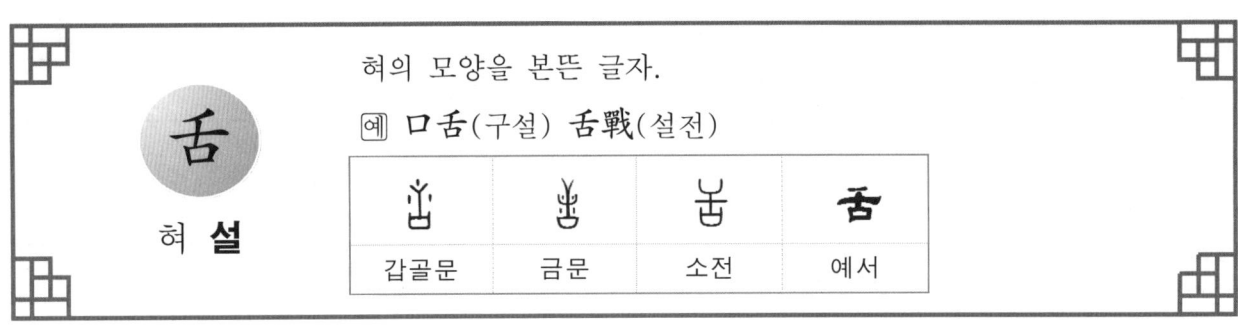

한자	훈음	도움말	갑골	금문	소전	예서
舍	집 **사**	건물의 토대를 나타낸 모양인 '口'의 형태 위에 집을 표현한 글자.				

두 발이 서로 어긋나 있는 모습을 나타낸 글자.

어그러질 **천**

	갑골문	금문	소전	예서
			舛	舛

한자	훈음	도움말	갑골	금문	소전	예서
舞	춤출 **무**	사람이 깃털을 들고 춤추고 있는 모양을 본뜬 글자로, 본래 '無'였으나 '無'가 부정사로 쓰이자 '舛'(양쪽 발의 모양)'을 더하여 '춤'의 뜻을 나타냄.				

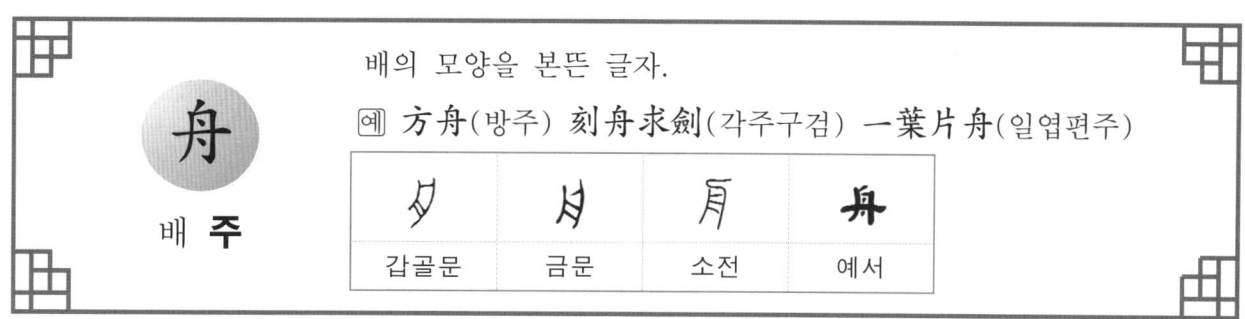

배의 모양을 본뜬 글자.

예 方舟(방주) 刻舟求劍(각주구검) 一葉片舟(일엽편주)

舟	月	月	舟
갑골문	금문	소전	예서

배 **주**

한자	훈음	도움말	갑골	금문	소전	예서
船	배 **선**	배를 뜻하는 '舟'와 소리를 나타내는 '合(연)'을 합하여 만든 글자.				
般*	일반 **반**	상앗대(殳)로 밀어 배(舟)를 왕래하며 돌아다는 모습 또는 악기(舟)를 두드리는(殳) 모습을 나타낸 글자임.				
		예 般若(반야) 諸般(제반) 萬般(만반)				
航*	배 **항**	배를 뜻하는 '舟'와 소리를 나타내는 '亢(항)'을 합하여 만든 글자.				
		예 運航(운항) 航空(항공) 航海(항해)				

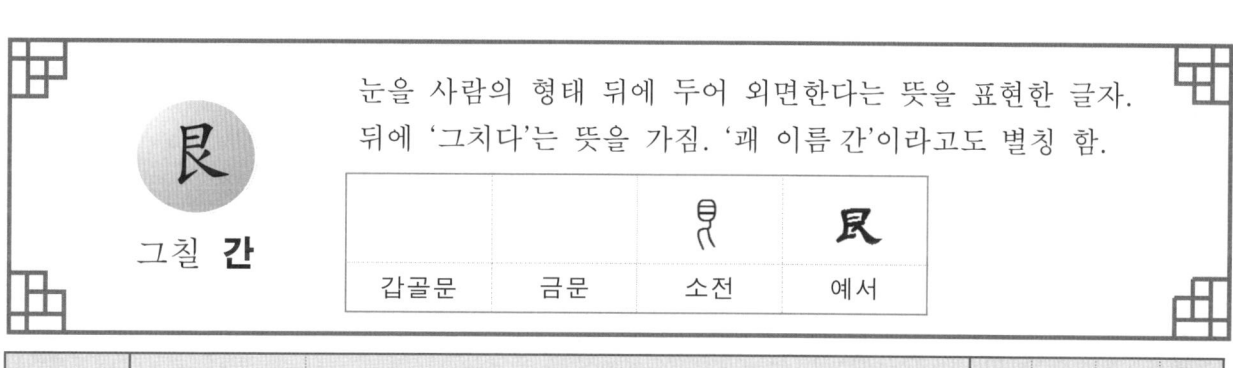

눈을 사람의 형태 뒤에 두어 외면한다는 뜻을 표현한 글자. 뒤에 '그치다'는 뜻을 가짐. '괘 이름 간'이라고도 별칭 함.

		艮	艮
갑골문	금문	소전	예서

그칠 **간**

한자	훈음	도움말	갑골	금문	소전	예서
良	어질 **량**	깨끗하고 좋은 곡식의 알맹이를 골라내는 모습을 나타낸 글자.				

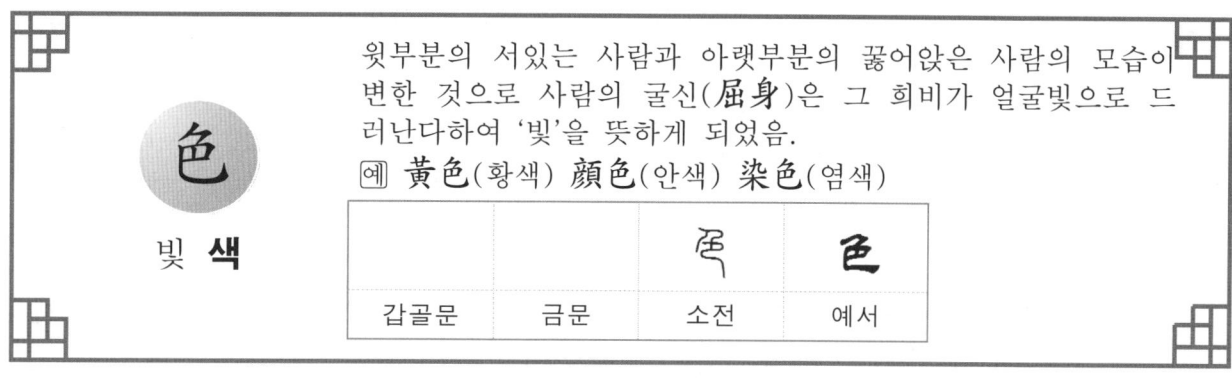

윗부분의 서있는 사람과 아랫부분의 꿇어앉은 사람의 모습이 변한 것으로 사람의 굴신(屈身)은 그 희비가 얼굴빛으로 드러난다하여 '빛'을 뜻하게 되었음.

예 黃色(황색) 顔色(안색) 染色(염색)

		色	色
갑골문	금문	소전	예서

빛 **색**

艸 (艹) 풀 **초**	많은 풀이 무성하게 돋은 모양을 본뜬 글자. * 艹 (초두머리)

갑골문	금문	소전	예서
		艸	

한자	훈음	도움말	갑골	금문	소전	예서
花	꽃 **화**	풀을 뜻하는 '艹'와 소리를 나타내는 '化(화)'를 합하여 만든 글자.				花
苦	괴로울 **고**	풀을 뜻하는 '艹'와 소리를 나타내는 '古(고)'를 합하여 만든 글자.			苦	苦
茂	무성할 **무**	풀을 뜻하는 '艹'와 소리를 나타내는 '戊(무)'를 합하여 만든 글자.			茂	茂
若	같을/만약 **약**	산발한 머리 위로 두 손을 들고 기뻐하는 모습을 나타낸 글자. 뒤에 '같다'는 뜻을 가짐.	若	若	若	若
英	꽃부리 **영**	풀을 뜻하는 '艹'와 소리를 나타내는 '央(앙)'을 합하여 만든 글자.			英	英
草	풀 **초**	풀을 뜻하는 '艹'와 소리를 나타내는 '早(조)'를 합하여 만든 글자.			草	草
莫	없을 **막**	무성한 풀 더미(茻) 사이로 해(日)가 지는 모습을 나타낸 글자. 뒤에 '없다'는 뜻을 가짐.	莫	莫	莫	莫
菜	나물 **채**	풀을 뜻하는 '艹'와 소리를 나타내는 '采(채)'를 합하여 만든 글자.			菜	菜
華	빛날 **화**	꽃이 활짝 핀 모양을 본뜬 글자.		華	華	華
落	떨어질 **락**	풀을 뜻하는 '艹'와 소리를 나타내는 '洛(락)'을 합하여 만든 글자.			落	落
萬	일만 **만**	꼬리를 번쩍 든 전갈의 모양을 본뜬 글자. 뒤에 '일만'의 뜻을 가짐.	萬	萬	萬	萬
葉	잎 **엽**	풀을 뜻하는 '艹'와 소리를 나타내는 '枼(엽)'을 합하여 만든 글자.			葉	葉
著	나타날 **저**	풀을 뜻하는 '艹'와 소리를 나타내는 '者(자)'를 합하여 만든 글자.				著
藥	약 **약**	풀을 뜻하는 '艹'와 소리를 나타내는 '樂(악)'을 합하여 만든 글자.		藥	藥	藥
藝	재주 **예**	풀을 뜻하는 '艹'와 소리를 나타내는 '執(예)'를 합하여 만든 글자.				藝

芳*	꽃다울 **방**	풀을 뜻하는 '艹'와 소리를 나타내는 '方(방)'을 합하여 만든 글자.	芳
	예 芳年(방년) 芳名錄(방명록) 流芳百世(유방백세)		
芽*	싹 **아**	풀을 뜻하는 '艹'와 소리를 나타내는 '牙(아)'를 합하여 만든 글자.	芽
	예 麥芽(맥아) 發芽(발아)		
苟*	진실로 **구**	풀을 뜻하는 '艹'와 소리를 나타내는 '句(구)'를 합하여 만든 글자.	苟
	예 苟且(구차) 苟生(구생)		
苗*	싹 **묘**	밭(田)에 나는 풀(艹)인 곡식의 모를 나타낸 글자.	苗
	예 種苗(종묘) 苗木(묘목) 育苗(육묘)		
茶*	차 **다(차)**	풀을 뜻하는 '艹'와 소리를 나타내는 '余(여)'를 합하여 만든 글자.	茶
	예 茶飯事(다반사) 茶禮(차례)		
茫*	망망할 **망**	풀을 뜻하는 '艹'와 소리를 나타내는 '汒(망)'을 합하여 만든 글자.	茫
	예 茫茫(망망) 茫漠(망막) 茫然自失(망연자실)		
荒*	거칠 **황**	풀을 뜻하는 '艹'와 소리를 나타내는 '巟(황)'을 합하여 만든 글자.	荒
	예 荒廢(황폐) 荒唐(황당) 荒涼(황량) 破天荒(파천황)		
莊*	장엄할 **장**	풀을 뜻하는 '艹'와 소리를 나타내는 '壯(장)'을 합하여 만든 글자.	莊
	예 別莊(별장) 莊園(장원) 莊嚴(장엄)		
荷*	연꽃 **하**	풀을 뜻하는 '艹'와 소리를 나타내는 '何(하)'를 합하여 만든 글자.	荷
	예 荷役(하역) 荷重(하중) 出荷(출하)		
菊*	국화 **국**	풀을 뜻하는 '艹'와 소리를 나타내는 '匊(국)'을 합하여 만든 글자.	菊
	예 菊花(국화) 黃菊(황국)		
菌*	버섯 **균**	풀을 뜻하는 '艹'와 소리를 나타내는 '囷(균)'을 합하여 만든 글자.	菌
	예 病菌(병균) 細菌(세균) 殺菌(살균)		

葬*	장사지낼 **장**	시체(死)를 풀(艸)속에 장사지낸다는 뜻을 나타낸 글자.	茻 葬
	예 葬禮(장례) 葬地(장지) 高麗葬(고려장) 埋葬(매장)	
蓋*	덮을 **개**	풀을 뜻하는 '艹'와 소리를 나타내는 '盍(합/개)'를 합하여 만든 글자.	蓋 蓋
	예 大蓋(대개) 蓋然性(개연성)	
蒙*	어릴 **몽**	풀을 뜻하는 '艹'와 소리를 나타내는 '冡(몽)'을 합하여 만든 글자.	蒙 蒙
	예 啓蒙(계몽)	
蒸*	찔 **증**	풀을 뜻하는 '艹'와 소리를 나타내는 '烝(증)'을 합하여 만든 글자.	蒸 蒸
	예 蒸氣(증기) 蒸發(증발) 蒸散作用(증산작용)	
蒼*	푸를 **창**	풀을 뜻하는 '艹'와 소리를 나타내는 '倉(창)'을 합하여 만든 글자.	蒼 蒼
	예 蒼空(창공) 蒼生(창생) 億兆蒼生(억조창생)	
蓄*	모을 **축**	풀을 뜻하는 '艹'와 소리를 나타내는 '畜(축)'을 합하여 만든 글자.	蓄 蓄
	예 貯蓄(저축) 蓄積(축적) 含蓄(함축)	
蓮*	연꽃 **련**	풀을 뜻하는 '艹'와 소리를 나타내는 '連(련)'을 합하여 만든 글자.	蓮 蓮
	예 蓮花(연화) 木蓮(목련)	
蔬*	나물 **소**	풀을 뜻하는 '艹'와 소리를 나타내는 '疏(소)'를 합하여 만든 글자.	蔬 蔬
	예 菜蔬(채소)	
蔽*	덮을 **폐**	풀을 뜻하는 '艹'와 소리를 나타내는 '敝(폐)'를 합하여 만든 글자.	蔽 蔽
	예 隱蔽(은폐) 建蔽率(건폐율)	
薄*	엷을 **박**	풀을 뜻하는 '艹'와 소리를 나타내는 '溥(부)'를 합하여 만든 글자.	薄 薄
	예 厚薄(후박) 淺薄(천박) 佳人薄命(가인박명)	
薦*	천거할 **천**	짐승(廌)이 먹는 풀(艹)을 뜻하는 글자. 뒤에 '천거하다'는 뜻을 가짐.	薦 薦
	예 推薦(추천) 公薦(공천) 自薦(자천)	

藏*	감출 **장**	풀을 뜻하는 '艹'와 소리를 나타내는 '臧(장)'을 합하여 만든 글자. 예 貯藏(저장) 所藏(소장) 藏書(장서)	
蘇*	깨어날 **소**	풀을 뜻하는 '艹'와 소리를 나타내는 '穌(소)'를 합하여 만든 글자. 예 蘇生(소생) 蘇塗(소도)	
蘭*	난초 **란**	풀을 뜻하는 '艹'와 소리를 나타내는 '闌(란)'을 합하여 만든 글자. 예 蘭草(난초) 金蘭之交(금란지교)	

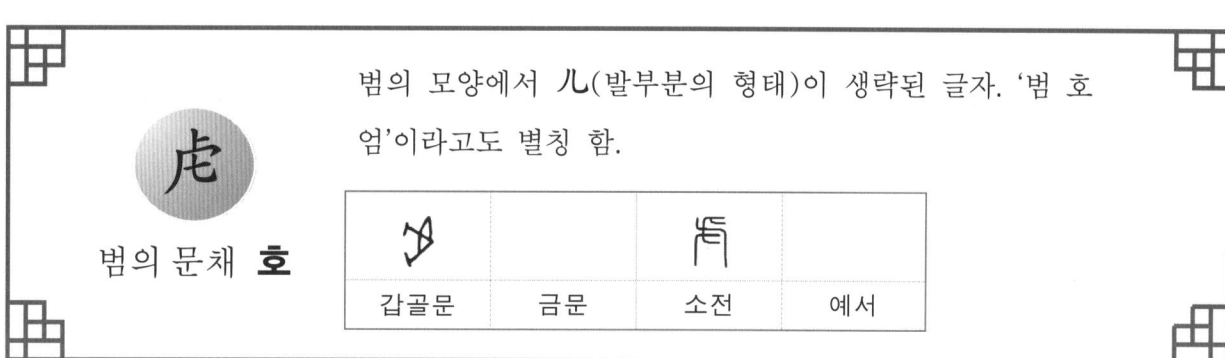

虍

범의 문채 **호**

범의 모양에서 儿(발부분의 형태)이 생략된 글자. '범 호엄'이라고도 별칭 함.

갑골문	금문	소전	예서

한자	훈음	도움말	갑골 금문 소전 예서
虎	범 **호**	범의 모양을 본뜬 글자.	
處	곳 **처**	꿈짝 않고 집에 있는 모습을 나타낸 글자. '虍'가 음의 역할을 함.	
虛	빌 **허**	텅 빈 언덕을 뜻하는 '丘'와 소리를 나타내는 '虍(호)'를 합하여 만든 글자.	
號	이름 **호**	범을 뜻하는 '虎'와 소리를 나타내는 '号(호)'를 합하여 만든 글자.	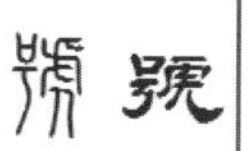

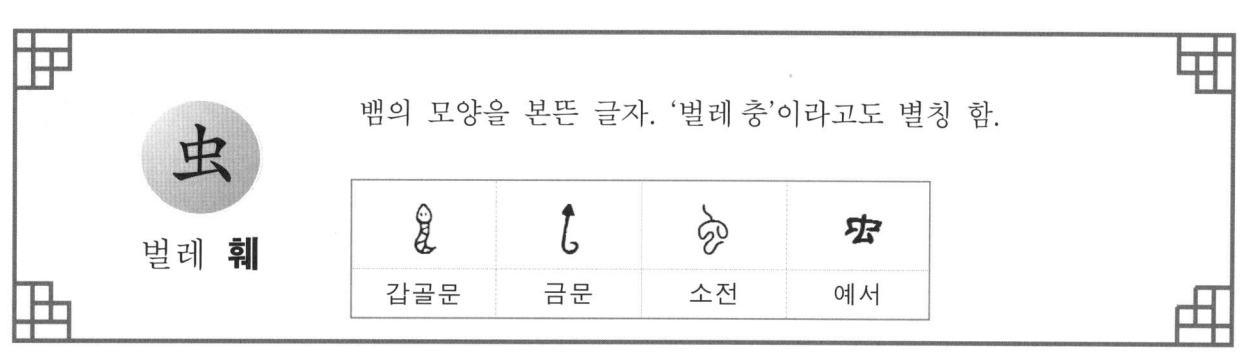

虫

벌레 **훼**

뱀의 모양을 본뜬 글자. '벌레 충'이라고도 별칭 함.

갑골문	금문	소전	예서

한자	훈음	도움말	갑골	금문	소전	예서
蟲	벌레 **충**	벌레들이 한 곳에 모여 오글거리고 있는 모양을 본뜬 글자.			蟲	蟲
蛇*	뱀 **사**	벌레를 뜻하는 '虫'과 소리를 나타내는 '它(사)'를 합하여 만든 글자.			蛇	蛇
		예 毒蛇(독사) 蛇足(사족) 龍頭蛇尾(용두사미)				
蜂*	벌 **봉**	벌레를 뜻하는 '虫'과 소리를 나타내는 '夆(봉)'을 합하여 만든 글자.				蜂
		예 養蜂(양봉) 蜂蜜(봉밀) 蜂起(봉기)				
蜜*	꿀 **밀**	벌레를 뜻하는 '虫'과 소리를 나타내는 '宓(밀)'을 합하여 만든 글자.			蜜	蜜
		예 蜜蜂(밀봉) 蜜語(밀어) 口蜜腹劍(구밀복검)				
蝶*	나비 **접**	벌레를 뜻하는 '虫'과 소리를 나타내는 '枼(엽)'을 합하여 만든 글자.				蝶
		예 蝶泳(접영)				
螢*	반딧불 **형**	벌레를 뜻하는 '虫'과 소리를 나타내는 '熒(형)'을 합하여 만든 글자.				螢
		예 螢雪(형설) 螢光(형광) 螢雪之功(형설지공)				

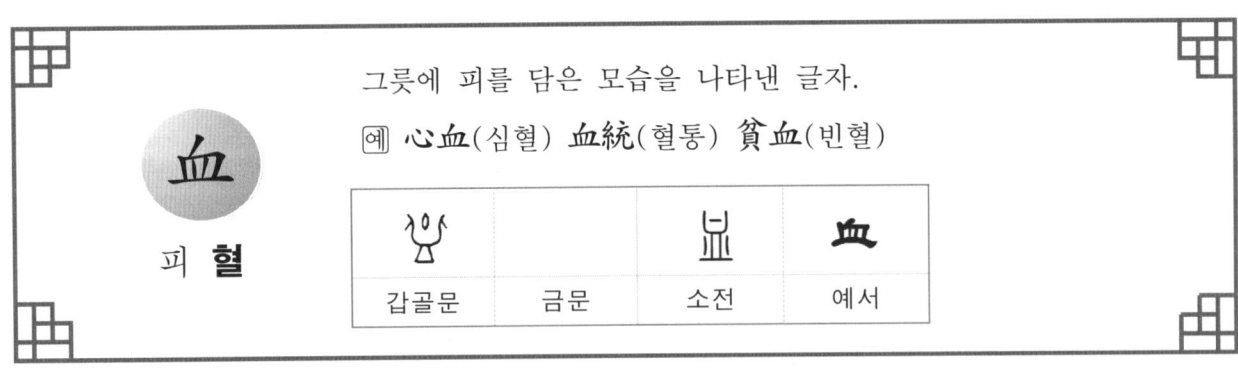

그릇에 피를 담은 모습을 나타낸 글자.

예 心血(심혈) 血統(혈통) 貧血(빈혈)

血 피 **혈**

갑골문	금문	소전	예서

한자	훈음	도움말	갑골	금문	소전	예서
衆	무리 **중**	뜨거운 태양(血←日)아래 일하고 있는 사람들의 모습을 나타낸 글자.	衆	衆	衆	衆

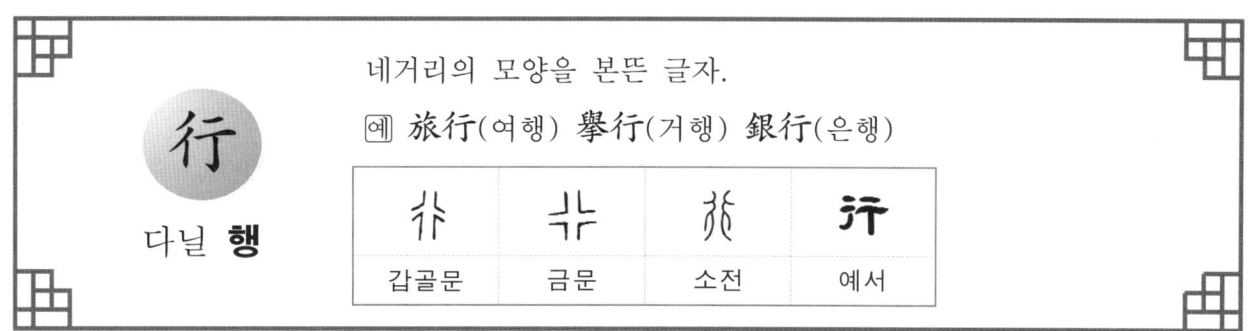

		네거리의 모양을 본뜬 글자.			

行
다닐 **행**

예 旅行(여행) 擧行(거행) 銀行(은행)

갑골문	금문	소전	예서

한자	훈음	도움말	갑골	금문	소전	예서
街	거리 **가**	거리를 뜻하는 '行'과 소리를 나타내는 '圭(규)'를 합하여 만든 글자.				街 街
術*	재주 **술**	네거리를 뜻하는 '行'과 소리를 나타내는 '朮(출)'을 합하여 만든 글자.				術 術
		예 技術(기술) 手術(수술) 術數(술수)				
衛*	지킬 **위**	네거리를 뜻하는 '行'과 소리를 나타내는 '韋(위)'를 합하여 만든 글자.	衛 衛		衛	衛
		예 衛星(위성) 衛生(위생) 防衛(방위) 保衛(보위)				
衝*	찌를 **충**	네거리를 뜻하는 '行'과 소리를 나타내는 '重(중)'을 합하여 만든 글자.				衝 衝
		예 衝擊(충격) 衝突(충돌) 左衝右突(좌충우돌)				
衡*	저울 **형**	보따리를 이고 팔을 벌려 균형을 잡고 선 사람(夅)의 모습에 '行'을 더한 글자. '行(행)'이 음의 역할을 함.			衡 衡	衡
		예 平衡(평형) 均衡(균형) 不均衡(불균형)				

		사람이 옷을 입고 깃을 여민 모습을 본뜬 글자. * 衤(옷의변)			

衣
(衤)
옷 **의**

예 衣服(의복) 衣食(의식) 脫衣(탈의)

갑골문	금문	소전	예서

한자	훈음	도움말	갑골	금문	소전	예서
表	겉 **표**	털(毛)로 만든 옷(衣)은 그 털이 '겉'으로 나온다는 뜻을 표현한 글자.			表	表

製	지을 **제**	옷을 뜻하는 '衣'와 소리를 나타내는 '制(제)'를 합하여 만든 글자.	𧚀 製
衰*	쇠약할 **쇠**	우비인 도롱이를 걸친 모습을 본뜬 글자. 뒤에 '쇠하다'는 뜻을 가짐.	衰 衰
	예 衰殘(쇠잔) 衰退(쇠퇴) 衰弱(쇠약)		
被*	입을 **피**	옷을 뜻하는 '衤'와 소리를 나타내는 '皮(피)'를 합하여 만든 글자.	𧜰 被
	예 被害(피해) 被殺(피살)		
裂*	찢을 **렬**	옷을 뜻하는 '衣'와 소리를 나타내는 '列(렬)'을 합하여 만든 글자.	裂 裂
	예 分裂(분열) 決裂(결렬) 支離滅裂(지리멸렬)		
補*	기울 **보**	옷을 뜻하는 '衤'와 소리를 나타내는 '甫(보)'를 합하여 만든 글자.	補 補
	예 補償(보상) 補修(보수) 補佐(보좌)		
裕*	넉넉할 **유**	옷을 뜻하는 '衤'와 소리를 나타내는 '谷(곡)'을 합하여 만든 글자.	裕 裕
	예 裕福(유복) 餘裕(여유) 富裕(부유)		
裁*	옷 마를 **재**	옷을 뜻하는 '衣'와 소리를 나타내는 '𢦏(재)'를 합하여 만든 글자.	裁 裁
	예 制裁(제재) 裁判(재판) 裁斷(재단)		
裏*	속 **리**	옷을 뜻하는 '衣'와 소리를 나타내는 '里(리)'를 합하여 만든 글자.	裏 裏
	예 裏面(이면) 表裏不同(표리부동)		
裝*	꾸밀 **장**	옷을 뜻하는 '衣'와 소리를 나타내는 '壯(장)'을 합하여 만든 글자.	裝 裝
	예 裝備(장비) 變裝(변장) 行裝(행장) 裝身具(장신구)		
複*	겹칠 **복**	옷을 뜻하는 '衤'와 소리를 나타내는 '复(복)'을 합하여 만든 글자.	複 複
	예 複雜(복잡) 複製(복제) 複寫(복사) 重複(중복)		
裳*	치마 **상**	옷을 뜻하는 '衣'와 소리를 나타내는 '尙(상)'을 합하여 만든 글자.	裳 裳
	예 衣裳(의상) 同價紅裳(동가홍상)		
襲*	엄습할 **습**	옷을 뜻하는 '衣'와 소리를 나타내는 '龖(답)'을 하나 줄인 '龍'을 합하여 만든 글자.	襲 襲
	예 襲擊(습격) 世襲(세습) 奇襲(기습)		

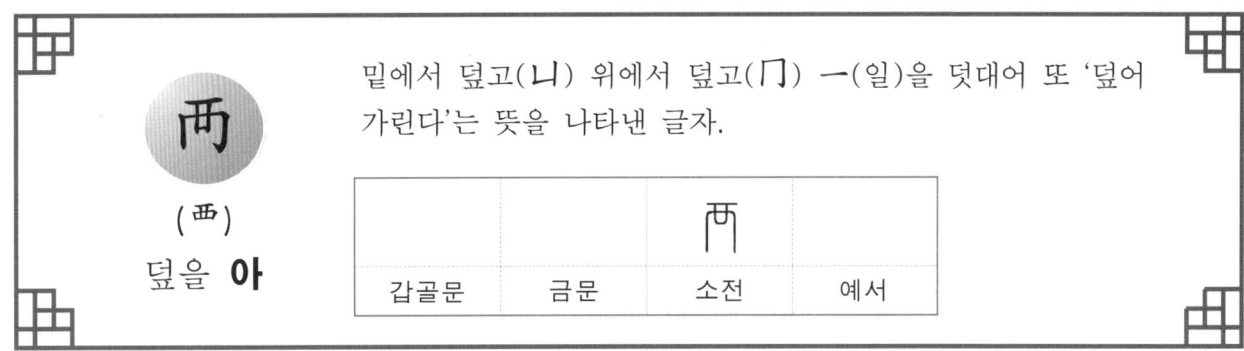

한자	훈음	도움말	갑골	금문	소전	예서
西	서녘 **서**	대나무로 엮은 바구니의 모양을 본뜬 글자. 뒤에 '서쪽'의 뜻을 가짐.	⊕	⊗	🔲	西
要	구할 **요**	허리에 양손을 짚은 여인의 앞모습을 나타낸 글자. 뒤에 '요구하다'는 뜻을 가짐.			要	要
覆*	덮을 **복**	덮는다는 뜻의 '襾'와 소리를 나타내는 '復(복)'을 합하여 만든 글자.			覆	覆
		예 覆蓋(복개) 飜覆(번복)				

❖ 7 획 ❖

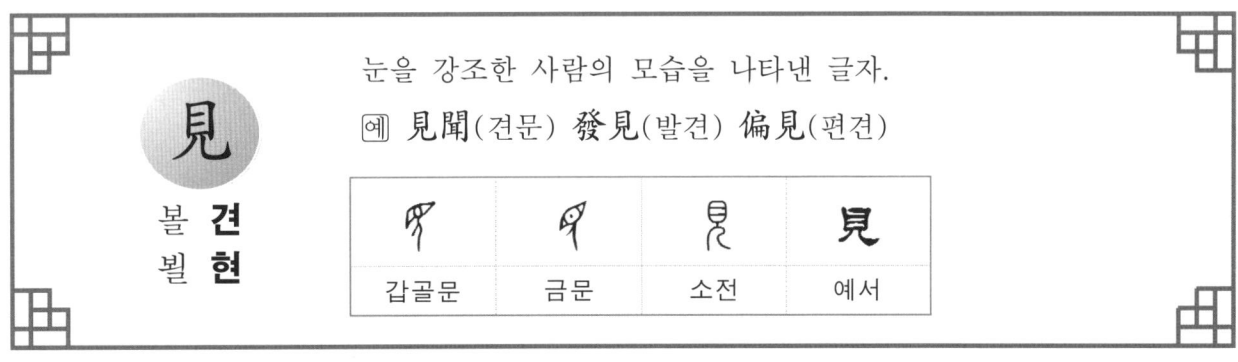

한자	훈음	도움말	갑골	금문	소전	예서
視	볼 **시**	본다는 뜻의 '見'과 소리를 나타내는 '示(시)'를 합하여 만든 글자.			視	視
親	친할 **친**	본다는 뜻의 '見'과 소리를 나타내는 '亲(진)'을 합하여 만든 글자.			親	親
觀	볼 **관**	본다는 뜻의 '見'과 소리를 나타내는 '雚(관)'을 합하여 만든 글자.		觀	觀	觀

한자	훈음	도움말	갑골/금문/소전/예서
規*	법 **규**	훌륭한 사람(夫)이 사물을 바르게 보는(見) 모습을 나타낸 글자.	規
		예 規則(규칙) 規範(규범) 新規(신규)	
覺*	깨달을 **각**	본다는 뜻의 '見'과 소리를 나타내는 '興←學(학)'을 합하여 만든 글자.	覺
		예 覺悟(각오) 感覺(감각) 錯覺(착각)	
覽*	볼 **람**	본다는 뜻의 '見'과 소리를 나타내는 '監(감)'을 합하여 만든 글자.	覽
		예 觀覽(관람) 遊覽(유람) 博覽會(박람회)	

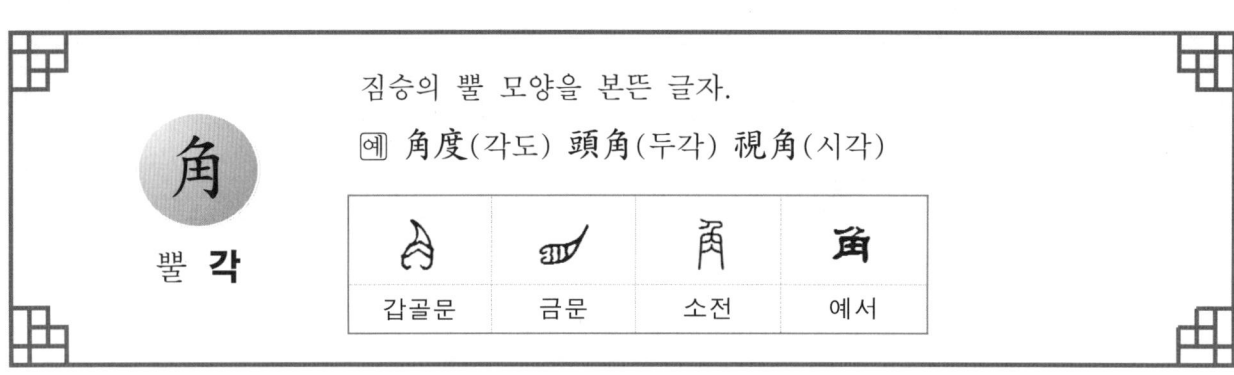

角 뿔 **각**

짐승의 뿔 모양을 본뜬 글자.

예 角度(각도) 頭角(두각) 視角(시각)

갑골문	금문	소전	예서

한자	훈음	도움말	갑골	금문	소전	예서
解	풀 **해**	칼(刀)로 소(牛)의 뿔(角)을 따로 발라내는 모습을 나타낸 글자.				
觸*	닿을 **촉**	뿔을 뜻하는 '角'과 소리를 나타내는 '蜀(촉)'을 합하여 만든 글자.				
		예 觸覺(촉각) 接觸(접촉) 一觸卽發(일촉즉발)				

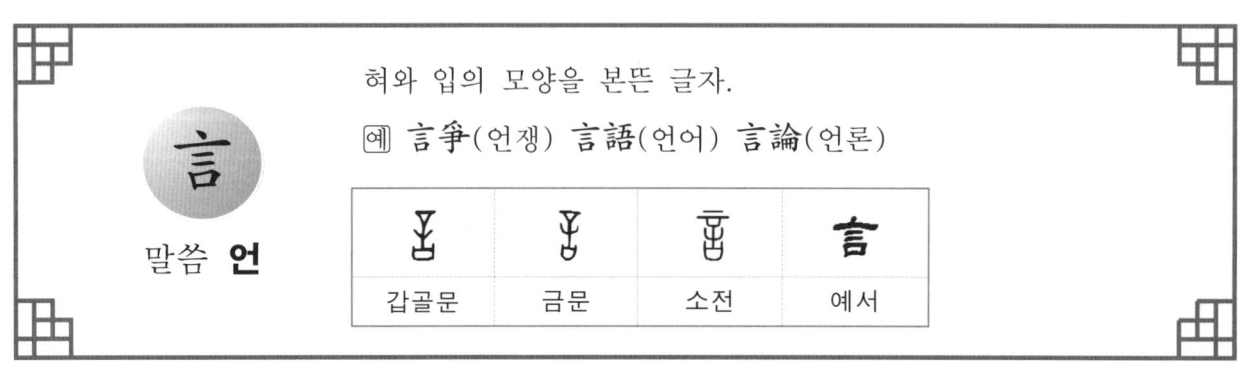

言 말씀 **언**

혀와 입의 모양을 본뜬 글자.

예 言爭(언쟁) 言語(언어) 言論(언론)

갑골문	금문	소전	예서

한자	훈음	도움말	갑골	금문	소전	예서
計	셀 **계**	말(言)로 열(十)을 헤아림을 나타낸 글자.			計	計
記	기록할 **기**	말을 뜻하는 '言'과 소리를 나타내는 '己(기)'를 합하여 만든 글자.			記	記
訓	가르칠 **훈**	말을 뜻하는 '言'과 소리를 나타내는 '川(천)'을 합하여 만든 글자.			訓	訓
訪	찾을 **방**	말을 뜻하는 '言'과 소리를 나타내는 '方(방)'을 합하여 만든 글자.			訪	訪
設	베풀 **설**	작업(殳)을 말(言)로 지시하고 타일러 '베푼다'는 뜻을 나타낸 글자.			設	設
許	허락할 **허**	말을 뜻하는 '言'과 소리를 나타내는 '午(오)'를 합하여 만든 글자.	許	許	許
試	시험 **시**	말을 뜻하는 '言'과 소리를 나타내는 '式(식)'을 합하여 만든 글자.			試	試
詩	글 **시**	말을 뜻하는 '言'과 소리를 나타내는 '寺(사)'를 합하여 만든 글자.			詩	詩
話	말씀 **화**	말씀을 뜻하는 '言'과 소리를 나타내는 '舌←昏(괄)'을 합하여 만든 글자.			話	話
說	말씀 **설** 달랠 **세**	말을 뜻하는 '言'과 소리를 나타내는 '兌(태)'를 합하여 만든 글자.			說	說
誠	정성 **성**	말을 뜻하는 '言'과 소리를 나타내는 '成(성)'을 합하여 만든 글자.			誠	誠
語	말씀 **어**	말을 뜻하는 '言'과 소리를 나타내는 '吾(오)'를 합하여 만든 글자.		語	語	語
誤	그릇될 **오**	말을 뜻하는 '言'과 소리를 나타내는 '吳(오)'를 합하여 만든 글자.			誤	誤
認	알 **인**	말을 뜻하는 '言'과 소리를 나타내는 '忍(인)'을 합하여 만든 글자.				認
課	매길 **과**	말을 뜻하는 '言'과 소리를 나타내는 '果(과)'를 합하여 만든 글자.			課	課
談	말씀 **담**	말을 뜻하는 '言'과 소리를 나타내는 '炎(염)'을 합하여 만든 글자.			談	談
論	논할 **론**	말을 뜻하는 '言'과 소리를 나타내는 '侖(륜)'을 합하여 만든 글자.			論	論
誰	누구 **수**	말을 뜻하는 '言'과 소리를 나타내는 '隹(추)'를 합하여 만든 글자.	誰	誰	誰

調	고를 **조**	말을 뜻하는 '言'과 소리를 나타내는 '周(주)'를 합하여 만든 글자.	調 調
請	청할 **청**	말을 뜻하는 '言'과 소리를 나타내는 '青(청)'을 합하여 만든 글자.	請 請
諸	모든 **제**	말을 뜻하는 '言'과 소리를 나타내는 '者(자)'를 합하여 만든 글자.	諸 諸
講	익힐 **강**	말을 뜻하는 '言'과 소리를 나타내는 '冓(구)'를 합하여 만든 글자.	講 講
謝	사례할 **사**	말을 뜻하는 '言'과 소리를 나타내는 '射(사)'를 합하여 만든 글자.	謝 謝
識	알 **식**	말을 뜻하는 '言'과 소리를 나타내는 '戠(시)'를 합하여 만든 글자.	識 識
證	증거 **증**	말을 뜻하는 '言'과 소리를 나타내는 '登(등)'을 합하여 만든 글자.	證 證
議	의논할 **의**	말을 뜻하는 '言'과 소리를 나타내는 '義(의)'를 합하여 만든 글자.	議 議
讀	읽을 **독** 구절 **두**	말을 뜻하는 '言'과 소리를 나타내는 '賣(육)'을 합하여 만든 글자.	讀 讀
變	변할 **변**	친다는 뜻의 '攵←攴'과 소리를 나타내는 '䜌(련)'을 합하여 만든 글자.	變 變
讓	사양할 **양**	말을 뜻하는 '言'과 소리를 나타내는 '襄(양)'을 합하여 만든 글자.	讓 讓
訂*	바로잡을 **정**	말을 뜻하는 '言'과 소리를 나타내는 '丁(정)'을 합하여 만든 글자.	訂 訂
	예 訂正(정정) 校訂(교정)		
討*	칠 **토**	법도(寸)있는 말(言)로 옳지 못한 상대방을 친다는 뜻을 나타낸 글자.	討 討
	예 討議(토의) 討論(토론) 討伐(토벌)		
訟*	송사할 **송**	말을 뜻하는 '言'과 소리를 나타내는 '公(공)'을 합하여 만든 글자.	訟 訟
	예 訟事(송사) 訴訟(소송)		
詐*	속일 **사**	말을 뜻하는 '言'과 소리를 나타내는 '乍(사)'를 합하여 만든 글자.	詐 詐
	예 詐欺(사기) 詐稱(사칭)		
詞*	말 **사**	말을 뜻하는 '言'과 소리를 나타내는 '司(사)'를 합하여 만든 글자.	詞 詞
	예 品詞(품사) 歌詞(가사) 代名詞(대명사)		

訴*	하소연할 **소**	말을 뜻하는 '言'과 소리를 나타내는 '斥(척)'을 합하여 만든 글자.	訴
	몐 訴追(소추) 起訴(기소) 告訴(고소)		
詠*	읊을 **영**	말을 뜻하는 '言'과 소리를 나타내는 '永(영)'을 합하여 만든 글자.	詠
	몐 詠歌(영가) 吟詠(음영)		
評*	평론할 **평**	말을 뜻하는 '言'과 소리를 나타내는 '平(평)'을 합하여 만든 글자.	評
	몐 評論(평론) 評價(평가)		
誇*	자랑할 **과**	말을 뜻하는 '言'과 소리를 나타내는 '夸(과)'를 합하여 만든 글자.	誇
	몐 誇張(과장) 誇示(과시) 誇大(과대)		
詳*	자세할 **상**	말을 뜻하는 '言'과 소리를 나타내는 '羊(양)'을 합하여 만든 글자.	詳
	몐 詳細(상세) 詳述(상술) 未詳(미상)		
該*	갖출 **해**	말을 뜻하는 '言'과 소리를 나타내는 '亥(해)'를 합하여 만든 글자.	該
	몐 該當(해당) 該博(해박) 當該(당해)		
誓*	맹세할 **서**	말을 뜻하는 '言'과 소리를 나타내는 '折(절)'을 합하여 만든 글자.	誓
	몐 誓約(서약) 宣誓(선서) 盟誓(맹서)		
誦*	욀 **송**	말을 뜻하는 '言'과 소리를 나타내는 '甬(용)'을 합하여 만든 글자.	誦
	몐 誦讀(송독) 暗誦(암송)		
誘*	꾈 **유**	말을 뜻하는 '言'과 소리를 나타내는 '秀(수)'를 힙하여 만든 글자.	誘
	몐 誘致(유치) 誘引(유인) 誘發(유발) 誘導(유도)		
誌*	기록할 **지**	말을 뜻하는 '言'과 소리를 나타내는 '志(지)'를 합하여 만든 글자.	誌
	몐 雜誌(잡지) 학술지(學術誌) 書誌(서지)		
誕*	낳을 **탄**	말을 뜻하는 '言'과 소리를 나타내는 '延(연)'을 합하여 만든 글자.	誕
	몐 誕辰(탄신) 誕生(탄생) 聖誕節(성탄절)		
諒*	살필 **량**	말을 뜻하는 '言'과 소리를 나타내는 '京(경)'을 합하여 만든 글자.	諒
	몐 諒解(양해) 海諒(해량) 諒察(양찰)		
諾*	허락할 **낙**	말을 뜻하는 '言'과 소리를 나타내는 '若(약)'을 합하여 만든 글자.	諾
	몐 承諾(승낙) 許諾(허락) 季布一諾(계포일락)		

謀*	꾀할 **모**	말을 뜻하는 '言'과 소리를 나타내는 '某(모)'를 합하여 만든 글자.	謀
	예 謀議(모의) 謀叛(모반) 權謀術數(권모술수)		
謁*	뵐 **알**	말을 뜻하는 '言'과 소리를 나타내는 '曷(갈)'을 합하여 만든 글자.	謁
	예 謁見(알현) 謁廟(알묘) 拜謁(배알)		
謂*	이를 **위**	말을 뜻하는 '言'과 소리를 나타내는 '胃(위)'를 합하여 만든 글자.	謂
	예 所謂(소위)		
謙*	겸손할 **겸**	말을 뜻하는 '言'과 소리를 나타내는 '兼(겸)'을 합하여 만든 글자.	謙
	예 謙虛(겸허) 謙讓(겸양)		
謠*	노래 **요**	말을 뜻하는 '言'과 소리를 나타내는 '䍃(요)'를 합하여 만든 글자.	謠
	예 民謠(민요) 童謠(동요) 歌謠(가요)		
謹*	삼갈 **근**	말을 뜻하는 '言'과 소리를 나타내는 '菫(근)'을 합하여 만든 글자.	謹
	예 謹嚴(근엄) 謹弔(근조) 謹愼(근신)		
譜*	족보 **보**	말을 뜻하는 '言'과 소리를 나타내는 '普(보)'를 합하여 만든 글자.	譜
	예 族譜(족보) 樂譜(악보) 勝戰譜(승전보)		
警*	경계할 **경**	말을 뜻하는 '言'과 소리를 나타내는 '敬(경)'을 합하여 만든 글자.	警
	예 警察(경찰) 警告(경고) 警戒(경계)		
譯*	번역할 **역**	말을 뜻하는 '言'과 소리를 나타내는 '睪(역)'을 합하여 만든 글자.	譯
	예 譯者(역자) 通譯(통역) 國譯(국역)		
譽*	기릴 **예**	말을 뜻하는 '言'과 소리를 나타내는 '與(여)'를 합하여 만든 글자.	譽
	예 名譽(명예) 榮譽(영예)		
護*	보호할 **호**	말을 뜻하는 '言'과 소리를 나타내는 '蒦(확)'을 합하여 만든 글자.	護
	예 護衛(호위) 保護(보호) 守護(수호)		
讚*	기릴 **찬**	말을 뜻하는 '言'과 소리를 나타내는 '贊(찬)'을 합하여 만든 글자.	讚
	예 讚頌(찬송) 讚辭(찬사) 自畵自讚(자화자찬)		

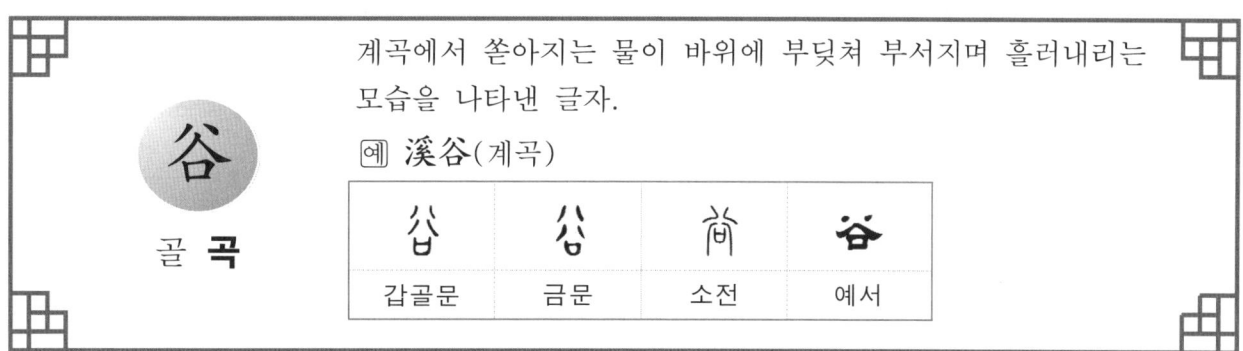

계곡에서 쏟아지는 물이 바위에 부딪쳐 부서지며 흘러내리는 모습을 나타낸 글자.

예 溪谷(계곡)

谷
골 **곡**

| | 갑골문 | 금문 | 소전 | 예서 |

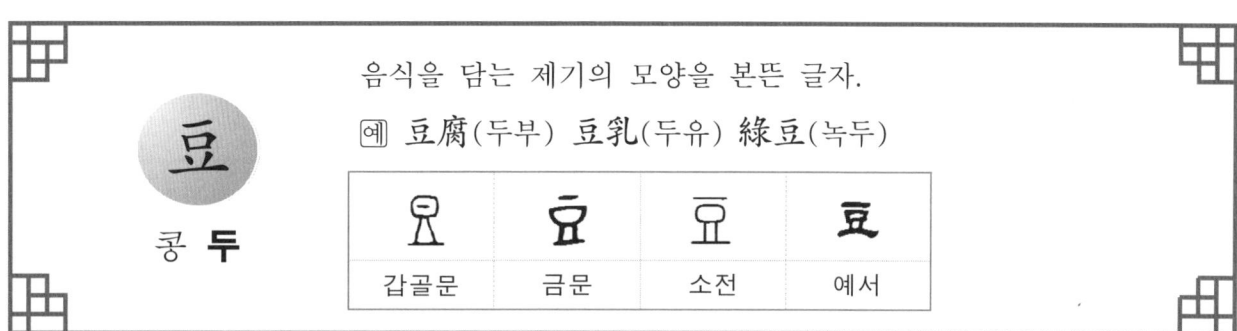

음식을 담는 제기의 모양을 본뜬 글자.

예 豆腐(두부) 豆乳(두유) 綠豆(녹두)

豆
콩 **두**

| | 갑골문 | 금문 | 소전 | 예서 |

한자	훈음	도움말	갑골	금문	소전	예서
豐	풍년 **풍**	그릇에 곡식이 풍성하게 담긴 모습을 나타낸 글자. '豊'는 속자(俗字)임.				
豈*	어찌 **기**	장식한 북의 모양을 본뜬 글자로 '즐기다'를 뜻함. 뒤에 '어찌'의 뜻을 가짐.				
	예					

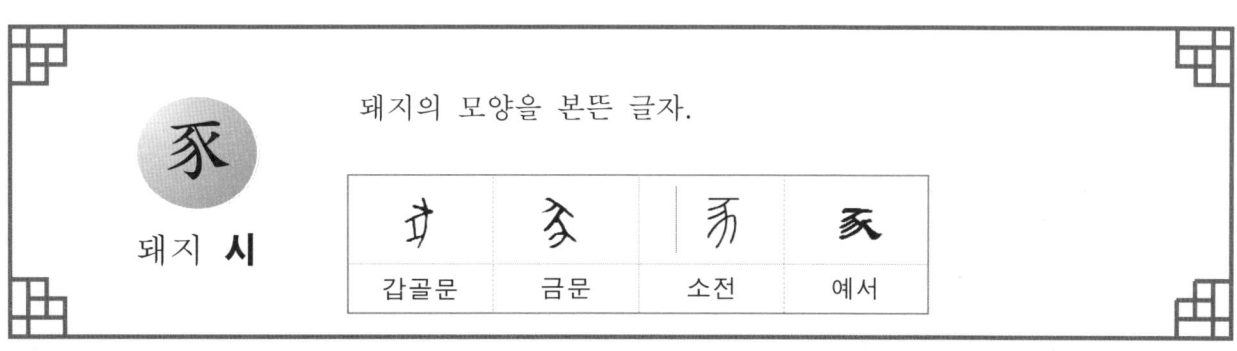

돼지의 모양을 본뜬 글자.

豕
돼지 **시**

| | 갑골문 | 금문 | 소전 | 예서 |

한자	훈음	도움말	갑골	금문	소전	예서
豚*	돼지 **돈**	고기(月)를 바쳐 제사를 지낼 때 쓰는 돼지(豕)를 나타낸 글자.				
	예 養豚(양돈) 豚肉(돈육)					

象*	코끼리 **상**	코끼리의 모습을 본뜬 글자.	象
	예 印象(인상) 對象(대상) 象牙(상아)	
豪*	호걸 **호**	짐승을 뜻하는 '豕'와 소리를 나타내는 '高←高(고)'를 합하여 만든 글자.	豪
	예 豪傑(호걸) 豪雨(호우) 豪言壯談(호언장담)	
豫*	미리 **예**	코끼리를 뜻하는 '象'과 소리를 나타내는 '予(여)'를 합하여 만든 글자. 뒤에 '미리'의 뜻을 가짐.	豫
	예 豫見(예견) 豫買(예매) 豫算(예산) 猶豫(유예)	

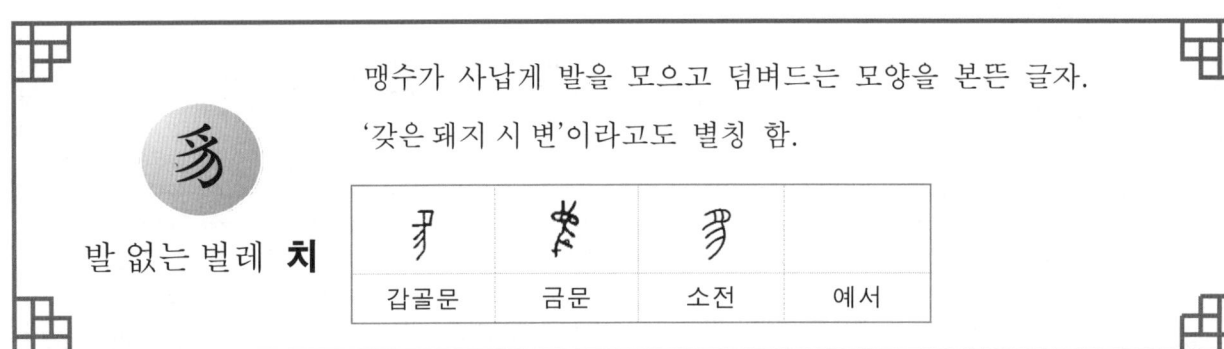

발 없는 벌레 **치**

맹수가 사납게 발을 모으고 덤벼드는 모양을 본뜬 글자.
'갖은 돼지 시 변'이라고도 별칭 함.

갑골문	금문	소전	예서

한자	훈음	도움말	갑골	금문	소전	예서
貌*	모양 **모**	짐승을 뜻하는 '豸'와 소리를 나타내는 '皃(모)'를 합하여 만든 글자.			貌	貌
		예 面貌(면모) 容貌(용모) 美貌(미모)				

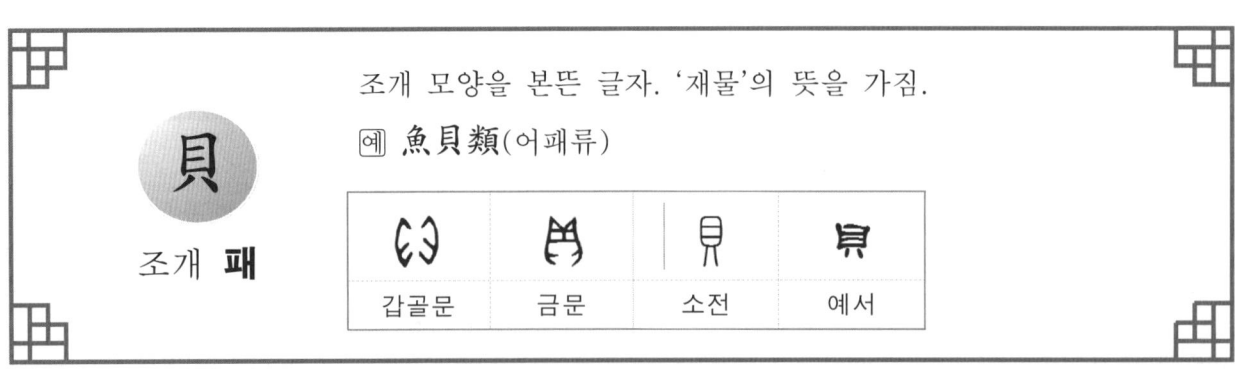

조개 **패**

조개 모양을 본뜬 글자. '재물'의 뜻을 가짐.

예 魚貝類(어패류)

갑골문	금문	소전	예서

한자	훈음	도움말	갑골	금문	소전	예서
貞	곧을 **정**	'점치다'는 뜻의 '卜'과 소리를 나타내는 '貝←鼎(정)'을 합하여 만든 글자.	貞	貞	貞	

財	재물 **재**	재물을 뜻하는 '貝'와 소리를 나타내는 '才(재)'를 합하여 만든 글자.	財 財
貧	가난할 **빈**	재물(貝)을 나누면(分) 적어져서 부족함을 나타낸 글자. '分(분)'이 음의 역할을 함.	貧 貧
責	꾸짖을 **책**	돈(貝)을 빌려주고 갚지 못하면 꾸짖는 모습을 나타낸 글자. '朿(자)'가 음의 역할을 함.	責 責 責 責
貨	재화 **화**	재물을 뜻하는 '貝'와 소리를 나타내는 '化(화)'를 합하여 만든 글자.	貨 貨
貴	귀할 **귀**	귀한 재물(貝)을 광주리에 담은 모습을 나타낸 글자. '臾(유)'가 음의 역할을 함.	貴 貴
買	살 **매**	재물(貝)을 거두어들인다(罒←网)는 뜻을 나타낸 글자.	買 買 買 買
貯	쌓을 **저**	재물을 뜻하는 '貝'와 소리를 나타내는 '宁(저)'를 합하여 만든 글자.	貯 貯 貯 貯
賀	하례할 **하**	재물을 뜻하는 '貝'와 소리를 나타내는 '加(가)'를 합하여 만든 글자.	賀 賀 賀
賣	팔 **매**	물건을 내놓아(士←出) 사람들에게 판다는 뜻을 나타낸 글자.	賣 賣 賣
賞	상줄 **상**	재물을 뜻하는 '貝'와 소리를 나타내는 '尙(상)'을 합하여 만든 글자.	賞 賞 賞
質	바탕 **질**	재물의 바탕이 되는 '斤'과 '貝'를 합쳐서 만든 글자.	質 質 質
賢	어질 **현**	재물을 뜻하는 '貝'와 소리를 나타내는 '臤(현)'을 합하여 만든 글자.	賢 賢 賢
負*	질 **부**	사람(人)이 재물(貝)을 등에 지고 나르는 모습을 나타낸 글자.	負 負
	⑩ 負擔(부담) 勝負(승부) 抱負(포부)		
貢*	바칠 **공**	재물을 뜻하는 '貝'와 소리를 나타내는 '工(공)'을 합하여 만든 글자.	貢 貢
	⑩ 貢獻(공헌) 朝貢(조공) 貢物(공물)		
貫*	꿸 **관**	재물을 뜻하는 '貝'와 소리를 나타내는 '毌(관)'을 합하여 만든 글자.	貫 貫
	⑩ 貫祿(관록) 貫通(관통) 初志一貫(초지일관)		
貪*	탐할 **탐**	재물을 뜻하는 '貝'와 소리를 나타내는 '今(금)'을 합하여 만든 글자.	貪 貪
	⑩ 貪慾(탐욕) 貪官汚吏(탐관오리) 小貪大失(소탐대실)		

販*	팔 **판**	재물을 뜻하는 '貝'와 소리를 나타내는 '反(반)'을 합하여 만든 글자.	販 販
	예 販賣(판매) 販路(판로) 販促(판촉)		
貸*	빌릴 **대**	재물을 뜻하는 '貝'와 소리를 나타내는 '代(대)'를 합하여 만든 글자.	貸 貸
	예 貸出(대출) 貸與(대여) 貸借(대차)		
貿*	무역할 **무**	재물을 뜻하는 '貝'와 소리를 나타내는 '卯(묘)'를 합하여 만든 글자.	貿 貿 貿
	예 貿易(무역)		
費*	쓸 **비**	재물을 뜻하는 '貝'와 소리를 나타내는 '弗(불)'을 합하여 만든 글자.	費 費
	예 車費(차비) 消費(소비) 浪費(낭비)		
賃*	품팔이 **임**	재물을 뜻하는 '貝'와 소리를 나타내는 '任(임)'을 합하여 만든 글자.	賃 賃 賃
	예 賃金(임금) 賃貸(임대) 運賃(운임)		
資*	재물 **자**	재물을 뜻하는 '貝'와 소리를 나타내는 '次(차)'를 합하여 만든 글자.	資 資
	예 資料(자료) 資本(자본) 投資(투자)		
賊*	도둑 **적**	창(戈)과 같은 무기를 들고 법칙(則)을 파괴하는 무리를 나타낸 글자. '則(칙)'이 음의 역할을 함.	賊 賊 賊
	예 海賊(해적) 賊將(적장) 火賊(화적)		
賦*	구실 **부**	재물을 뜻하는 '貝'와 소리를 나타내는 '武(무)'를 합하여 만든 글자.	賦 賦 賦
	예 賦課(부과) 賦與(부여) 割賦(할부)		
賓*	손님 **빈**	선물(貝)을 가지고 온 손님을 집(宀)에서 허리를 숙여(丏) 맞이한다는 뜻을 나타내는 글자.	賓 賓 賓
	예 貴賓(귀빈) 來賓(내빈) 賓客(빈객)		
賜*	줄 **사**	재물을 뜻하는 '貝'와 소리를 나타내는 '易(이)'를 합하여 만든 글자.	賜 賜 賜
	예 賜藥(사약) 下賜(하사)		
賤*	천할 **천**	재물을 뜻하는 '貝'와 소리를 나타내는 '戔(잔)'을 합하여 만든 글자.	賤 賤
	예 貴賤(귀천) 貧賤(빈천) 賤待(천대)		
賴*	힘입을 **뢰**	재물을 뜻하는 '貝'와 소리를 나타내는 '剌(랄)'을 합하여 만든 글자.	賴 賴
	예 信賴(신뢰) 依賴(의뢰)		

贈*	줄 **증**	재물을 뜻하는 '貝'와 소리를 나타내는 '曾(증)'을 합하여 만든 글자.	贈 贈
	예 贈與(증여) 寄贈(기증)		
贊*	도울 **찬**	재물을 뜻하는 '貝'와 소리를 나타내는 '兟(신)'을 합하여 만든 글자.	贊 贊
	예 贊助(찬조) 贊成(찬성) 協贊(협찬)		

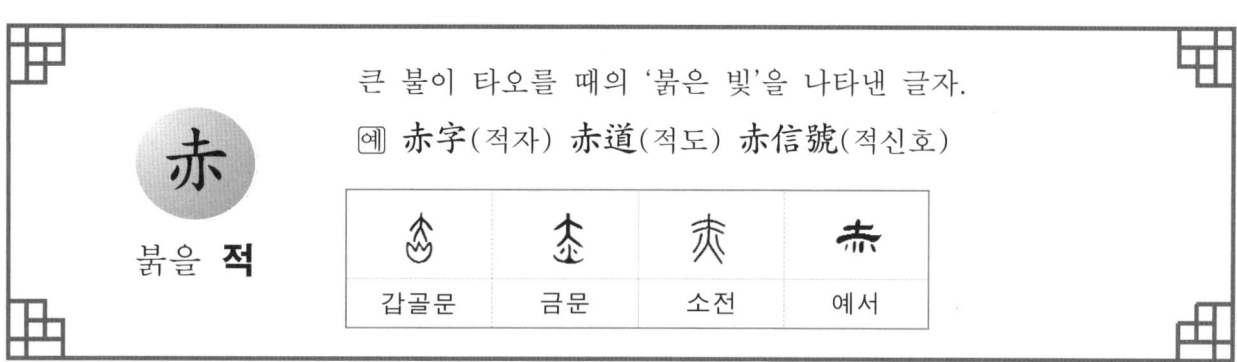

붉을 **적**

큰 불이 타오를 때의 '붉은 빛'을 나타낸 글자.

예 赤字(적자) 赤道(적도) 赤信號(적신호)

갑골문	금문	소전	예서

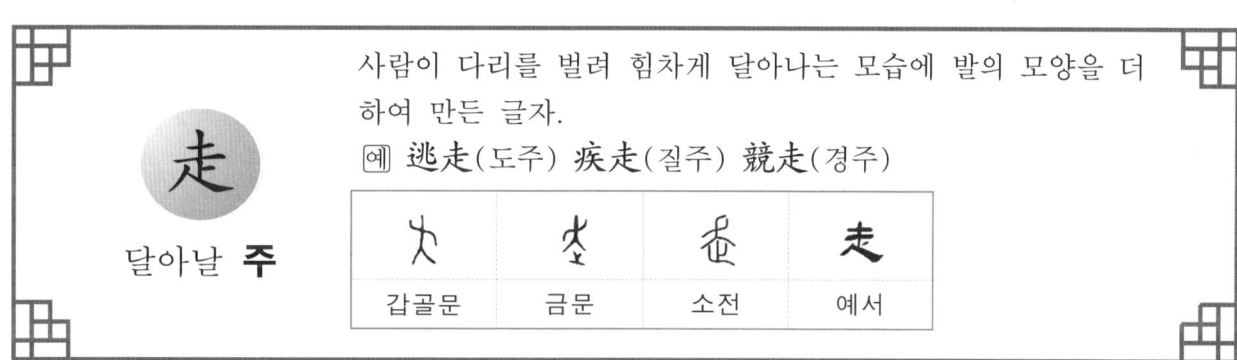

달아날 **주**

사람이 다리를 벌려 힘차게 달아나는 모습에 발의 모양을 더하여 만든 글자.

예 逃走(도주) 疾走(질주) 競走(경주)

갑골문	금문	소전	예서

한자	훈음	도움말	갑골	금문	소전	예서
起	일어날 **기**	'달리다'는 뜻의 '走'와 소리를 나타내는 '己(기)'를 합하여 만든 글자.			起	起
赴*	다다를 **부**	'달리다'는 뜻의 '走'와 소리를 나타내는 'ㅏ(복)'을 합하여 만든 글자.	赴	赴	赴	
	예 赴任(부임)					
越*	넘을 **월**	'달리다'는 뜻의 '走'와 소리를 나타내는 '戉(월)'을 합하여 만든 글자.			越	越
	예 越等(월등) 卓越(탁월) 追越(추월)					
超*	넘을 **초**	'달리다'는 뜻의 '走'와 소리를 나타내는 '召(소)'를 합하여 만든 글자.			超	超
	예 超過(초과) 超越(초월) 超人(초인)					

趣*	취미 **취**	'달리다'는 뜻의 '走'와 소리를 나타내는 '取(취)'를 합하여 만든 글자.	趣 趣 趣
	예 情趣(정취) 趣向(취향) 趣味(취미)		

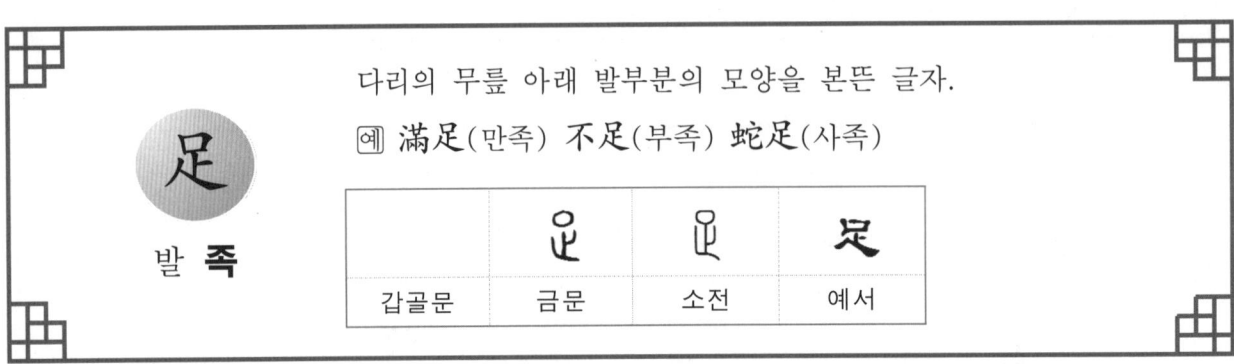

다리의 무릎 아래 발부분의 모양을 본뜬 글자.

足

발 **족**

예 滿足(만족) 不足(부족) 蛇足(사족)

足	足	足
갑골문	금문	소전	예서

한자	훈음	도움말	갑골	금문	소전	예서
路	길 **로**	발을 뜻하는 '足'과 소리를 나타내는 '各(각)'을 합하여 만든 글자.	路	踏	路	
距*	떨어질 **거**	발을 뜻하는 '足'과 소리를 나타내는 '巨(거)'를 합하여 만든 글자.	距	距	距	
	예 長距離(장거리) 短距離(단거리)					
跳*	뛸 **도**	발을 뜻하는 '足'과 소리를 나타내는 '兆(조)'를 합하여 만든 글자.			跳	跳
	예 跳躍(도약) 跳馬(도마)					
跡*	발자취 **적**	발을 뜻하는 '足'과 소리를 나타내는 '亦(역)'을 합하여 만든 글자.				跡
	예 人跡(인적) 追跡(추적) 遺跡(유적)					
踏*	밟을 **답**	발을 뜻하는 '足'과 소리를 나타내는 '沓(답)'을 합하여 만든 글자.				踏
	예 踏査(답사) 踏襲(답습) 踏步(답보)					
踐*	밟을 **천**	발을 뜻하는 '足'과 소리를 나타내는 '戔(잔)'을 합하여 만든 글자.			踐	踐
	예 實踐(실천)					
躍*	뛸 **약**	발을 뜻하는 '足'과 소리를 나타내는 '翟(적)'을 합하여 만든 글자.			躍	躍
	예 躍動(약동) 躍進(약진)					

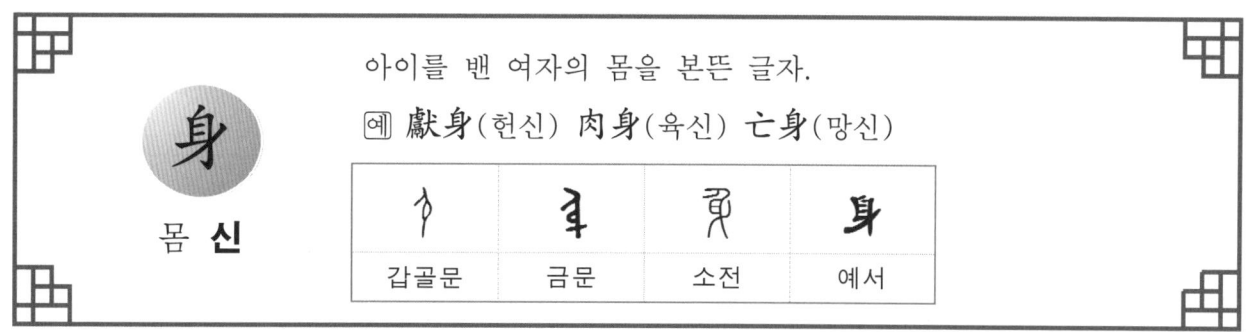

아이를 밴 여자의 몸을 본뜬 글자.

예 獻身(헌신) 肉身(육신) 亡身(망신)

갑골문	금문	소전	예서

身
몸 **신**

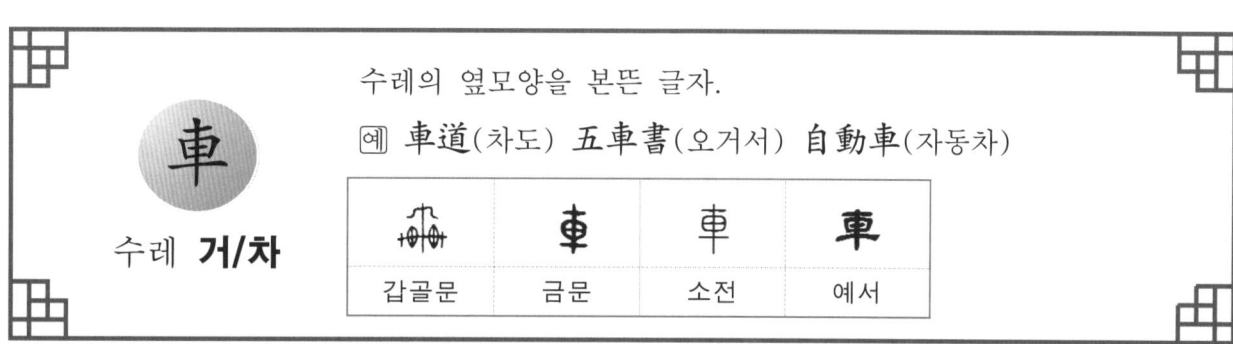

수레의 옆모양을 본뜬 글자.

예 車道(차도) 五車書(오거서) 自動車(자동차)

갑골문	금문	소전	예서

車
수레 **거/차**

한자	훈음	도움말	갑골	금문	소전	예서
軍	군사 **군**	수레(車)를 탄 왕이나 장군을 둘러싸 호위하는 모습을 나타낸 글자. '勹(균)'이 음의 역할을 함.		軍	軍	軍
輕	가벼울 **경**	수레를 뜻하는 '車'와 소리를 나타내는 '巠(경)'을 합하여 만든 글자.			輕	輕
軌*	굴대 **궤**	수레를 뜻하는 '車'와 소리를 나타내는 '九(구)'를 합하여 만든 글자.		軌	軌	軌
		예 軌跡(궤적) 軌道(궤도)				
軒*	집 **헌**	수레를 뜻하는 '車'와 소리를 나타내는 '干(간)'을 합하여 만든 글자.			軒	軒
		예 軒軒(헌헌) 軒號(헌호) 東軒(동헌)				
軟*	연할 **연**	수레를 뜻하는 '車'와 소리를 나타내는 '欠←耎(연)'을 합하여 만든 글자.				軟
		예 柔軟(유연) 軟弱(연약) 軟着陸(연착륙)				
較*	견줄 **교**	수레를 뜻하는 '車'와 소리를 나타내는 '交(교)'를 합하여 만든 글자.				較
		예 比較(비교) 日較差(일교차)				
載*	실을 **재**	수레를 뜻하는 '車'와 소리를 나타내는 '𢦏(재)'를 합하여 만든 글자.		載	載	載
		예 登載(등재) 連載(연재) 千載一遇(천재일우)				

한자	훈음	도움말	갑골 금문 소전 예서
輪*	바퀴 **륜**	수레를 뜻하는 '車'와 소리를 나타내는 '侖(륜)'을 합하여 만든 글자.	輪 輪
	예 輪作(윤작) 輪讀(윤독)		
輩*	무리 **배**	수레를 뜻하는 '車'와 소리를 나타내는 '非(비)'를 합하여 만든 글자.	輩 輩
	예 後輩(후배) 輩出(배출) 暴力輩(폭력배)		
輝*	빛날 **휘**	빛을 뜻하는 '光'과 소리를 나타내는 '軍(군)'을 합하여 만든 글자.	輝
	예 光輝(광휘)		
輸*	보낼 **수**	수레를 뜻하는 '車'와 소리를 나타내는 '兪(유)'를 합하여 만든 글자.	輸 輸
	예 輸出(수출) 輸入(수입) 輸送(수송)		
輿*	수레 **여**	수레를 뜻하는 '車'와 소리를 나타내는 '舁(여)'를 합하여 만든 글자.	輿 輿
	예 輿論(여론) 喪輿(상여)		
轉*	구를 **전**	수레를 뜻하는 '車'와 소리를 나타내는 '專(전)'을 합하여 만든 글자.	轉 轉
	예 轉學(전학) 好轉(호전) 移轉(이전)		

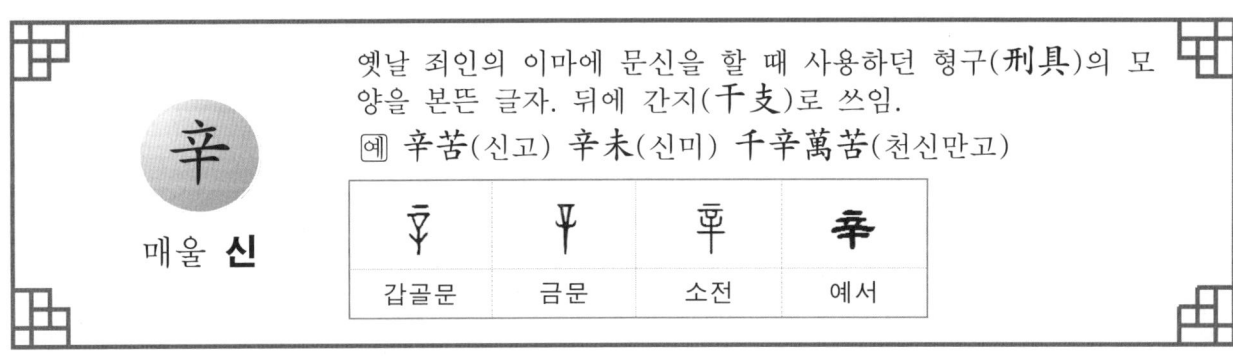

辛 매울 **신**

옛날 죄인의 이마에 문신을 할 때 사용하던 형구(刑具)의 모양을 본뜬 글자. 뒤에 간지(干支)로 쓰임.
예 辛苦(신고) 辛未(신미) 千辛萬苦(천신만고)

갑골문	금문	소전	예서
			辛

한자	훈음	도움말	갑골	금문	소전	예서
辨*	분별할 **변**	칼로 나눈다는 뜻의 '刂'와 소리를 나타내는 '辡(변)'을 합하여 만든 글자.		辨	辨	辨
	예 辨別(변별) 辨明(변명) 辨償(변상)					
辭*	말씀 **사**	죄를 따져서(辛) 다스린다(爵)는 데서 '송사에서 하는 말'의 뜻을 나타내는 글자.			辭	辭
	예 辭典(사전) 辭職(사직) 辭表(사표) 固辭(고사)					
辯*	말 잘할 **변**	말을 뜻하는 '言'과 소리를 나타내는 '辡(변)'을 합하여 만든 글자.			辯	辯
	예 辯論(변론) 辯護(변호) 雄辯(웅변)					

별 **진**
때 **신**

조개가 조가비를 벌리고 발을 내놓은 모양을 본뜬 글자.

예 星辰(성신) 壬辰(임진) 戊辰(무진)

丙	丙	丙	辰
갑골문	금문	소전	예서

한자	훈음	도움말	갑골	금문	소전	예서
農	농사 **농**	경작지에서 농기구를 들고 일하는 모습을 나타낸 글자.			𦦨	農
辱*	욕될 **욕**	옛날 농사의 때(辰)를 어긴 자는 법(寸)에 따라 죽이거나 욕보였음을 나타낸 글자. 예 辱說(욕설) 榮辱(영욕) 困辱(곤욕)		𢞫	𢟜	辱

(辶)
쉬엄쉬엄 갈 **착**

거리를 걷는 발의 모습을 나타낸 글자. * 辶(책받침)

		辵	
갑골문	금문	소전	예서

한자	훈음	도움말	갑골	금문	소전	예서
近	가까울 **근**	걸음을 뜻하는 '辶'과 소리를 나타내는 '斤(근)'을 합하여 만든 글자.			訢	近
迎	맞이할 **영**	걸음을 뜻하는 '辶'과 소리를 나타내는 '卬(앙)'을 합하여 만든 글자.			訝	迎
送	보낼 **송**	걸음을 뜻하는 '辶'과 소리를 나타내는 '癸(소)'를 합하여 만든 글자.		𨖭	𨕥	送
逆	거스를 **역**	걸음을 뜻하는 '辶'과 소리를 나타내는 '屰(역)'을 합하여 만든 글자.	𣥦	𣥦	𨕥	逆
進	나아갈 **진**	새(隹)가 발자국(止)을 내며 앞으로 걸어 나아간다는 뜻을 나타내는 글자.	𨗇		𨕥	進

追	쫓을 **추**	걸음을 뜻하는 '辶'과 소리를 나타내는 '𠂤(퇴)'를 합하여 만든 글자.	
退	물러날 **퇴**	길과 발을 뜻하는 '辶'과 해(日)를 등지고 발(夂)이 물러나는 모습을 나타낸 글자. 후에 '日'과 '夂'가 합쳐져 '艮'의 형태가 됨.	
連	이을 **련**	수레(車)가 굴러가듯이 끊임없이 일이 계속되는 모양을 나타낸 글자.	
逢	만날 **봉**	걸음을 뜻하는 '辶'과 소리를 나타내는 '夆(봉)'을 합하여 만든 글자.	
速	빠를 **속**	걸음을 뜻하는 '辶'과 소리를 나타내는 '束(속)'을 합하여 만든 글자.	
造	지을 **조**	걸음을 뜻하는 '辶'과 소리를 나타내는 '告(고)'를 합하여 만든 글자.	
通	통할 **통**	걸음을 뜻하는 '辶' 과 소리를 나타내는 '甬(용)'을 합하여 만든 글자.	
過	지날 **과**	걸음을 뜻하는 '辶'과 소리를 나타내는 '咼(괘)'를 합하여 만든 글자.	
達	통달할 **달**	걸음을 뜻하는 '辶'과 소리를 나타내는 '𡴆(달)'을 합하여 만든 글자.	
道	길 **도**	걸음을 뜻하는 '辶'과 소리를 나타내는 '首(수)'를 합하여 만든 글자.	
遇	만날 **우**	걸음을 뜻하는 '辶'과 소리를 나타내는 '禺(우)'를 합하여 만든 글자.	
運	움직일 **운**	걸음을 뜻하는 '辶'과 소리를 나타내는 '軍(군)'을 합하여 만든 글자.	
遊	놀 **유**	걸음을 뜻하는 '辶'과 소리를 나타내는 '斿(유)'를 합하여 만든 글자.	
遠	멀 **원**	간다는 뜻의 '辶'과 소리를 나타내는 '袁(원)'을 합하여 만든 글자.	
適	맞을 **적**	걸음을 뜻하는 '辶'과 소리를 나타내는 '啇(적)'을 합하여 만든 글자.	
選	가릴 **선**	걸음을 뜻하는 '辶'과 소리를 나타내는 '巽(손)'을 합하여 만든 글자.	
遺	남길 **유**	걸음을 뜻하는 '辶'과 소리를 나타내는 '貴(귀)'를 합하여 만든 글자.	
返*	돌아올 **반**	걸음을 뜻하는 '辶'과 소리를 나타내는 '反(반)'을 합하여 만든 글자. 예 返還(반환) 返納(반납) 返送(반송)	

迫*	핍박할 **박**	걸음을 뜻하는 '辶'과 소리를 나타내는 '白(백)'을 합하여 만든 글자.	 𧼛 迫
	예 強迫(강박) 壓迫(압박) 驅迫(구박)		
述*	지을 **술**	걸음을 뜻하는 '辶'과 소리를 나타내는 '朮(출)'을 합하여 만든 글자.	 𧻚 𧻟 述
	예 論述(논술) 記述(기술) 著述(저술)		
逃*	달아날 **도**	걸음을 뜻하는 '辶'과 소리를 나타내는 '兆(조)'를 합하여 만든 글자.	 𧼶 𧼳 逃
	예 逃亡(도망) 逃走(도주) 逃避(도피)		
迷*	미혹할 **미**	걸음을 뜻하는 '辶'과 소리를 나타내는 '米(미)'를 합하여 만든 글자.	 𧼸 迷
	예 迷信(미신) 迷惑(미혹) 迷兒(미아) 昏迷(혼미)		
途*	길 **도**	걸음을 뜻하는 '辶'과 소리를 나타내는 '余(여)'를 합하여 만든 글자.	� 途
	예 途中(도중) 中途(중도) 別途(별도)		
逝*	갈 **서**	걸음을 뜻하는 '辶'과 소리를 나타내는 '折(절)'을 합하여 만든 글자.	 𧼱 逝
	예 逝去(서거) 急逝(급서)		
逐*	쫓을 **축**	짐승(豕)을 잡으려고 쫓아감(辶)을 뜻하는 글자.	 𧼛 𧼷 𧼹 逐
	예 角逐(각축) 逐出(축출)		
透*	통할 **투**	걸음을 뜻하는 '辶'과 소리를 나타내는 '秀(수)'를 합하여 만든 글자.	 𧼺 透
	예 透明(투명) 浸透(침투) 透映(투영)		
逸*	편안 **일**	토끼(兔)를 쫓다가(辶) 놓쳤다는 뜻을 나타내는 글자.	 𧼼 𧼽 逸
	예 逸脫(일탈) 逸話(일화) 安逸(안일)		
逮*	미칠 **체**	걸음을 뜻하는 '辶'과 소리를 나타내는 '隶(대)'를 합하여 만든 글자.	 𧼾 逮
	예 逮捕(체포)		
遂*	이룰 **수**	걸음을 뜻하는 '辶'과 소리를 나타내는 '�(수)'를 합하여 만든 글자.	 𧼿 遂
	예 未遂(미수) 完遂(완수) 毛遂自薦(모수자천)		

違*	어긋날 **위**	걸음을 뜻하는 '辶'과 소리를 나타내는 '韋(위)'를 합하여 만든 글자.	違
	예 違反(위반) 違背(위배) 違法(위법)		
遍*	두루 **편**	걸음을 뜻하는 '辶'과 소리를 나타내는 '扁(편)'을 합하여 만든 글자.	遍
	예 普遍(보편) 遍在(편재)		
遣*	보낼 **견**	걸음을 뜻하는 '辶'과 소리를 나타내는 '𠳋(견)'을 합하여 만든 글자.	遣
	예 派遣(파견)		
遙*	멀 **요**	걸음을 뜻하는 '辶'과 소리를 나타내는 '䍃(요)'를 합하여 만든 글자.	遙
	예 遙遠(요원)		
遞*	갈마들 **체**	걸음을 뜻하는 '辶'과 소리를 나타내는 '虒(사)'를 합하여 만든 글자.	遞
	예 遞增(체증) 遞信(체신)		
遵*	좇을 **준**	걸음을 뜻하는 '辶'과 소리를 나타내는 '尊(존)'을 합하여 만든 글자.	遵
	예 遵法(준법) 遵守(준수)		
遲*	더딜 **지**	걸음을 뜻하는 '辶'과 느릿느릿 걸어가는 모양과 소리를 나타내는 '犀(서)'를 합하여 만든 글자.	遲
	예 遲刻(지각) 遲滯(지체) 遲遲不進(지지부진)		
遷*	옮길 **천**	걸음을 뜻하는 '辶'과 소리를 나타내는 '䙴(천)'을 합하여 만든 글자.	遷
	예 遷都(천도) 變遷(변천) 左遷(좌천)		
避*	피할 **피**	걸음을 뜻하는 '辶'과 소리를 나타내는 '辟(피)'를 합하여 만든 글자.	避
	예 避暑(피서) 待避(대피) 回避(회피)		
還*	돌아올 **환**	걸음을 뜻하는 '辶'과 소리를 나타내는 '睘(선)'을 합하여 만든 글자.	還
	예 還給(환급) 還穀(환곡) 還甲(환갑)		
邊*	가 **변**	걸음을 뜻하는 '辶'과 소리를 나타내는 '臱(면)'을 합하여 만든 글자.	邊
	예 周邊(주변) 一邊倒(일변도)		

邑

(阝)

고을 **읍**

구역을 뜻하는 '口'의 아래에 무릎 꿇고 있는 사람의 모습을 더하여 '사람들이 모여 사는 곳'을 나타낸 글자. * 阝(우부방)

예 邑內(읍내) 都邑(도읍) 邑長(읍장)

갑골문	금문	소전	예서
			邑

한자	훈음	도움말	갑골	금문	소전	예서
部	거느릴 **부**	고을을 뜻하는 '阝'과 소리를 나타내는 '音(부)'를 합하여 만든 글자.				部
郡	고을 **군**	고을을 뜻하는 '阝'과 소리를 나타내는 '君(군)'을 합하여 만든 글자.				郡
郎	사내 **랑**	고을을 뜻하는 '阝'과 소리를 나타내는 '良(랑)'을 합하여 만든 글자.				郎
都	도읍 **도**	고을을 뜻하는 '阝'과 소리를 나타내는 '者(자)'를 합하여 만든 글자.				都
鄕	시골 **향**	음식을 가운데 놓고 마주 앉은 두 사람의 모습을 나타낸 글자. 뒤에 '시골'의 뜻을 가짐.				鄕
那*	어찌 **나**	고을을 뜻하는 '阝'과 소리를 나타내는 '丹(염)'을 합하여 만든 글자.				那
		예 刹那(찰나) 那落(나락)				
邦*	나라 **방**	고을을 뜻하는 '阝'과 소리를 나타내는 '丰(봉)'을 합하여 만든 글자.				邦
		예 聯邦(연방) 友邦(우방)				
邪*	간사할 **사**	고을을 뜻하는 '阝'과 소리를 나타내는 '牙(아)'를 합하여 만든 글자.				邪
		예 邪惡(사악) 破邪顯正(파사현정)				
郊*	들 **교**	고을을 뜻하는 '阝'과 소리를 나타내는 '交(교)'를 합하여 만든 글자.				郊
		예 郊外(교외) 近郊(근교)				
郭*	성곽 **곽**	고을(阝)과 성곽 또는 망루의 모습인 '臺(곽)'을 나타낸 글자.				郭
		예 城郭(성곽)				
郵*	우편 **우**	고을을 뜻하는 '阝'과 소리를 나타내는 '垂(수)'를 합하여 만든 글자.				郵
		예 郵票(우표) 郵便(우편) 郵遞局(우체국)				
鄰*	이웃 **린**	고을을 뜻하는 '阝'과 소리를 나타내는 '粦(린)'을 합하여 만든 글자. '隣'은 속자(俗字)임.				鄰
		예 鄰接(인접) 交鄰(교린) 近鄰(근린)				

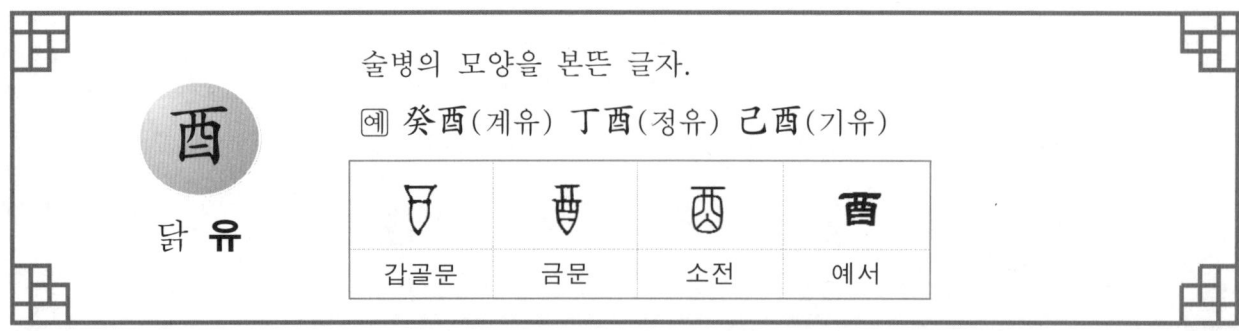

酉
닭 **유**

술병의 모양을 본뜬 글자.

예 癸酉(계유) 丁酉(정유) 己酉(기유)

갑골문	금문	소전	예서

한자	훈음	도움말	갑골	금문	소전	예서
酒	술 **주**	물을 뜻하는 'ﾞ'와 술병을 뜻하는 '酉'를 합하여 만든 글자.				
醫	의원 **의**	약초술 등을 써서 병을 고치는 모습을 나타낸 글자.				
配*	짝 **배**	사람(己)이 술 단지(酉)를 늘어놓은 모습을 나타낸 글자.				
		예 配達(배달) 配送(배송) 配匹(배필)				
酌*	따를 **작**	술을 뜻하는 '酉'와 소리를 나타내는 '勺(작)'을 합하여 만든 글자.				
		예 參酌(참작) 無酌定(무작정)				
醉*	술 취할 **취**	술을 뜻하는 '酉'와 소리를 나타내는 '卒(졸)'을 합하여 만든 글자.				
		예 醉氣(취기) 滿醉(만취) 陶醉(도취)				
醜*	추할 **추**	귀신을 뜻하는 '鬼'와 소리를 나타내는 '酉(유)'를 합하여 만든 글자.				
		예 醜聞(추문) 醜雜(추잡) 美醜(미추)				

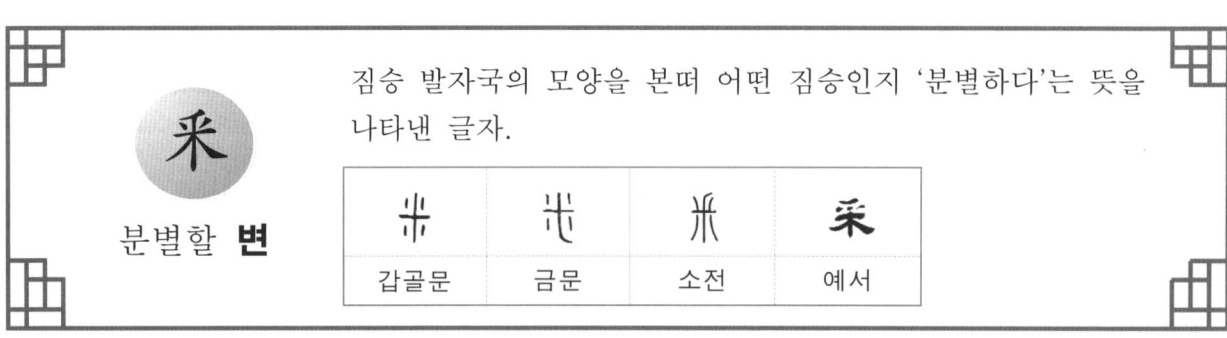

采
분별할 **변**

짐승 발자국의 모양을 본떠 어떤 짐승인지 '분별하다'는 뜻을 나타낸 글자.

갑골문	금문	소전	예서

한자	훈음	도움말	갑골	금문	소전	예서
釋*	풀 **석**	분별한다는 뜻의 '采'과 소리를 나타내는 '睪(역)'을 합하여 만든 글자.				
		예 解釋(해석) 釋然(석연) 手不釋卷(수불석권)				

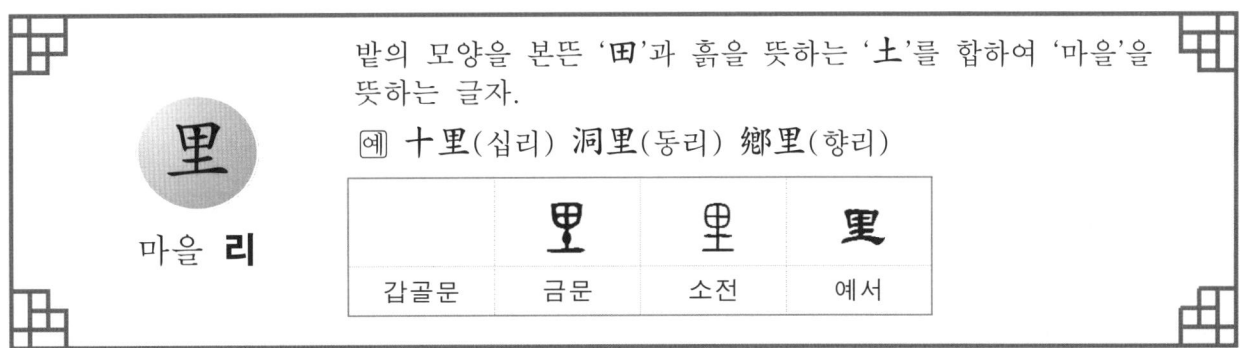

밭의 모양을 본뜬 '田'과 흙을 뜻하는 '土'를 합하여 '마을'을 뜻하는 글자.

例 十里(십리) 洞里(동리) 鄕里(향리)

마을 **리**

	里	里	里
갑골문	금문	소전	예서

한자	훈음	도움말	갑골	금문	소전	예서
重	무거울 **중**	사람이 등에 무거운 짐을 지고 있는 모습을 본뜬 글자.		重	重	重
野	들 **야**	마을을 뜻하는 '里'와 소리를 나타내는 '予(여)'를 합하여 만든 글자.			野	野
量	헤아릴 **량**	위아래를 묶은 자루 위에 깔때기를 얹어 분량을 재는 모습을 나타낸 글자.	量	量	量	量

❖ 8 획 ❖

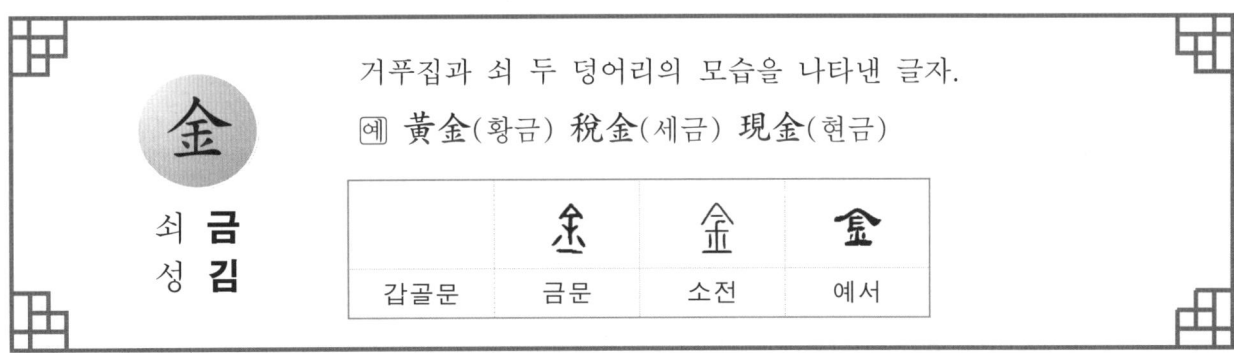

거푸집과 쇠 두 덩어리의 모습을 나타낸 글자.

例 黃金(황금) 稅金(세금) 現金(현금)

쇠 **금**
성 **김**

	金	金	金
갑골문	금문	소전	예서

한자	훈음	도움말	갑골	금문	소전	예서
針	바늘 **침**	쇠를 나타내는 '金'과 바늘의 모양에서 비롯된 '十'의 형태를 합하여 만든 글자.			針	
銀	은 **은**	쇠를 뜻하는 '金'과 소리를 나타내는 '艮(간)'을 합하여 만든 글자.			銀	銀
錢	돈 **전**	쇠를 뜻하는 '金'과 소리를 나타내는 '戔(잔)'을 합하여 만든 글자.			錢	錢
鐘	쇠북 **종**	쇠를 뜻하는 '金'과 소리를 나타내는 '童(동)'을 합하여 만든 글자.		鐘	鐘	鐘

鐵	쇠 **철**	쇠를 뜻하는 '金'과 소리를 나타내는 '戴(철)'을 합하여 만든 글자.	鑮 鐵
鈍*	무딜 **둔**	쇠를 뜻하는 '金'과 소리를 나타내는 '屯(둔)'을 합하여 만든 글자.	鈍 鈍
	예 鈍角(둔각) 鈍濁(둔탁) 鈍感(둔감)		
鉛*	납 **연**	쇠를 뜻하는 '金'과 소리를 나타내는 '㕣(연)'을 합하여 만든 글자.	鉛 鉛
	예 亞鉛(아연) 鉛筆(연필)		
銅*	구리 **동**	쇠를 뜻하는 '金'과 소리를 나타내는 '同(동)'을 합하여 만든 글자.	銅 銅 銅
	예 銅像(동상) 分銅(분동) 青銅器(청동기)		
銘*	새길 **명**	쇠를 뜻하는 '金'과 소리를 나타내는 '名(명)'을 합하여 만든 글자.	銘 銘 銘
	예 銘心(명심) 感銘(감명) 座右銘(좌우명)		
銃*	총 **총**	쇠를 뜻하는 '金'과 소리를 나타내는 '充(충)'을 합하여 만든 글자.	
	예 銃擊(총격) 銃器(총기) 拳銃(권총)		
銳*	날카로울 **예**	쇠를 뜻하는 '金'과 소리를 나타내는 '兌(예)'를 합하여 만든 글자.	銳 銳
	예 銳敏(예민) 銳利(예리) 尖銳(첨예)		
鋼*	강철 **강**	쇠붙이를 뜻하는 '金'과 소리를 나타내는 '岡(강)'을 합하여 만든 글자.	鋼
	예 鐵鋼(철강) 製鋼(제강)		
錦*	비단 **금**	비단을 뜻하는 '帛'과 소리를 나타내는 '金(금)'을 합하여 만든 글자.	錦 錦
	예 錦上添花(금상첨화) 錦衣還鄉(금의환향)		
錄*	기록할 **록**	쇠붙이를 뜻하는 '金'과 소리를 나타내는 '彔(록)'을 합하여 만든 글자.	錄 錄
	예 錄音(녹음) 目錄(목록) 附錄(부록)		
錯*	섞일 **착**	쇠를 뜻하는 '金'과 소리를 나타내는 '昔(석)'을 합하여 만든 글자.	錯 錯
	예 錯雜(착잡) 錯視(착시) 錯誤(착오)		
鍊*	쇠 불릴 **련**	쇠를 뜻하는 '金'과 소리를 나타내는 '柬(간)'을 합하여 만든 글자.	鍊 鍊
	예 鍊磨(연마) 熟鍊(숙련) 老鍊(노련)		

鎖*	쇠사슬 **쇄**	쇠를 뜻하는 '金'과 소리를 나타내는 '貨(쇄)'를 합하여 만든 글자.	鎖 鎖
	예 閉鎖(폐쇄) 封鎖(봉쇄) 連鎖(연쇄)	
鎭*	진압할 **진**	쇠를 뜻하는 '金'과 소리를 나타내는 '眞(진)'을 합하여 만든 글자.	鎭 鎭
	예 鎭壓(진압) 鎭靜(진정) 文鎭(문진)	
鏡*	거울 **경**	쇠를 뜻하는 '金'과 소리를 나타내는 '竟(경)'을 합하여 만든 글자.	鏡 鏡
	예 眼鏡(안경) 破鏡(파경) 望遠鏡(망원경)	
鑑*	거울 **감**	쇠를 뜻하는 '金'과 소리를 나타내는 '監(감)'을 합하여 만든 글자.	鑑 鑑 鑑
	예 鑑賞(감상) 鑑定(감정) 圖鑑(도감)	
鑄*	부어 만들 **주**	쇠를 뜻하는 '金'과 소리를 나타내는 '壽(수)'를 합하여 만든 글자.	鑄 鑄
	예 鑄鐵(주철) 鑄造(주조) 鑄貨(주화)	
鑛*	쇳돌 **광**	쇠를 뜻하는 '金'과 소리를 나타내는 '廣(광)'을 합하여 만든 글자.	
	예 鑛物(광물) 炭鑛(탄광) 鑛夫(광부)	

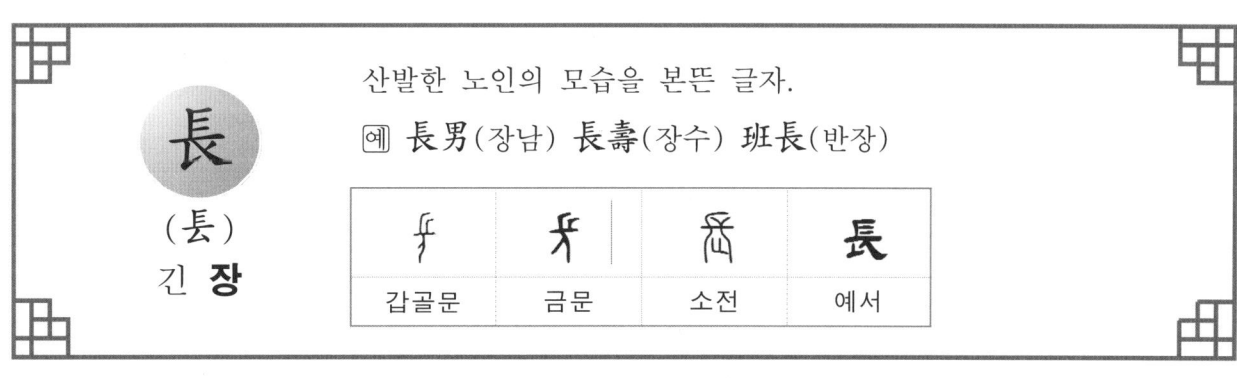

長
(镸)
긴 **장**

산발한 노인의 모습을 본뜬 글자.
예 長男(장남) 長壽(장수) 班長(반장)

𠂂	𠂤	𨱗	長
갑골문	금문	소전	예서

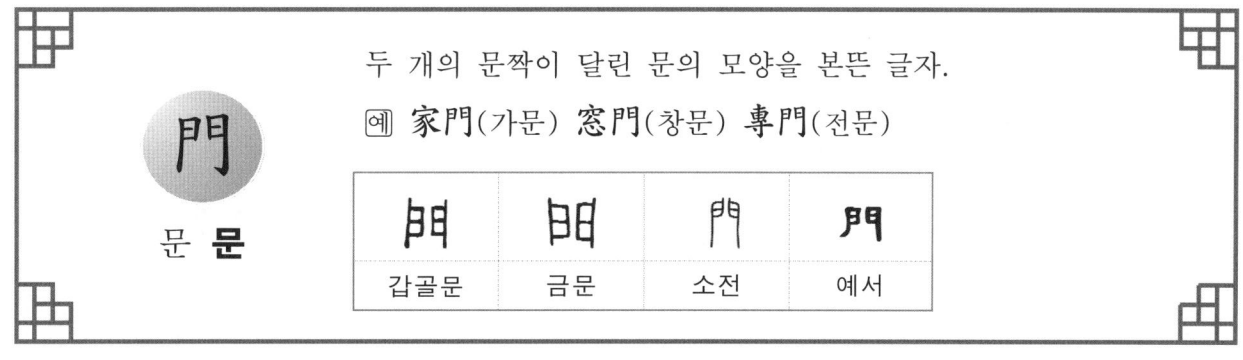

門
문 **문**

두 개의 문짝이 달린 문의 모양을 본뜬 글자.
예 家門(가문) 窓門(창문) 專門(전문)

門	門	門	門
갑골문	금문	소전	예서

한자	훈음	도움말	갑골	금문	소전	예서
閉	닫을 **폐**	문(門)에 빗장을 질러놓은 모습을 나타낸 글자.		閉	閉	閉
間	사이 **간**	문틈(門)으로 달빛(日←月)이 비치는 모습을 나타낸 글자.		間	間	間
開	열 **개**	두 손(卄)으로 문빗장(門)을 여는 모습을 나타낸 글자.			開	開
閑	한가할 **한**	문(門)안의 나무(木)인 문지방을 나타낸 글자.		閑	閑	閑
關	관계할 **관**	문을 뜻하는 '門'과 소리를 나타내는 '𢇷(관)'을 합하여 만든 글자.			關	關
閏*	윤달 **윤**	옛날 왕(王)이 매달 초하루에 종묘에 제사를 지냈는데, 평소에는 밖에서 제를 올렸으나 윤달에는 문(門)안에 들어가 제를 지냈음을 나타낸 글자. 예 閏月(윤월) 閏年(윤년) 閏朔(윤삭)			閏	閏
閣*	누각 **각**	문을 뜻하는 '門'과 소리를 나타내는 '各(각)'을 합하여 만든 글자. 예 內閣(내각) 改閣(개각) 沙上樓閣(사상누각)			閣	閣
閱*	검열할 **열**	문을 뜻하는 '門'과 소리를 나타내는 '兌(열)'을 합하여 만든 글자. 예 閱覽(열람) 檢閱(검열)			閱	閱

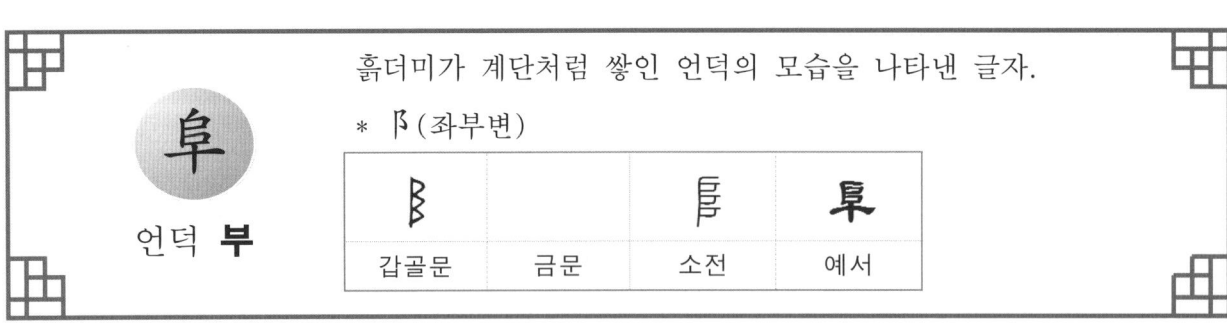

흙더미가 계단처럼 쌓인 언덕의 모습을 나타낸 글자.

阜 언덕 **부**

* 阝(좌부변)

갑골문	금문	소전	예서
阝		𨸏	阜

한자	훈음	도움말	갑골	금문	소전	예서
防	막을 **방**	언덕을 뜻하는 '阝'와 소리를 나타내는 '方(방)'을 합하여 만든 글자.			防	防
降	내릴 **강** 항복할 **항**	언덕을 내려오는 두 발의 발자국의 모양을 나타낸 글자.	降	降	降	降
限	한정 **한**	언덕을 뜻하는 '阝'와 소리를 나타내는 '艮(간)'을 합하여 만든 글자.		限	限	限

除	덜 **제**	언덕을 뜻하는 '阝'와 소리를 나타내는 '余(여)'를 합하여 만든 글자.	除 除
陸	뭍 **륙**	언덕을 뜻하는 '阝'와 소리를 나타내는 '坴(륙)'을 합하여 만든 글자.	陸 陸
陰	그늘 **음**	언덕을 뜻하는 '阝'와 구름을 뜻하는 '云'과 소리를 나타내는 '今(금)'을 합하여 만든 글자.	陰 陰 陰
陽	볕 **양**	언덕을 뜻하는 '阝'와 소리를 나타내는 '昜(양)'을 합하여 만든 글자.	陽 陽 陽 陽
附*	붙을 **부**	언덕을 뜻하는 '阝'와 소리를 나타내는 '付(부)'를 합하여 만든 글자.	附 附
	예 附屬(부속) 附錄(부록) 附和雷同(부화뇌동)		
院*	집 **원**	언덕을 뜻하는 '阝'과 소리를 나타내는 '完(완)'을 합하여 만든 글자.	院 院
	예 病院(병원) 法院(법원) 院長(원장)		
陣*	진칠 **진**	본래 陳으로 썼던 글자이나 뒤에 陣으로 널리 쓰이게 되었음.	陣
	예 陣營(진영) 退陣(퇴진) 長蛇陣(장사진)		
陶*	질그릇 **도**	언덕을 뜻하는 '阝'와 소리를 나타내는 '匋(도)'를 합하여 만든 글자.	陶 陶
	예 陶器(도기) 陶工(도공)		
陵*	언덕 **릉**	언덕을 뜻하는 '阝'와 소리를 나타내는 '夌(릉)'을 합하여 만든 글자.	陵 陵 陵
	예 丘陵(구릉) 王陵(왕릉) 陵遲(능지)		
陳*	늘어놓을 **진**	언덕을 뜻하는 '阝'와 자루를 나타내는 '東(동)'을 합하여 만든 글자.	陳 陳 陳
	예 陳述(진술) 陳列(진열) 陳腐(진부)		
陷*	빠질 **함**	언덕을 뜻하는 '阝'와 소리를 나타내는 '臽(함)'을 합하여 만든 글자.	陷 陷 陷
	예 陷沒(함몰) 陷落(함락)		
階*	섬돌 **계**	언덕을 뜻하는 '阝'와 소리를 나타내는 '皆(개)'를 합하여 만든 글자.	階 階
	예 階段(계단) 音階(음계) 層階(층계)		
隊*	무리 **대**	언덕을 뜻하는 '阝'와 소리를 나타내는 '㒸(수)'를 합하여 만든 글자.	隊 隊 隊
	예 部隊(부대) 除隊(제대) 隊列(대열)		

隆*	높을 **륭**	언덕을 뜻하는 '阝'와 소리를 나타내는 '降(강)'을 합하여 만든 글자.	𨽰 隆
	예 隆盛(융성) 隆崇(융숭) 隆起(융기)		
隔*	막힐 **격**	언덕을 뜻하는 '阝'와 소리를 나타내는 '鬲(격)'을 합하여 만든 글자.	𨺒 隔
	예 隔意(격의) 隔離(격리) 隔世之感(격세지감)		
障*	막을 **장**	언덕을 뜻하는 '阝'와 소리를 나타내는 '章(장)'을 합하여 만든 글자.	𨻶 障
	예 故障(고장) 保障(보장) 白內障(백내장)		
際*	사이 **제**	언덕을 뜻하는 '阝'와 소리를 나타내는 '祭(제)'를 합하여 만든 글자.	𨻍 際
	예 國際(국제) 實際(실제) 交際(교제)		
隨*	따를 **수**	길을 뜻하는 '辶'과 소리를 나타내는 '隋(수)'를 합하여 만든 글자.	𨽙 隨
	예 隨筆(수필) 隨伴(수반) 夫唱婦隨(부창부수)		
險*	험할 **험**	언덕을 뜻하는 '阝'와 소리를 나타내는 '僉(첨)'을 합하여 만든 글자.	𨽃 險
	예 險惡(험악) 危險(위험) 保險(보험)		
隱*	숨을 **은**	언덕을 뜻하는 '阝'와 소리를 나타내는 '㥯(은)'을 합하여 만든 글자.	𨼸 隱
	예 隱蔽(은폐) 隱逸(은일) 隱語(은어)		

隶 미칠 **이/대**

손으로 꼬리를 잡기위해 '미치다'는 뜻을 나타낸 글자.

갑골문	금문	소전	예서
		隶	

한자	훈음	도움말	갑골	금문	소전	예서
隷*	종 **례**	잘못의 빌미를 뜻하는 '祟←祟'와 소리를 나타내는 '隶(대)'를 합하여 만든 글자.			隸	隷
	예 隷屬(예속) 奴隷(노예) 隷書(예서)					

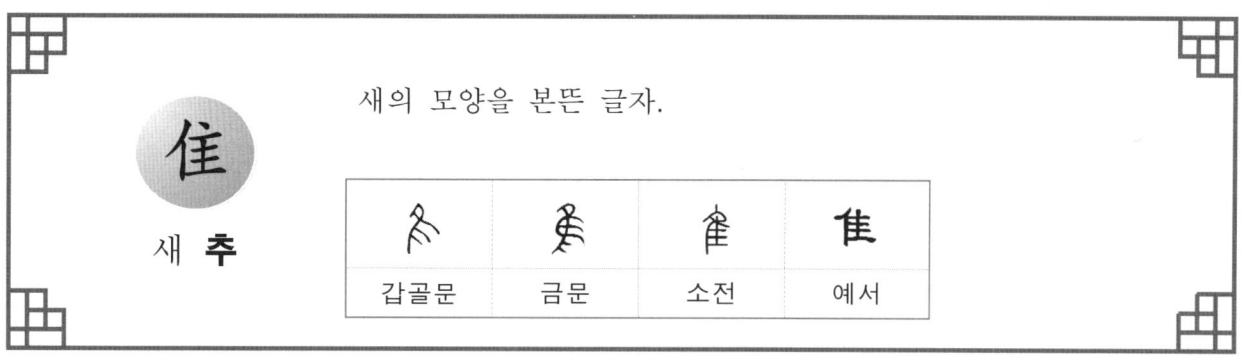

한자	훈음	도움말	갑골	금문	소전	예서
雄	수컷 **웅**	새를 뜻하는 '隹'와 소리를 나타내는 '厷(굉)'을 합하여 만든 글자.			雄	雄
集	모일 **집**	새들(隹)이 나무(木) 위에 모여 앉은 모습을 나타낸 글자.	集	集	集	集
雖	비록 **수**	벌레를 뜻하는 '虫'과 소리를 나타내는 '唯(유)'를 합하여 만든 글자.	雖	雖	雖	雖
難	어려울 **난**	새를 뜻하는 '隹'와 소리를 나타내는 '堇(근)'을 합하여 만든 글자.	難	難	難	難
雅*	바를 **아**	새를 뜻하는 '隹'와 소리를 나타내는 '牙(아)'를 합하여 만든 글자.			雅	雅
		예 雅淡(아담) 雅量(아량) 端雅(단아)				
雁*	기러기 **안**	사람(亻)과 친한 새(隹)라는 뜻과 소리를 나타내는 '厂(한)'을 합하여 만든 글자.			雁	雁
		예 平沙落雁(평사낙안)				
雙*	쌍 **쌍**	손(又)에 두 마리의 새(隹+隹)를 가지고 있는 모습을 나타낸 글자.			雙	雙
		예 雙方(쌍방) 國士無雙(국사무쌍)				
雜*	섞일 **잡**	옷을 뜻하는 '𣎳←衣'와 소리를 나타내는 '集(집)'을 합하여 만든 글자.			雜	雜
		예 雜念(잡념) 雜草(잡초) 混雜(혼잡)				
離*	떠날 **리**	새를 뜻하는 '隹'와 소리를 나타내는 '离(리)'를 합하여 만든 글자.			離	離
		예 離脫(이탈) 分離(분리) 會者定離(회자정리)				

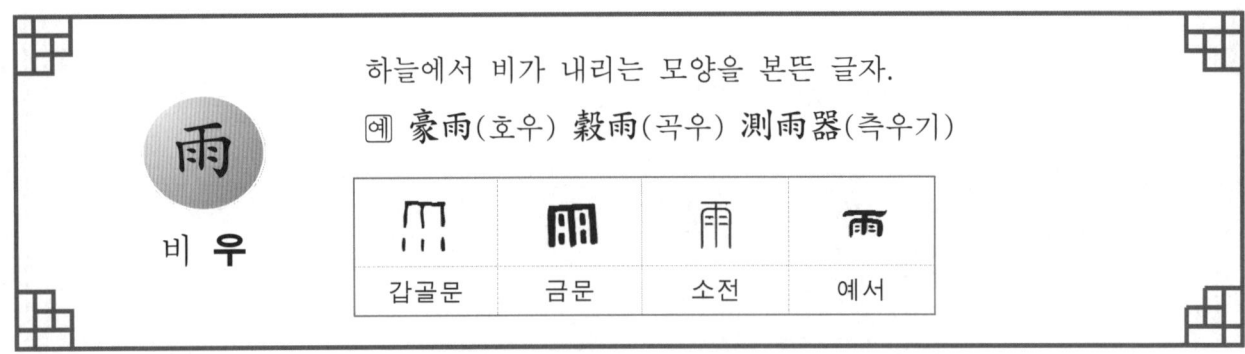

하늘에서 비가 내리는 모양을 본뜬 글자.

예 豪雨(호우) 穀雨(곡우) 測雨器(측우기)

雨
비 **우**

	갑골문	금문	소전	예서
	⺢	⻗	雨	雨

한자	훈음	도움말	갑골	금문	소전	예서
雪	눈 **설**	비(雨)가 얼어서 내린 눈을 빗자루로 쓰는 모습을 나타낸 글자.			雪	雪
雲	구름 **운**	비를 뜻하는 '雨'와 소리를 나타내는 '云(운)'을 합하여 만든 글자.			雲	雲
電	번개 **전**	비(雨) 올 때 번개(申)가 치는 모습을 나타낸 글자. '申(신)'이 음의 역할을 함.	電	電	電	電
霜	서리 **상**	비를 뜻하는 '雨'와 소리를 나타내는 '相(상)'을 합하여 만든 글자.			霜	霜
露	이슬 **로**	비를 뜻하는 '雨'와 소리를 나타내는 '路(로)'를 합하여 만든 글자.			露	露
零*	떨어질 **령**	비를 뜻하는 '雨'와 소리를 나타내는 '令(령)'을 합하여 만든 글자.			零	零
	예 零細(영세) 零下(영하)					
雷*	우레 **뢰**	비를 뜻하는 '雨'와 소리를 나타내는 '田←畾(뢰)'를 합하여 만든 글자.	畾			雷
	예 地雷(지뢰) 避雷針(피뢰침)					
需*	구할 **수**	사람(而←人)이 목욕재계(雨)를 하고 기원하는 바를 구하는 모습을 나타낸 글자.		需	需	需
	예 需要(수요) 需給(수급) 軍需(군수)					
震*	진동할 **진**	비를 뜻하는 '雨'와 소리를 나타내는 '辰(진)'을 합하여 만든 글자.			震	震
	예 地震(지진) 餘震(여진) 震動(진동)					
霧*	안개 **무**	비를 뜻하는 '雨'와 소리를 나타내는 '務(무)'를 합하여 만든 글자.				霧
	예 霧散(무산) 五里霧中(오리무중)					
靈*	신령 **령**	무당을 뜻하는 '巫'와 소리를 나타내는 '需(령)'을 합하여 만든 글자.			靈	靈
	예 心靈(심령) 靈魂(영혼) 妄靈(망령)					

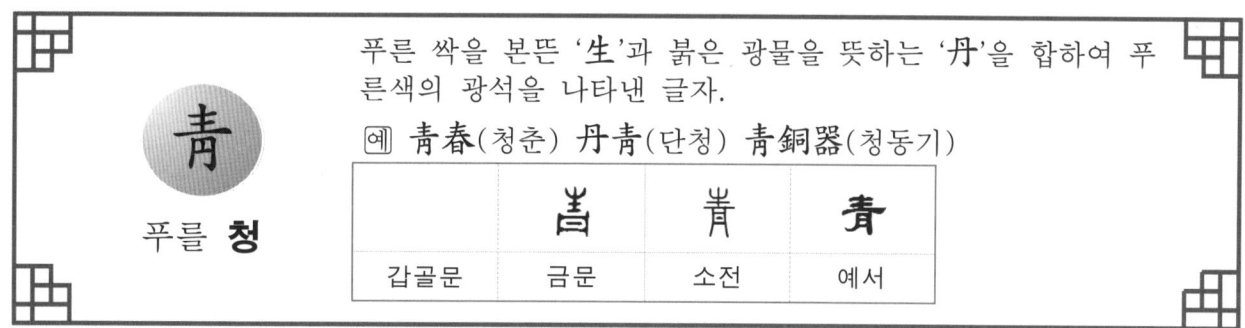

푸른 싹을 본뜬 '生'과 붉은 광물을 뜻하는 '丹'을 합하여 푸른색의 광석을 나타낸 글자.

㉠ 靑春(청춘) 丹靑(단청) 靑銅器(청동기)

青
푸를 **청**

| | 갑골문 | 금문 | 소전 | 예서 |

한자	훈음	도움말	갑골	금문	소전	예서
靜	고요할 **정**	뜻을 나타내는 '爭'과 소리를 나타내는 '靑(청)'을 합하여 만든 글자.				

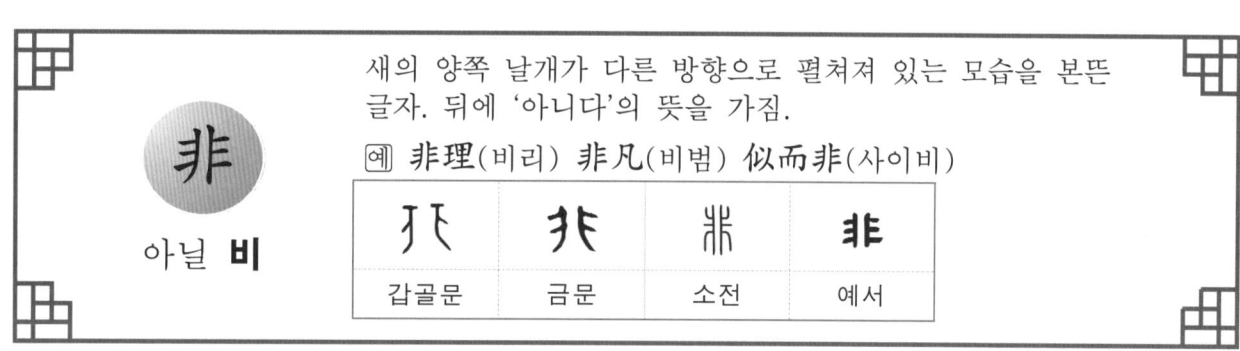

새의 양쪽 날개가 다른 방향으로 펼쳐져 있는 모습을 본뜬 글자. 뒤에 '아니다'의 뜻을 가짐.

㉠ 非理(비리) 非凡(비범) 似而非(사이비)

非
아닐 **비**

| 갑골문 | 금문 | 소전 | 예서 |

❖ **9 획** ❖

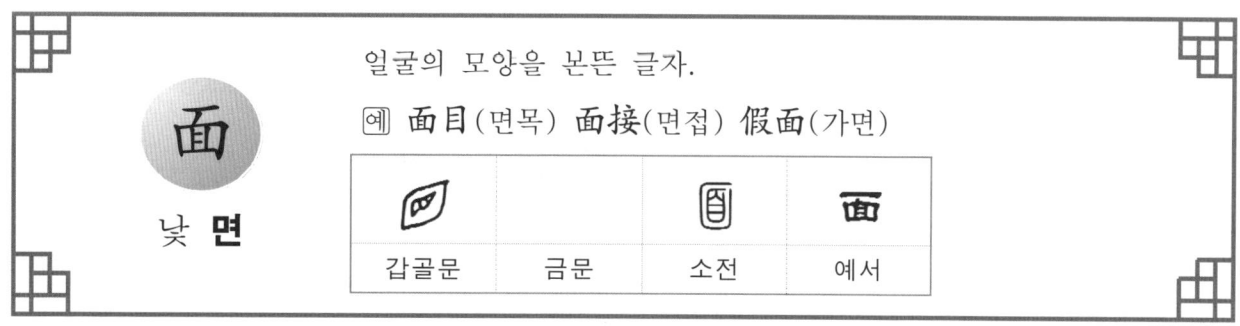

얼굴의 모양을 본뜬 글자.

㉠ 面目(면목) 面接(면접) 假面(가면)

面
낯 **면**

| 갑골문 | 금문 | 소전 | 예서 |

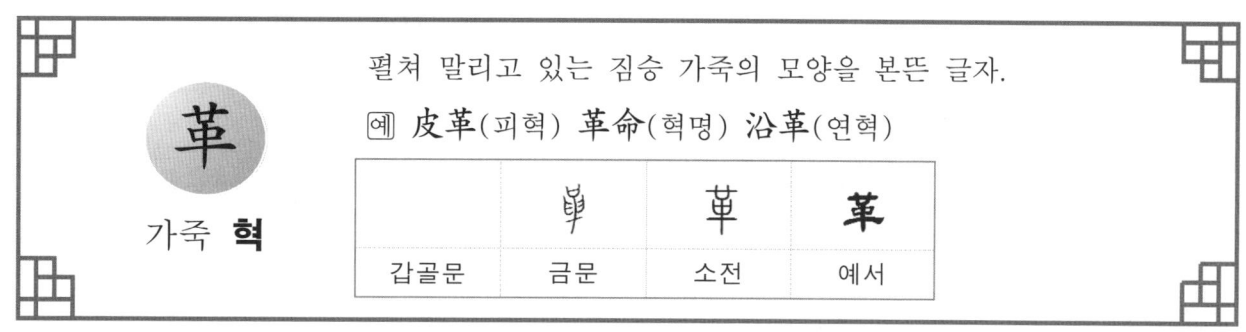

펼쳐 말리고 있는 짐승 가죽의 모양을 본뜬 글자.

㉠ 皮革(피혁) 革命(혁명) 沿革(연혁)

革
가죽 **혁**

| 갑골문 | 금문 | 소전 | 예서 |

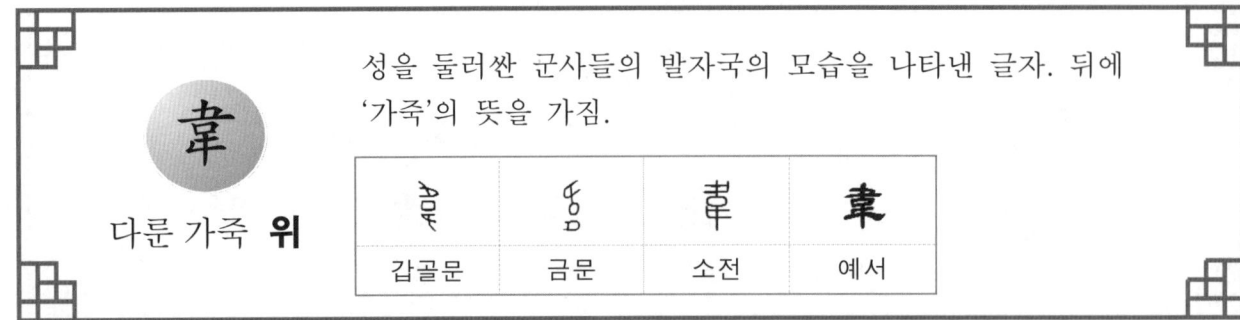

성을 둘러싼 군사들의 발자국의 모습을 나타낸 글자. 뒤에 '가죽'의 뜻을 가짐.

다룬 가죽 **위**

	갑골문	금문	소전	예서
韋				

한자	훈음	도움말	갑골	금문	소전	예서
韓	나라이름 **한**	포위를 뜻하는 '韋'와 소리를 나타내는 '倝(간)'을 합하여 만든 글자.			韓	韓

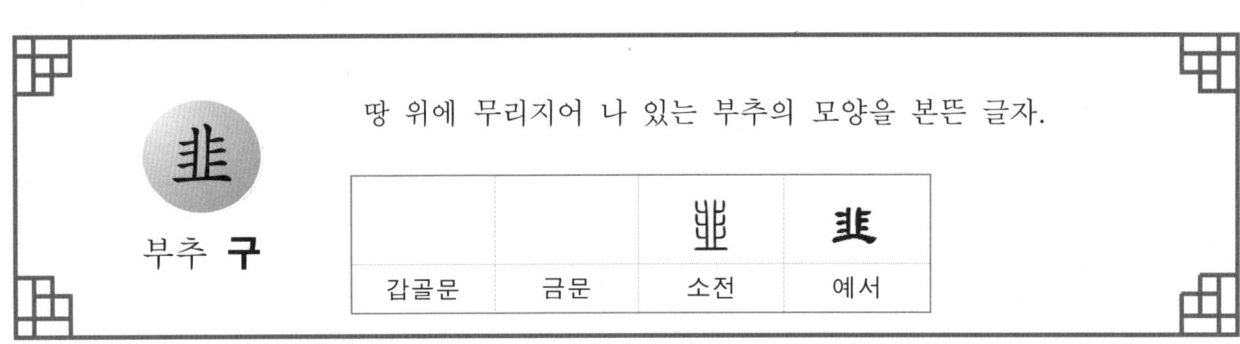

땅 위에 무리지어 나 있는 부추의 모양을 본뜬 글자.

부추 **구**

갑골문	금문	소전	예서
		韭	韭

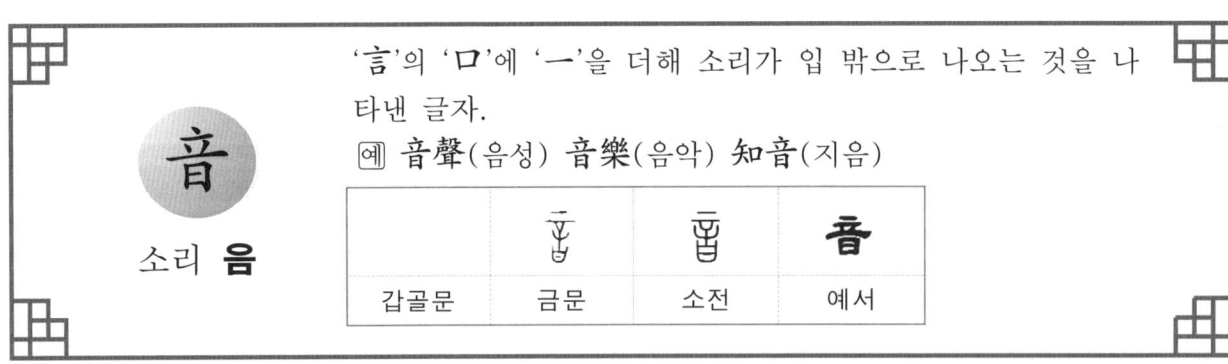

'言'의 '口'에 'ㅡ'을 더해 소리가 입 밖으로 나오는 것을 나타낸 글자.
예 音聲(음성) 音樂(음악) 知音(지음)

소리 **음**

갑골문	금문	소전	예서
			音

한자	훈음	도움말	갑골	금문	소전	예서
韻*	운 **운**	소리를 뜻하는 '音'과 소리를 나타내는 '員(원)'을 합하여 만든 글자.			韻	韻
	예 韻致(운치) 餘韻(여운) 音韻(음운)					
響*	소리 **향**	소리를 뜻하는 '音'과 소리를 나타내는 '鄕(향)'을 합하여 만든 글자.			響	響
	예 音響(음향) 影響(영향) 交響樂(교향악)					

頁 머리 **혈**

머리가 큰 사람의 모습을 나타낸 글자.

갑골문	금문	소전	예서
𦣻	𦣻	頁	頁

한자	훈음	도움말	갑골	금문	소전	예서
頂	정수리 **정**	머리를 뜻하는 '頁'과 소리를 나타내는 '丁(정)'을 합하여 만든 글자.			頂	頂
須	모름지기 **수**	얼굴(頁)에 수염(彡)이 난 모양을 나타낸 글자.	須	須	須	須
順	순할 **순**	머리를 뜻하는 '頁'과 소리를 나타내는 '川(천)'을 합하여 만든 글자.		順	順	順
領	옷깃 **령**	머리를 뜻하는 '頁'과 소리를 나타내는 '令(령)'을 합하여 만든 글자.			領	領
頭	머리 **두**	머리를 뜻하는 '頁'과 소리를 나타내는 '豆(두)'를 합하여 만든 글자.	頭	頭	頭	頭
顔	얼굴 **안**	머리를 뜻하는 '頁'과 소리를 나타내는 '彦(언)'을 합하여 만든 글자.		顔	顔	顔
題	제목 **제**	머리를 뜻하는 '頁'과 소리를 나타내는 '是(시)'를 합하여 만든 글자.			題	題
願	원할 **원**	머리를 뜻하는 '頁'과 소리를 나타내는 '原(원)'을 합하여 만든 글자.			願	願
頃*	잠깐 **경**	똑바로 선 머리(頁)를 변화(匕)시켜 한쪽으로 기울였음을 표현한 글자. 뒤에 '잠깐'의 뜻이 되었음. 예 頃刻(경각) 萬頃蒼波(만경창파)		頃	頃	頃
項*	목 **항**	머리를 뜻하는 '頁'과 소리를 나타내는 '工(공)'을 합하여 만든 글자. 예 問項(문항) 事項(사항) 項目(항목)			項	項
頌*	기릴 **송**	머리를 뜻하는 '頁'과 소리를 나타내는 '公(공)'을 합하여 만든 글자. 예 稱頌(칭송) 頌德碑(송덕비) 讚頌歌(찬송가)		頌	頌	頌
頗*	자못 **파**	머리를 뜻하는 '頁'과 소리를 나타내는 '皮(피)'를 합하여 만든 글자. 예 頗多(파다) 偏頗(편파)			頗	頗

頻*	자주 빈	머리를 뜻하는 '頁'과 물을 건넌다는 뜻을 가진 '涉'의 생략형인 步(보)를 합하여 만든 글자.	頻
	예 頻數(빈삭) 頻度(빈도) 頻繁(빈번)		
額*	이마 액	머리를 뜻하는 '頁'과 소리를 나타내는 '客(객)'을 합하여 만든 글자.	額
	예 額面(액면) 高額(고액) 額子(액자)		
類*	무리 류	개를 뜻하는 '犬'과 소리를 나타내는 '頪(뢰)'를 합하여 만든 글자.	纇 類
	예 類推(유추) 種類(종류) 類類相從(유유상종)		
顧*	돌아볼 고	머리를 뜻하는 '頁'과 소리를 나타내는 '雇(고)'를 합하여 만든 글자.	顧 顧
	예 顧問(고문) 回顧(회고) 四顧無親(사고무친)		
顯*	나타날 현	머리를 뜻하는 '頁'과 소리를 나타내는 '㬎(현)'을 합하여 만든 글자.	㬎 顯 顯
	예 顯著(현저) 顯微鏡(현미경)		

| 風 바람 풍 | 벌레를 뜻하는 '虫'과 소리를 나타내는 '凡'을 합하여 만든 글자. 예 風俗(풍속) 風向(풍향) 風習(풍습) |
| | |

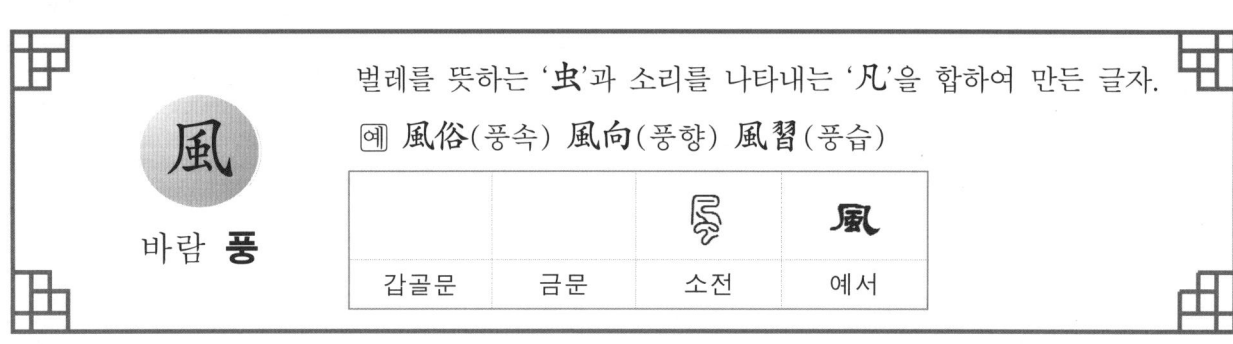

갑골문	금문	소전	예서
		🐚	風

| 飛 날 비 | 새가 날개 짓을 하며 날아가는 모양을 본뜬 글자. 예 飛行(비행) 烏飛梨落(오비이락) |
| | |

갑골문	금문	소전	예서
		飛	飛

한자	훈음	도움말	갑골	금문	소전	예서
飜*	뒤칠 번	난다는 뜻의 '飛'와 소리를 나타내는 '番(번)'을 합하여 만든 글자.			飜	翻
		예 飜覆(번복) 飜案(번안) 飜譯(번역)				

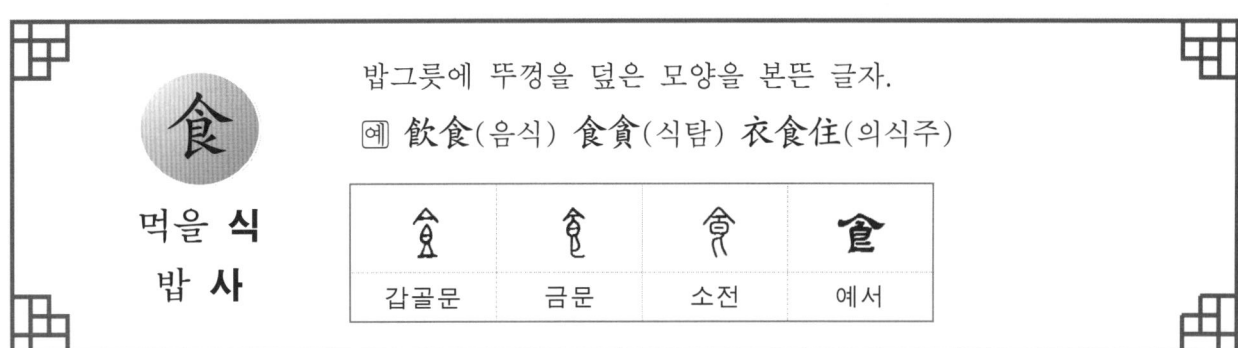

밥그릇에 뚜껑을 덮은 모양을 본뜬 글자.

예 飮食(음식) 食貪(식탐) 衣食住(의식주)

먹을 **식**
밥 **사**

食	食	食	食
갑골문	금문	소전	예서

한자	훈음	도움말	갑골	금문	소전	예서
飯	밥 **반**	밥을 뜻하는 '食'과 소리를 나타내는 '反(반)'을 합하여 만든 글자.	飯	飯		飯
飮	마실 **음**	밥그릇(食)에 입을 대고 마시고 있는 모습(欠)을 나타낸 글자.	飮	飮		飮
養	기를 **양**	먹는다는 뜻의 '食'과 소리를 나타내는 '羊(양)'을 합하여 만든 글자.			養	養
餘	남을 **여**	밥을 뜻하는 '食'과 소리를 나타내는 '余(여)'를 합하여 만든 글자.			餘	餘
飢*	주릴 **기**	밥을 뜻하는 '食'과 소리를 나타내는 '几(궤)'를 합하여 만든 글자.			飢	飢
		예 飢餓(기아) 飢渴(기갈) 虛飢(허기)				
飾*	꾸밀 **식**	사람(人)이 옷감(巾)으로 몸을 꾸민다는 뜻과 소리를 나타내는 '食(식)'을 합하여 만든 글자.			飾	飾
		예 修飾(수식) 裝飾(장식) 假飾(가식)				
飽*	배부를 **포**	밥을 뜻하는 '食'과 소리를 나타내는 '包(포)'를 합하여 만든 글자.			飽	飽
		예 飽和(포화) 飽滿感(포만감) 不飽和(불포화)				
餓*	주릴 **아**	밥을 뜻하는 '食'과 소리를 나타내는 '我(아)'를 합하여 만든 글자.			餓	餓
		예 餓死(아사) 餓鬼(아귀)				
館*	집 **관**	밥을 뜻하는 '食'과 소리를 나타내는 '官(관)'을 합하여 만든 글자.			館	館
		예 圖書館(도서관) 成均館(성균관) 博物館(박물관)				

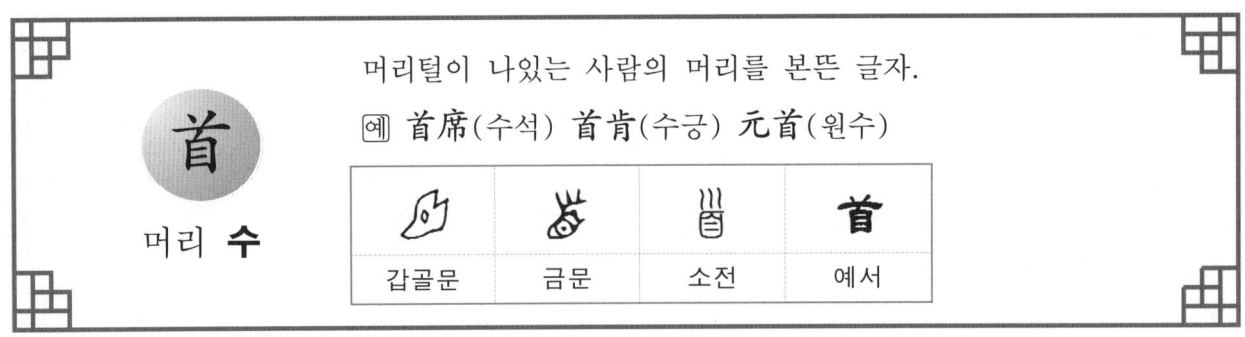

머리털이 나있는 사람의 머리를 본뜬 글자.

首

머리 **수**

예 首席(수석) 首肯(수긍) 元首(원수)

갑골문	금문	소전	예서
			首

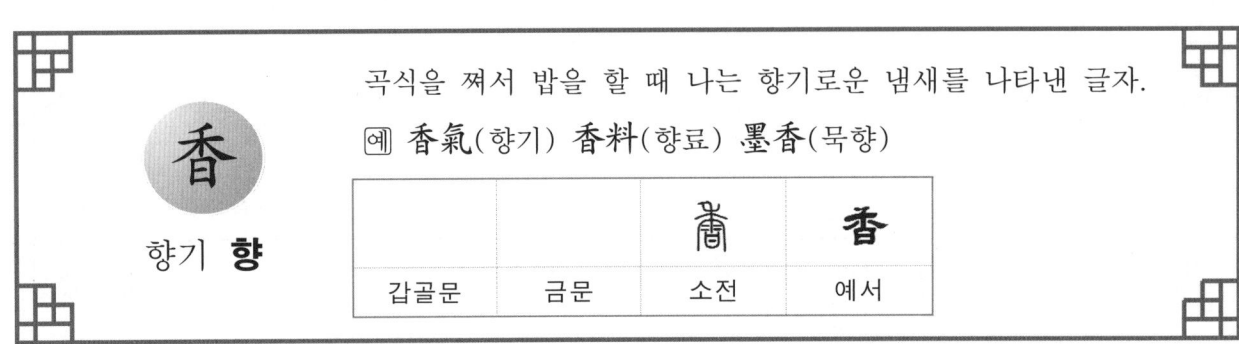

곡식을 쪄서 밥을 할 때 나는 향기로운 냄새를 나타낸 글자.

香

향기 **향**

예 香氣(향기) 香料(향료) 墨香(묵향)

갑골문	금문	소전	예서
		薈	香

❖ **10 획** ❖

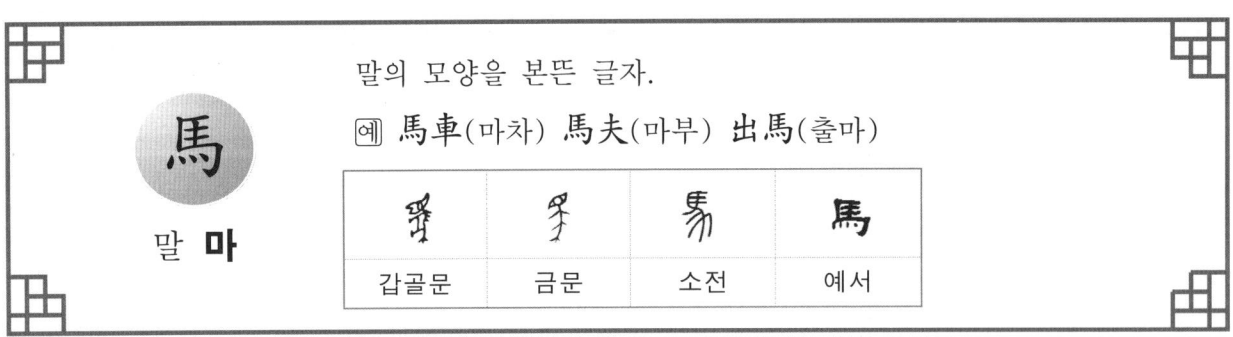

말의 모양을 본뜬 글자.

馬

말 **마**

예 馬車(마차) 馬夫(마부) 出馬(출마)

갑골문	금문	소전	예서

한자	훈음	도움말	갑골	금문	소전	예서
驚	놀랄 **경**	말을 뜻하는 '馬'와 소리를 나타내는 '敬(경)'을 합하여 만든 글자.			驚	驚
騎*	말 탈 **기**	말을 뜻하는 '馬'와 소리를 나타내는 '奇(기)'를 합하여 만든 글자.			騎	騎
		예 騎士(기사) 騎馬(기마) 騎虎之勢(기호지세)				
騰*	오를 **등**	말을 뜻하는 '馬'와 소리를 나타내는 '朕(짐)'을 합하여 만든 글자.			騰	騰
		예 騰落(등락) 急騰(급등) 反騰(반등)				

騷*	시끄러울 **소**	말을 뜻하는 '馬'와 소리를 나타내는 '蚤(조)'를 합하여 만든 글자.	騷 騷
	예 騷音(소음) 騷亂(소란) 騷人墨客(소인묵객)		
驅*	몰 **구**	말을 뜻하는 '馬'와 소리를 나타내는 '區(구)'를 합하여 만든 글자.	驅 驅
	예 驅逐(구축) 驅使(구사) 驅迫(구박)		
驛*	역마 **역**	말을 뜻하는 '馬'와 소리를 나타내는 '睪(역)'을 합하여 만든 글자.	驛 驛
	예 驛前(역전) 驛舍(역사) 電鐵驛(전철역)		
驗*	시험 **험**	말을 뜻하는 '馬'와 소리를 나타내는 '僉(첨)'을 합하여 만든 글자.	驗 驗
	예 實驗(실험) 經驗(경험) 體驗(체험)		

소 어깨뼈의 모양을 본뜬 '冎(뼈 발라낼 과)'와 살을 본뜬 '月'을 합하여 만든 글자.
예 白骨(백골) 遺骨(유골) 露骨的(노골적)

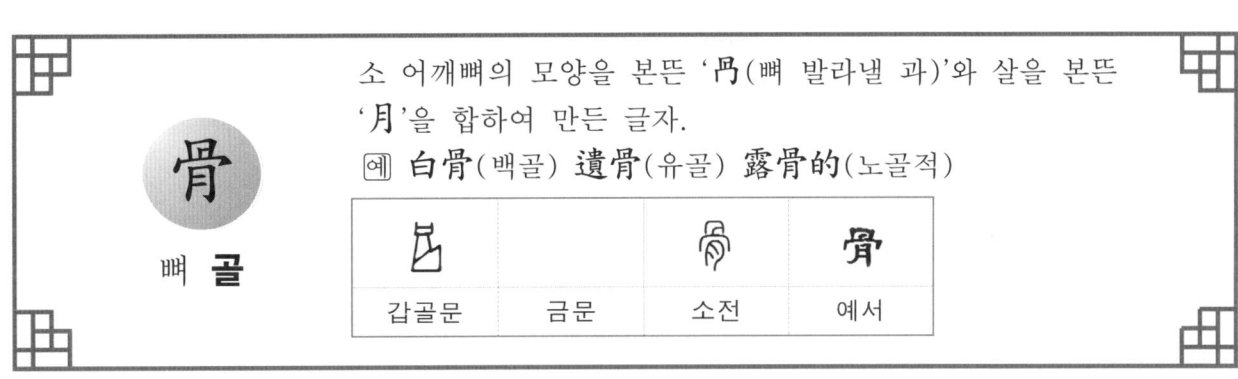

骨
뼈 **골**

한자	훈음	도움말	갑골 금문 소전 예서
體	몸 **체**	뼈를 뜻하는 '骨'과 소리를 나타내는 '豊(례)'를 합하여 만든 글자.	體 體

높게 세워진 망루의 모습을 본뜬 글자.
예 高尙(고상) 高層(고층) 等高線(등고선)

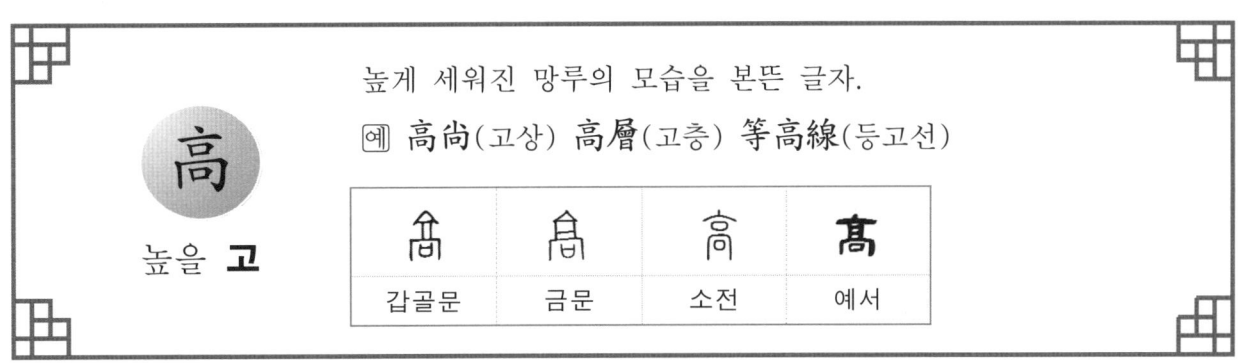

高
높을 **고**

머리털을 뜻하는 '彡'과 긴 머리칼을 가진 사람을 본뜬 '镸←長'을 합하여 만든 글자. '터럭 발'이라고도 별칭 함.

머리 늘어질 **표**

	갑골문	금문	소전	예서

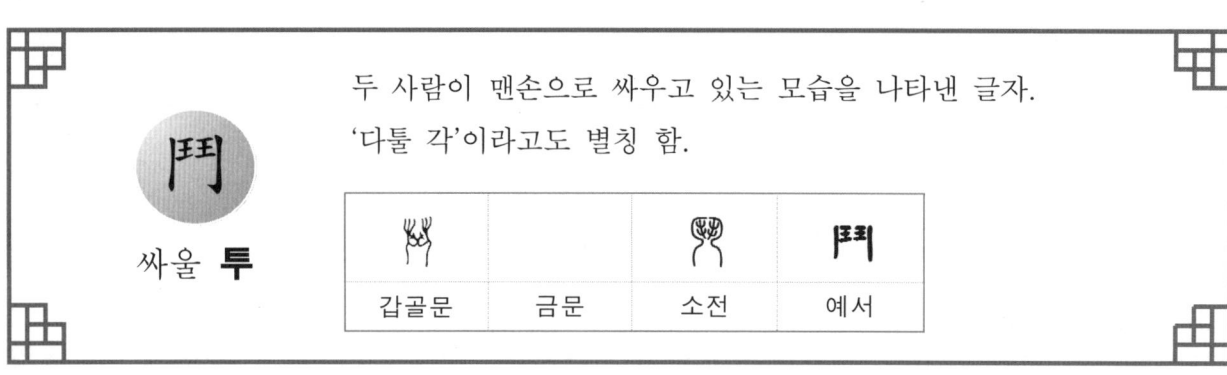

한자	훈음	도움말	갑골	금문	소전	예서
髮*	터럭 **발**	머리털을 뜻하는 '彡'와 소리를 나타내는 '犮(발)'을 합하여 만든 글자.				
		예 假髮(가발) 毛髮(모발) 危機一髮(위기일발)				

두 사람이 맨손으로 싸우고 있는 모습을 나타낸 글자.
'다툴 각'이라고도 별칭 함.

싸울 **투**

갑골문	금문	소전	예서

한자	훈음	도움말	갑골	금문	소전	예서
鬪*	싸울 **투**	鬭의 속자. 다툰다는 뜻의 '鬥'와 소리를 나타내는 '斲(착)'을 합하여 만든 글자.				
		예 鬪爭(투쟁) 戰鬪(전투) 惡戰苦鬪(악전고투)				

곡식의 낱알(米)을 그릇(凵)에 담아 담근 술을 나타낸 글자.
'향풀 창'이라고도 별칭 함.

울창주 **창**

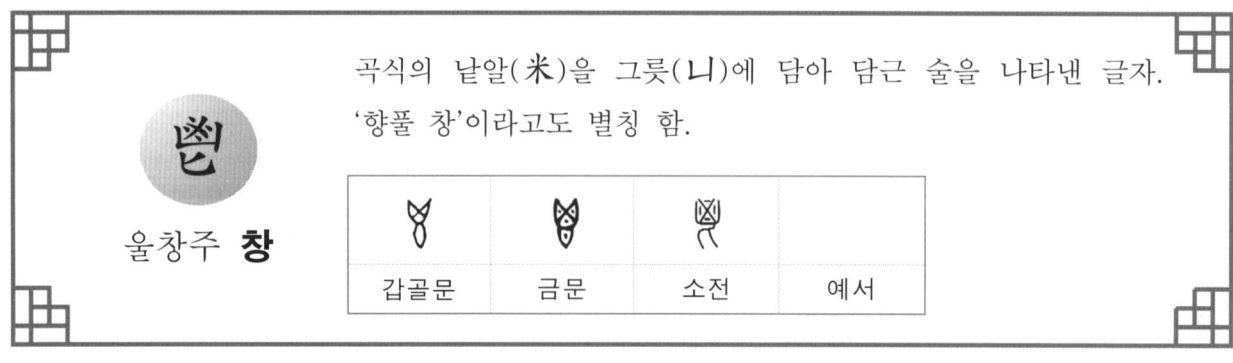

갑골문	금문	소전	예서

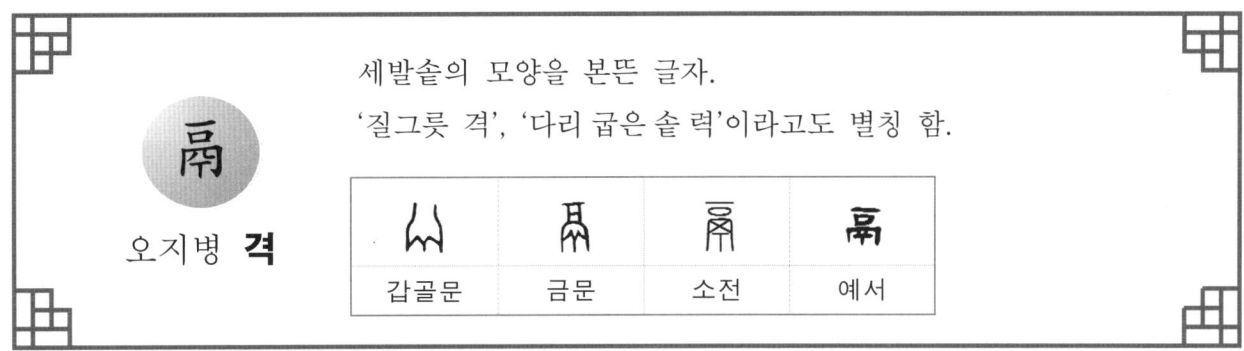

세발솥의 모양을 본뜬 글자.
'질그릇 격', '다리 굽은 솥 력'이라고도 별칭 함.

오지병 **격**

갑골문	금문	소전	예서

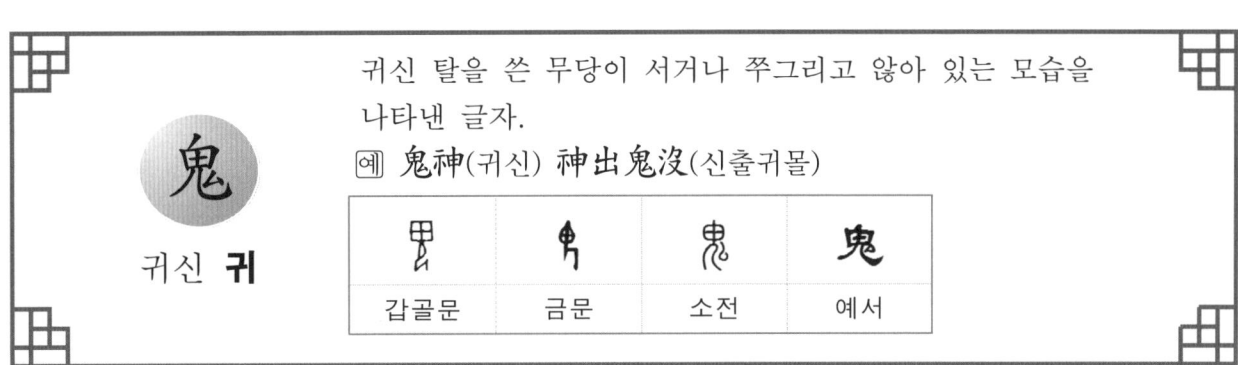

귀신 탈을 쓴 무당이 서거나 쭈그리고 앉아 있는 모습을
나타낸 글자.
예 鬼神(귀신) 神出鬼沒(신출귀몰)

귀신 **귀**

갑골문	금문	소전	예서

한자	훈음	도움말	갑골	금문	소전	예서
魂*	넋 **혼**	귀신을 뜻하는 '鬼'와 소리를 나타내는 '云(운)'을 합하여 만든 글자. 예 鬪魂(투혼) 靈魂(영혼) 招魂(초혼)			魂	魂

❖ **11 획** ❖

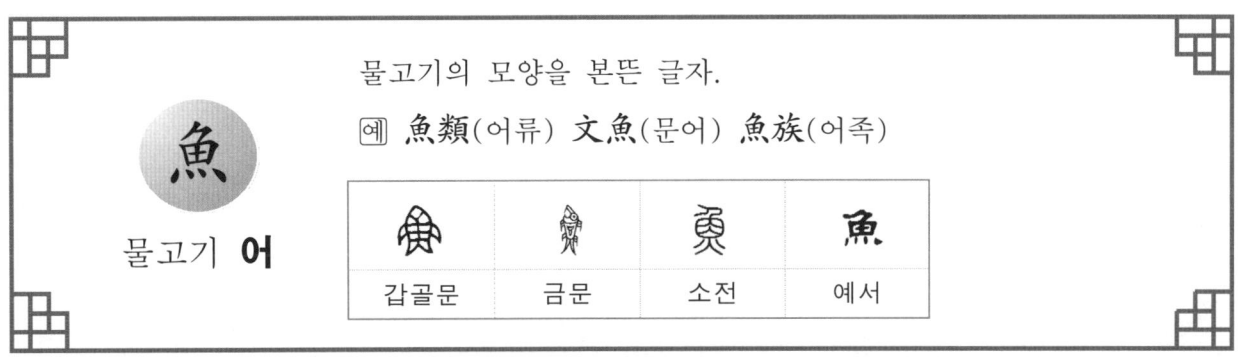

물고기의 모양을 본뜬 글자.
예 魚類(어류) 文魚(문어) 魚族(어족)

물고기 **어**

갑골문	금문	소전	예서

한자	훈음	도움말	갑골	금문	소전	예서
鮮	고울 **선**	물고기를 뜻하는 '魚'와 좋다는 뜻과 관련된 '羊(양)'을 합하여 만든 글자.	鮮	鮮	鮮	

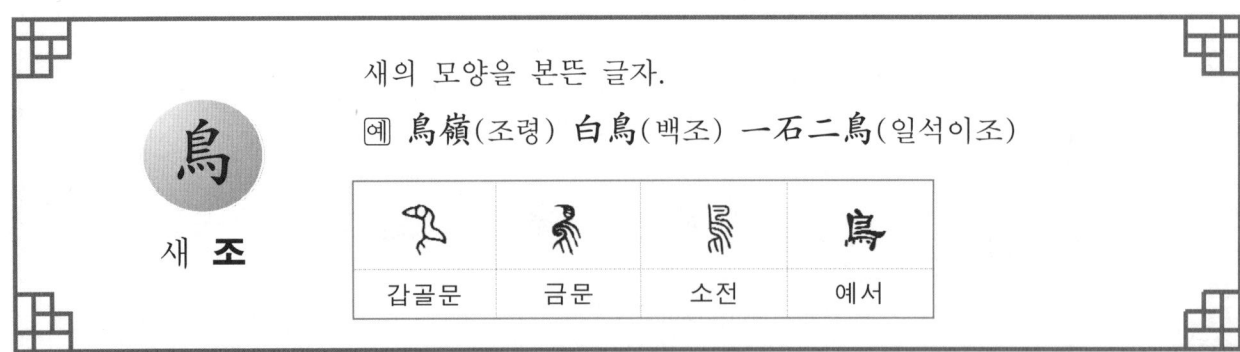

한자	훈음	도움말	갑골	금문	소전	예서
鳴	울 명	새(鳥)의 주둥이(口)에서 소리가 나는 모양을 나타낸 글자.				
鷄	닭 계	새를 뜻하는 '鳥'와 소리를 나타내는 '奚(해)'를 합하여 만든 글자. '雞'와 동자.				
鳳*	봉황새 봉	새를 뜻하는 '鳥'와 소리를 나타내는 '凡(범)'을 합하여 만든 글자.				
		예 鳳仙花(봉선화) 龍鳳湯(용봉탕)				
鴻*	기러기 홍	새를 뜻하는 '鳥'와 소리를 나타내는 '江(강)'을 합하여 만든 글자.				
		예 鴻毛(홍모)				
鶴*	학 학	새를 뜻하는 '鳥'와 소리를 나타내는 '崔(학)'을 합하여 만든 글자.				
		예 鶴首苦待(학수고대) 群鷄一鶴(군계일학)				

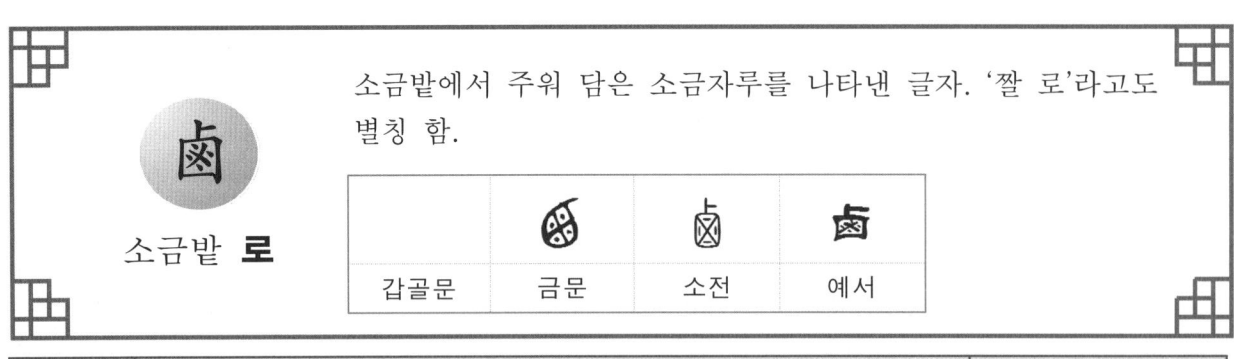

한자	훈음	도움말	갑골	금문	소전	예서
鹽*	소금 염	소금을 뜻하는 '鹵'와 소리를 나타내는 '監(감)'을 합하여 만든 글자.				
		예 鹽田(염전) 鹽分(염분) 鹽基性(염기성)				

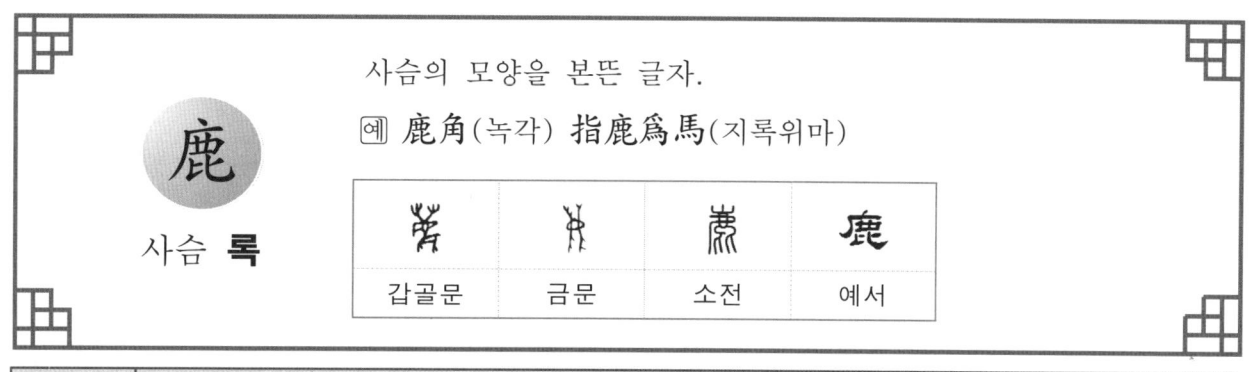

鹿
사슴 **록**

사슴의 모양을 본뜬 글자.
㉠ 鹿角(녹각) 指鹿爲馬(지록위마)

	갑골문	금문	소전	예서

한자	훈음	도움말	갑골	금문	소전	예서
麗*	고울 **려**	사슴을 뜻하는 '鹿'과 곱게 자란 뿔(麗)의 형태를 합하여 만든 글자. ㉠ 秀麗(수려) 華麗(화려) 高麗(고려)				

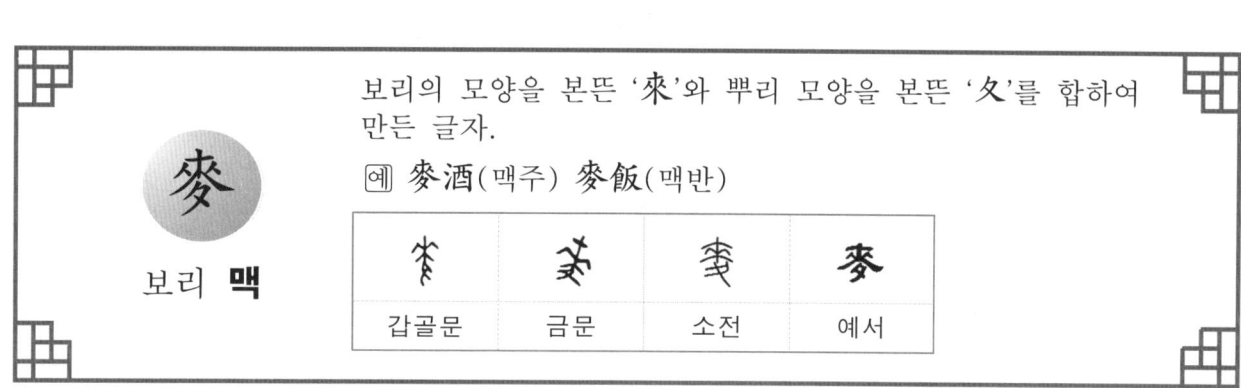

麥
보리 **맥**

보리의 모양을 본뜬 '來'와 뿌리 모양을 본뜬 '夊'를 합하여 만든 글자.
㉠ 麥酒(맥주) 麥飯(맥반)

	갑골문	금문	소전	예서

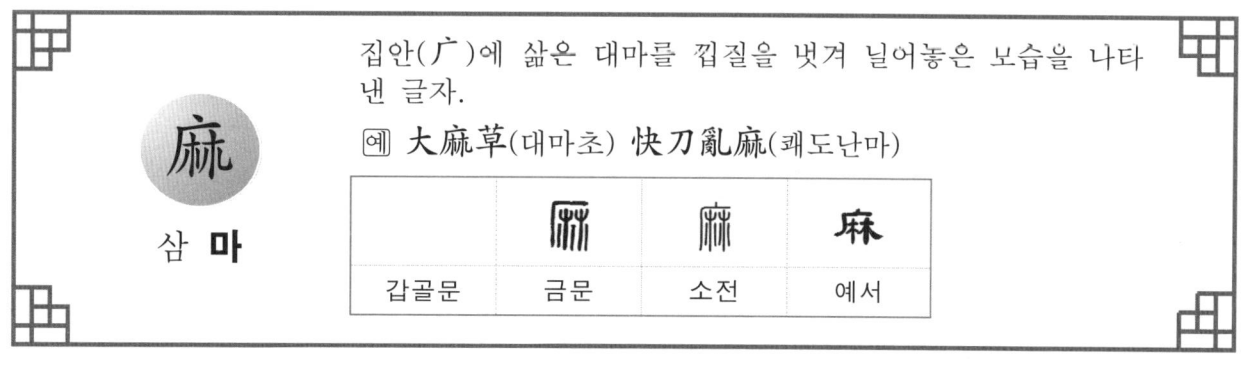

麻
삼 **마**

집안(广)에 삶은 대마를 껍질을 벗겨 널어놓은 모습을 나타낸 글자.
㉠ 大麻草(대마초) 快刀亂麻(쾌도난마)

	갑골문	금문	소전	예서

❖ 12 획 ❖

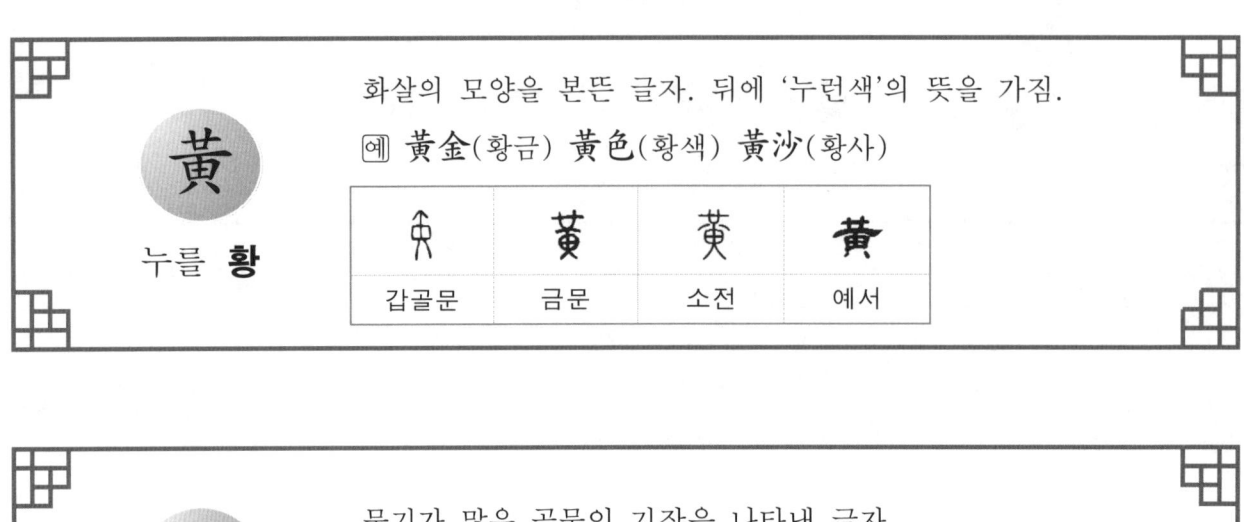

黃 누를 **황**	화살의 모양을 본뜬 글자. 뒤에 '누런색'의 뜻을 가짐. 예) 黃金(황금) 黃色(황색) 黃沙(황사)			
	갑골문	금문	소전	예서

黍 기장 **서**	물기가 많은 곡물인 기장을 나타낸 글자.			
	갑골문	금문	소전	예서

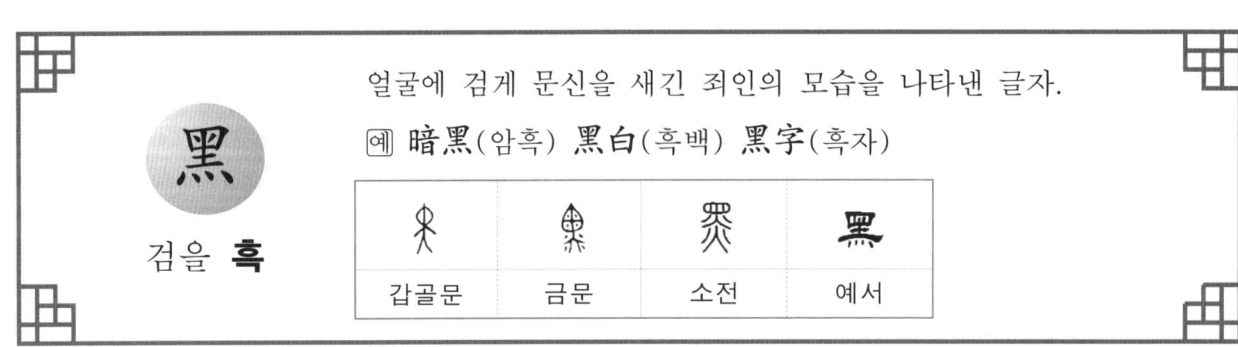

黑 검을 **흑**	얼굴에 검게 문신을 새긴 죄인의 모습을 나타낸 글자. 예) 暗黑(암흑) 黑白(흑백) 黑字(흑자)			
	갑골문	금문	소전	예서

한자	훈음	도움말	갑골	금문	소전	예서
默 *	잠잠할 **묵**	입을 다물고 조용히 있는 개의 모습을 뜻하는 '犬'과 소리를 나타내는 '黑(흑)'을 합하여 만든 글자.			𪐣	默
	예) 默念(묵념) 沈默(침묵) 默殺(묵살)					
點 *	점 **점**	검은색을 뜻하는 '黑'과 소리를 나타내는 '占(점)'을 합하여 만든 글자.			𪑾	點
	예) 盲點(맹점) 點數(점수) 點燈(점등)					
黨 *	무리 **당**	검은색을 뜻하는 '黑'과 소리를 나타내는 '尙(상)'을 합하여 만든 글자. 뒤에 '무리'의 뜻을 가짐.			黨	黨
	예) 政黨(정당) 朋黨(붕당) 脫黨(탈당)					

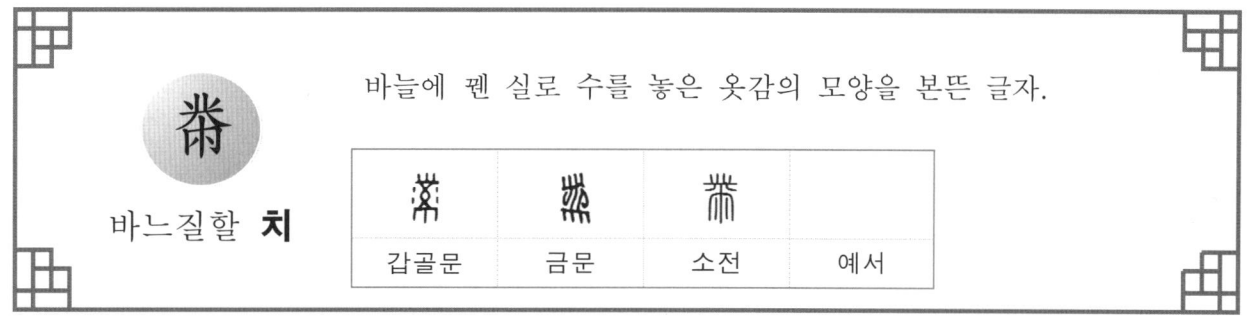

바늘에 꿴 실로 수를 놓은 옷감의 모양을 본뜬 글자.

바느질할 **치**

갑골문	금문	소전	예서

❖ **13 획** ❖

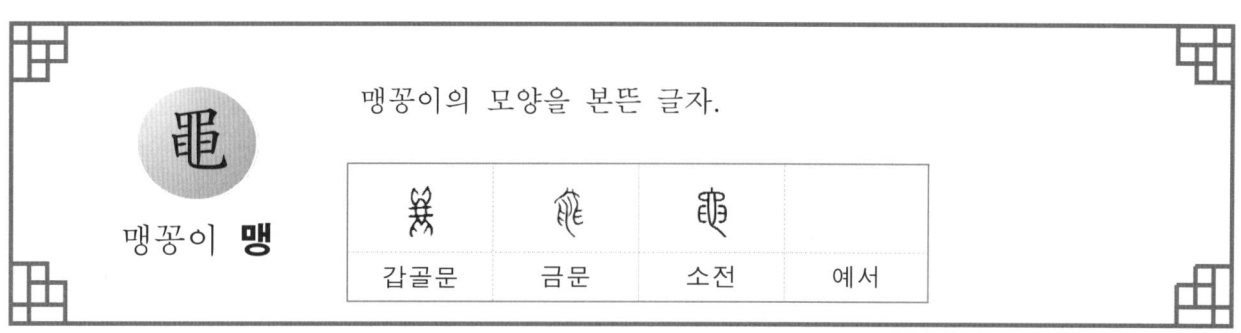

맹꽁이의 모양을 본뜬 글자.

맹꽁이 **맹**

갑골문	금문	소전	예서

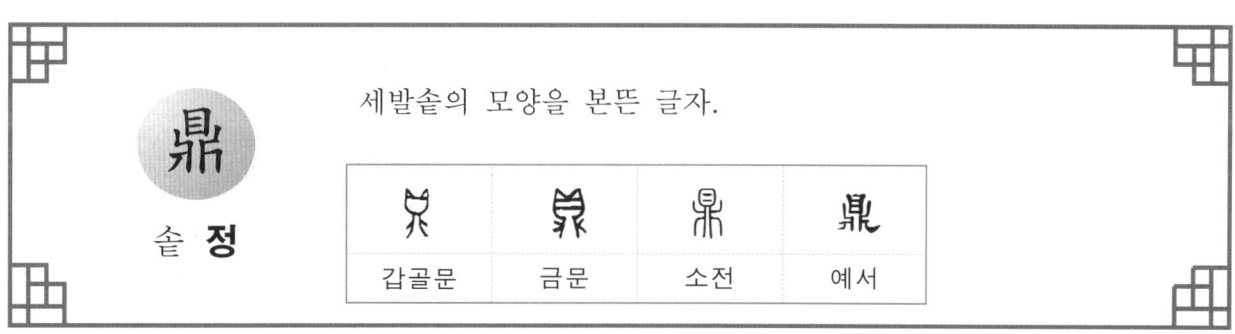

세발솥의 모양을 본뜬 글자.

솥 **정**

갑골문	금문	소전	예서

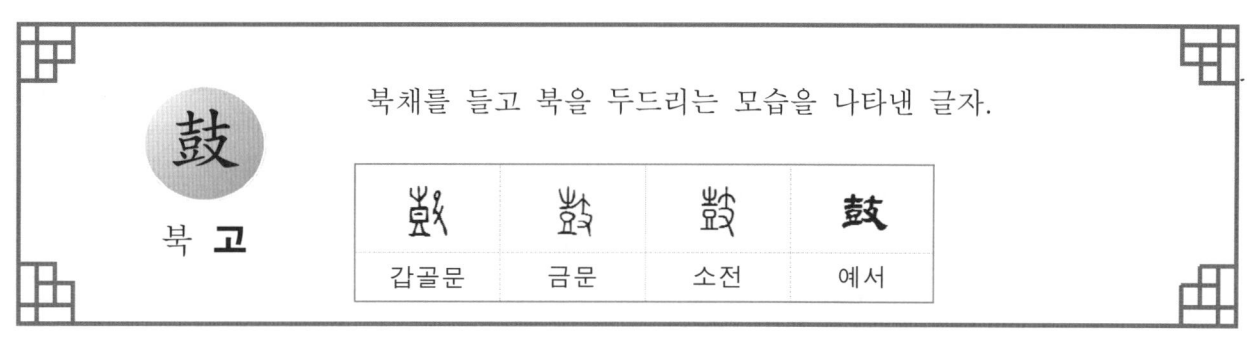

북채를 들고 북을 두드리는 모습을 나타낸 글자.

북 **고**

갑골문	금문	소전	예서

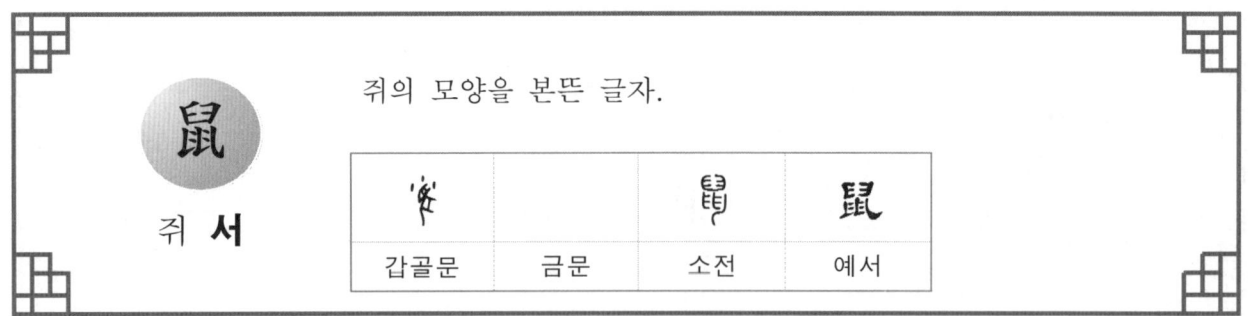

쥐의 모양을 본뜬 글자.

鼠 쥐 **서**

갑골문	금문	소전	예서

❖ **14 획** ❖

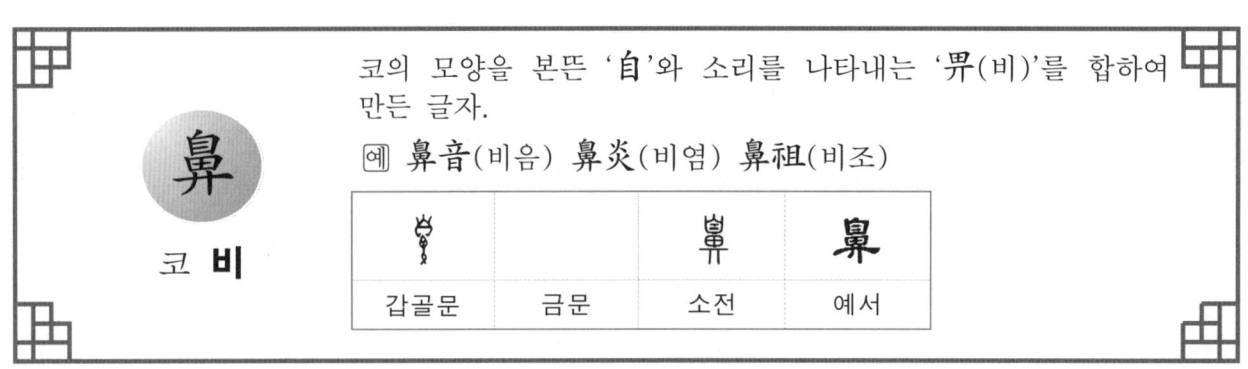

코의 모양을 본뜬 '自'와 소리를 나타내는 '畀(비)'를 합하여 만든 글자.

예 鼻音(비음) 鼻炎(비염) 鼻祖(비조)

鼻 코 **비**

갑골문	금문	소전	예서

고르게 자란 농작물이 가지런히 서있는 모양을 본뜬 글자.

예 齊唱(제창) 一齊(일제) 修身齊家(수신제가)

齊 가지런할 **제**

갑골문	금문	소전	예서

❖ **15 획** ❖

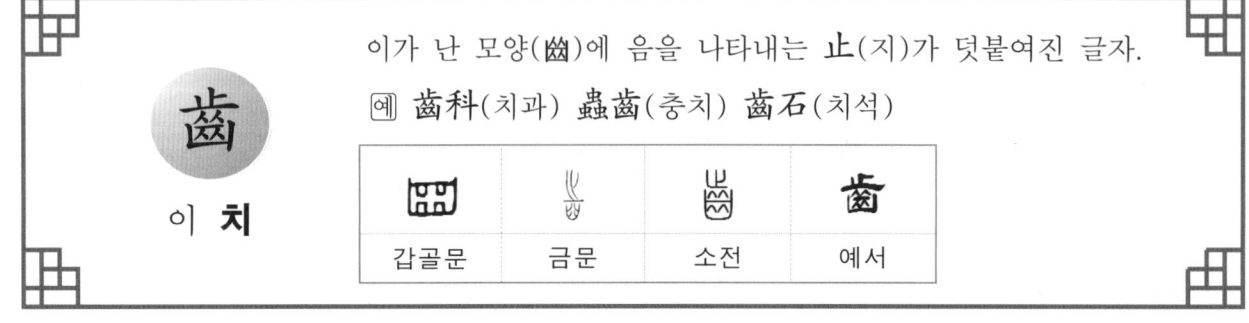

이가 난 모양(㘃)에 음을 나타내는 止(지)가 덧붙여진 글자.

예 齒科(치과) 蟲齒(충치) 齒石(치석)

齒 이 **치**

갑골문	금문	소전	예서

❖ **16 획** ❖

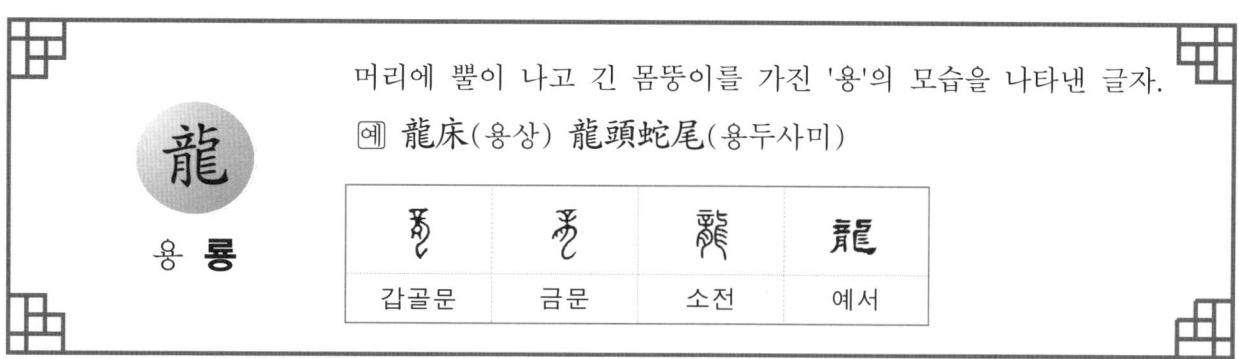

머리에 뿔이 나고 긴 몸뚱이를 가진 '용'의 모습을 나타낸 글자.

예 龍床(용상) 龍頭蛇尾(용두사미)

갑골문	금문	소전	예서

龍
용 **룡**

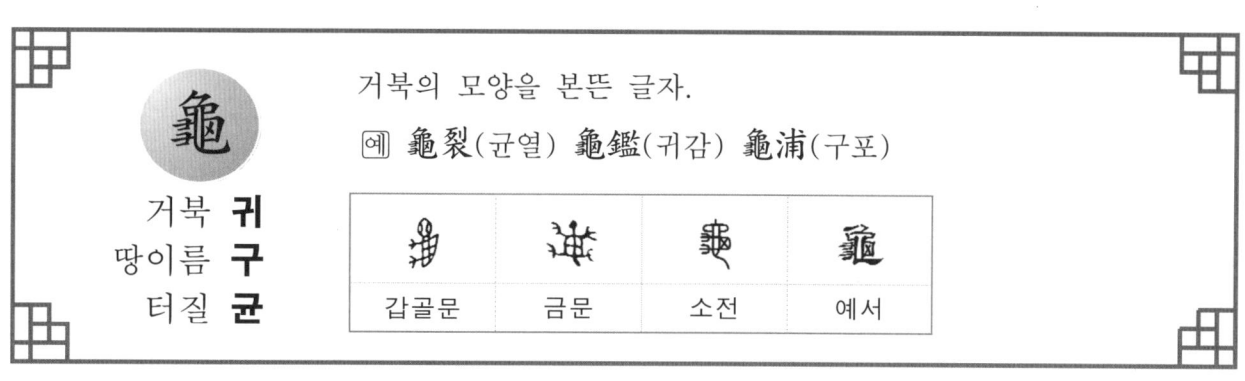

거북의 모양을 본뜬 글자.

예 龜裂(균열) 龜鑑(귀감) 龜浦(구포)

갑골문	금문	소전	예서

龜
거북 **귀**
땅이름 **구**
터질 **균**

❖ **17 획** ❖

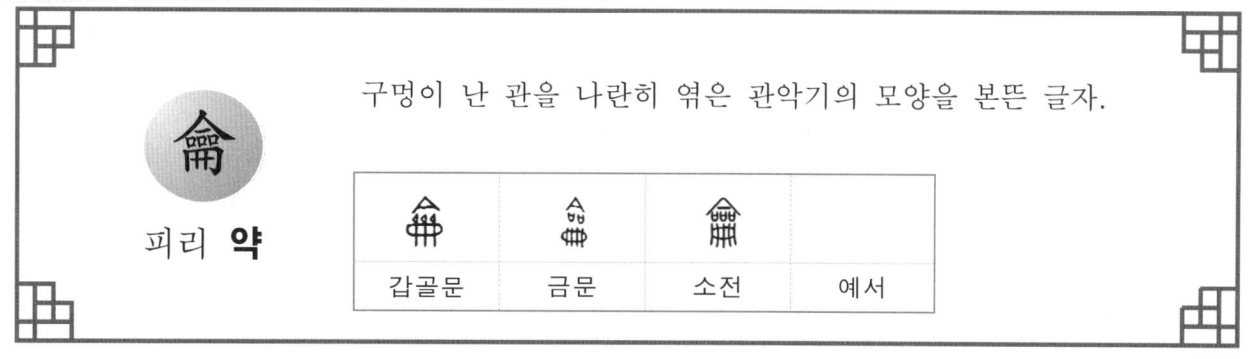

구멍이 난 관을 나란히 엮은 관악기의 모양을 본뜬 글자.

갑골문	금문	소전	예서

龠
피리 **약**

4. 性質別 部首 分類方式

　　세간에 발행되는 **字典**은 그 배열을 거의가 다 **康熙字典**의 순서에 따라 획수가 적은 것에서부터 많은 것의 순서로 하고 있다. 이것은 경험상 찾기에 편리한 최선의 방법임을 공인하는 것이다. 그러나 그 부수가 많고 부수 자체가 갖는 뜻도 어떤 글자는 사용빈도가 적어 부수의 명칭이나 의미를 잘 알지 못하고 지내는 것이 상당한 수준의 학자들에게서도 볼 수 있는 실정이다.

　　아래에 소개하는 부수일람표는 부수의 성질별로 **類聚**하여 분류한 새로운 방법으로서 부수를 쉽게 익힐 수 있으며, 그 의미나 내용을 파악하여 어려운 한자를 습득하는 데 도움이 될 것이라 생각된다.

　　예를 들면 종래의 부수배열방식에 의하면, 일(一)자는 1획, 이(二)자는 2획, 팔(八)자도 2획, 십(十)자도 2획인 것을 일(一), 이(二), 팔(八), 십(十)의 4자 모두를 수효(**數爻**)에 관한 **部**에 집합시키는 것이다. 또한 색채의 경우를 예를 든다면 기왕에는 청(靑), 황(黃), 적(赤), 백(白), 흑(黑)이 각기 **劃數**에 의하여 **各 部**에 **散在**되어 있는 것을 한 **部**에 집합시키는 것이다.

　　이와 같이 하면 부수를 오직 획수에만 의존하던 단점을 **補塡**함이 **足**할 것이요, 이의 단점은 기왕의 획수 배열방식을 **倂用**함으로써 해소될 것이다.

◆ 部首分類表

　　총 214부수를 성질별로 다음과 같이 18류로 나누었는데 부수가 무엇이 있는지를 파악하고 기억하는데 **一助**가 되리라고 확신한다. 어떤 부수는 확연히 구별하기 어려운 것이 있고 애매한 것이 있어서 분류에 어려움이 있었으며, 혹은 부수가 갖는 뜻과 **部內**의 글자들 사이에 상관성이 희박하여 어떻게 분류할까를 고심하기도 하였다. 그리고 도저히 분류가 불가능한 글자들은 마지막에 **雜語**로 분류하였다.

	성질별 분류기준	해당 부수	字數
1	천문기상(天文氣象)	冫, 夕, 日, 月, 气, 辰, 雨, 風	8
2	산천지리(山川地理)	土, 山, 巛, 水, 田, 石, 谷, 阜	8
3	인간신분(人間身分)	人, 儿, 尸, 厶, 士, 女, 子, 工, 己, 氏, 父, 老, 臣, 自	14
4	수량원근(數量遠近)	一, 二, 八, 冂, 十, 大, 寸, 小, 幺, 无, 毋, 長, 高	13
5	주거생활(住居生活)	厂, 屮, 艸, 宀, 广, 戶, 木, 比, 瓦, 穴, 臼, 邑, 里, 門, 卜, 文, 爻, 火, 爿, 片	20
6	화곡음식(禾穀飮食)	瓜, 禾, 米, 豆, 酉, 韭, 食, 鹵, 麥, 黍, 甘, 辛	12
7	재화기기(財貨器機)	玉, 用, 貝, 金, 匚, 斗, 皿, 缶, 耒, 鼎, 鬲	11
8	채색의복(彩色衣服)	玄, 白, 色, 赤, 靑, 黃, 黑, 巾, 毛, 糸, 羽, 衣, 革, 韋, 麻, 黹	16
9	이목수면(耳目首面)	口, 彡, 牙, 目, 耳, 舌, 角, 面, 頁, 首, 髟, 鼻, 齒	13
10	수족신체(手足身體)	心, 手, 爪, 皮, 肉, 血, 足, 身, 骨, 支, 疋	11
11	동작언시(動作言視)	又, 夂, 夊, 廴, 廾, 彳, 攴, 曰, 欠, 癶, 立, 行, 見, 言, 走, 辵, 隶	17
12	운행간지(運行艮止)	丨, 入, 止, 至, 舟, 艮, 車, 飛	8
13	생사애락(生死哀樂)	几, 尢, 尸, 歹, 生, 疒, 示, 香, 鬯, 鬼, 齊, 竹, 音, 鼓, 龠, 力	16
14	병과쟁투(兵戈爭鬪)	刂, 刀, 匕, 干, 戈, 弓, 弋, 斤, 殳, 矛, 矢, 鬪	12
15	우견수축(牛犬獸畜)	牛, 犬, 羊, 虍, 豕, 豸, 馬, 鹿, 鼠, 彐, 內	11
16	인개조충(鱗介鳥虫)	魚, 黽, 龍, 龜, 乙, 隹, 鳥, 虫	8
17	아멱포구(兩冖勹口)	兩, 冖, 凵, 匸, 勹, 口, 网	7
18	잡어류(雜語類)	丶, 丿, 亠, 方, 而, 聿, 舛, 釆, 非	9
	합 계		214

5. 部首의 變形

부수 글자는 다른 글자와 합쳐져 새로운 글자를 이룰 경우, 놓여지는 위치에 따라 모양이 달라진다. 몇 가지 예를 살펴보면 다음의 표와 같다.

원래의 部首	變形된 部首	用 例
乙 (새 을)	ㄴ	乳 젖 유 亂 어지러울 란
人 (사람 인)	亻	仙 신선 선 優 넉넉할 우
八 (여덟 팔)	ハ , ソ	兵 군사 병
刀 (칼 도)	刂	刊 책펴낼 간 割 나눌 할
巛 (내 천)	川	州 고을 주
卩 (병부 절)	㔾	卷 책 권
尢 (절름발이 왕)	兀 , 允	尪 절름발이 왕
彑 (고슴돗머리 계)	彐 , 彑	彙 무리 휘 彗 비 혜
心 (마음 심)	忄 , 㣺	情 뜻 정 慕 사모할 모
手 (손 수)	扌	技 재주 기
攴 (칠 복)	攵	收 거둘 수
水 (물 수)	氵 , 氺	江 강 강 求 구할 구
火 (불 화)	灬	然 그럴 연

원래의 部首	變形된 部首	用 例
爪 (손톱 조)	爫	爭 다툴 쟁
犬 (개 견)	犭	猶 오히려 유
玉 (구슬 옥)	王	珠 구슬 주
示 (보일 시)	礻	社 모일 사 福 복 복
网 (그물 망)	罒 , 罓 , 罓	罔 그물 망 罰 죄 벌 罕 드물 한
羊 (양 양)	𦍌	美 아름다울 미
老 (늙을 로)	耂	考 상고할 고
肉 (고기 육)	月	育 기를 육 服 옷 복
臼 (절구 구)	臼	與 더불 여
艸 (풀 초)	艹 , ⺿	苦 괴로울 고
衣 (옷 의)	衤	複 겹칠 복
襾 (덮을 아)	西	西 서녘 서 要 구할 요
辵 (머뭇거릴 착)	辶	道 길 도
邑 (고을 읍)	阝(우부 방)	部 무리 부
阜 (언덕 부)	阝(좌부 변)	險 험할 험
長 (긴 장)	镸	肆 길 오

Ⅱ. 基礎漢文

제4장 漢文의 理解

1. 單語의 種類와 짜임

가. 단어의 종류

단어는 문장을 구성하는 최소 단위이다. 단어는 그 형성방법에 따라 **單純語**와 **複合語**로 나뉜다. 단순어는 하나의 의미요소로 이루어진 것이며, 복합어는 두 개 이상의 의미요소가 결합하여 이루어진 것이다.

구분		예
단순어	단음절 단순어	山, 川
	다음절 단순어	堂堂, 亞細亞
복합어	합성어(실질 의미 요소들이 결합)	父母, 讀書
	파생어(실질 의미 요소에 부가 의미 요소가 결합)	女子, 男子

나. 단어의 짜임

'단어의 짜임'은 단어를 형성하는 의미 요소들 사이의 결합관계를 말한다. 두 개 이상의 의미 요소가 결합하여 하나의 단어를 이룰 때 반드시 어떤 기능상의 관계를 가지게 된다. 따라서 단어의 짜임을 문법적 기능관계에 따라 이해하게 되면, 단어를 보다 쉽게 이해하여 어휘 학습의 효과를 높일 수 있을 뿐 만 아니라 나아가 문장의 짜임을 이해하는데 활용할 수 있다.

(1) 主述關係

主語와 **敍述語**의 관계로 이루어진 단어이다. 서술어는 주어에 대해 진술하는 내용을 나타내고, 주어는 서술어의 진술을 받는 대상이 된다. 주어를 먼저 새기고 나중에 서술어를 새긴다.

> 보기 ○ **年少** (나이가 어림)
>
> ○ **人和** (사람들이 화목함)

(2) 述賓關係

敍述語와 賓語의 관계로 이루어진 단어이다. 서술어는 동작이나 행위 또는 존재나 소유를 나타내고, 빈어는 그 대상이 된다. 빈어를 먼저 새기고 서술어를 나중에 새긴다. '술빈관계'의 단어는 語順이 우리말과 다르다. '술빈관계'에서 유의할 점은 빈어가 우리말의 목적어에 해당되는 말이지만 실질적으로는 우리말의 목적어보다 그 범위가 넓다는 점이다.

> 보기 ○ 立志 (뜻을 세움)
>
> ○ 登山 (산에 오름) : '山'이 '登'의 목적지를 나타내므로 빈어로 봄
>
> ○ 入學 (학교에 들어감) : '學'이 '入'의 목적지를 나타내므로 빈어로 봄
>
> ○ 有罪 (죄가 있음) : '罪'가 '有'의 대상을 나타내므로 빈어로 봄

(3) 述補關係

敍述語와 補語의 관계로 이루어진 단어이다. 서술어는 행위, 동작, 상태 등을 나타내고 보어는 서술어를 보충하여 부족한 뜻을 완전하게 해 준다. 보어를 먼저 새기고, 서술어를 나중에 새긴다. '술보 관계'의 단어도 그 어순이 우리말과는 반대이다.

> 보기 ○ 難解 (풀기가 어려움)
>
> ○ 多感 (느낌이 많음)
>
> ○ 下山 (산에서 내려옴)

(4) 修飾關係

修飾語와 被修飾語의 관계로 이루어진 단어이다. 수식어에는 명사류를 수식하는 것과 동사류를 수식하는 것이 있다.

> 보기 ○ 友情 (친구 사이의 정) : 명사류 수식
>
> ○ 廣告 (널리 알림) : 동사류 수식

(5) 竝列關係

성분이 같은 말들이 나란히 놓여 이루어진 단어이다. 서로 상대되는 의미를 가진 한자가 나란히 놓여 이루어진 경우와 서로 비슷한 의미를 가진 한자가 나란히 놓여 이루어진 경우가 있다.

> 보기 ○ 大小 (크고 작음) : 서로 상대되는 의미
>
> ○ 海洋 (바다) : 서로 비슷한 의미

2. 品詞의 種類와 特性

'品詞'는 어휘를 문법적 특성에 따라 분류하여 공통된 성질을 가진 것끼리 모아 놓은 단어들의 갈래를 말한다. 한문의 단어는 문장 안에서의 쓰임에 따라 품사가 바뀌고 의미가 달라지기도 한다. 따라서 한문의 품사는 단어가 원래 지니고 있는 의미뿐만 아니라 문장에서의 쓰임까지 고려하여 이해해야 한다.

품사에는 단독으로 어휘적 의미를 가지는 實辭와 단지 문법적 의미만을 나타내고 단독으로는 어휘적 의미를 가지지 못하는 虛辭가 있다.

가. 실사(實辭)

(1) 명사(名詞)

사물이나 개념의 이름을 나타내는 단어이다.

> 보기 ○ 仁者, 樂山. (어진 사람은 산을 좋아한다.)
> ○ 顔淵, 問仁. (안연이 인을 묻다.)
> ○ 義, 人之正路也. (의는 사람의 바른 길이다.)

(2) 대명사(代名詞)

사람이나 사물, 장소 및 상태나 동작 등을 대신하여 가리키는 뜻을 나타내는 단어이다.

> 보기 ○ 人皆有兄弟, 我獨亡. (남들은 모두 형제가 있는데, 나만 홀로 없다.)
> ○ 是, 誰之過與? (이것은 누구의 잘못인가?)
> ○ 樂民之樂者, 民亦樂其樂. (백성의 즐거움을 즐기는 자는 백성이 또한 그의 즐거움을 즐긴다.)

(3) 수사(數詞)

사물의 수량이나 차례를 나타내는 단어이다.

> 보기 ○ 吾十有五而志于學. (나는 열다섯 살에 학문에 뜻을 두었다.)
> ○ 宣祖, 德興君第三子也. (선조 임금은 덕흥군의 셋째 아드님이다.)

(4) 동사(動詞)

사람이나 사물의 동작, 행위, 심리활동, 소유, 존재 등을 나타내는 단어이다.

보기　○ 坐<u>於</u>堂上. (당 위에 앉다.)

○ <u>敬</u>天<u>愛</u>人. (하늘을 공경하고 사람을 사랑하다.)

○ 無恒産而<u>有</u>恒心者, 惟士<u>爲</u>能. (일정한 생업이 없으면서도 떳떳한 마음을 가지고 있는 것은 오직 선비만이 능할 수 있다.)

(5) 형용사(形容詞)

사람이나 사물의 성질 또는 상태를 나타내는 단어이다.

보기　○ 月<u>明</u>. (달이 밝다.)

○ 天下之水, 莫<u>大</u>於海. (천하의 물은 바다보다 큰 것이 없다.)

(6) 부사(副詞)

동사나 형용사 또는 다른 부사를 수식하여 정도·범위·시간·부정 등을 나타내는 단어이다.

보기　○ 水<u>益</u>深. (물이 더욱 깊어지다.)

○ 志之立, 知之明, 行之篤, <u>皆</u>在我耳. (뜻이 섬, 앎이 밝음, 행실이 도타움은 모두 나에게 달려 있을 따름이다.)

○ <u>不</u>知老之<u>將</u>至. (늙음이 장차 이르는 것을 알지 못한다.)

나. 허사(虛辭)

(1) 개사(介詞)

일반적으로 명사류 앞에 놓여 그 명사류를 서술어와 연결해 주면서 처소, 대상, 도구, 시간, 원인, 비교 등의 뜻을 나타내는 단어이다. 단독으로는 사용되지 않으며 명사류와 어울려 '개사+빈어'의 구조를 이루어, 보통 서술어의 뒤에서 서술어를 보충하거나 서술어의 앞에서 서술어를 수식·한정하는 구실을 한다.

(가) 於

名詞類 앞에 위치하여 처소, 대상, 시간, 비교 등의 뜻을 나타낸다.

보기　○ 日落<u>於</u>西山. (해는 서산에서 진다.)

○ 不義而富且貴, <u>於</u>我如浮雲. (의롭지 못한데도 부유하고 또 귀하게 되는 것은 나에게 뜬구름과 같다.)

○ 勞力者, 治<u>於</u>人. (힘을 쓰는 사람은 남에게 다스림을 받는다.)

○ 一年之計, 在於春. (일년의 계획은 봄에 달려있다.)

○ 霜葉紅於二月花. (서리 맞은 잎이 이월의 꽃보다 붉다.)

(나) 以

주로 명사류 앞에 위치하여 도구, 수단, 자격, 대상, 원인 등의 뜻을 나타낸다.

보기 ○ 臣事君以忠. (신하는 임금을 충성으로써 섬긴다.)

○ 王待吾以國士. (왕이 나를 국사로 대우하다.)

○ 弟以其一與兄. (아우가 그 중의 하나를 형에게 주다.)

○ 不以成功自滿. (성공으로 인하여 자만하지 말라.)

(다) 自

명사류 앞에 위치하여 동작의 기점(起點)을 나타낸다.

보기 ○ 自初至終 (처음부터 끝까지)

(2) 접속사(接續詞)

(가) 而

단어와 단어, 어구와 어구, 문장과 문장 등을 서로 이어주는 구실을 하며, 순접(順接)일 때와 역접(逆接)일 때가 있다.

보기 ○ 任重而道遠. (소임은 무겁고 길은 멀다.):순접

○ 登高山而望四海. (높은 산에 올라서 사해를 바라본다.):순접

○ 子欲養而親不待. (자식은 봉양하고자 하나 어버이는 기다리지 않는다.):역접

(나) 且 · 與

단어와 단어, 어구와 어구, 문장과 문장 등을 서로 이어주는 구실을 한다.

보기 ○ 重且大. (중하고도 크다.)

○ 貧與賤, 是人之所惡也. (빈과 천은 사람이 싫어하는 것이다.)

(다) 則

단어와 단어, 어구와 어구, 문장과 문장 등을 서로 이어주는 구실을 하되, 주로 조건을 나타낸다.

보기 ○ 水至淸, 則無魚. (물이 너무 맑으면 물고기가 없다.)

○ 仁則榮, 不仁則辱. (어질면 영화롭게 되고, 어질지 않으면 욕되게 된다.)

(라) 以

단어와 단어, 어구와 어구 등을 이어주는 구실을 한다.

보기 ○ 作文以記之. (글을 지어서 그것을 기록하다.)

(3) 어조사(語助辭)

단어나 어구 또는 문장의 앞, 가운데나 뒤에 와서 문법적인 의미나 어기(語氣) 등을 나타내는 단어이다.

(가) 也, 矣

주로 문장의 끝에 쓰여 판단이나 확인의 어기(語氣)를 나타낸다.

보기 ○ 孝, 百行之本也. (효는 온갖 행실의 근본이다.)
○ 朝聞道, 夕死可矣. (아침에 도를 들으면 저녁에 죽어도 괜찮다.)

(나) 已, 而已

주로 문장의 끝에 쓰여 한정이나 강조의 어기를 나타낸다.

보기 ○ 王之所大欲, 可知已. (왕이 크게 하고자 하는 바를 알겠습니다.)
○ 我知種樹而已. (나는 나무 심는 것을 알 뿐이다.)

(다) 乎, 哉

주로 문장의 끝에 쓰여 의문이나 반어(反語)의 어기를 나타낸다.

보기 ○ 汝登高山乎? (너는 높은 산에 올랐느냐?)
○ 豈可他求哉? (어찌 다른 데서 구할 수 있겠는가?)

(라) 哉, 矣

주로 문장의 끝에 쓰여 감탄의 어기를 나타낸다.

보기 ○ 君子哉! (군자로구나!)
○ 甚矣! 吾衰也! (심하구나! 나의 쇠함이여!)

(마) 之

동사나 대명사로 쓰이기도 하지만, 어조사로 쓰일 때는 주로 '수식어＋之＋피

수식어', '주어+之+서술어', '빈어+之+서술어'의 구조로 쓰여 문장 성분들 사이의 문법적 관계를 나타낸다.

> 보기　○ 無羞惡之心, 非人也. (부끄러워하고 미워하는 마음이 없으면, 사람이 아니다.)
> ○ 仁之勝不仁也, 猶水勝火. (인이 불인을 이기는 것은 물이 불을 이기는 것과 같다.)
> ○ 何罪之有? (무슨 죄가 있는가?)

(바) 者

'수식어+者'의 구조로 쓰여 사람이나 사물을 나타내거나, '명사+者'의 구조로 쓰여 제시·정돈 등의 어기를 나타내는 어조사이다.

> 보기　○ 仁者, 不憂. (어진 사람은 근심하지 않는다.)
> ○ 愛人者, 人恒愛之. (남을 사랑하는 사람은 남들도 항상 그를 사랑한다.)
> ○ 大人者, 不失其赤子之心者也. (대인은 그의 갓난아이 때 마음을 잃지 않은 사람이다.)
> ○ 古者, 易子而敎之. (옛날에는 자식을 서로 바꾸어서 가르쳤다.)

(사) 所

'所+수식어'의 구조로 쓰여 '~하는 바, ~하는 것'의 뜻을 나타내는 어조사이다.

> 보기　○ 子之所言, 世俗之言也. (그대가 말하는 것은 세속의 말이다.)
> ○ 有司未知所之. (유사가 갈 곳을 알지 못하다.)

(4) 감탄사(感歎詞)

문장의 밖에 독립적으로 놓여 話者의 부름, 느낌, 놀람이나 응답을 나타내는 단어이다.

> 보기　○ 嗚呼! 哀哉! (아! 슬프도다!)
> ○ 惡! 是何言也? (아! 이 무슨 말인고?)
> ○ 諾! 吾將問之. (예! 제가 장차 그것을 물어 보겠습니다.)

3. 文章의 構造

'문장의 구조'는 문장을 구성하는 성분들 사이의 일정한 결합 방식을 말한다. 문장의 구조를 주성분들 사이의 관계를 중심으로 살펴보면 다음과 같다.

가. 주술(主述) 구조

주어와 서술어의 관계로 이루어진 구조이다. 주술구조의 서술어는 주어에 대해 진술하는 내용이 되는 성분이며, 주어는 서술어의 진술을 받는 대상이 되는 성분이다. 주어가 앞에 놓이고 서술어가 뒤에 놓인다.

> 보기 ○ 花開. (꽃이 피다.)
> ○ 天高. (하늘이 높다.)

나. 주술빈(主述賓) 구조

주어, 서술어와 빈어의 관계로 이루어진 구조이다. 주술빈 구조의 서술어는 동사로서 동작이나 행위를 나타내는 성분이며, 빈어는 동사의 동작이나 행위의 대상으로서 동사의 지배를 받는 성분이다. 서술어가 앞에 놓이고 빈어가 뒤에 놓인다.

> 보기 ○ 臣事君. (신하가(는) 임금을 섬긴다.)
> ○ 君使臣. (임금이(은) 신하를 부린다.)
> ○ 孔子登東山. (공자가 동산에 올랐다.)

다. 주술보(主述補) 구조

주어, 서술어와 보어의 관계로 이루어진 구조이다. 주술보 구조의 서술어는 보어의 보충 설명을 필요로 하는 성분이며, 보어는 서술어를 보충 또는 한정하여 서술어의 부족한 뜻을 완전하게 해 주는 성분이다. 서술어가 앞에 놓이고 보어가 뒤에 놓인다.

> 보기 ○ 少年易老. (소년은 늙기 쉽다.)
> ○ 王坐於堂上. (왕이 당 위에 앉다.)

4. 文章의 類型

문장의 유형을 話者가 나타내는 語氣를 기준으로 나누면, 평서문·의문문·명령문·감탄문 등으로 분류할 수 있다.

가. 평서문(平敍文)

話者가 聽者에게 특별히 요구하는 바 없이 하고 싶은 말을 단순하게 진술하는 문장이다. 긍정의 평서문과 부정의 평서문이 있다.

> 보기 ○ 孔子, 聖人. (공자는 성인이다.)
> ○ 霜葉紅於二月花. (서리 맞은 잎이 이월의 꽃보다 붉다.)
> ○ 一日之狗, 不知畏虎. (하룻강아지 범 무서운 줄을 모른다.)
> ○ 有言者, 不必有德. (훌륭한 말이 있는 자가 반드시 덕이 있는 것은 아니다.)
> ○ 鳳鳥, 必不食死肉. (봉황은 반드시 죽은 고기를 먹지 않는다.)
> ○ 不得不從事於衣食. (의식에 종사하지 않을 수 없었다.)

나. 의문문(疑問文)

話者가 聽者에게 질문하여 대답을 요구하는 문장이다.

> 보기 ○ 以子之矛, 陷子之盾, 何如? (그대의 창으로 그대의 방패를 뚫으면 어떻게 되는가?)
> ○ 子將安之? (그대는 장차 어디로 가려는가?)
> ○ 何花最好? (어떤 꽃이 가장 예쁜가?)
> ○ 王以爲孰勝? (왕께서는 누가 이길 것이라 생각하십니까?)

다. 명령문(命令文)

話者가 聽者에게 어떤 행동을 하도록 요구하거나 요청하는 문장이다. '勿, 無, 請' 등 금지 또는 요청의 뜻을 나타내는 말이 같이 쓰이는 경우가 많다.

> 보기 ○ 附耳之言, 勿聽焉. (귀에 대고 하는 말은 듣지 마라.)
> ○ 無友不如己者. (자기보다 못한 사람을 벗하지 마라.)
> ○ 王請度之. (왕께서는 청컨대 헤아리십시오.)

라. 감탄문(感歎文)

사물이나 사실에 느낌을 받아 슬픔, 기쁨, 놀라움 등의 감정을 나타내는 문장이다. 문장 앞에 감탄사인 '嗚呼', '噫' 등의 감탄사를 사용하거나 '乎', '哉' 등 감탄의 어기를 나타내는 어조사를 문장 끝에 사용한다.

> 보기 ○ 噫! 天喪予! 天喪予! (아! 하늘이 나를 버리셨구나! 하늘이 나를 버리셨구나!)
> ○ 嗚呼! 國恥民辱, 乃至於此. (아! 나라의 수치와 백성의 욕됨이 여기에 이르렀구나.)
> ○ 噫! 悲夫. (아! 슬프구나.)
> ○ 嗚呼哀哉! (아! 슬프구나.)

5. 文章의 修辭法

한문문장은 다채로운 방법을 통하여 표현할 수 있다. 한문에서의 수사법은 문장의 표현과 의사전달의 효과에 착안하여 문장의 감상을 돕는 것으로 음운 효과를 고려한 압운과 평측, 문체, 그리고 표현기법 등을 들 수 있다. 한문 문법과 한문 수사법은 시문 작품을 감상하는 데에 있어 상보상생의 관계라고 할 수 있다. 한문 작품 안에는 한문 문법의 가도로 바라볼 때 불완전하고 어색한 표현이라 생각되는 문장이 한문 수사법의 시각으로 감상할 때는 고도의 예술적 표현인 경우가 많다.

가. 비유(比喩)

나타내고자 하는 대상을 다른 대상에 빗대어 표현하는 방법으로, 두 사물 사이의 유사성을 이용하여 표현하는 수법이다.

> 보기 ○ 君子之德, 風也. (군자의 덕은 바람이다.)
> ○ 君子之交, 淡如水. (군자의 사귐은 담박하기가 물과 같다.)
> ○ 淡白梨花面. (해맑기는 배꽃 얼굴이다.)

나. 대우(對偶)

 자수와 구법이 서로 같거나 서로 비슷한 어구의 표현을 이용하여 상반되거나 상관된 의미를 표현하는 방법이다.

> 보기 ○ 鳥之將死, 其鳴也哀. 人之將死, 其言也善. (새가 장차 죽으려 할 때에는 그 울음소리가 슬프고 사람이 장차 죽으려 할 때에는 그 말이 착하다.)
>
> ○ 江碧鳥逾白, 山青花欲然. (강은 푸르러 새 더욱 희고 산이 파라니 꽃이 불타는 듯하다.)

다. 과장(誇張)

 표현상의 필요에 의하여 고의로 그 사실을 과장하거나 객관적인 사람, 사물, 일에 대하여 확대 혹은 축소하여 묘사하는 방법이다.

> 보기 ○ 飛流直下三千尺, 疑是銀河落九天. (허공의 물이 곧장 쏟아지는데 삼천 척이나 되니 은하가 구천에서 떨어지는 것인 듯하였다.)
>
> ○ 大同江水何時盡, 別淚年年添綠波. (대동강 물이 어느 때나 마르리, 해마다 이별의 눈물이 보태지는 것을.)

라. 도치(倒置)

 뜻을 돌출시키고 語氣를 순하게 하며 성음을 조화롭게 하기 위하여 고의로 일반적인 언어 순서를 바꾸어 놓는 방법이다.

> 보기 ○ 誰與? 哭者. (누구입니까? 우는 사람이.)
>
> ○ 久矣! 吾不復夢見周公. (오래 되었구나! 내가 다시 꿈속에서 주공을 보지 못한 것이.)

6. 中學校 漢文科 教育課程解說 (要約)

교육과학기술부 고시 제2008-160호 (2008. 12. 26)

중학교 2010년 적용

가. 성격

(1) 한문은 한자문화권에서 공통적으로 사용되었던 고전(**古典**) 문언문(**文言文**)인 한문에 대한 기초적인 지식을 익혀 한문 독해와 언어생활에 활용하는 데 필요한 도구교과이며, 한문의 학습을 통하여 다양한 유형의 한문 자료를 비판적으로 이해하고 심미적으로 향유할 수 있는 능력을 기르기 위한 과목이다.

(2) 한문은 다양한 유형의 한문 자료에 담긴 선인들의 삶과 지혜, 사상과 감정을 이해하여 건전한 가치관과 바람직한 인성을 함양하며, 우리 생활 전반에 면면히 이어 온 전통문화를 바르게 계승하고, 창조적으로 발전시키는데 기여하는 과목이다.

(3) 한문은 한자문화권의 문화에 대한 기초적인 지식을 익혀 과거와 현재는 물론이고, 미래에도 한자 문화권 내에서의 상호 이해와 교류를 증진시키는 데 기여할 수 있는 교과이다.

(4) 특히, 한문 과목이 학교 교육의 정규교과로는 중학교부터 시작된다는 점을 감안하여, 학습자가 쉽고 재미있게 접근할 수 있도록 하는 데 유의한다.

나. 목표

(1) 중학교 한문 교육용 기초 한자 900자의 음과 뜻을 알고 쓸 수 있는 능력을 기른다.

(2) 한문에 대한 기초적인 지식을 익혀 한문 독해와 언어생활에 활용하는 능력을 기른다.

(3) 다양한 유형의 한문 자료를 비판적으로 이해하고 심미적으로 향유할 수 있는 능력을 기른다.

(4) 선인들의 삶과 지혜를 이해하고 건전한 가치관과 바람직한 인성을 함양하며, 전통문화를 바르게 이해하고 창조적으로 계승·발전시키려는 태도를 지닌다.

(5) 한자문화권의 문화에 대한 기초적인 지식을 익혀 한자문화권 내에서의 상호 이해와 교류 증진에 기여하려는 태도를 지닌다.

다. 내용

〈내용 체계〉

영역		내용
한문	읽기	단문의 읽기와 풀이
		산문의 읽기와 풀이
		한시의 읽기와 풀이
	이해	단문의 이해와 감상
		산문의 이해와 감상
		한시의 이해와 감상
	문화	전통문화의 이해와 계승
		한자문화권의 상호 이해와 교류
한문지식	한자	한자의 특징
		한자의 짜임
		한자의 역사
	어휘	단어의 형성
		단어의 갈래
		어휘와 의미
	문장	문장의 구조
		문장의 유형
		문장의 수사

라. 교수 · 학습 방법

(1) 교수 · 학습 계획

(가) 중학교 '한문'의 교육 목표를 충실히 반영하여 교수 · 학습 계획을 수립한다.

(나) '한문'과 '한문지식' 영역의 학습이 유기적으로 이루어질 수 있고, 반복학습이 가능하도록 계획한다.

(다) 학습자, 가정, 사회 등의 요구를 수렴하여 계획한다.

(라) 학습자의 일상생활에 도움이 되고, 학년 간 및 다른 교과와의 연계 학습이 가능하도록 계획한다.

(마) 학습 장면이나 학습자의 특수 상황 등을 고려하여 적절하게 계획한다.

(바) 목표 달성에 효과적인 교수·학습 방법을 다양하게 강구하되, 학습자가 적극적으로 참여하는 창의적인 학습 활동이 될 수 있도록 계획한다.

(사) 다양한 매체 자료를 활용할 수 있도록 계획한다.

(2) 교수·학습 방법

(가) 학습자가 쉽고 재미있게 학습할 수 있도록 하되, 다음 사항에 유의하여 교수·학습 방법을 계획한다.

① 한문 영역의 '읽기'는 다양한 수업 방법을 창의적으로 적용하여 읽고 풀이할 수 있도록 지도한다.

② 한문 영역의 '이해'는 강의법, 토의 학습법, 역할 놀이 학습법 등 다양한 수업 방법을 창의적으로 적용하여 이해하고 감상할 수 있도록 지도한다.

③ 한문 영역의 '문화'는 토론 학습법, 비교 학습법 등 다양한 수업 방법을 창의적으로 적용하여, 전통문화의 이해와 계승 및 한자문화권의 상호 이해와 교류 증진에 기여할 수 있도록 지도한다.

④ 한문지식 영역의 '한자'는 부수 중심 지도법, 구조 분석법 등 다양한 수업 방법을 창의적으로 적용하여 지도한다.

⑤ 한문지식 영역의 '어휘'는 조어 분석법, 언어 활용법, 색출법, 비교 학습법 등 다양한 수업 방법을 창의적으로 적용하여 지도한다.

⑥ 한문지식 영역의 '문장'은 다양한 수업 방법을 창의적으로 적용하여 지도한다.

※ 한문 과목 교수·학습 방법은 학습자가 한문을 쉽고 재미있게 학습할 수 있도록 하되, 학습 부담을 지나치게 느끼지 않는 범위 내에서 '한문'영역의 '읽기', '이해', '문화'와 '한문지식'영역의 '한자', '어휘', '문장'에 적합한 교수·학습 방법을 활용하도록 한다. 단, '한문지식'의 학습은 한문을 바르게 이해하는데 도움이 될 수 있도록 하되, 문법을 지나치게 강조하지 않도록 한다. '한문'영역과 '한문지식'영역의 교수·학습 방법에 제시된 수업 방법에 대해 몇 가지 예를 들면 다음과 같다.

○ 토의 학습법 : 문제 해결을 위해 학급 전체에서 학습자와 교사 또는 학습자 간 질의응답으로 진행하는 학습법이다.

○ 역할놀이 학습법 : 학습자 각자에게 역할을 부여하여 학습자의 능동적인 참여를 이끌어 내는 학습법이다.

○ 토론 학습법 : 문제 해결을 위해 학급을 몇 개의 작은 모둠으로 나누어 모 둠끼리 학습 내용을 자유롭게 토론하고, 모둠별로 토론 결과를 발표하는 학습법이다.

○ 비교 학습법 : 둘 이상의 학습 내용이나 또는 같은 내용이라도 달리 적용 되는 학습 내용에 대해 공통점과 차이점을 분류하여 학습의 수준을 넓혀 가는 학습법이다.

○ 부수 중심 지도법 : 부수의 의미를 중심으로 여러 개의 한자로 확장하는 학습법이다.

$$\text{예) } 貝 \nearrow 財 \rightarrow 貧 \searrow 貴 \qquad 雨 \nearrow 霜 \rightarrow 雲 \searrow 雪$$

○ 구조 분석법 : 한자의 짜임을 분석하여 지도하는 학습법이다. 구조 분석법 은 한자의 특성을 살려 그림을 그려서 수업을 진행한다든지, 질문 또는 토 의 학습 방법을 통해 스스로 알 수 있게 하는 등 다양한 방법의 적용이 가능하다.

예)

休 → 人(사람) + 木(나무) : 사람이 나무 밑에 있다. 곧 '쉬다'
材 → 木(나무 : 뜻 부분) + 才(재 : 음 부분)

○ 조어 분석법 : 어휘의 짜임을 풀이하여 지도하는 학습법이다.

예)

年少	年 少 나이 어리다	→ 나이가 어림

○ 언어 활용법 : 어휘를 실제 언어생활이나 학습 내용에 적용하게 하는 학습 법이다.

　예) 나는 논어라는 위대한 **古典**을 현대적인 관점에서 이것저것 해석해 보려고 했다. 〈안병욱, 사색인의 향연〉

○ 색출법 : 신문, 서적, 표지판, 광고 등에서 학습하거나, 학습한 어휘를 찾아 보는 학습법이다.

(나) 학습자의 학습 효과를 높일 수 있도록 '강의, 토론, 현장 학습, 협동 학습' 등 다양한 교수·학습 방법을 적용하여 지도한다.

(다) 다양한 매체 자료를 활용하여 학습 효과를 높이되, 교사와 학습자가 쌍방향 에서 소통할 수 있도록 한다.

(3) 교수 · 학습 자료

　(가) 교수 · 학습 자료는 학습자의 흥미와 동기를 유발하여 학습자 중심의 학습
　　　이 이루어지도록 구성한다.

　(나) 교수 · 학습 자료는 한문 독해 능력을 기르고 선인들의 삶과 지혜를 이해하
　　　며, 전통문화의 이해와 계승 및 한자문화권의 상호 이해와 교류증진에 도
　　　움이 되는 것으로 선정한다.

　(다) '한문', '한문지식'의 교수 · 학습 효과를 높이기 위해 매체 자료를 포함한 각
　　　종 자료를 효율적으로 활용한다.

마. 평가

(1) 평가 계획

　(가) 평가는 학습자의 학습 성취 정도를 타당하고 신뢰성 있게 평가할 수 있도
　　　록 평가 계획을 수립한다.

　(나) 평가 목적, 평가 주체, 평가 대상, 평가 기준, 평가 시기, 평가 상황 등을 종
　　　합적으로 고려하여 지필 평가와 수행 평가, 양적 평가와 질적 평가, 형식
　　　평가와 비형식 평가를 적절하게 활용한다.

　(다) 중학교 '한문' 교육 과정에 제시한 목표의 달성 여부에 중점을 두어 평가하
　　　되, 다음 사항에 유의한다.

　　　① 한문과 평가 목표와 학습 내용에 적합한 평가 방법을 사용하되, '한문'영역
　　　　과 '한문지식'영역을 유기적으로 통합하여 평가할 수 있도록 한다.

　　　② 학습자의 지식, 이해, 적용 능력을 균형 있게 평가하되, 평가 내용이 특정
　　　　영역에 편중되지 않도록 유의한다.

　　　③ 학습의 결과뿐만 아니라 학습의 과정도 평가하도록 한다.

　　　④ 평가 목적, 평가 방법, 평가 기준, 평가 내용, 평가 시기 등을 학습자에게
　　　　안내하여 평가를 통한 학습자의 한문 학습 능력 제고를 도모한다.

(2) 평가 목표와 내용

　(가) 평가 목표는 교육과정의 '성격', '목표', '내용'을 종합적으로 고려하여 설정
　　　한다.

　(나) 평가 목표는 평가 주체와 대상, 평가 내용, 평가 기준, 평가 방법, 평가 시
　　　기 등 교수 · 학습의 구체적 맥락을 고려하여 설정한다.

(다) '한문'영역과 '한문지식'영역의 평가 목표는 다음 사항에 유의하여 설정한다.
  ① 한문 영역의 '읽기'는 단문, 산문, 한시의 바르게 읽기와 정확한 풀이 능력에 중점을 둔다.
  ② 한문 영역의 '이해'는 단문, 산문, 한시의 내용과 주제, 특수한 표현 방식 등을 이해하고 감상할 수 있는 능력에 중점을 둔다.
  ③ 한문 영역의 '문화'는 전통문화의 이해와 계승, 한자문화권의 상호 이해와 교류에 중점을 둔다.
  ④ 한문지식 영역의 '한자'는 한자의 특징, 한자의 짜임, 한자의 역사 등 한자와 관련된 기초적인 지식의 성취와 그 활용에 중점을 둔다.
  ⑤ 한문지식 영역의 '어휘'는 단어의 형성, 단어의 갈래, 어휘와 의미 등 어휘와 관련된 기초적인 지식의 성취와 그 활용에 중점을 둔다.
  ⑥ 한문지식 영역의 '문장'은 문장의 구조, 문장의 유형, 문장의 수사 등 문장과 관련된 기초적인 지식의 성취와 그 활용에 중점을 둔다.
(라) 평가 내용은 한문과 교육과정의 '1. 성격', '2. 목표', '3. 내용'의 '가. 내용 체계'와 '나. 영역별 내용' 등을 종합적으로 고려하여 선정한다.
(마) 평가 내용은 학년별 수준과 범위를 고려하여 선정한다.
(바) 평가 내용 선정 시, 평가 방법의 편의성에 치우쳐 각 영역의 단편적 지식이나 기초적 기능에 편중되는 것을 지양한다.

(3) 평가방법
(가) 평가 목표, 평가 내용, 평가 기준 등과 연계하여 다양한 평가 방법을 활용한다.
(나) 단순 암기력보다는 이해력, 사고력, 창의력 등 고등 정신 능력을 평가할 수 있는 평가 방법과 평가 도구를 개발·활용한다.
(다) '한문' 영역과 '한문지식' 영역의 평가 목표와 평가 내용에 적합한 선택형(진위형, 배합형, 선다형)·서답형(단답형, 완결형, 논문형) 지필 평가와 토론, 관찰, 구술시험, 연구보고서, 포트폴리오 등의 다양한 평가 방법을 활용한다.
(라) 교사 중심의 평가 이외에 학습자의 자기 평가, 동료 평가 등의 방법을 적극 활용한다.
(마) 양적 평가 이외에 질적 평가, 수행 평가, 비형식 평가, 직접 평가 등의 다양한 평가 방법을 적극적으로 활용한다.

(4) 평가 결과의 활용

    (가) 평가 결과는 선수 학습의 정도나 성취 수준의 진단, 교수·학습 계획의 수립 등에 활용한다.

    (나) 평가 결과는 한문 학습 능력의 정도와 문제점을 파악하는 도구로 활용하여 학습자의 한문 학습 능력을 향상시키는데 도움을 주도록 하며, 교사의 수업 방법 및 평가 방법 개선의 자료로 활용한다.

제5장　四字小學

四 字 小 學

한자 · 한문교육의 기초 교과서라 할 수 있는 '사자소학'은 주희의 '*소학(小學)'과 기타 여러 경전의 명구를 발췌하여 10세 미만의 어린이 교육용으로 편집한 편집서이다. 때문에 편집자, 지방, 학파에 따라 그 내용과 순서가 서로 다를 수 있다.

사자소학은 서당에서 공부하는 아이들의 한자 기초 교과서로 쓰였다. 사자소학은 보통 240句節 960字로 孝行篇, 學問篇, 人性 · 道理篇, 兄弟友愛篇, 婦道篇, 修身 · 處世篇, 治國 · 爲民篇의 7편으로 구성되어 있다. 각 편은 올바른 마음가짐을 갖기 위한 기본적인 행동철학이 담겨져 있어, 한자공부에 도움을 줄 뿐만 아니라 종합적인 도덕교육과 인성교육을 위한 우수한 지도서가 된다. 이 책은 비록 옛날에 나온 것이지만, 그 정신은 21세기를 맞고 있는 오늘날에 더욱 빛나고 있으며, 어린이는 물론이고 어른들도 이를 가까이하다 보면 바른 인성함양에 도움이 될 것이다.

---

*소학(小學) : '小學'이란 원래 중국에서 文字와 그 解釋에 관한 학문, 또는 그것을 가르치는 學校였다. 이로 미루어 보아 夏, 殷, 周의 三代에는 小學이라는 學校가 있어 8세가 되면 六藝(禮, 樂, 射, 御, 書, 數)를 배웠던 것으로 여겨진다.

그러나 南宋시대의 晦菴 朱熹선생께서 소학의 교육이 제대로 행해지지 않음을 개탄하고 少年들을 學習시킬 책을 편찬하셨는데 이것이 바로 학교이름을 따서 붙인 「小學」이란 책이다. 이 「小學」이 우리나라에 들어온 時期는 高麗末期인 듯하며, 그 내용이 훌륭하여 많은 선비들이 이를 必讀하였다. 印刊이나 筆寫本 등이 많으나 현재 모두 밝힐 수 없으며, 지금 남아있는 것으로 李德成이 王命으로 쓴 「御製小學」과, 註解를 단 「小學諺解」, 영조의 「御製小學指南」, 丁若鏞이 지은 「小學枝言」 등이 전한다.

● 孝 行 篇 ●

父生我身하시고 母鞠吾身이로다	▶ 아버지께서 내 몸을 낳게 하시고 (아버지 부/ 날 생 / 나 아 / 몸 신) ▶ 어머니께서 내 몸을 기르셨다. (어머니 모 / 기를 국 / 나 오 / 몸 신)
腹以懷我하시고 乳以哺我로다	▶ 배로 나를 품으셨고 (배 복 / 써 이 / 품을 회 / 나 아) ▶ 젖으로 나를 먹이셨다. (젖 유 / 써 이 / 먹일 포 / 나 아)
以衣溫我하시고 以食活我로다	▶ 옷으로써 나를 따뜻하게 하셨고 (써 이 / 옷 의 / 따뜻할 온 / 나 아) ▶ 음식으로써 나를 살게 하셨다. (써 이 / 먹거리 식 / 살 활 / 나 아)
恩高如天하시고 德厚似地하시니	▶ 은혜의 높음은 하늘과 같고 (은혜 은 / 높을 고 / 같을 여 / 하늘 천) ▶ 은덕의 두터움은 땅과 같도다. (덕 덕 / 두터울 후 / 같을 사 / 땅 지)
爲人子者는 曷不爲孝리오	▶ 사람의 자식 된 자로서 (될 위 / 사람 인 / 자식 자 / 놈 자) ▶ 어찌 효도를 하지 않겠는가. (어찌 갈 / 아닐 불 / 할 위 / 효도 효)
欲報深恩인데 昊天罔極이로다	▶ 깊은 은혜를 갚고자 하지만 (하고자할 욕 / 갚을 보 / 깊을 심 / 은혜 은) ▶ 넓고 큰 하늘처럼 끝이 없구나. (넓은하늘 호 / 하늘 천 / 없을 망 / 다할 극)
父母呼我어시든 唯而趨之하고	▶ 부모님께서 나를 부르시면 (아버지 부 / 어머니 모 / 부를 호 / 나 아) ▶ 빨리 대답하고서 달려가야 하며 (빨리대답할 유 / 말이을 이 / 달릴 추 / 어조사 지)
父母之命은 勿逆勿怠하라	▶ 부모님의 명은 (아버지 부 / 어머니 모 / 어조사 지 / 명할 명) ▶ 거스르지 말고 게을리 하지 말라. (말 물 / 거스를 역 / 말 물 / 게으를 태)
侍坐親前어시든 勿踞勿臥하며	▶ 어버이를 앞에 모시고 앉을 때에는 (모실 시 / 앉을 좌 / 어버이 친 / 앞 전) ▶ 걸터앉지 말고 눕지 말 것이며 (말 물 / 걸터앉을 거 / 말 물 / 누울 와)
膝前勿坐하고 親面勿仰하라	▶ 무릎 앞에 앉지 말고 (무릎 슬 / 앞 전 / 말 물 / 앉을 좌) ▶ 어버이 얼굴을 쳐다보지 말라. (어버이 친 / 낯 면 / 말 물 / 쳐다볼 앙)

父母臥命이어시든 俯首聽之하고	▶ 부모님께서 누워서 명하시거든 (아버지 부 / 어머니 모 / 누울 와 / 명할 명) ▶ 머리를 구부리고 들어야 하며 (구부릴 부 / 머리 수 / 들을 청 / 어조사 지)
坐命跪聽하고 立命立聽하라	▶ 앉아서 명하시거든 꿇어앉아 듣고 (앉을 좌 / 명할 명 / 꿇어앉을 궤 / 들을 청) ▶ 서서 명하시거든 서서 들어야 한다. (설 립 / 명할 명 / 설 립 / 들을 청)
父母出入이어시든 每必起坐하며	▶ 부모님께서 나가고 들어오실 때에는 (아버지 부 / 어머니 모 / 날 출 / 들 입) ▶ 매번 반드시 일어났다 앉을 것이며 (매양 매 / 반드시 필 / 일어날 기 / 앉을 좌)
獻物父母어든 跪而進之하라	▶ 부모님께 물건을 드릴 때에는 (드릴 헌 / 물건 물 / 아버지 부 / 어머니 모) ▶ 꿇어앉아서(공손하게) 올려야 한다. (꿇어앉을 궤 / 말이을 이 / 올릴 진 / 어조사 지)
出必告之하고 返必拜謁하라	▶ 나갈 때에는 반드시 말씀을 드리고 (날 출 / 반드시 필 / 아뢸 곡 / 어조사 지) ▶ 돌아와서는 반드시 절하고 뵈어야 한다. (돌아올 반 / 반드시 필 / 절 배 / 뵐 알)
出不易方하고 遊必有方하라	▶ 나가서는 있는 곳을 바꾸지 말고 (날 출 / 아닐 불 / 바꿀 역 / 방향 방) ▶ 놀 때에는 반드시 일정한 장소가 있어야 한다. (놀 유 / 반드시 필 / 있을 유 / 방향 방)
若告西適하고 不復東往하라	▶ 만약 서쪽으로 간다고 말씀드렸으면 (만약 약 / 고할 고 / 서녘 서 / 갈 적) ▶ 다시 동쪽으로 가지 않아야 하며 (아닐 불 / 다시 부 / 동녘 동 / 갈 왕)
平生一欺라도 其罪如山이니라	▶ 평소 한번만 속일지라도 (평평할 평 / 날 생 / 한 일 / 속일 기) ▶ 그 죄는 산과 같다. (그 기 / 죄 죄 / 같을 여 / 뫼 산)
飮食雖惡이나 與之必食하고	▶ 음식이 비록 나쁘더라도 (마실 음 / 먹을 식 / 비록 수 / 나쁠 악) ▶ 그것을 주시면 반드시 먹을 것이며 (줄 여 / 어조사 지 / 반드시 필 / 먹을 식)
衣服雖惡이나 與之必着하라	▶ 의복이 비록 나쁘더라도 (옷 의 / 옷 복 / 비록 수 / 나쁠 악) ▶ 그것을 주시면 반드시 입어야 한다. (줄 여 / 어조사 지 / 반드시 필 / 입을 착)

飮食親前커든 勿出器聲하고	▶ 어버이 앞에서 음식을 먹을 때에는 (마실 음 / 먹을 식 / 어버이 친 / 앞 전) ▶ 그릇 부딪히는 소리를 내지 말고 (말 물 / 날 출 / 그릇 기 / 소리 성)
衣服帶鞋는 勿失勿裂하라	▶ 의복과 혁대와 신발은 (옷 의 / 옷 복 / 띠 대 / 신 혜) ▶ 잃어버리지 말고 찢지 말라. (말 물 / 잃을 실 / 말 물 / 찢을 렬)
父母有病이어시든 憂而謀療하라	▶ 부모님께서 병이 있으시거든 (아버지 부 / 어머니 모 / 있을 유 / 병 병) ▶ 근심하면서 병을 고칠 것을 꾀하며 (근심할 우 / 말이을 이 / 꾀할 모 / 병고칠 료)
父母唾痰은 每必覆之하라	▶ 부모님의 침이나 가래는 (아버지 부 / 어머니 모 / 침 타 / 가래 담) ▶ 매번 반드시 덮어야 한다.(추한 것을 가려드려야 한다.) (매양 매 / 반드시 필 / 덮을 부 / 어조사 지)
父母之年은 不可不知니라	▶ 부모님의 연세는 (아버지 부 / 어머니 모 / 어조사 지 / 나이 년) ▶ 알지 못하면 안 된다. (아닐 불 / 가히 가 / 아닐 부 / 알 지)
父母衣服은 勿踰勿踐하라	▶ 부모님의 의복은 (아버지 부 / 어머니 모 / 옷 의 / 옷 복) ▶ 넘지 말며 밟지 말라. (말 물 / 넘을 유 / 말 물 / 밟을 천)
侍坐親側에는 進退必恭하고	▶ 어버이 곁에 모시고 앉을 때에는 (모실 시 / 앉을 좌 / 어버이 친 / 곁 측) ▶ 나아가고 물러남을 반드시 공손히 하고 (나아갈 진 / 물러날 퇴 / 반드시 필 / 공손할 공)
立則視足하고 坐則視膝하라	▶ 서 있을 때는 발을 보고 (설 립 / 곧 즉 / 볼 시 / 발 족) ▶ 앉아있을 때는 무릎을 보아라. (앉을 좌 / 곧 즉 / 볼 시 / 무릎 슬)
昏必定褥하고 晨必省候하라	▶ 저녁에는 반드시 자리를 정하고 (저물 혼 / 반드시 필 / 정할 정 / 요 욕) ▶ 새벽에는 반드시 안후를 살펴라. (새벽 신 / 반드시 필 / 살필 성 / 살필 후)
夏則扇枕하고 冬則溫被하라	▶ 여름에는 베개 곁에서 부채질하고 (여름 하 / 곧 즉 / 부채 선 / 베개 침) ▶ 겨울에는 이불을 따뜻하게 하여 드려라. (겨울 동 / 곧 즉 / 따뜻할 온 / 이불 피)

父母愛之어시든 喜而勿忘하며	▶ 부모님께서 사랑해주시거든 (아버지 부 / 어머니 모 / 사랑 애 / 어조사 지) ▶ 기뻐하면서 잊지 말며 (기쁠 희 / 말 이을 이 / 말 물 / 잊을 망)
父母惡之어시든 懼而無怨하라	▶ 부모님께서 미워하시더라도 (아버지 부 / 어머니 모 / 미워할 오 / 어조사 지) ▶ 두려워하면서 원망하지 말아야 한다. (두려울 구 / 말 이을 이 / 없을 무 / 원망할 원)
雪裡求筍은 孟宗之孝요	▶ 눈 속에서 죽순을 구해온 것은 (눈 설 / 속 리 / 구할 구 / 죽순 순) ▶ 맹종의 효도이고 (맹종: 중국 吳나라의 효자로 유명한 사람) (성[姓] 맹 / 마루 종 / 어조사 지 / 효도 효)
叩氷得鯉는 王祥之孝로다	▶ 얼음을 두드려 잉어를 얻은 것은 (두드릴 고 / 얼음 빙 / 얻을 득 / 잉어 리) ▶ 왕상의 효도이다. (왕상: 중국 西晉시대의 효자로 이름난 사람) (성[姓] 왕 / 상서로울 상 / 어조사 지 / 효도 효)
對案不食이어시든 思得良饌하라	▶ 밥상을 대하고 잡수시지 않으시거든 (대할 대 / 책상 안 / 아닐 불 / 먹을 식) ▶ 좋은 반찬을 얻을(마련하여 드릴) 것을 생각하라. (생각 사 / 얻을 득 / 좋을 량 / 반찬 찬)
事親至孝는 養志養體이니라	▶ 어버이를 섬기는 지극한 효도는 (섬길 사 / 어버이 친 / 지극할 지 / 효도 효) ▶ 뜻을 받들고 몸을 잘 봉양함이다. (받들 양 / 뜻 지 / 봉양할 양 / 몸 체)
身體髮膚는 受之父母니	▶ 신체와 머리털과 피부는 (몸 신 / 몸 체 / 머리털 발 / 살갗 부) ▶ 부모에게서 받은 것이니 (받을 수 / 어조사 지 / 아버지 부 / 어머니 모)
不敢毁傷이 孝之始也요	▶ 감히 다치거나 상하게 하지 않는 것이 (아닐 불 / 감히 감 / 헐 훼 / 상할 상) ▶ 효도의 시작이요. (효도 효 / 어조사 지 / 처음 시 / 어조사 야)
立身行道하고 揚名後世하여	▶ 몸을 세워(출세하여) 도를 행하고 (설 립 / 몸 신 / 행할 행 / 도리 도) ▶ 이름을 후세에 드날려서 (날릴 양 / 이름 명 / 뒤 후 / 세상 세)
以顯父母가 孝之終也니라	▶ 이로써 부모의 이름을 드러냄이 (써 이 / 나타날 현 / 아버지 부 / 어머니 모) ▶ 효도의 마침이다. (효도 효 / 어조사 지 / 마침 종 / 어조사 야)

元是孝者란 爲仁之本이니	▶ 원래 효도는 (으뜸 원 / 이 시 / 효도 효 / 놈 자) ▶ 인을 행하는 근본이니 (할 위 / 어질 인 / 어조사 지 / 근본 본)
事親如此하면 可謂人子리라	▶ 어버이 섬기기를 이와 같이 하면 (섬길 사 / 어버이 친 / 같을 여 / 이 차) ▶ 사람의 자식이라 이를 만하다. (가히 가 / 이를 위 / 사람 인 / 자식 자)

● 學問篇 ●

始習文字어든 字劃楷正하라	▶ 비로소 문자를 익힐 때에는 (비로소 시 / 익힐 습 / 글월 문 / 글자 자) ▶ 글자의 획을 바르게 그을 것이며 (글자 자 / 그을 획 / 바를 해 / 바를 정)
晝耕夜讀하고 夏禮春詩하니라	▶ 낮에는 밭을 갈고 밤에는 글을 읽고 (낮 주 / 밭갈 경 / 밤 야 / 읽을 독) ▶ 여름에는 예를 읽히고 봄에는 시를 배운다. (여름 하 / 예도 례 / 봄 춘 / 글 시)
紙筆硯墨은 文房四友라 하고	▶ 종이와 붓과 벼루와 먹은 (종이 지 / 붓 필 / 벼루 연 / 먹 묵) ▶ 글방의 네 벗이다. (글월 문 / 방 방 / 넉 사 / 벗 우)
書机書硯은 自正其面하느니라	▶ 책상과 벼루는 (글 서 / 책상 궤 / 글 서 / 벼루 연) ▶ 스스로 그 면을 바르게 대하여야 한다. (스스로 자 / 바를 정 / 그 기 / 낯 면)
裏糧以送이면 勿懶讀書하라	▶ 양식(학비)을 싸서 보내 주시면 (쌀 과 / 양식 량 / 써 이 / 보낼 송) ▶ 독서하기를 게을리 하지 말라. (말 물 / 게으를 라 / 읽을 독 / 글 서)
借人典籍에는 勿毀必完하라	▶ 남에게 책을 빌렸을 때에는 (빌릴 차 / 사람 인 / 책 전 / 문서 적) ▶ 헐지 말고 반드시 온전히 해야 한다. (말 물 / 헐 훼 / 반드시 필 / 온전할 완)
飽食暖衣하고 逸居無敎는	▶ 배불리 먹고 따뜻이 입고 (배부를 포 / 먹을 식 / 따뜻할 난 / 입을 의) ▶ 편히 있으면서 가르침이 없으면 (편할 일 / 살 거 / 없을 무 / 가르칠 교)

卽近禽獸이니 聖人憂之하시니라	▶ 곧 금수에 가까워지니 (곧 즉 / 가까울 근 / 날짐승 금 / 짐승 수) ▶ 성인께서 이러한 것을 근심하셨다. (성인 성 / 사람 인 / 근심 우 / 어조사 지)

● 人性·道理篇 ●

父爲子綱이요 君爲臣綱이요	▶ 부모는 자식의 벼리가 되고 (아버지 부 / 될 위 / 자식 자 / 벼리 강) ▶ 임금은 신하의 벼리가 되며 (임금 군 / 될 위 / 신하 신 / 벼리 강)
夫爲婦綱이니 是謂三綱이니라	▶ 남편은 아내의 벼리가 되니 (남편 부 / 될 위 / 아내 부 / 벼리 강) ▶ 이것을 삼강이라 이른다. (이 시 / 이를 위 / 석 삼 / 벼리 강)
父子有親하며 君臣有義하며	▶ 부모와 자식은 친애함이 있고 (아버지 부 / 자식 자 / 있을 유 / 친할 친) ▶ 임금과 신하는 의리가 있고 (임금 군 / 신하 신 / 있을 유 / 옳을 의)
夫婦有別하며 長幼有序하며	▶ 남편과 아내는 분별이 있고 (남편 부 / 아내 부 / 있을 유 / 분별할 별) ▶ 어른과 아이는 차례가 있고 (어른 장 / 어릴 유 / 있을 유 / 차례 서)
朋友有信하며 是謂五倫이니라	▶ 벗과 벗 사이에는 믿음이 있으니 (벗 붕 / 벗 우 / 있을 유 / 믿을 신) ▶ 이것을 오륜이라 이른다. (이 시 / 이를 위 / 다섯 오 / 인륜 륜)
孔孟之道와 程朱之學은	▶ 공자와 맹자의 도리와 (성[姓] 공 / 성[姓] 맹 / 어조사 지 / 도리 도) ▶ 정자와 주자의 학문은 (성[姓] 정 / 성[姓] 주 / 어조사 지 / 배울 학)
正其誼而하되 不謀其利하며	▶ 그 의리(義理)를 바르게 하고서 (바를 정 / 그 기 / 옳을 의 / 말이을 이) ▶ 그 이익을 꾀하지 아니하고 (아닐 불 / 꾀할 모 / 그 기 / 이로울 리)
明其道而하되 不計其功이니라	▶ 그 도리를 밝히고서 (밝을 명 / 그 기 / 도리 도 / 말이을 이) ▶ 그 효과를 헤아리지 않는다. (아닐 불 / 셈할 계 / 그 기 / 공 공)

元亨利貞은 天道之常이요	▶ 원형이정은 ('元'은 봄으로 만물의 시초, '亨'은 여름으로 만물이 자라고, '利'는 가을로 만물이 이루어지고, '貞'은 겨울로 만물을 거둠을 뜻함) (으뜸 원 / 형통할 형 / 이로울 리 / 곧을 정) ▶ 천도(하늘의 도리)의 떳떳함이요. (하늘 천 / 도리 도 / 어조사 지 / 떳떳할 상)
仁義禮智는 人性之綱이니라	▶ 인의예지는 (어질 인 / 옳을 의 / 예도 례 / 지혜 지) ▶ 인간 성품의 벼리(근본)가 된다. (사람 인 / 성품 성 / 어조사 지 / 벼리 강)
起居坐立이 行動擧止요	▶ 일어서고 머물며 앉고 서는 것이 (일어날 기 / 살 거 / 앉을 좌 / 설 립) ▶ 행동거지이며 (행할 행 / 움직일 동 / 들 거 / 그칠 지)
禮義廉恥는 是謂四維이니라	▶ 예절과 의리와 청렴과 염치이니 (예도 례 / 옳을 의 / 청렴할 렴 / 부끄러워할 치) ▶ 이것을 사유(나라를 유지함에 최소한 필요한 네 가지 수칙)라 한다. (이 시 / 이를 위 / 넉 사 / 벼리 유)
天開於子하고 地闢於丑하고	▶ 하늘은 자방(子方)에서 열렸고 (하늘 천 / 열 개 / 어조사 어 / 첫째지지 자) ▶ 땅은 축방(丑方)에서 열렸고 (땅 지 / 열 벽 / 어조사 어 / 둘째지지 축)
人生於寅하나니 是謂太古라 하느니라	▶ 사람은 인방(寅方)에서 태어났으니 (사람 인 / 날 생 / 어조사 어 / 셋째지지 인) ▶ 이를 태고라 이른다. (이 시 / 이를 위 / 클 태 / 예 고)

● 兄弟友愛篇 ●

兄有過失이어든 和氣以諫하고	▶ 형에게 과실(잘못)이 있으면 (맏 형 / 있을 유 / 허물 과 / 잃을 실) ▶ 화목한 기운으로 간할 것이며 (화할 화 / 기운 기 / 써 이 / 간할 간)
弟有過誤어든 怡聲以訓하라	▶ 동생에게 과오가 있으면 (아우 제 / 있을 유 / 허물 과 / 그릇될 오) ▶ 온화한 소리로 훈계해야 한다. (화할 이 / 소리 성 / 써 이 / 가르칠 훈)
兄無衣服이어든 弟必獻之하고	▶ 형이 의복이 없으면 (맏 형 / 없을 무 / 옷 의 / 옷 복) ▶ 동생은 반드시 드려야 하고 (아우 제 / 반드시 필 / 드릴 헌 / 어조사 지)

弟無飮食이어든 兄必與之하라	▶ 동생이 먹을 것이 없으면 (아우 제 / 없을 무 / 마실 음 / 먹을 식) ▶ 형은 반드시 주어야 한다. (맏 형 / 반드시 필 / 줄 여 / 어조사 지)
一粒之穀이라도 必分以食하고	▶ 한 알의 곡식이라도 (한 일 / 낟알 립 / 어조사 지 / 곡식 곡) ▶ 반드시 나누어서 먹으며 (반드시 필 / 나눌 분 / 써 이 / 먹을 식)
一縷之衣라도 必分以衣하라	▶ 한 올의 옷이라도 (한 일 / 실 루 / 어조사 지 / 옷 의) ▶ 반드시 나누어서 입어라. (반드시 필 / 나눌 분 / 써 이 / 입을 의)
兄飢弟飽하면 禽獸之遂라	▶ 형은 굶주리는데 동생만 배부름은 (맏 형 / 굶주릴 기 / 아우 제 / 배부를 포) ▶ 금수가 되는 것이요. (날짐승 금 / 짐승 수 / 어조사 지 / 따를 수)
兄弟之情은 友愛而已니라	▶ 형제간의 마음은 (맏 형 / 아우 제 / 어조사 지 / 뜻 정) ▶ 우애로워야 할 따름이다. (우애 우 / 사랑 애 / 말이을 이 / 따름 이)
父義母慈하고 兄友弟恭하라	▶ 아버지는 의롭고 어머니는 자애롭고 (아버지 부 / 옳을 의 / 어머니 모 / 사랑 자) ▶ 형은 우애하고 동생은 공손하며 (맏 형 / 우애 우 / 아우 제 / 공손할 공)
愛親敬兄은 良知良能이니라	▶ 어버이를 사랑하고 형을 공경함은 (사랑 애 / 어버이 친 / 공경 경 / 맏 형) ▶ 저절로 알 수 있고 저절로 잘 할 수 있다. (어질 량 / 알 지 / 어질 량 / 능할 능)

● 婦道篇 ●

男女有別하고 夫婦有恩이라	▶ 남녀는 분별이 있어야 하고 (사내 남 / 계집 녀 / 있을 유 / 분별할 별) ▶ 부부는 은애(사랑함)가 있어야 한다. (남편 부 / 아내 부 / 있을 유 / 은혜 은)
夫道剛直이요 婦德柔順이니라	▶ 남편의 도리는 강직해야 하고 (남편 부 / 도리 도 / 굳셀 강 / 곧을 직) ▶ 아내의 덕은 유순해야 한다. (아내 부 / 덕 덕 / 부드러울 유 / 순할 순)

在家從父하고 適人從夫하며	▶ 집에 있을 때에는 아버지를 따르고 (있을 재 / 집 가 / 따를 종 / 아버지 부) ▶ 남에게 시집가서는 남편을 따르고 (시집갈 적 / 사람 인 / 따를 종 / 남편 부)
夫死從子하니 是謂三從이라	▶ 남편이 죽으면 자식을 따라야 하니 (남편 부 / 죽을 사 / 따를 종 / 자식 자) ▶ 이것을 삼종지도라 이른다. (이 시 / 이를 위 / 석 삼 / 따를 종)
男有四德하니 身言書判이요	▶ 남자에게는 네 가지 덕이 있으니 (사내 남 / 있을 유 / 넉 사 / 덕 덕) ▶ 몸(체모), 언변, 문필, 판단력이다. (몸 신 / 말씀 언 / 글 서 / 판단할 판)
女有四譽하니 德容言工이니라	▶ 여자에게는 네 가지 명예가 있으니 (계집 녀 / 있을 유 / 넉 사 / 명예 예) ▶ 덕과 용모와 말씨와 솜씨이다. (덕 덕 / 얼굴 용 / 말씀 언 / 장인 공)

● 修身·處世篇 ●

勿立門中하고 勿坐房中하라	▶ 문 가운데에 서지 말고 (말 물 / 설 립 / 문 문 / 가운데 중) ▶ 방 한가운데에 앉지 말라. (말 물 / 앉을 좌 / 방 방 / 가운데 중)
行勿慢步하고 坐勿倚身하라	▶ 걸어갈 때에는 걸음을 거만하게 하지 말고 (행할 행 / 말 물 / 거만할 만 / 걸을 보) ▶ 앉을 때에는 몸을 기대지 말라. (앉을 좌 / 말 물 / 기댈 의 / 몸 신)
寢則連衾하고 食則同案하라	▶ 잠을 잘 때에는 이불을 함께 덮고 (잘 침 / 곧 즉 / 잇닿을 련 / 이불 금) ▶ 음식을 먹을 때에는 밥상을 함께 하며 (먹을 식 / 곧 즉 / 함께 동 / 책상 안)
居處靖靜하고 步履安詳하라	▶ 거처는 편안하고 고요한 곳에 하고 (살 거 / 곳 처 / 편안할 정 / 고요할 정) ▶ 걸음걸이는 편안하고 침착하게 하라. (걸음 보 / 밟을 리 / 편안할 안 / 자세할 상)
寒不敢襲하고 暑勿褰裳하라	▶ 춥다고 하여 감히 껴입지 말고 (찰 한 / 아닐 불 / 감히 감 / 껴입을 습) ▶ 덥다고 하여 치마(바지)를 걷지 말라. (더울 서 / 말 물 / 걷어올릴 건 / 치마 상)

衣冠肅整하고 容貌端莊하라	▶ 의복과 갓은 가지런하게 하며 (옷 의 / 갓 관 / 엄숙할 숙 / 가지런할 정) ▶ 용모는 단정하게 하라. (모양 용 / 모양 모 / 단정할 단 / 단정할 장)
常德固持하며 然諾重應하라	▶ 떳떳한 덕을 굳게 지키고 (떳떳할 상 / 덕 덕 / 굳을 고 / 가질 지) ▶ 승낙할 때에는 신중히 대답하라. (그럴 연 / 허락할 낙 / 무거울 중 / 응할 응)
飲食愼節하며 居處必恭하라	▶ 음식은 삼가고 절제하며 (마실 음 / 먹을 식 / 삼갈 신 / 절제할 절) ▶ 거처는 반드시 공손하게 하라. (살 거 / 곳 처 / 반드시 필 / 공손할 공)
言必忠信하며 行必正直하라	▶ 말은 반드시 마음을 다하고 진실하게 하며 (말씀 언 / 반드시 필 / 충성 충 / 믿을 신) ▶ 행실은 반드시 올바르고 곧게 하라. (행할 행 / 반드시 필 / 바를 정 / 곧을 직)
出言顧行하며 作事謀始하라	▶ 말을 할 때에는 행할 것을 돌아보고 (날 출 / 말씀 언 / 돌아볼 고 / 행할 행) ▶ 일을 할 때에는 시작부터 계획하라. (지을 작 / 일 사 / 꾀할 모 / 처음 시)
口勿雜談하고 手勿雜戲하라	▶ 입으로는 잡담을 하지 말며 (입 구 / 말 물 / 섞일 잡 / 말씀 담) ▶ 손으로는 장난을 하지 말라. (손 수 / 말 물 / 섞일 잡 / 희롱할 희)
出入門戶어든 開閉必恭하라	▶ 문호를 출입할 때에는 (날 출 / 들 입 / 문 문 / 문 호) ▶ 열고 닫기를 반드시 공손히 하라. (열 개 / 닫을 폐 / 반드시 필 / 공손할 공)
非禮勿視하며 非禮勿聽하며	▶ 예가 아니거든 보지 말며 (아닐 비 / 예도 례 / 말 물 / 볼 시) ▶ 예가 아니거든 듣지 말고 (아닐 비 / 예도 례 / 말 물 / 들을 청)
非禮勿言하며 非禮勿動이니라	▶ 예가 아니거든 말하지 말고 (아닐 비 / 예도 례 / 말 물 / 말씀 언) ▶ 예가 아니거든 움직이지 말라. (아닐 비 / 예도 례 / 말 물 / 움직일 동)
視思必明하며 聽思必聰하며	▶ 볼 때에는 반드시 분명히 볼 것을 생각하고 (볼 시 / 생각 사 / 반드시 필 / 밝을 명) ▶ 들을 때에는 반드시 정확히 들을 것을 생각하고 (들을 청 / 생각 사 / 반드시 필 / 귀 밝을 총)

色思必溫하며　貌思必恭하며	▸ 얼굴빛은 반드시 온화하기를 생각하고 (빛 색 / 생각 사 / 반드시 필 / 따뜻할 온) ▸ 태도는 반드시 공손하기를 생각하고 (모양 모 / 생각 사 / 반드시 필 / 공손할 공)
言思必忠하며　事思必敬하며	▸ 말은 반드시 마음을 다할 것을 생각하고 (말씀 언 / 생각 사 / 반드시 필 / 충성 충) ▸ 일은 반드시 집중할 것을 생각하고 (일 사 / 생각 사 / 반드시 필 / 공경할 경)
疑思必問하며　忿思必難하며	▸ 의심난 것은 반드시 물어보기를 생각하고 (의심할 의 / 생각 사 / 반드시 필 / 물을 문) ▸ 분할 때에는 반드시 어려워질 것을 생각하고 (성낼 분 / 생각 사 / 반드시 필 / 어려울 난)
見得思義니　是謂九思니라	▸ 이득을 보면 의로운가를 생각하여야 하는 것이니 (볼 견 / 얻을 득 / 생각 사 / 옳을 의) ▸ 이를 구사(九思)라 이른다. (이 시 / 이를 위 / 아홉 구 / 생각 사)
足容必重하며　手容必恭하며	▸ 발의 모양은 반드시 신중하게 하고 (발 족 / 모양 용 / 반드시 필 / 무거울 중) ▸ 손의 모양은 반드시 공손하며 (손 수 / 모양 용 / 반드시 필 / 공손할 공)
目容必端하며　口容必止하며	▸ 눈의 모양은 반드시 단정하게 하고 (눈 목 / 모양 용 / 반드시 필 / 단정할 단) ▸ 입의 모양은 반드시 다물어야 하며 (입 구 / 모양 용 / 반드시 필 / 그칠 지)
聲容必靜하며　頭容必直하며	▸ 소리의 모양은 반드시 조용하게 하고 (소리 성 / 모양 용 / 반드시 필 / 고요할 정) ▸ 머리의 모양은 반드시 바르게 하며 (머리 두 / 모양 용 / 반드시 필 / 곧을 직)
氣容必肅하며　立容必德하며	▸ 기색의 모습은 반드시 엄숙하게 하고 (기운 기 / 모양 용 / 반드시 필 / 엄숙할 숙) ▸ 서있는 모습은 반드시 덕이 있게 하며 (설 립 / 모양 용 / 반드시 필 / 덕 덕)
色容必莊이니　是謂九容이니라	▸ 얼굴빛의 모습은 반드시 바르게 하여야 할 것이니 (빛 색 / 얼굴 용 / 반드시 필 / 바를 장) ▸ 이것을 구용(九容)이라 이른다. (이 시 / 이를 위 / 아홉 구 / 모양 용)
言行相違하면　辱及于先이요	▸ 말과 행실이 서로 어긋나게 되면 (말씀 언 / 행할 행 / 서로 상 / 어긋날 위) ▸ 욕이 선조에 미치게 되고 (욕 욕 / 미칠 급 / 어조사 우 / 먼저 선)

不履言約이면　辱及于身이니라	▶ 언약한 바를 이행하지 않으면 (아닐 불 / 행할 리 / 말씀 언 / 맺을 약) ▶ 욕이 자신에게 미치게 된다. (욕 욕 / 미칠 급 / 어조사 우 / 몸 신)
鷄鳴而起하여　必盥必漱하라	▶ 닭이 울면 일어나서 (닭 계 / 울 명 / 말이을 이 / 일어날 기) ▶ 반드시 세수하고 반드시 양치질하며 (반드시 필 / 씻을 관 / 반드시 필 / 양치할 수)
居必擇鄰하며　就必有德하라	▶ 거처는 반드시 이웃을 가려서 하고 (살 거 / 반드시 필 / 가릴 택 / 이웃 린) ▶ 나아가거든 반드시 덕 있는 이를 따라야 한다. (나아갈 취 / 반드시 필 / 있을 유 / 덕 덕)
德業相勸하고　過失相規하며	▶ 좋은 일은 서로 권하고 (덕 덕 / 일 업 / 서로 상 / 권할 권) ▶ 과실은 서로 바로잡을 것이며 (허물 과 / 잃을 실 / 서로 상 / 법 규)
禮俗相交하고　患難相恤하니라	▶ 예도 있는 풍속으로 서로 사귀고 (예도 례 / 풍속 속 / 서로 상 / 사귈 교) ▶ 환난을 서로 구제하여야 한다. (근심 환 / 어려울 난 / 서로 상 / 구휼할 휼)
貧窮患難에　親戚相救하며	▶ 가난하거나 환난을 만났을 때에는 (가난할 빈 / 궁할 궁 / 근심 환 / 어려울 난) ▶ 친척들이 서로 구원하여야 하며 (친할 친 / 겨레 척 / 서로 상 / 구원할 구)
婚姻死喪에　鄰保相助하라	▶ 혼인이나 초상을 만났을 때에는 (혼인할 혼 / 혼인 인 / 죽을 사 / 초상 상) ▶ 이웃들이 서로 도와야 한다. (이웃 린 / 보호할 보 / 서로 상 / 도울 조)
終身讓畔이라도　不失一段이요	▶ 평생토록 밭두둑을 양보하더라도 (마칠 종 / 몸 신 / 양보할 양 / 밭두둑 반) ▶ 한 뙈기도 잃지 않을 것이며 (아닐 불 / 잃을 실 / 한 일 / 조각 단)
終身讓路라도　不枉百步이니라	▶ 한평생 길을 양보하더라도 (마칠 종 / 몸 신 / 양보할 양 / 길 로) ▶ 백 걸음도 굽히지 않을 것이다.(너무 인색하게 살지 말아라.) (아닐 불 / 굽힐 왕 / 일백 백 / 걸음 보)
積善之家는　必有餘慶이요	▶ 선을 쌓은 집안에는 (쌓을 적 / 착할 선 / 어조사 지 / 집 가) ▶ 반드시 남는 경사가 있고 (반드시 필 / 있을 유 / 남을 여 / 경사 경)

積惡之家는 必有餘殃이니라	▶ 악을 쌓은 집안에는 (쌓을 적 / 악할 악 / 어조사 지 / 집 가) ▶ 반드시 남는 재앙이 있을 것이다. (반드시 필 / 있을 유 / 남을 여 / 재앙 앙)

● 治國·爲民篇 ●

修身齊家는 治國之本이요	▶ 자신을 올바르게 하고 집안을 가지런히 하는 것은 (닦을 수 / 몸 신 / 가지런할 제 / 집 가) ▶ 나라를 다스리는 근본이다. (다스릴 치 / 나라 국 / 어조사 지 / 근본 본)
士農工商은 是謂四民이라	▶ 선비와 농부와 장인과 상인은 (선비 사 / 농사 농 / 장인 공 / 장사 상) ▶ 이를 사민(四民)이라 이른다. (이 시 / 이를 위 / 넉 사 / 백성 민)
鰥寡孤獨은 謂之四窮이라	▶ 홀아비와 과부와 고아와 자식 없는 늙은이는 (홀아비 환 / 과부 과 / 외로울 고 / 홀로 독) ▶ 이를 사궁(四窮: 네 가지의 곤궁한 사람)이라 이르며 (이를 위 / 어조사 지 / 넉 사 / 궁할 궁)
發政施仁커든 先施四者하라	▶ 선정(善政)을 펴고 인심(仁心)을 베풂은 (필 발 / 정사 정 / 베풀 시 / 어질 인) ▶ 먼저 사궁(四窮)에게 베풀어야 한다. (먼저 선 / 베풀 시 / 넉 사 / 놈 자)
十室之邑이라도 必有忠信이니라	▶ 열 집밖에 안 되는 작은 마을에도 (열 십 / 집 실 / 어조사 지 / 마을 읍) ▶ 반드시 마음을 다하고 진실한 사람이 있는 것이다. (반드시 필 / 있을 유 / 충성 충 / 믿을 신)
人不忠信이면 何謂人乎릿까	▶ 사람으로서 마음을 다하고 진실하지 않다면 (사람 인 / 아닐 불 / 충성 충 / 믿을 신) ▶ 어찌 사람이라 할 수 있으리오. (어찌 하 / 이를 위 / 사람 인 / 어조사 호)
非我言耄은 惟聖之謨이니라	▶ 내 말은 늙은이의 잔소리가 아니라 (아닐 비 / 나 아 / 말씀 언 / 늙은이 모) ▶ 오직 성인의 가르침이다. (오직 유 / 성인 성 / 어조사 지 / 꾀 모)
嗟嗟後學아 敬受此書하라	▶ 아! 아! 후학들이여! (탄식할 차 / 탄식할 차 / 뒤 후 / 배울 학) ▶ 공경히 이 책을 받아들여야 한다. (공경할 경 / 받을 수 / 이 차 / 글 서)

제6장
中學校 漢文敎科書 (抄錄)

🌀 短文

🌀 散文

🌀 漢詩

短文

1. 사상

가. 君子

君子는 求諸己하고 小人은 求諸人이라 〈논어〉

> **해석** 군자는 자신에게서 구하고 소인은 남에게서 구한다.

君子之過也는 如日月之食焉이니 過也에 人皆見之하고 更也에 人皆仰之니라 〈논어〉

> **해석** 군자의 잘못은 일식과 월식 같아서 잘못하면 사람들이 보고, 고치면 사람들이 다 우러러본다.

君子는 憂道요 不當憂貧이니라 〈격몽요결〉

> **해석** 군자는 도를 근심할 것이지, 가난을 근심해서는 안 된다.

大丈夫는 當容人이언정 無爲人所容이니라 〈하학지남〉

> **해석** 대장부는 남을 용서할지언정 남의 용서를 받는 처지가 되지 마라.

丈夫生世에 用則效死요, 不用則耕於野라도 足矣니라 〈해동속소학〉

> **해석** 사나이가 세상에 태어나 나라에 쓰이면 목숨을 바치고, 쓰이지 못하면 들에서 밭을 갈아도 만족해야 한다.

나. 仁義禮智

知者樂水하고 仁者樂山이니라 〈논어〉

> **해석** 지자(知者)는 물을 좋아하고, 인자(仁者)는 산을 좋아한다.

不義而富且貴는 於我에 如浮雲이라   〈논어〉

해석   의롭지 못한데도 부유하고 또 존귀한 것은 나에게 뜬구름과 같다.

仁은 人之安宅也요 義는 人之正路也라   〈맹자〉

해석   인은 사람의 편안한 집이요, 의는 사람의 바른 길이다.

仁은 人心也요 義는 人路也라
舍其路而不由하며 放其心而不知求하나니 哀哉라!   〈맹자〉

해석   인은 사람의 마음이요, 의는 사람의 길이다. 그 길을 버리고 따르지 않
       으며, 그 마음을 잃어버리고 구할 줄을 모르니, 애석하다.

無惻隱之心이면 非人也며 無羞惡之心이면 非人也며
無辭讓之心이면 非人也며 無是非之心이면 非人也니라   〈맹자〉

해석   측은한 마음이 없으면 사람이 아니며, 부끄러워하고 (선하지 않은 것
       을) 미워하는 마음이 없으면 사람이 아니며, 사양하는 마음이 없으면
       사람이 아니며, 시비를 분별하는 마음이 없으면 사람이 아니다.

非禮勿視하며 非禮勿聽하며 非禮勿言하며 非禮勿動하라   〈논어〉

해석   예가 아니면 보지 말며, 예가 아니면 듣지 말며, 예가 아니면 말하지
       말며, 예가 아니면 움직이지 마라.

父子有親하며 君臣有義하며 夫婦有別하며 長幼有序하며 朋友有信이니라
                                                              〈맹자〉

해석   부자 사이에는 친함이 있고, 군신 사이에는 의리가 있고, 부부 사이에
       는 분별이 있으며, 장유 사이에는 차례가 있으며, 친구 사이에는 믿음
       이 있다.

天地之間 萬物之中에 惟人이 最貴하니 所貴乎人者는 以其有五倫也니라
〈동몽선습〉

해석 하늘과 땅 사이, 만물 가운데 오직 사람이 가장 귀하니, 사람이 귀한 이유는 오륜이 있기 때문이다.

物有本末하고 事有終始하니 知所先後면 則近道矣라　〈대학〉

해석 사물에는 근본과 끝이 있고, 일에는 처음과 마침이 있으니, 먼저하고 나중에 할 것을 알면 곧 도에 가까워진다.

己所不欲을 勿施於人하라　〈논어〉

해석 자기가 하고 싶지 않은 것을 다른 사람에게 시키지 말라.

行有不得者어든 皆反求諸己니라　〈맹자〉

해석 행하고서 얻지 못하였거든 모두 자신에게 돌이켜 구해야 한다.

人性之善也는 猶水之就下也니 人無有不善이요 水無有不下니라　〈맹자〉

해석 사람의 성품이 착한 것은 물이 아래로 나아가는 것과 같으니, 사람이면서 착하지 않은 사람이 있지 않고 물이면서 아래로 흐르지 않는 것이 없다.

다. 政治

爲政之道는 本於得人이라　〈동국문헌비고〉

해석 정치를 하는 도는 사람을 얻는 데 근본한다.

敎化之本은 在乎足衣食이라　〈통전〉

해석 교화의 근본은 의복과 음식을 풍족하게 해주는 데 있다.

王者之政은 莫先於安民이니 民安然後에 國可得而安矣니라 〈잠곡유고〉

해석 왕의 정치는 백성을 편안하게 하는 것보다 먼저 할 것이 없으니, 백성이 편안한 연후에 나라가 편안할 수 있다.

라. 忠과 孝

夫要生者는 必死하고 期死者는 得生이니라 〈민영환〉

해석 살려고 하는 자는 반드시 죽고, 죽음을 기약하는 자는 살 수 있다.

吾平生에 以忠孝로 自期하니 臨戰하여 不可不勇하여라 〈삼국사기〉

해석 내 평생에 충효로써 스스로 기약하였으니, 전쟁에 임해서 용맹하지 않을 수 없다.

余爲大韓獨立而死하니 死何恨이리오 〈한국통사〉

해석 나는 대한독립을 위해 죽으니 죽음이 어찌 한스럽겠는가.

父母在어시든 不遠遊하고 遊必有方이니라 〈논어〉

해석 부모님께서 계시면 멀리서 놀지 말고, 놀 때에는 반드시 행방을 두어야 한다.

日月이 如流하니 事親이 不可久也니라 〈격몽요결〉

해석 세월이 물 흐르듯 하니 어버이 섬김을 오래 할 수 없다.

孝子는 不談父之過하고 嚴父는 不言子之德이니라 〈국조인물고〉

해석 효자는 아버지의 허물을 말하지 않고, 엄한 아버지는 자식의 덕을 말하지 않는다.

孝於親이면 子亦孝之하나니 身旣不孝면 子何孝焉이리오 〈명심보감〉

> 해석 어버이께 효도하면 자식 또한 효도하나니, 자신이 이미 효도를 하지 않으면 자식이 어찌 효도하리요.

樹欲靜而風不止하고 子欲養而親不待니라 〈한시외전〉

> 해석 나무는 고요하려 해도 바람이 그치지 않고, 자식은 봉양하려 해도 어버이께서 기다리지 않는다.

2. 가족과 친구

가. 家族

妻賢夫禍少요 子孝父心寬이라 〈명심보감〉

> 해석 아내가 현명하면 남편의 화가 적고, 자식이 효도하면 아버지의 마음이 넓으니라.

夫婦는 人倫之始며 萬福之源이니 所關至重이라 〈해동속소학〉

> 해석 부부는 인륜의 시작이며 만복의 근원이니, 지극히 소중하게 여겨야 할 것이다.

兄弟는 同受父母遺體하니 與我如一身이라 〈격몽요결〉

> 해석 형제는 부모님께서 주신 몸을 함께 받았으니, 나와 더불어 한 몸과 같다.

兄弟는 比之木則同根也니 兄弟之情은 友愛而已니라 〈학어집〉

> 해석 형제는 나무에 비교하면 뿌리가 같으니, 형제의 정은 우애할 뿐이다.

積善之家에 必有餘慶이라 〈역경〉

해석　선을 쌓는 집에는 반드시 더한 경사가 있다.

나. 親舊

三人行에 必有我師焉이니라 〈논어〉

해석　세 사람이 길을 가는 데는 반드시 나의 스승이 있다.

水至淸則無魚요 人至察則無徒니라 〈공자가어〉

해석　물이 지극히 맑으면 물고기가 없고, 사람이 너무 살피면 따르는 무리가 없다.

君子는 以同道로 爲朋이요 小人은 以同利로 爲朋이라 〈구양수〉

해석　군자는 도를 함께함으로써 벗을 삼고, 소인은 이익을 함께함으로써 벗을 삼는다.

路遠知馬力이요 日久見人心이라 〈명심보감〉

해석　길이 멀어야 말의 힘을 알 수 있고, 날이 오래야 사람의 마음을 알 수 있다.

衣以新爲好하고 人以舊爲好니라 〈순오지〉

해석　옷은 새 것을 좋게 여기고, 사람은 옛 친구를 좋게 여긴다.

以勢交者는 勢退則絶하고 以利交者는 利窮則散하니라 〈안씨가훈〉

해석　권세로써 사귄 사람은 권세가 쇠퇴하면 끊어지고, 이익으로써 사귄 사람은 이익이 다하면 흩어진다.

貧賤之交는 不可忘이요 糟糠之妻는 不下堂이라 〈후한서〉

해석　빈천할 때 사귄 친구는 잊어서는 안 되며, 고생할 때의 아내는 내쫓아서는 안 된다.

3. 언행

가. 言語

良藥은 苦於口나 而利於病하고 忠言은 逆於耳나 而利於行이니라
〈공자가어〉

> **해석** 좋은 약은 입에 쓰지만 병에 이롭고, 충성스런 말은 귀에 거슬리나 행동에 이롭다.

信言不美하고 美言不信이라
〈노자〉

> **해석** 진실된 말은 꾸미지 않고, 곱게 꾸민 말은 진실되지 않다.

病從口入하고 禍從口出하니라
〈명심보감〉

> **해석** 병은 입으로 들어가고 재앙은 입에서 나온다.

一言不中이면 千語無用이라
〈명심보감〉

> **해석** 한 마디 말이 맞지 않으면 천 마디 말이 쓸 데 없다.

人之過失은 多由言語니 言必忠信하고 發必以時하라
〈율곡전서〉

> **해석** 사람의 과실은 말 때문인 것이 많으니 말은 반드시 충성되고 믿음직스러워야 하고, 말할 때에는 때에 맞게 해야 한다.

志不強者는 智不達하고 言不信者는 行不果니라
〈묵자〉

> **해석** 뜻이 강하지 않는 자는 지혜를 이루지 못하고 말이 미덥지 않은 자는 행동에 결과가 없다.

나. 善行

終身行善이라도 善猶不足이요 一日行惡이라도 惡自有餘니라　〈명심보감〉

> 해석　종신토록 선을 행하여도 선은 오히려 부족하고, 하루 동안 악을 행하여도 악은 스스로 남음이 있다.

於我善者에 我亦善之하고 於我惡者라도 我亦善之니라　〈명심보감〉

> 해석　나에게 좋게 하는 자에게 나 또한 그를 좋게 하고, 나에게 나쁘게 하는 자에게도 나는 또한 좋게 해야 한다.

勿以善小而不爲하고 勿以惡小而爲之하라　〈명심보감〉

> 해석　선이 작다고 아니 하지 말고, 악이 작다고 하지 마라.

與人相約會엔 必先往하고 雖風雨라도 必不食言이라　〈사소절〉

> 해석　남과 서로 만날 것을 약속하면 반드시 먼저 가고, 비록 비바람이 불어도 반드시 약속을 어기지 마라.

若不義之物이면 則不取也라

> 해석　만일 불의한 물건이면 취하지 마라.

다. 學問

吾十有五而志于學하고 三十而立하고 四十而不惑하고 五十而知天命하고 六十而耳順하고 七十而從心所欲하야 不踰矩호라　〈논어〉

> 해석　나는 열다섯에 배움에 뜻을 두고, 서른 살에 자립하고, 마흔 살에 의혹됨이 없고, 쉰 살에 천명을 알고, 예순 살에 들은 대로 다 통했고, 일흔 살에 마음이 하고 싶은 대로 좇아도 법을 넘지 않았다.

學而時習之면 不亦說乎아 有朋이 自遠方來면 不亦樂乎아 〈논어〉

해석 배우고 때때로 익히면 또한 기쁘지 않은가? 벗이 먼 곳에서 오면 또한 기쁘지 않은가?

學如不及이오 猶恐失之니라 〈논어〉

해석 배움은 미치지 못한 듯이 하고, 행여 잃을까 걱정해야 한다.

學問之道는 無他라 求其放心而已矣니라 〈맹자〉

해석 학문의 도는 다른 것이 없다. 그 방심을 구할 따름이다.

一年之計는 莫如樹穀이요 十年之計는 莫如樹木이요 終身之計는 莫如樹人이니라 〈관자〉

해석 일 년의 계획은 곡식을 심는 것만 같은 것이 없고, 십 년의 계획은 나무를 심는 것만 같은 것이 없고, 평생의 계획은 사람을 심는 것만 같은 것이 없다.

立身은 以力學爲先하고 力學은 以讀書爲本이라 〈권학〉

해석 입신은 학문에 힘씀으로써 우선을 삼고, 학문에 힘씀은 독서로써 근본을 삼는다.

富貴必從勤苦得 男兒須讀五車書 〈백학사모옥〉

해석 부귀는 반드시 부지런히 힘쓰는 데서 얻어지니, 남아는 모름지기 다섯 수레의 책을 읽어야 한다.

幼而不學이면 老無所知요 春若不耕이면 秋無所望이니라 〈명심보감〉

해석 어려서 배우지 않으면 늙어서 아는 바 없고, 봄에 만약 밭을 갈지 않으면 가을에 바랄 것이 없다.

事雖小나 不作이면 不成이요 子雖賢이라도 不敎면 不明이라 〈명심보감〉

> 해석 일이 비록 작으나 하지 않으면 이루지 못하고, 자식이 비록 어질어도 가르치지 않으면 깨우치지 못한다.

至樂은 莫如讀書요 至要는 莫如敎子라 〈명심보감〉

> 해석 지극한 즐거움은 독서만한 것이 없고, 지극히 중요한 것은 자식을 가르치는 것 만한 것이 없다.

靑取之於藍이나 而靑於藍이라 〈순자〉

> 해석 푸른 물감은 쪽풀에서 얻었으나 쪽풀보다 푸르다.

學問은 如逆水行舟니 不進則退니라 〈좌종당〉

> 해석 학문은 물을 거슬러 배를 운행하는 것과 같으니, 나아가지 않으면 곧 물러난다.

學業은 在汝篤志與否니 志篤則何患業不進이리오 〈퇴계집〉

> 해석 학업은 네가 뜻을 독실하게 하느냐 아니냐에 달려 있으니, 뜻이 독실하면 어찌 학업이 나아가지 않음을 근심하겠는가?

少年易老 學難成이니 一寸光陰 不可輕이라 〈주문공문집〉

> 해석 소년은 늙기 쉽고 배움은 이루기 어려우니, 짧은 시간이라도 소홀히 해서는 안 된다.

貧且賤은 非所羞也요 學道而不行之가 誠所羞也니라 〈삼국사기〉

> 해석 가난하고 또 천한 것은 부끄러워 할 것이 아니요, 도를 배우고도 그것을 행하지 않는 것이 진실로 부끄러운 것이다.

謂學不暇者는 雖暇라도 亦不能學矣니라 〈회남자〉

> 해석 배우기에 겨를이 없다고 말하는 사람은 비록 겨를이 있더라도 또한 배울 수 없을 것이다.

4. 기타

人無遠慮면 必有近憂니라 〈논어〉

> 해석 사람이 멀리보고 생각함이 없으면 반드시 가까이에 근심이 생긴다.

衆惡之라도 必察焉하고 衆好之라도 必察焉하라 〈논어〉

> 해석 대부분이 그를 미워하더라도 반드시 살피고, 대부분이 그를 좋아하더라도 반드시 살펴야 한다.

欲速則不達이요 見小利則大事不成이라 〈논어〉

> 해석 빠르고자 하면 통달하지 못하고, 작은 이익을 보려하면 큰일을 이루지 못한다.

不怨天하며 不尤人이라 〈논어〉

> 해석 하늘을 원망하지 않고 남을 탓하지 않는다.

勞心者는 治人하고 勞力者는 治於人하니라 〈맹자〉

> 해석 마음을 수고롭게 하는 자는 남을 다스리고, 힘을 수고롭게 하는 자는 남에게 다스림을 받는다.

天時不如地利요 地利不如人和니라 〈맹자〉

> 해석 좋은 때가 지세의 이로움만 못하고, 지세의 이로움이 사람이 화목한 것만 못하다.

責善은 朋友之道也라　　　　　　　　　　　　　　　　　　〈맹자〉

해석　선행을 권하는 것은 벗의 도리이다.

一勝一負는 兵家常勢라　　　　　　　　　　　　　　　　　〈당서〉

해석　한번 이기고 한번 지는 것은 전쟁에서는 일상적인 일이다.

不經一事면 不長一智라　　　　　　　　　　　　　　　　〈명심보감〉

해석　한 가지 일을 겪지 않으면 한 가지 지혜가 자라지 않는다.

遠水 不救近火요 遠親 不如近鄰이니라　　　　　　　　　〈명심보감〉

해석　멀리 있는 물은 가까운 불을 구하지 못하고, 먼 친척은 가까운 이웃만
　　　못하다.

先則制人하고 後則爲人所制니라　　　　　　　　　　　　　〈사기〉

해석　먼저 하면 남을 제압하고, 뒤에 하면 남에게 제압을 당한다.

身病은 可醫나 心病은 難醫니라　　　　　　　　　　　　　〈상촌집〉

해석　몸의 병은 고칠 수 있으나 마음의 병은 고치기 어렵다.

今人之性은 惡하니 必將待師法然後에 正하고 得禮義然後에 治니라
　　　　　　　　　　　　　　　　　　　　　　　　　　　　〈순자〉

해석　지금 사람의 성품은 악하니 반드시 장차 스승의 가르침을 기다린 후에
　　　바르게 되고 예의를 얻은 뒤에 다스려진다.

不登高山이면 不知天之高也라　　　　　　　　　　　　　　〈순자〉

해석　높은 산에 오르지 않으면 하늘이 높은 줄을 알지 못한다.

但知有己요 不知有他人이 不是小病이라 〈퇴계집〉

> 해석 오직 자기만 있는 줄 알고, 다른 사람이 있는 것을 모르는 것은 작은 병통이 아니다.

苦者는 樂之根也요 樂者는 苦之種也라 〈여유당전서〉

> 해석 괴로움은 즐거움의 뿌리요, 즐거움은 괴로움의 씨이다.

人誰無過리오마는 過而能改면 是爲大善이라 〈좌전〉

> 해석 사람이 누군들 잘못이 없으리오 마는 잘못을 하고 능히 고친다면 이것이 큰 선이다.

弟子不必不如師요 師不必賢於弟子니라 〈사설〉

> 해석 제자가 반드시 스승보다 못한 것만은 아니요, 스승이 반드시 제자보다 현명한 것만은 아니다.

千里馬는 常有나 而伯樂은 不常有라 〈잡설〉

> 해석 천리마(인재)는 항상 있으나 백락(인재를 알아주는 사람)은 항상 있는 것은 아니다.

5. 속담

去言美라야 來言美니라 〈동언해〉

> 해석 가는 말이 고와야 오는 말이 곱다.

虎死留皮요 人死留名이라 〈동언해〉

> 해석 호랑이는 죽어서 가죽을 남기고, 사람은 죽어서 이름을 남긴다.

十人守之라도 不得察一賊이니라   〈순오지〉

해석 열 사람이 지켜도, 한 도둑놈을 못 막는다.

水深可知나 人心難知니라   〈순오지〉

해석 물의 깊이는 알 수 있으나, 사람의 마음은 알기 어렵다.

一魚 混全川이라   〈순오지〉

해석 한 마리 물고기가 온 시냇물을 흐려 놓는다.

旣借堂하고 又借房이라   〈열상방언〉

해석 대청을 빌려주면 안방을 빌려주라 한다. (말 타면 경마 잡히고 싶다.)

難上之木은 勿仰이라   〈이담속찬〉

해석 오르지 못할 나무는 쳐다보지도 마라.

無足之言이 飛于千里라   〈이담속찬〉

해석 발 없는 말이 천 리 간다.

三歲之習이 至于八十이라   〈이담속찬〉

해석 세 살 적 버릇 여든까지 간다.

談虎虎至하고 談人人至라   〈이담속찬〉

해석 호랑이를 말하면 호랑이가 오고 사람을 말하면 사람이 온다. (호랑이도
제 말을 하면 온다.)

千里之行이 始於足下니라   〈청장관전서〉

> 해석   천리 길이 발아래서 시작된다. (천 리 길도 한 걸음부터)

不入虎穴이면 不得虎子라   〈후한서〉

> 해석   호랑이 굴에 들어가지 않으면 호랑이 새끼를 잡을 수 없다.

聞則病이요 不聞則藥이라

> 해석   들으면 병이요, 안 들으면 약이라.(아는 것이 병이고, 모르는 게 약이다.)

三日之程을 一日往하고 十日臥니라

> 해석   사흘 가야할 길을 하루 만에 가고, 열흘을 드러눕는다.

❧ 散文 ❧

1. 국토 · 문화 · 풍속

訓民正音

國之語音이 異乎中國하야 與文字로 不相流通할새 故로 愚民이 有所欲言하여도 而終不得伸其情者가 多矣라 予爲此憫然하여 新制二十八字하노니 欲使人人으로 易習하야 便於日用耳니라　　　　〈훈민정음 해례본〉

> **해석**　우리나라 말이 중국과 달라서 한자와 서로 통하지 못한다. 그러므로 어리석은 백성들이 말하고 싶은 바가 있어도 마침내 그 뜻을 펴지 못하는 이가 많다. 내가 이것을 매우 딱하게 여기어 새로 스물여덟글자를 만들었으니 사람마다 쉽게 익히어 나날의 소용에 편리하도록 하고자 한다.

우리나라

我國은 山多野少하여 車行不便이라 然이나 我國之東西南이 皆海니 船無不通이라　　　　〈택리지〉

> **해석**　우리나라는 산이 많고 들이 적어서 수레가 다니기 불편하다. 그러나 우리나라의 동쪽 서쪽 남쪽이 모두 바다이니 배로 통하지 않음이 없다.

白頭山

白頭山을 中國之人은 謂之長白이요 我國之人은 謂之白頭니 蓋山極高하여 四時常雪하니 故名白頭니라　　　　〈이계집〉

> **해석**　백두산을 중국 사람은 장백이라 하고 우리나라 사람은 백두라고 말하니 대개 산이 매우 높아 사계절 항상 눈이 있으니 그래서 백두(白頭 : 하얀 머리)라고 하였다.

金剛山

金剛山 萬二千峯은 純是石峯石洞石川이니 無非白石結作이라 故로 山
一名皆骨이니 言無寸土也라　　　　　　　　　　　　　　　　　〈택리지〉

> **해석**　금강산의 만이천개의 봉우리는 모두 돌 봉우리, 돌 골짜기, 돌 개천이
> 니 흰 돌이 엉켜 만들어지지 않은 것이 없다. 그래서 산의 다른 이름은 ′
> 개골′이니, 이는 조금의 흙도 없다는 말이다.

元日

新年에 逢親舊年少하여 以登科進官生男發財等語로 爲德談하여 以相
賀라　　　　　　　　　　　　　　　　　　　　　　　　　　〈동국세시기〉

> **해석**　신년에 친구나 어린사람을 만나 ′과거에 급제해라′, ′벼슬에 나가라′, ′
> 아들 낳아라′, ′돈 많이 벌어라′ 등의 말로 덕담을 삼아 서로 하례하였다.

上元

古者에 京中有踏橋之俗하니 上元日 月出後에 男女가 盡出鐘街하여 聽
夕鐘하고 散踏諸橋라　　　　　　　　　　　　　　　　　　　〈동국세시기〉

> **해석**　옛날에 서울에 다리를 밟는 풍속이 있었으니, 정월 대보름날 달이 뜬 뒤
> 에 남녀가 종로에 모두 나와 저녁 종소리를 듣고 흩어져 모든 다리를 밟았
> 다.

秋夕

嘉俳之稱은 始於新羅라 是月也百物成熟하니 中秋又稱佳節이라 故로
民間最重是日이라　　　　　　　　　　　　　　　　　　　　〈열양세시기〉

> **해석**　가배라는 말은 신라에서 시작되었다. 이 달에는 만물이 성숙하니 중추를
> 또한 ′가절′이라고도 한다. 그래서 민간에서 이 날을 가장 중요하게 여긴다.

2. 위인

檀君

桓雄이 數意天下하고 貪求人世하여 降於太伯山頂하니라. 時有一熊一虎가 願化爲人한대 熊得女身이나 虎不得人身이라 雄乃婚之하여 生子하니 號曰檀君王儉이라 하니라 〈삼국유사〉

> 해석 환웅이 자주 천하에 뜻을 두어 사람이 사는 세상을 탐내어 태백산 꼭대기로 내려왔다. 그 때에 곰 한 마리와 범 한 마리가 있어 사람이 되기를 바랐다. 곰은 여자의 몸이 되었으나 범은 사람이 되지 못했다. 환웅은 이에 (곰과) 혼인하여 아들을 낳으니 단군왕검이라 불렀다.

善德女王

王이 見畵花曰 此花定無香이리라 乃命種於庭하여 待其開落하니 果如其言이라 群臣이 問於王曰 何以知之오 曰 畵花而無蝶일새 知其無香이라 〈삼국유사〉

> 해석 왕이 꽃을 그린 것을 보고 말했다. "이 꽃은 분명 향기가 없을 것이다." 이에 뜰에다가 씨를 심기를 명하여 꽃이 피고 떨어지기를 기다리니, 과연 그 말과 같았다. 신하들이 왕에게 여쭙기를 "어떻게 아셨습니까?"하자, 왕이 말하기를 "꽃을 그렸는데 나비가 없으니 그것이 향기가 없는 줄을 알았다."하였다.

階伯

唐이 與新羅로 伐百濟할새 階伯爲將軍하여 選死士五千人하여 至黃山之野라 遇新羅兵戰하니 無不以一當千하여 羅兵乃走라 〈삼국사기〉

> 해석 당이 신라와 함께 백제를 칠 때 계백이 장군이 되어 죽음을 각오한 군사 오천 명을 뽑아 황산의 들에 이르렀다. 신라의 병사와 만나 전투를 하니 한 사람이 천명을 당해내지 않음이 없어 신라의 병사들이 이에 달아났다.

忠武公

戊戌十月에 追至南海界하여 良久接戰할새 公이 親射敵이라가 有飛丸이 中其胸이라 左右扶入船室하니 公曰 戰方急하니 愼勿言我死하라하다
〈징비록〉

> **해석** 무술년 10월에 남해 경계에 쫓아 이르러 오래도록 접전할 때, 충무공이 직접 적에게 활을 쏘다가 날아온 탄환이 (충무공의)가슴에 맞았다. 좌우가 부축하여 선실로 들어가니 공이 말하기를 "전투가 급하니 삼가하여 나의 죽음을 알리지 말라."고 하였다.

李忠武公이 旣出身하여 不事求仕하다 文成公이 爲判書하여 聞公爲人하고 因人求見하니 公不悅曰 同宗則可相見이나 位在大臣則不可見이라 하다
〈택당집〉

> **해석** 충무공이 이미 벼슬길에 나아가서는 (높은)벼슬을 구할 것을 일삼지 않았다. 문성공이 판서가 되어 공의 사람됨을 듣고 다른 사람을 통해 만나보려고 했지만 공이 반겨하지 않으며 말하기를 "종친이 같은 이유에서라면 볼 수 있으나 지위가 대신에 있으므로 만날 수 없다."고 하였다.

李滉

退溪先生이 僑居漢城할새 鄰家有栗樹라 數枝過墻하여 子熟落庭하거늘 恐兒童取食하여 拾而投之墻外하다
〈사소절〉

> **해석** 퇴계선생이 한양에 잠시 살 때, 이웃집에 밤나무가 있었다. 몇 개의 가지가 담장을 넘어 알밤이 익어 뜰에 떨어지거늘 아이들이 주워 먹을까 걱정하여 주워서 담장 밖으로 던졌다.

安重根

安重根이 立刑場時에 曰 余는 爲大韓獨立而死요 爲東洋平和而死니 死何恨이리오하다 遂換着韓服하고 從容就刑하니 年三十有二라
〈한국통사〉

> **해석** 안중근이 형장에 섰을 때에 말하기를 "나는 대한독립을 위하여 죽고 동양의 평화를 위하여 죽을 것이니 죽은들 무엇을 한하리오." 라고 하였다. 마침내 한복으로 갈아입고 차분하게 형장으로 나아가니, 32세였다.

3. 실학

日月

日은 使月로 明于夜하니 非日이면 則月不得其明也라 月體는 本暗이나
借日之光하여 反燭於下也니라　　　　　　　　　　　　　　　〈이익〉

> **해석**　태양은 달로 하여금 밤에 밝게 하니 태양이 아니면 달은 그렇게 밝을 수
> 없다. 달은 본래 어두우나 태양의 빛을 빌려 아래에 반사되어 빛나는 것이다.

科擧論

科擧者는 何오 將以取人也라 取人者는 何오 將以用之也라 取人以文而
用其文은 猶取人以射而用其射라 然則 今之科擧는 何爲者耶오 前科未
及收用이어늘 而後科又復橫出하니 用人之義가 果安在哉아　　〈박제가〉

> **해석**　과거란 무엇인가? 장차 사람을 뽑으려는 것이다. 사람을 뽑는다는 것은
> 무엇인가? 장차 그 사람을 쓰려는 것이다. 문장으로써 사람을 뽑고 그 문
> 장을 쓰려는 것은, 활쏘기로써 사람을 뽑아 그 활솜씨를 쓰는 것과 같은
> 것이다. 그렇다면 지금의 과거는 무엇을 하자는 것인가? 앞의 급제자가 미
> 처 쓰이지도 못하였는데, 뒤의 급제자가 또 다시 마구잡이로 나온다. 사람
> 을 쓰려는 뜻이 과연 어디에 있단 말인가?

許生傳

許生은 好讀書라 一日妻甚饑하여 泣曰 子平生讀書는 何爲오 許生笑曰
吾讀書未熟이라 妻曰 不有工乎아 生曰 工未素學하니 奈何오 妻曰 不
有商乎아 生曰 商無本錢하니 奈何오 妻曰 晝夜讀書러니 只學奈何오 不
工不商이면 何不盜賊고　　　　　　　　　　　　　　　　　　〈박지원〉

> **해석**　허생은 책을 읽는 것을 좋아하였다. 하루는 아내가 너무 배가 고파서 울
> 면서 말하였다. "당신께서 평생 책만 읽으시는 것은 무엇을 하려는 것입니
> 까?" 허생이 웃으면서 말하였다. "나는 책을 읽는 것이 아직 숙달되지 못하
> 였소." 아내가 말하였다. "공업이 있지 않습니까?" 허생이 말하였다. "공업
> 은 본래부터 배우지 못하였으니 어찌하겠소?" 아내가 말하였다. "장사하는
> 것이 있지 않습니까?" 허생이 말하였다. "장사는 본전이 없으니 어찌하겠
> 소?" 아내가 말하였다. "밤낮으로 책만 읽더니 다만 '어찌하겠소'만 배우셨
> 습니까? 공업도 못하시고 장사도 못하시면 어찌 도둑질은 아니하십니까?"

4. 일화

是吾師

吾平生得一語하니 道吾過者는 是吾師요 談吾美者는 是吾賊이라 以此
十四字로 恒自勉勵也라 〈학봉전집〉

> 해석 내가 평생에 한마디 말을 얻었으니, "나의 허물을 말하는 자는 나의 스
> 승이요, 나의 좋은 점을 말하는 자는 나의 적이다." 이 열네 글자로 항상
> 스스로 힘쓰니라.

溫達

溫達은 容貌可笑라 家甚貧하여 常乞食養母하니 時人이 目之爲愚溫達이
라 王女兒好泣하니 王曰 汝常泣하니 當歸之愚溫達하리라 及女年二八에
出宮獨行이라가 路遇一人하여 問溫達之家하여 至其家라 〈삼국사기〉

> 해석 온달은 용모가 우스꽝스레 생겼다. 집이 아주 가난하여 늘 밥을 얻어서
> 어미를 봉양하니 당시의 사람들이 그를 보고 바보 온달이라고 하였다. 왕
> 의 어린 딸이 울기를 잘 하므로 왕이 말하기를 "네가 늘 울고 있으니 바보
> 온달에게 시집을 보내야겠다." 하였다. 왕의 딸이 나이가 16살이 되자 궁
> 을 나와 홀로 가다가, 길에서 한 사람을 만나자 온달의 집을 물어 그 집에
> 이르렀다.

孝女知恩

知恩은 性至孝라 少喪父하고 獨養其母한대 日久不勝困하여 賣身爲婢하
여 得米十餘石하여 養之라 其母曰 向食惡而甘이어늘 今則食雖好나 味
不如昔하니 是何意耶오 〈삼국사기〉

> 해석 지은은 성품이 지극히 효성스러운데 어려서 아버지가 죽고 혼자 어머니
> 를 봉양하였다. 오래되자 고생을 견디지 못하고 자기의 몸을 팔아 종이 되
> 어 쌀 십여 섬을 얻어 어머니를 봉양했다. 그 어머니가 말하기를 "전에는
> 음식이 나빠도 맛은 있었는데 지금은 비록 음식이 좋긴 하지만 맛이 전처
> 럼 좋지 않으니 이는 무슨 뜻이냐?" 하였다.

人心最深

英祖問衆女子曰 天下에 何者最深고 一處女對曰 人心最深이니이다 問其故하니 對曰 水深可測이나 人心難測이니이다 又問曰 何花最好오 對曰 木花最好니 衣被萬民이니이다　　　　　　　　　　　　〈대동기문〉

> **해석**　영조임금이 여인들에게 묻기를 "천하에 무엇이 가장 깊은가?" 하자, 한 처녀가 대답하기를 "인심이 가장 깊습니다."하였다. 그 이유를 묻자 대답하기를 "물의 깊이는 헤아릴 수 있지만, 인심은 헤아릴 수 없습니다." 또 묻기를 "어떤 꽃이 가장 좋은가?" 대답하기를 "목화가 가장 좋으니 만백성에게 옷을 입혀주기 때문입니다."라고 하였다.

손자의 대답

蔡壽有孫하니 曰 無逸이라 無逸이 年五六歲時에 蔡壽가 夜抱無逸而臥하여 作一句 曰 孫子夜夜讀書不이라하고 使無逸로 對之하니 曰 祖父朝朝藥酒猛이라 하다　　　　　　　　　　　　　　　　〈어우야담〉

> **해석**　채수에게 손자가 있는데 이름이 무일이었다. 무일이 다섯, 여섯 살 쯤에 채수가 밤에 무일을 안고 누워서 한 글귀를 지어 말하기를 "손자는 밤마다 독서를 하지 않네." 라고 하고 무일에게 대구(對句)를 짓게 하니 말하기를 "할아버지는 아침마다 약주를 많이 드신다."고 하였다.

내년이면 동갑

或人이 行於道路라가 見二老人이 相與讓路한데 一曰 汝何歲오 하니 曰 七十이라하다 問者曰 我六十九니 然則 明年에 當與汝同歲리라하더라　　　　　　　　　　　　　　　　〈우언〉

> **해석**　어떤 사람이 길을 가다가 두 노인이 서로 길을 양보하고 있는 것을 보았다. 한 노인이 말하기를 "당신은 몇 살인가?" 하니 말하기를 "일흔이다."라고 하였다. 질문한 노인이 "나는 예순 아홉이니 그렇다면 내년에 당연히 당신과 나이가 같아지겠군."이라고 하더라.

❧ 漢詩 ❧

1. 한시의 형식

가. 한시의 종류

　(1) 고체시(古體詩) : 당(唐)나라 이전의 한시. 시의 형식이 자유롭다.

　　　예) 詩經, 楚辭, 古詩, 樂府

　(2) 근체시(近體詩) : 당(唐)나라 이후의 한시. 시의 형식이 자유롭지 않다.

　　　예) (五, 七言)絶句, 律詩, 排律詩

나. 한시의 운자(韻字)

　한자에서는 음(音)의 초·중·종성 가운데 중·종성을 '운(韻)'이라 한다. 5언절구의 경우에 짝수 구 마지막에 운이 같은 글자를 두는데 이를 '압운(押韻)한다'고 하며, 짝수 구 마지막의 운이 같은 글자, 즉 압운된 글자를 '운자(韻字)'라고 한다.

　(1) 절구(絶句)

　　(가) 오언절구 : 2구와 4구 끝자에 운자를 붙이는 것이 법칙이나, 제 1구 끝자에도 붙이는 경우도 있음

　　(나) 칠언절구 : 1, 2, 4구 끝자에 운자를 붙이는 것이 법칙이나 제 1구 끝자에 붙이지 않은 경우도 있음

　(2) 율시(律詩)

　　(가) 오언율시 : 2, 4, 6, 8구 끝자에 운자를 붙이는 것이 법칙이나, 제 1구 끝자에 붙이는 경우도 있음

　　(나) 칠언율시 : 1, 2, 4, 6, 8구 끝자에 운자를 붙이는 것이 법칙이나, 제 1구 끝자에 붙이지 않는 경우도 있음

다. 한시의 형식과 끊어 읽기

　한시에는 4구로 이루어진 절구(絶句)와 8구로 이루어진 율시(律詩)가 있다. 절구와 율시의 1구는 각각 5자(5언) 혹은 7자(7언)로 되어 있어 5언절구 / 7

언절구, 5언율시 / 7언율시로 불린다. 5언시는 대체로 2자와 3자로 끊어 읽고, 7언시는 보통 4(2＋2)자와 3자로 끊어 읽는다.

예) 故國˅三韓遠   고국 삼한은 멀리 떨어져 있고

    秋風˅客意多   가을바람에 나그네의 뜻은 깊어지네.

    三十夜中 圓一夜 서른 밤 가운데 둥근 날은 하룻밤뿐이니

    百年心事˅摠如斯 한평생 마음속으로 생각하는 일이 모두 이와 같도다.

라. 한시의 전개방식

한시는 대개 '기·승·전·결'의 시상 전개 방식을 취한다.

- 기(起)-시상을 일으킴
- 승(承)-시상을 이어받아 좀더 발전시킴
- 전(轉)-이어 온 시상에 전환을 가져옴
- 결(結)-시상을 정리하여 끝을 맺음

마. 한시의 표현법-대우법(對偶法)

대우(對偶)란, 율시(律詩)에서 한 연의 상하구가 서로 짝이 되게 하는 수사법을 말하는 것으로, 대장법(對仗法) 또는 대구법(對句法)이라고도 한다. 절구(絶句)에서는 대우법을 쓰기도 하고 쓰지 않기도 하지만, 율시(律詩)에서는 함련(頷聯)과 경련(頸聯)은 반드시 대우로 구성해야 한다.

예) 愛民 正義 我無失   백성을 사랑하는 바른 도리 내 잃지 않았으나
    ↕ ↕ ↕
    爲國 丹心 誰有知   나라위한 붉은 마음 누가 알아주리오.

2. 중학교 교과서 한시

偶吟
宋翰弼(송한필)

花開昨夜雨	어젯밤 비에 꽃이 피더니
花落今朝風	오늘 아침 바람에 꽃이 지는구나.
可憐一春事	가엾어라. 한 해의 봄 일이
往來風雨中	비바람 가운데에 오가는구나.

松下問答
賈島(가도)

松下問童子	소나무 아래에서 동자에게 물으니
言師採藥去	스승은 약초를 캐러 가셨다고 말하네.
只在此山中	다만 이 산속에 있겠지만
雲深不知處	구름이 깊어 있는 곳을 알지 못하겠네.

秋夜雨中
崔致遠(최치원)

秋風唯苦吟	가을바람에 괴로이 읊나니
世路少知音	세상에 알아주는 이 없구나.
窓外三更雨	창밖엔 한밤 중, 비가 내리고
燈前萬里心	등잔 앞 내 마음, 만 리를 달리네.

遺于仲文

乙支文德(을지문덕)

神策究天文	신기한 책략은 하늘의 이치를 다했고
妙算窮地理	오묘한 계책은 땅의 이치를 통달하였도다.
戰勝功旣高	전쟁에 이겨 이미 공이 높으니
知足願云止	만족함을 알고 그만두기를 바라노라.

家書

袁凱(원개)

江水三千里	강물은 삼천리
家書十五行	집에서 온 편지는 열 다섯줄
行行無別語	줄마다 별 말은 없고
只道早還鄕	다만 고향으로 빨리 돌아오라고 말하네.

天王峯

曹植(조식)

請看千石鐘	청컨대, 천석종을 보라.
非大扣無聲	크게 두드리지 않으면 소리가 나지 않네.
萬古天王峯	만고의 천왕봉은
天鳴猶不鳴	하늘이 울어도 오히려 울지 않네.

舟中夜吟

朴寅亮(박인량)

故國三韓遠	고국 삼한은 먼데
秋風客意多	가을바람에 나그네의 생각만 많아지네.
孤舟一夜夢	외로운 배 위의 하룻밤 꿈에
月落洞庭波	동정호의 물결에 달이 비치네.

庭草

李受益(이수익)

庭草本非種	뜰의 풀은 본래 심은 것이 아니요,
春風自發生	봄바람에 저절로 피어난 것이네.
惟有色香別	오직 색과 향기만이 서로 다를 뿐,
無數亦無名	헤아릴 수도 없고 또한 이름도 없다네.

栗

李山海(이산해)

一腹生三子	한 배에 자식 셋이 생겼으니
中者兩面平	가운데 놈은 두 볼이 평평하구나.
秋來先後落	가을이 오면 앞서거니 뒤서거니 떨어지는데,
難弟又難兄	아우라고 하기도 어렵고 또 형이라고 하기도 어렵네.

靜夜思

李白(이백)

牀前看月光	평상 앞에서 달빛을 보니
疑是地上霜	땅 위의 서리인 듯
擧頭望山月	고개 들어 밝은 달을 바라보고
低頭思故鄕	머리 숙여 고향을 생각하네.

金剛山

宋時烈(송시열)

山與雲俱白	산과 구름이 함께 희니
雲山不辨容	구름과 산의 모습을 구별할 수 없구나.
雲歸山獨立	구름이 걷히고 산만 우뚝 솟아 있으니
一萬二千峯	일만 이천 봉우리로구나.

聞雁

洪世泰(홍세태)

春日江南雁	봄날의 강남의 기러기가
連行亦北飛	줄지어 북으로 날아가네.
來時見吾弟	올 때 내 아우를 보았으련만
何事不同歸	무슨 일로 함께 오지 않았는가?

善竹橋

李偰(이설)

善竹橋頭血	선죽교 부근에서 흘린 피를
人悲我不悲	사람들은 슬퍼하나 나는 슬프지 않구나.
孤臣亡國後	외로운 신하, 나라가 망한 후에
不死竟何爲	죽지 않으면 끝내 무엇하리오?

朝鮮詩

丁若鏞(정약용)

興到卽運意	흥이 나면 곧바로 뜻으로 옮기고,
意到卽寫之	뜻이 닿으면 곧바로 그것을 그려낸다.
我是朝鮮人	나는 조선 사람이어서
甘作朝鮮詩	조선시를 즐겨 짓는다.

임을 기다리며

凌雲(능운)

郎云月出來	임께서 달이 뜨면 오신다더니
月出郎不來	달이 떠도 임은 오시지 않네
想應君在處	생각건대, 아마도 우리 임이 계신 곳은
山高月上遲	산이 높아 달이 늦게 뜨겠지.

北征

南怡(남이)

白頭山石磨刀盡	백두산의 돌은 칼을 갈아 다 없애고
豆滿江水飮馬無	두만강의 물은 말을 먹여 다 없애리.
男兒二十未平國	남아 이십에 나라를 평안하게 못 하면
後世誰稱大丈夫	후세에 누가 대장부라 부르리오.

訪金居士野居

鄭道傳(정도전)

秋陰漠漠四山空	가을 구름이 아득하여 온 산이 적막한데,
落葉無聲滿地紅	떨어진 나뭇잎은 소리 없이 땅에 가득히 붉구나.
立馬溪橋問歸路	시냇가 다리에 말을 세우고 돌아갈 길 물으니,
不知身在畫圖中	몰랐구나! 이 몸이 그림 속에 있는 줄을.

山行

宋翼弼(송익필)

山行忘坐坐忘行	산을 오를 때는 앉는 걸 잊고 앉아서는 가는 걸 잊는다.
歇馬松陰聽水聲	소나무 그늘에 말을 쉬게 하고 물소리를 듣는다.
後我幾人先我去	내 뒤에 오던 사람들 중 몇이나 나를 앞서 갔는가?
各歸其止又何爭	각기 머무를 곳으로 돌아가니 또 무엇을 다투리오?

望月

宋翼弼(송익필)

未圓常恨就圓遲	아직 둥글지 않았을 때는 둥글어짐이 더딤을 항상 한하는데
圓後如何易就虧	둥글어진 뒤에는 어찌 이리 쉽게 이지러지는가?
三十夜中圓一夜	서른 밤 가운데 둥근 날은 하룻밤뿐이니
百年心事摠如斯	한평생 마음속으로 생각하는 일이 모두 이와 같도다.

爲國丹心

全琫準(전봉준)

時來天地皆同力	때가 오자 천지가 모두 힘을 함께 하더니
運去英雄不自謀	운이 다하니 영웅도 스스로 도모하지 못하네.
愛民正義我無失	백성을 사랑하는 바른 도리 내 잃지 않았으나
爲國丹心誰有知	나라위한 붉은 마음 누가 알아주리오.

風雨

李楫(이집)

花開暮暮朝朝雨	꽃은 저녁 아침으로 내리는 비에도 피고,
柳綠朝朝暮暮風	버들은 아침저녁으로 부는 바람에도 푸르네.
花柳逢春猶自發	꽃과 버들은 봄만 되면 오히려 절로 피고,
任他風雨過虛空	비바람이 허공을 지나가도 개의치 않네.

제7장 學習指導法

1. 학습동기 조성

가. 개요

동기란 마음의 결정이나 행동의 직접적인 원인이 되는 것으로 이는 학생들이 자발적으로 학습을 할 수 있도록 강사가 의식적으로 부여하는 자극을 말한다. 학습동기유발은 뚜렷한 행동목표설정과 목표달성을 위한 정신적, 육체적으로 강한 의욕을 가지게 됨으로써 높은 학습 성과를 기대할 수 있다. 학습효과는 학습동기조성 여하에 따라 크게 좌우되기 때문에 강사는 학습동기 조성을 위해 꾸준히 노력해야 한다.

나. 학습동기 조성을 위한 방법

(1) 필요성 제시

(2) 흥미유지

    (가) 명확한 설명

    (나) 이야기와 경험담

    (다) 수사적(修辭的) 질문

    (라) 예증(例證)과 실례(實例)

    (마) 교육보조재료 사용

(3) 조기성공 격려

(4) 인정과 칭찬

(5) 경쟁의욕 고취

(6) 적절한 상벌적용

(7) 감정조절

2. 강사의 태도

가. 개요

교육현장에서 강사의 태도는 매우 다양하며 서로 복합적 상하관계를 유지하면서 학생들의 교육의욕을 촉진시키게 된다. 특히 강사의 위치는 교육내용을 가르치는 것 못지않게 인간적인 면에서도 영향을 주게 되는 지도자(指導者)적 위치에 있기 때문에 강사의 태도는 매우 중요한 요소이다. 본 절에서는 강사로서 갖추어야 할 주요 요소에 대해서만 언급하고자 한다.

나. 교수(敎授)태도 요소

(1) 외모 및 복장

  (가) 단정하고 말쑥한 용모

  (나) 규정된 복장

  (다) 교육내용에 적절한 복장

(2) 자세

  (가) 강의시 기본자세

    ① 양발을 어깨넓이 정도로 벌려서 안정감을 유지시킨다.

    ② 체중을 양발에 균등하게 유지한 자연스럽고 바른 자세를 유지한다.

    ③ 상황에 따른 적절한 움직임이 효과적이다.

    ④ 경직된 자세는 강사의 긴장을 가중시킨다.

  (나) 잘못된 자세

    ① 호주머니에 손을 넣는 행위

    ② 팔꿈치를 교탁에 기댄 자세

    ③ 시종 교안을 보면서 강의를 진행(자신감 결여)

    ④ 한곳에만 위치한 강의(지루함)

    ⑤ 수시로 위치를 바꾸는 행위(주의산만)

    ⑥ 지시봉으로 학생을 가리키는 행위(인격무시)

  (다) 칠판 사용 시 기본자세

    교단 중앙에서 1∼2보 앞에 자연스럽게 바른 자세로 서서 설명하고, 판서 시에는 뒤로 2∼3보 물러서되 가급적 등을 보이지 않게 한다.

  (라) 강사가 몸을 움직일 필요가 있는 경우

    ① 긴장을 풀고자 할 때

    ② 학생들에게 여유를 주고자 할 때

    ③ 학생의 주의를 끌고자 할 때

    ④ 지정된 장소의 학생을 보고자 할 때

    ⑤ 이야기의 내용이 다음 단계로 전환될 때

    ⑥ 교재 조작을 할 경우

    ⑦ 강의나 교육 시, 기타 필요 시

(3) 시선

 (가) 시선 활용방법

  ① 강사와 학생의 시선을 연결시킨다.

  ② 시선을 골고루 배분한다.

  ③ 대화의 내용과 시선을 일치시킨다.

  ④ 정상적인 시선으로 바라본다.

 (나) 시선 처리 시 유의사항

  ① 먼 곳을 보거나 시선을 자주 변경하면 주의집중이 산만해진다.

  ② 강의 중 특정인원이나 장소만을 주시하면 소외감을 갖기 쉽다.

  ③ 눈을 자주 깜빡거리면 불안감이 조성된다.

  ④ 설명하는 내용과 시선, 제스처는 일치시켜야 한다.

  ⑤ 시선을 향하는 곳에 얼굴이 자연스럽게 따라가야 한다.

(4) 목소리

 (가) 목소리의 크기

 (나) 자신감

  ① 강의도 개인과의 대화와 같다는 점을 인식해야 한다.

  ② 강의시작 1분이 중요하므로 강의시작 첫 부분을 잘 준비해야 한다.

  ③ 강의 전에 입안이 타는 듯 하면 소금을 섭취하거나 심호흡 또는 껌을 씹는다.

  ④ 상황에 따라 유머를 사용하여 교육 분위기를 바꾼다.

 (다) 목소리의 조절

(5) 언어

 (가) 언어 사용 시 유의사항

  ① 강의 목적에 불필요한 내용은 하지 말고 표준어를 사용한다.

  ② 짧고 조리있게 표현한다.

  ③ 말의 속도는 평상시보다 천천히 한다는 기분으로 분당 240~260자 (분당 125~150어) 정도로 한다.

  ④ 발음을 명확한 발음으로 쉽게 알아들을 수 있도록 한다.

  ⑤ 강조할 부분에 대해서는 억양을 조정하여 악센트를 준다.

 (나) 언어 표현기술

  ① 상황, 움직임, 정적 표현을 시각화 한다.(이해증진)

  ② 말의 속도를 적절히 변화시킨다.(지루함 해소)

③ 불필요한 말은 생략한다.(미사여구, 장황한 설명)

④ 귀에 거슬리는 말은 하지 않는다.

⑤ 표현을 신선하게 한다.

⑥ 간(間)을 충분히 살린다.(구절과 구절사이)

⑦ 말의 끝부분을 분명히 한다.

(다) 말의 속도와 강·약을 조절해야 하는 경우

속도를 늦추어야 할 때	속도를 빨리해야 할 때
· 강조하고자 하는 내용 · 반복하여 설명하는 내용 · 다짐을 하는 부분 · 숫자, 인명, 지명 등을 설명할 때 · 전문 및 학술용어 사용 시	· 평범한 사실의 전달 때 · 중요하지 않은 내용 · 이야기의 결정 부분 · 억압된 감정이 아닐 때

(라) 언어표현 시 유의 사항

언어표현에는 강사에 따라 다양하게 적용하고 있다. 즉, 학생들 전체나 개인에게 동일하게 경어를 사용하는 경우와 무조건 낮춤말을 사용하는 경우이다. 교육 중에 사용하는 교수 용어는 어떤 것이 가장 바람직한가? 이에 대한 정답은 한마디로 말할 수 없으나, 학생을 하나의 인격체로 대해야 한다는 데는 이견이 없다. 교육훈련 시 일반적으로 사용하는 교수 용어는, 전체를 지칭할 때는 높임말을 사용하고 개인을 지칭할 때는 낮춤말을 사용하는 것이 바람직하다. 즉 전체를 대상으로 지칭할 때 "여기까지 이해할 수 있겠습니까?"와 같은 경우를 사용하는 것이 바람직하다. 그러나 개인을 지명할 경우에는 "…에 대하여 대답해 보시겠습니까?" 보다는, "…에 대하여 대답해 볼까?" 하는 말이 학생과의 친밀감을 더 가질 수 있다. 특히 욕설이나 저속한 용어를 사용해서는 안 되며 상투적 표현, 은어, 속어, 저속한 언어사용을 지양해야 한다.

(6) 동작(제스처)

강의 시 제스처는 강의내용을 강조하거나 보조설명이 되도록 적절히 활용해야 한다. 제스처는 강의내용과 일치시켜 손, 몸짓, 표정 등으로 적절히 표현하는 것으로서 강사의 언어표현을 보조하여 수업에 활력을 넣어주지만, 한국인은 이러한 동작에 익숙해 있지 않으므로 평상시에 연습이 필요하다.

〈제스처 사용 시 유의사항〉

(가) 자연성

(나) 변화성

(다) 일치성

(라) 융통성

(마) 생동성

(7) 습벽

강의가 전개되고 있는 동안 강사의 불필요한 버릇이나 말에 의해서 학생에게 나쁜 인상을 주거나 주의를 산만하게 하는 경우가 있다.

(8) 열의와 신념

강사의 동작과 목소리도 중요하지만 강사의 열의와 신념은, 피교육자에게 투사되기 때문에 열성적인 태도를 가져야 한다. 그러나 지나친 열정은 오히려 학생들로 하여금 좋지 않은 반응을 일으킬 수가 있으며, 방관자적 태도나 소극적 자세, 자신이 없는 교수태도는 강사열의가 부족하다는 인상을 주기 때문에 적극적이고 자신감 있는 태도로 교육에 임해야 한다.

3. 언어표현 기술

가. 개요

언어표현기술이란 강사가 알고 있는 지식과 생각을 명확하게 논리적으로 학생들에게 전달하는 기술을 말한다. 강사가 아무리 과목에 대한 풍부한 지식을 가지고 있어도 표현력이 부족하여 교육을 제대로 못한다면 교육의 성과는 기대할 수가 없다.

나. 언어표현기술 향상방법

(1) 접촉유지

접촉유지란 강사의 설명에 대해서 잡념을 가지지 않고 관심 있게 들으려는 마음의 상태를 말한다. 접촉을 유지하기 위한 구체적인 방법은 다음과 같다.

(가) 학생들의 주의를 집중시킨다.

(나) 학생들을 바라보면서 설명한다.

(다) 대화하는 어조로 말한다.

(라) 주목하게 된다.

(2) 강사의 감정조절 방법

  (가) 철저한 사전준비

  (나) 필요한 심적 태도를 유지한다.

  (다) 과거의 내용과 연계시킨다.

  (라) 흥미있고 침착하게 해야 한다.

  (다) 강의의 요점을 염두에 둔다.

다. 쉽게 이해시키는 방법

(1) 수준에 맞는 언어 사용

(2) 문장은 쉽고 짧게 구성

(3) 말의 속도 조절

(4) 구절(句節)

(5) 언변과 사고

라. 적절한 유머의 활용

　"인간만이 소리 내어 웃을 수 있는 유일한 동물"이라는 말이 있듯이 웃음이 인간의 언어활동에 차지하는 비중이 대단히 높다는 것을 역설적으로 표현한 것이라고 본다. 즉 유머가 없는 언어표현은 꽃이 없는 정원에 비유할 수 있다. 그렇다고 하루 아침에 유머 있는 언어를 살려야만 자연스럽게 상황에 맞는 유머를 즉흥적으로 구사할 수 있게 되는 것은 아니다. 그러나 유머 사용을 불필요하게 사용해서는 안 되며 내용과 상황에 따라서 적절히 구사해야 한다.

(1) 유머의 형태

  (가) 어떤 사실을 과장되게 표현하면 자연히 웃음을 자아내게 되며 동시에 그 사실을 그대로 받아들이게 된다.

  (나) 두 가지 의미를 갖는 어휘를 구사하거나, 동음이의어(同音異意語)를 반대로 사용하면 웃음을 자아낼 수 있다.

  (다) 풍자와 해학적인 표현을 한다.

  (라) 반대되거나 대조적인 의미를 암시한다.

  (마) 역설적인 표현이나 방언, 음성표현을 모방하는 행위도 상대를 웃기는 요소가 될 수 있다.

(2) 유머의 활용요령

　(가) 자기의 실패담을 소재로 한다.

　(나) 기발한 소재를 사용한다.

　(다) 습관적인 사고방식을 배제한다.

　(라) 학생들 중 한사람을 화제로 삼는다.

　(마) 간단한 소재는 임기응변식으로 처리한다.

(3) 유머 사용 시 유의사항

　(가) 유머는 간단하고 빨리 끝낸다.

　(나) 서투른 유머는 하지 않는다.

　(다) 무리하게 웃기려 하지 않는다.

　(라) 학생수준을 고려한 소재를 선택한다.

　(마) 미리 예고하지 않는다.

　(바) 수준이 낮은 유머 사용은 지양해야 한다.

4. 질문 및 답변

가. 개요

　질문은 학생들의 교육과정에 대해 이해여부를 파악하기 위해 실시하는 기술이다. 질문은 교수기술이나 방법에 있어서 생명이며 강사의 무기라고 볼 수 있다. 특히 강의식 교수법이나 강사유도식 토의법을 채택하였을 경우에는 질문의 활용없이는 진행조차 할 수 없다. 따라서 질문기술은 강의를 신축성 있고 활기를 줄 수 있는 중요한 기술이므로 이를 어떻게 잘 활용하고 구사하느냐에 따라 강의의 성과가 달라질 수 있다.

나. 질문의 중요성

(1) 학생들은 대부분 문제를 제시하고 한 학생이 답변하거나 토의하는 것에 대해 흥미를 가지기 때문에 교육 분위기를 조성할 수 있다.

(2) 질문에 대한 답변을 못할 때는 강사의 교육방법이 적합하지 않음을 인식하고 그 방법을 수정하여 재교육을 실시해야 한다.

(3) 질문에 대한 답변을 못했을 경우에는, 수치심과 또 다른 욕구를 느끼게 됨으로써 배우려는 의욕을 자극할 수 있다.

(4) 질문을 자주하면 기억을 새롭게 함으로써 오래 기억하게 된다.

(5) 질문을 통하여 교육한 내용을 학생들이 어느 정도 이해하고 숙지하는가를 판단할 수 있다.

다. 질문의 형태

(1) 전체질문

전체질문은 어떤 특정인을 지적하지 않고 모든 참가자에게 던져지는 질문으로써 학생들에게 자극을 주어, 사고하고 답변하도록 하는 질문형식이다. 주로 토론할 때 사용하며 질문의 시기는 다음과 같다.

> · 전체 학생들의 주의를 집중시켜 사고력을 자극시키고자 할 때
> · 학생들의 자율적인 의견을 발표하도록 유도하는 경우
> · 자유로운 분위기에서 많은 학생들이 발표에 참가하도록 할 때
> · 토론이 소수인에게 독점되었을 때에 방지하기 위해서
> · 좋은 의견을 참가자 전원으로부터 얻기 위할 때
> · 토론의 시작과 토론의 종결을 위해서

(2) 직접질문

직접질문은 어떤 특정인에게 대답을 시키고자할 때, 개인을 지명하여 실시하는 질문형식이다. 직접질문은 강의에 참여하는 상태가 소극적이거나 주의가 산만한 학생들에게 적절한 질문이다.

(3) 반대질문

반대질문은 강사가 학생들로부터 질문을 받았을 때 답변을 하는 대신에, 질문한 사람에게 질문하는 형식이다. 반대질문은 학생들이 고의적으로 강사를 시험하려 하거나 골탕을 먹이려 할 때에 임기응변식으로 잘 활용하면 좋은 성과를 거둘수가 있다.

(4) 중계질문

중계질문은 학생들이 질문을 하였을 때 강사가 직접 답변하지 않고 제 3자에게 그 질문을 다시 되돌려 "거기에 대해서 어떻게 생각하십니까?"하는 식으로 중계해 나가는 질문형식이다. 중계질문은 수업분위기에 활력을 넣어주며 학생의 사고능력을 자극시켜 준다. 토의식 학습지도 방법에서 많이 활용된다.

라. 질문방법

(1) 질문의 절차

| 문제제시 | ⇒ | 시간부여 | ⇒ | 지명 | ⇒ | 강평 |

(가) 문제제시

질문은 특정한 학생을 지명하기에 앞서 모든 학생을 대상으로 해야 한다. 특정인에게만 지명을 했을 경우에는 나머지 학생들은 질문에 대한 관심도가 낮아지기 때문에, 문제제시를 먼저 함으로써 전원이 답변하도록 유도해야 한다.

(나) 시간부여

강사가 질문한 내용을 학생들이 조리 있게 답변할 수 있도록 정리할 수 있는 시간적 여유를 주어야 하며, 강사가 질문내용을 마음속으로 3회 정도 반복하는 시간이면 적당하다.

(다) 지명

강사가 지명할 때는 일정한 순서나 특정인원에 대한 지명보다 골고루 실시하는 것이 바람직하며, 즉시에 답변을 얻어낼 수 있도록 지명하는 것이 학습 분위기를 긍정적으로 조성하는데 효과적이다.

(라) 강평

학생들이 답변한 내용을 평가하고 격려하기위해 강평을 실시하며 답변내용을 전원에게 알려주어야 한다. 답변을 잘했을 때는 칭찬을 해주고, 내용이 부족하거나 부적절한 경우라도 친절하게 보충설명을 해준다.

(2) 효과적인 질문방법

(가) 명확한 목적요구

(나) 답변 가능한 질문을 한다.

(다) 정확한 답변 요구

(라) 한 가지씩 질문

(3) 질문 시 유의사항

(가) 질문의 타이밍을 생각

(나) 강제적인 질문을 삼간다.

(다) 특정인에게만 질문금지

(라) 1문 1답식 질문

(마) 동일한 내용 질문금지

(바) 공격적인 질문금지

마. 유형별 질문요령

(1) 사고수준에 따른 질문요령

(가) 재생적(再生的)인 질문

재생적 질문은 구체적인 사고를 요구하는 질문으로써 비교적 단순한 아이디어나 개념에 관한 질문이며 일반적으로 어디서, 무엇을, 누가, 언제와 같은 의문사가 주로 사용된다.

(나) 추론적(推論的)인 질문

문제의 방법(how)과 이유(why)를 탐색하는 질문이다. 예를 들면, 사실과 사실 간, 과거 상황과 현재 상황 간에 어떤 관계가 있는가를 탐색할 때, 사건, 구성, 논쟁 등에 있어서의 계속성이나 순차성을 질문할 때, 어떤 사람의 의도나 상황 발생 이유를 추론할 때, 그리고 결론을 도출하도록 질문하거나 논쟁의 타당성을 파악할 때 사용된다. 이런 유형의 질문은 원리·원칙에 대한 배경지식에 대한 토의 시 효과적이다.

(다) 적용적(適用的)인 질문

새로운 "틀(patterns)"을 도출하기 위한 개념을 재정립하려는 창의적 사고 수준의 질문이며 대체로 정답이 없는 것이 특징이다. 학생들에게 어떠한 문제에 대해 해결 가능한 모든 방법을 탐구하도록 요구하는 경우에 활용되며 전술 훈련시에 원리·원칙에 대한 응용능력을 배양하고자할 때 효과적이다.

(2) 교수행동 전환 시 질문요령

(가) 개시적 질문

강사가 수업을 시작하고자할 때 학생들의 주의를 환기시키고, 흥미를 유지시키기 위한 질문이다. 이러한 질문은 대다수의 학생들이 최소한의 예습으로 답변할 수 있는 개방성이 있어야 하고 질문의 초점이 있어야 한다.

(나) 초점을 맞추기 위한 질문

어떤 학습내용에 집중하도록 하는 질문으로서 학습한 내용 중에서 중요한 사항을 확인하는 형태의 질문이다.

(다) 사고력을 한 단계 끌어올리는 질문

　일정한 수준에서 충분한 토의가 이루어진 다음, 토의수준을 한 단계 높이고자 하는 경우에 사용하는 질문이다. 이때 중요한 것은 소수의 학생을 기준으로 해서는 안되며 강사는 학생들의 학습과정을 면밀히 관찰해야 한다.

(라) 사고를 확장시키는 질문

　어떤 주제에 대한 또 다른 해결방안을 모색하고자할 때 사용하는 질문이다.

(마) 부가적인 보조질문

　최초질문에 대한 답변이 부족할 때 추가적으로 던지는 질문이다.

바. 질문에 답변하는 방법

　이상적인 답변태도는 정중하고 솔직하며 간명하게 해야 한다. 구체적이고 추가적인 설명이 요구되거나 반론이 제기됐을 때, 다음과 같은 요령으로 답변한다.

(1) 질문의 요지를 명확하게 파악한다.

(2) 적절한 답변방식과 절차를 생각해야 한다.

(3) 충분한 설명이 되었는가를 확인한다.

5. 판서

가. 판서의 계획

(1) 사용할 비품을 사전 점검하여 정위치 지킨다.

(2) 반사광선이 생기는가를 점검한다.

(3) 불필요한 내용은 깨끗하게 지운다.

(4) 판서할 내용에 대해 사전에 면밀하게 구상한다.

　(가) 판서할 내용과 양을 결정한다.

　(나) 판서할 위치를 정한다.

　(다) 강조할 부분을 어떻게 처리할 것인가를 구상한다.

　(라) 강사가 판서 시에 교육내용에 대한 전개상황을 학생들이 감지할 수 있도록 한다.

나. 바람직한 판서방법

　　교육현장에서 어떻게 판서하는 것이 가장 효과적인가하는 문제는 강사에게는 중요한 일이다. 판서방법은 교육내용의 특성에 따라 다를 수 있기 때문에 사전에 구상하는 것이 바람직하다. 판서방법은 다음과 같다.

(1) 판서 시 글씨는 크고 정확하게 쓰며 가능하면 신속하게 기록

(2) 판서 시 정자체로 쓰며 필순과 띄어쓰기 등에 유의

(3) 판서 시 학생들의 시야를 가리지 않도록 유의

(4) 판서 시 항목을 나타내는 부호를 일치

(5) 중요한 내용은 색분필로 사용

(6) 판서의 양은 적절하게

(7) 판서가 강사의 독점물이 되지 않도록 한다.

6. 한자지도의 실제

가. 한자어의 학습내용

(1) 漢字語의 音과 뜻 알기

　(가) 글자 하나하나가 모여 漢字語가 되는 경우

宗教 胎教	←	【教】	→	教授 教育	→	教育家 教育學	→	教育學科 教育學者	→ 教育學博士

　　'教'字 하나에 다른 글자를 앞 또는 뒤에 붙여 새로운 단어를 얼마든지 만들 수 있으며 단어들이 教(가르칠 교)자로 이루어졌기 때문에 교육과 관련이 있음을 쉽게 이해할 수 있다.

　(나) 여러 음과 뜻을 가지고 있는 한자가 다른 한자와 결합하여 한자어를 이루는 경우

【樂】	〔즐거울 락〕	오락(娛樂)
	〔풍류　 악〕	음악(音樂)
	〔좋아할 요〕	요산(樂山)

　　'樂'字는 여러 가지 음과 뜻이 있으므로, 다른 한자와 결합하여 이루어진 단어는 그 독음에 유의하여야 한다.

(다) 하나의 **漢字語**가 여러 가지 뜻으로 쓰이는 경우

【日月】	① 해와 달 "日月星辰"
	② 세월 "日月逝矣"
【浮雲】	① 하늘에 떠 있는 구름
	② 어디에도 얽매이지 않는 자유로움
	③ 정처 없이 떠도는 나그네
	④ 왕의 총명을 가리는 간신

이러한 한자어가 문장 속에 쓰였으면 여러 가지 뜻으로 사용되므로, 앞 뒤 문맥을 잘 살펴서 그 뜻을 파악해야 한다.

(라) 한자어의 **音**에 대한 **學習**에서는 음의 표기와 아울러 '두음법칙'과 '활음조 현상' 등 국어의 음운 법칙에 따른 발음에 유의하여야 한다.

頭音法則		滑音調 現象	
【類】(무리 류)	種類(종류)	【難】(어려울 난)	難民(난민)
	類似(유사)		困難(곤란)

☞ 참고 : 〈부록〉 2. 한자교육 활용자료

(2) **漢字語**를 바르게 쓰기

漢字語는 **文脈**과 뜻에 맞는 적절한 **漢字**를 가려 사용해야 하며, **漢字語**를 구성하고 있는 **漢字**의 **訓音**을 올바르게 알고 있어야 한다. 환자를 치료하는 '의사'를 한자로 표기하자면 '**醫師**'가 옳게 쓴 것이지만 잘못하면 **義士, 意思, 議事** 등으로 써서 엉뚱한 뜻이 되고 마는 경우가 있다.

(3) 한자어의 짜임을 통하여 문장구조 이해하기

學校教育의 모든 **課程**에서 사용되고있는 **學習用語**들이 대부분 **漢字語**로 이루어져 있기 때문에 먼저 한자 어휘를 이해하여야 하며, 그 짜임을 통하여 문장구조를 이해할 수 있어야겠다. 문장의 구조에 대하여는 〈제4장 한문 이해〉에서 상세히 다루고 있다.

(4) 한자성어의 뜻과 유래 알기

☞ 참고 : 〈부록〉 3. 한자성어

나. 漢字 學習活動의 方法

學習한 漢字를 정확하게 기억하고 완전 소화시키자면 학습활동의 방법이 모색되어야 한다.

(1) 反復法

한자의 음과 뜻을 되풀이하여 읽고 써서 익히는 방법으로, 언어학습에 있어서는 이 반복법이 반드시 제시되어야 한다. 한자학습의 반복은 삼 단계 학습을 학습하는 과정에서 이루어진다.

(2) 適用法

이미 학습한 한자를 한자어나 언어활동에 적용하는 방법이다. 가령, 사람의 模樣을 본떠서 만든 '人'字를 가지고 漢字語를 만들거나 이것을 언어생활에 활용한다면 다음과 같다.

(가) 造字例

'人' 字가 部首가 되어 글자가 만들어지는 境遇

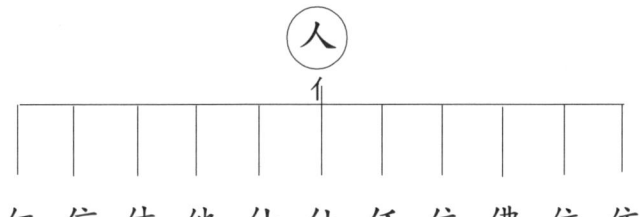

(나) 造語例

'人'字가 다른 漢字와 配合되어 漢字語를 構成하는 境遇

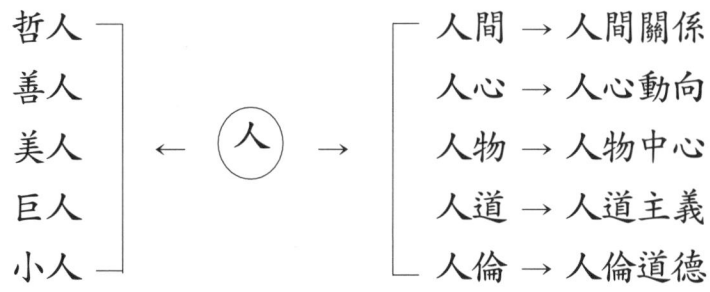

(다) 適用例

'人'字가 기본이 되어 構成된 漢字語 '人間', '人倫'을 國語에 適用하는 境遇 '우리 人間은 짐승과는 달리 지켜야 할 人倫道德이 있다.'

(3) 索出法

　　漢字, 漢字語, 漢文으로 되어 있는 書籍이나 新聞, 雜誌, 看板 등에서 이미 學習한 漢字를 索出하여 되살리는 방법이다.

(4) 完成法

　　한글로 表記된 漢字語를 漢字로 쓰거나 未完成된 漢字語를 完成시키는 方法으로 받아쓰기와 빈칸 채우기 등이 있다.

　　인간(人間),　인심(人心),　사고(思考, 事故),　입학(入學)

　　竹馬(故)友,　　歷(史)的,　　仁者無(敵),　　敬(老)孝親

(5) 比較法

　　비슷한 漢字나 相對되는 漢字를 比較하는 방법이다.

　　(가) 비슷한 漢字

　　　　免 - 兔　　　鳥 - 烏　　　鳴 - 鵙　　　衆 - 象

　　(나) 相對되는 漢字

　　　　善 ↔ 惡　　大 ↔ 小　　老 ↔ 少　　多 ↔ 少　　前 ↔ 後

　　　　長 ↔ 短　　高 ↔ 低　　強 ↔ 弱　　陰 ↔ 陽　　左 ↔ 右

　　☞ 참고 : 〈부록〉　3. 한자교육 활용자료

附 錄

聯 想 漢 字

1	合 합할 합	答 대답할 답	給 줄 급	拾 주을 습	塔 탑 탑		
2	令 하여금 령	領 옷깃 령	冷 찰 랭	零 떨어질 령	嶺 고개 령	齡 나이 령	鈴 방울 령
3	今 이제 금	吟 읊을 음	貪 탐할 탐	念 생각 념	琴 거문고 금	衾 이불 금	
4	余 나 여	餘 남을 여	徐 천천히 서	敍 펼 서	斜 비낄 사	除 덜 제	途 길 도
5	僉 다 첨	檢 검사할 검	儉 검소할 검	劍 칼 검	驗 시험 험	險 험할 험	斂 거둘 렴
6	倉 곳집 창	蒼 푸를 창	滄 큰 바다 창	創 비롯할 창	愴 슬퍼할 창	槍 창 창	瘡 부스럼 창
7	侖 둥글 륜	倫 인륜 륜	論 논할 론	輪 바퀴 륜	淪 빠질 륜		
8	央 가운데 앙	映 비칠 영	英 꽃부리 영	殃 재앙 앙	秧 모 앙	鴦 원앙새 앙	
9	夬 깍지 결 / 나눌 쾌	決 결단할 결	缺 이지러질 결	訣 이별할 결	快 쾌할 쾌		
10	尹 다스릴 윤	君 임금 군	郡 고을 군	群 무리 군	窘 막힐 군		
11	辟 임금 벽	壁 벽 벽	譬 비유할 비	避 피할 피	僻 후미질 벽	璧 둥근 옥 벽	
12	叚 빌 가	假 거짓 가	暇 겨를 가	瑕 티 하	遐 멀 하	蝦 새우 하	

13 子 아들 자	字 글자 자	仔 자세할 자	李 오얏 리			
14 予 나 여	序 차례 서	野 들 야	預 미리 예	豫 미리 예		
15 矛 창 모	柔 부드러울 유	務 힘쓸 무	霧 안개 무	蹂 짓밟을 유		
16 交 사귈 교	校 학교 교	效 본받을 효	較 견줄 교	郊 들 교	絞 목맬 교	狡 교활할 교
17 文 글월 문	紊 어지러울 문	紋 무늬 문	閔 성 민	憫 불쌍히여길 민		
18 京 서울 경	景 볕 경	影 그림자 영	涼 서늘할 량	諒 살필 량	掠 노략질할 략	鯨 고래 경
19 亡 망할 망	忘 잊을 망	忙 바쁠 망	妄 망령될 망	望 바랄 망	罔 없을 망	盲 소경 맹
20 方 모 방	放 놓을 방	訪 찾을 방	芳 꽃다울 방	房 방 방	防 막을 방	妨 방해할 방
21 氏 성씨 씨	紙 종이 지	低 낮을 저	底 밑 저	抵 거스를 저	邸 큰 집 저	
22 民 백성 민	眠 잠잘 면	珉 옥돌 민	泯 망할 민			
23 艮 그칠 간	根 뿌리 근	限 한정할 한	銀 은 은	眼 눈 안	恨 한할 한	懇 정성 간
24 良 어질 량	浪 물결 랑	朗 밝을 랑	郎 사내 랑	廊 행랑 랑	娘 아가씨 낭	

25	印 나 앙	迎 맞이할 영	仰 우러를 앙	抑 누를 억	昂 오를 앙		
26	卯 토끼 묘	貿 무역할 무	留 머무를 류	柳 버들 류			
27	才 재주 재	材 재목 재	財 재물 재				
28	寸 마디 촌	村 마을 촌	尊 높을 존	遵 좇을 준			
29	付 부칠 부	附 붙을 부	符 부신 부	府 관청 부	腐 썩을 부		
30	正 바를 정	征 칠 정	政 정사 정	整 가지런할 정	症 증세 증	定 정할 정	
31	先 먼저 선	洗 씻을 세	贊 도울 찬	讚 기릴 찬			
32	坐 앉을 좌	座 자리 좌	挫 꺾을 좌				
33	卒 군사 졸	猝 갑자기 졸	醉 술취할 취	碎 부술 쇄	萃 모을 췌	翠 물총새 취	
34	主 주인 주	住 살 주	注 물댈 주	柱 기둥 주	駐 머무를 주	註 주낼 주	
35	生 날 생	性 성품 성	姓 성씨 성	星 별 성	醒 깰 성		
36	靑 푸를 청	淸 맑을 청	請 청할 청	情 뜻 정	精 정기 정	晴 갤 청	靜 고요할 정

37 壬 천간 임	任 맡길 임	姙 아이 밸 임	賃 품팔이 임	荏 들깨 임		
38 壬 줄기 정	廷 조정 정	庭 뜰 정	呈 보일 정	程 길 정	聖 성스러울 성	聽 들을 청
39 至 이를 지	致 이를 치	室 집 실	姪 조카 질	窒 막을 질		
40 占 점칠 점	點 점 점	店 가게 점	粘 끈끈할 점	帖 표제 첩		
41 古 예 고	苦 괴로울 고	故 연고 고	固 굳을 고	姑 시어미 고	居 살 거	胡 오랑캐 호
42 啇 밑동 적	敵 원수 적	適 맞을 적	滴 물방울 적	摘 딸 적		
43 舌 혀 설	活 살 활	話 말씀 화	括 묶을 괄	闊 넓을 활		
44 中 가운데 중	仲 버금 중	忠 충성 충	沖 깊을 충	衷 정성 충		
45 蜀 나라이름 촉	燭 촛불 촉	觸 닿을 촉	獨 홀로 독	屬 무리 속	濁 흐릴 탁	
46 化 될 화	花 꽃 화	貨 재화 화	靴 가죽신 화	訛 그릇될 와		
47 比 견줄 비	批 비평할 비	庇 덮을 비	琵 비파 비	毗 도울 비		
48 皆 다 개	階 섬돌 계	偕 함께 해	楷 나무이름 해			

49 兆 조 조	桃 복숭아 도	跳 뛸 도	逃 달아날 도	挑 돋울 도	窕 정숙할 조	
50 非 아닐 비	悲 슬플 비	排 물리칠 배	輩 무리 배	匪 도둑 비	扉 문짝 비	誹 헐뜯을 비
51 半 절반 반	判 판단할 판	叛 배반할 반	伴 짝 반	畔 두둑 반	絆 줄 반	
52 羊 양 양	洋 큰 바다 양	養 기를 양	樣 모양 양	祥 상서로울 상	詳 자세할 상	
53 門 문 문	問 물을 문	聞 들을 문	悶 민망할 민	閏 윤달 윤	潤 윤택할 윤	
54 反 돌이킬 반	飯 밥 반	返 돌아올 반	販 팔 판	板 널빤지 판	版 판목 판	
55 支 지탱할 지	枝 가지 지	技 재주 기	妓 기생 기	肢 사지 지	岐 갈림길 기	
56 皮 가죽 피	彼 저 피	疲 피곤할 피	被 입을 피	波 물결 파	破 깨뜨릴 파	頗 자못 파
57 取 가질 취	趣 취미 취	最 가장 최	聚 모을 취	娶 장가들 취		
58 奴 종 노	努 힘쓸 노	怒 성낼 노				
59 叔 아재비 숙	淑 맑을 숙	督 감독할 독	寂 고요할 적	菽 콩 숙	戚 겨레 척	
60 及 미칠 급	級 등급 급	吸 숨들이쉴 흡	扱 다룰 급	急 급할 급		

61 見 볼 견	現 나타날 현	硯 벼루 연	峴 고개 현			
62 首 머리 수	道 길 도	導 인도할 도				
63 豆 콩 두	頭 머리 두	短 짧을 단	痘 천연두 두			
64 登 오를 등	燈 등잔 등	證 증거 증				
65 祭 제사 제	際 사이 제	察 살필 찰	擦 비빌 찰			
66 요 항아리 요	謠 노래 요	搖 흔들 요	遙 멀 요			
67 朝 아침 조	潮 조수 조	嘲 비웃을 조	廟 사당 묘			
68 直 곧을 직	植 심을 식	値 값 치	置 둘 치	殖 번식할 식		
69 則 법칙 칙	側 곁 측	測 헤아릴 측	惻 슬퍼할 측	廁 뒷간 측		
70 責 꾸짖을 책	積 쌓을 적	蹟 자취 적	債 빚 채	績 길쌈 적		
71 員 인원 원	圓 둥글 원	韻 운 운	損 덜 손	殞 죽을 운		
72 其 그 기	旗 깃발 기	期 기약할 기	基 터 기	欺 속일 기	棋 바둑 기	斯 이 사

73 泉 샘 천	線 줄 선	腺 샘 선	原 언덕 원	源 근원 원	願 원할 원	
74 免 면할 면	勉 힘쓸 면	晚 늦을 만	娩 해산할 만	挽 당길 만		
75 次 버금 차	姿 맵시 자	資 재물 자	恣 방자할 자	諮 물을 자	瓷 오지그릇 자	
76 單 홑 단	戰 싸움 전	禪 고요할 선	彈 탄알 탄	憚 꺼릴 탄	簞 대광주리 단	
77 由 말미암을 유	油 기름 유	宙 집 주	笛 피리 적	抽 뽑을 추	軸 굴대 축	袖 소매 수
78 申 납 신	伸 펼 신	神 귀신 신	紳 큰 띠 신	坤 땅 곤	電 번개 전	
79 里 마을 리	理 다스릴 리	埋 묻을 매	裏 속 리			
80 重 무거울 중	種 씨 종	動 움직일 동	衝 찌를 충	董 바를 동	腫 부스럼 종	
81 童 아이 동	鐘 쇠북 종	瞳 눈동자 동	撞 칠 당	憧 그리워할 동		
82 章 글 장	障 막을 장	彰 빛날 창	璋 반쪽 홀 장	獐 노루 장		
83 竟 마침내 경	境 지경 경	鏡 거울 경	競 다툴 경			
84 意 뜻 의	億 억 억	憶 생각할 억	臆 가슴 억	噫 탄식할 희		

85 戠 찰진흙 시	識 알 식	職 벼슬 직	織 짤 직	熾 성할 치	幟 기 치	
86 曾 일찍 증	僧 중 승	增 더할 증	憎 미워할 증	層 층 층	贈 줄 증	
87 黑 검을 흑	默 잠잠할 묵	墨 먹 묵				
88 無 없을 무	舞 춤출 무	撫 어루만질 무	蕪 거칠어질 무			
89 莫 없을 막	漠 사막 막	暮 저물 모	模 법 모	墓 무덤 묘		
90 與 더불 여	擧 들 거	譽 기릴 예	輿 수레 여	嶼 작은섬 서		
91 巠 물줄기 경	輕 가벼울 경	經 지날 경	徑 지름길 경	頸 목 경	莖 줄기 경	
92 長 긴 장	張 베풀 장	帳 휘장 장	脹 배부를 창	漲 불을 창		
93 隹 새 추	推 밀 추	唯 오직 유	誰 누구 수	雖 비록 수	焦 탈 초	崔 높을 최
94 夋 천천히갈 준	俊 준걸 준	竣 마칠 준	埈 가파를 준	悛 고칠 전	唆 부추길 사	酸 실 산
95 卷 책 권	券 문서 권	拳 주먹 권	倦 게으를 권			
96 各 각각 각	客 손님 객	格 격식 격	路 길 로	落 떨어질 락	額 이마 액	絡 얽을 락

97 可 옳을 가	歌 노래 가	河 물 하	何 어찌 하	阿 언덕 아	奇 기이할 기	寄 부칠 기
98 句 글귀 구	拘 잡을 구	苟 진실로 구	狗 개 구	駒 망아지 구		
99 敬 공경할 경	警 경계할 경	驚 놀랄 경	儆 경계할 경	擎 들 경		
100 包 쌀 포	抱 안을 포	飽 배부를 포	砲 대포 포	胞 태보 포	泡 거품 포	
101 勺 구기 작	的 과녁 적	約 맺을 약	酌 따를 작	釣 낚시 조	灼 터질 작	豹 표범 표
102 勿 말 물	物 물건 물	忽 갑자기 홀	惚 황홀할 홀	吻 입술 문	刎 목 벨 문	
103 易 쉬울 이 / 바꿀 역	錫 주석 석	賜 줄 사	剔 뼈 바를 척			
104 昜 볕 양	陽 볕 양	場 마당 장	腸 창자 장	傷 상할 상	楊 버들 양	暢 화창할 창
105 曷 어찌 갈	葛 칡 갈	渴 목마를 갈	謁 뵐 알	喝 외칠 갈	褐 털옷 갈	揭 높이 들 게
106 果 실과 과	課 매길 과	菓 과자 과	裸 벌거벗을 라	顆 낱알 과		
107 相 서로 상	想 생각 상	霜 서리 상	箱 상자 상	孀 과부 상		
108 未 아닐 미	味 맛 미	妹 아랫누이 매	昧 어두울 매	魅 매혹할 매	寐 잠잘 매	

109 矢 화살 시	知 알 지	智 지혜 지	疾 병 질			
110 朱 붉을 주	株 그루 주	珠 구슬 주	洙 물 이름 수	殊 다를 수	誅 벨 주	
111 利 이로울 리	梨 배 리	痢 설사 리	悧 영리할 리			
112 厤 다스릴 력	曆 책력 력	歷 지낼 력	瀝 거를 력	靂 벼락 력		
113 麻 삼 마	磨 갈 마	摩 문지를 마	魔 마귀 마	痲 저릴 마	靡 쓰러질 미	麾 대장기 휘
114 己 몸 기	記 기록할 기	起 일어날 기	改 고칠 개	妃 왕비 비	紀 벼리 기	配 짝 배
115 弓 활 궁	躬 몸 궁	窮 다할 궁				
116 弗 아닐 불	佛 부처 불	拂 떨칠 불	費 쓸 비	彿 비슷할 불	沸 끓을 비	
117 爿 조각 장	狀 문서 장	壯 씩씩할 장	莊 장엄할 장	裝 꾸밀 장	將 장수 장	臟 오장 장
118 巨 클 거	拒 막을 거	距 떨어질 거	矩 곱자 구	渠 도랑 거		
119 臤 단단할 견	堅 굳을 견	賢 어질 현	緊 굳게얽을 긴	腎 콩팥 신	竪 세울 수	
120 監 볼 감	鑑 거울 감	濫 넘칠 람	藍 쪽 람	覽 볼 람	艦 싸움배 함	鹽 소금 염

121 不 아닐 불	否 아닐 부	杯 잔 배	胚 아이 밸 배			
122 音 침 뱉을 투	部 거느릴 부	剖 쪼갤 부	倍 갑절 배	培 북돋을 배		
123 分 나눌 분	粉 가루 분	貧 가난할 빈	紛 어지러울 분	忿 성낼 분	盆 동이 분	
124 公 공변될 공	松 소나무 송	訟 송사할 송	翁 늙은이 옹	頌 기릴 송		
125 谷 골 곡	浴 목욕할 욕	欲 하고자할 욕	俗 풍속 속			
126 容 얼굴 용	溶 질펀히 흐를 용	鎔 녹일 용	蓉 연꽃 용			
127 周 두루 주	週 주일 주	彫 새길 조	調 고를 조	凋 시들 조	綢 얽을 주	稠 빽빽할 조
128 同 같을 동	洞 골 동	桐 오동나무 동	銅 구리 동	筒 대롱 통	興 일어날 흥	
129 咼 입 비뚤어질 괘	過 지날 과	禍 재앙 화	渦 소용돌이 와	蝸 달팽이 와		
130 少 적을 소	妙 묘할 묘	沙 모래 사	秒 초 초	抄 베낄 초	紗 깁 사	
131 肖 닮을 초	哨 망볼 초	消 사라질 소	削 깎을 삭			
132 尙 오히려 상	常 항상 상	賞 상줄 상	堂 집 당	當 마땅할 당	裳 치마 상	黨 무리 당

133 宗 마루 종	崇 높일 숭	綜 모을 종	踪 자취 종	琮 옥홀 종		
134 高 높을 고	稿 원고 고	膏 기름 고	豪 호걸 호	毫 가는 털 호		
135 喬 높을 교	橋 다리 교	僑 객지에 살 교	矯 바로잡을 교	驕 교만할 교	嬌 아리따울 교	
136 充 채울 충	銃 총 총	統 거느릴 통				
137 元 으뜸 원	完 완전할 완	院 집 원	冠 갓 관	玩 희롱할 완	頑 완고할 완	
138 甬 길 용	勇 날랠 용	通 통할 통	痛 아플 통	誦 욀 송	踊 뛸 용	湧 샘솟을 용
139 甫 클 보	捕 잡을 포	補 기울 보	浦 물가 포	輔 도울 보	哺 먹일 포	鋪 펼 포
140 尃 펼 부	博 넓을 박	薄 엷을 박	簿 문서 부	賻 부의 부	敷 펼 부	縛 묶을 박
141 專 오로지 전	傳 전할 전	轉 구를 전	團 둥글 단	塼 벽돌 전		
142 安 편안할 안	案 책상 안	按 살필 안	晏 늦을 안	鞍 안장 안		
143 官 벼슬 관	館 집 관	管 대롱 관	棺 널 관			
144 每 매양 매	海 바다 해	梅 매화 매	悔 뉘우칠 회	侮 업신여길 모	敏 재빠를 민	

145 丁 장정 정	頂 정수리 정	訂 바로잡을 정	亭 정자 정	停 머무를 정	酊 술 취할 정	
146 成 이룰 성	城 재 성	誠 정성 성	盛 성할 성	晟 밝을 성		
147 式 법 식	試 시험 시	弑 죽일 시				
148 我 나 아	餓 주릴 아	義 옳을 의	儀 거동 의	議 의논할 의		
149 咸 다 함	感 느낄 감	減 덜 감	鍼 바늘 침	緘 봉할 함	箴 바늘 잠	喊 고함지를 함
150 或 혹 혹	惑 미혹할 혹	域 지경 역	國 나라 국	彧 문채 욱		
151 戋 손상할 재	哉 어조사 재	栽 심을 재	裁 옷 마를 재	載 실을 재	戴 일 대	
152 戔 해칠 잔	錢 돈 전	踐 밟을 천	賤 천할 천	淺 얕을 천	殘 남을 잔	盞 잔 잔
153 爭 다툴 쟁	淨 깨끗할 정					
154 采 풍채 채	採 캘 채	菜 나물 채	彩 채색 채	埰 채밭 채		
155 瓜 오이 과	孤 외로울 고	狐 여우 호	弧 활 호			
156 彔 나무 새길 록	錄 기록할 록	綠 푸를 록	祿 녹 록	剝 벗길 박		

157 工 장인 공	江 강 강	功 공 공	攻 칠 공	貢 바칠 공	空 빌 공	紅 붉을 홍
158 敢 감히 감	瞰 내려다볼 감	嚴 엄할 엄	巖 바위 암	儼 근엄할 엄		
159 出 날 출	拙 못날 졸	黜 물리칠 출	屈 굽힐 굴	掘 팔 굴	窟 굴 굴	
160 五 다섯 오	伍 대오 오	吾 나 오	梧 오동나무 오	語 말씀 어	悟 깨달을 오	圄 옥 어
161 亞 버금 아	啞 벙어리 아	惡 악할 악	堊 백토 악			
162 井 우물 정	耕 밭갈 경	刑 형벌 형	形 모양 형	型 틀 형	荊 가시나무 형	邢 성(姓) 형
163 共 함께 공	恭 공손할 공	供 이바지할 공	洪 넓을 홍	巷 거리 항	港 항구 항	拱 두손맞잡을 공
164 昔 예 석	惜 아낄 석	錯 섞일 착	借 빌릴 차	措 둘 조	鵲 까치 작	籍 문서 적
165 庶 여러 서	遮 막을 차	席 자리 석	度 법도 도	渡 건널 도	鍍 도금할 도	
166 黃 누를 황	廣 넓을 광	鑛 쇳돌 광	橫 가로 횡	擴 넓힐 확		
167 菫 진흙 근	謹 삼갈 근	勤 부지런할 근	槿 무궁화 근	僅 겨우 근	饉 흉년들 근	覲 뵐 근
168 嘆 탄식할 탄	漢 한수 한	難 어려울 난	灘 여울 탄	艱 어려울 간	儺 역귀 쫓을 나	

169 斤 도끼 근	近 가까울 근	祈 빌 기	欣 기뻐할 흔			
170 折 꺾을 절	哲 밝을 철	誓 맹세할 서	逝 갈 서	晳 밝을 절		
171 干 방패 간	刊 책 펴낼 간	肝 간 간	奸 범할 간	汗 땀 한	旱 가물 한	軒 추녀 헌
172 乍 잠깐 사	作 지을 작	昨 어제 작	詐 속일 사	炸 터질 작	窄 좁을 착	搾 짤 착
173 幺 작을 요	幼 어릴 유	幽 그윽할 유	後 뒤 후	拗 꺾을 요	窈 그윽할 요	
174 幾 몇 기	機 베틀 기	畿 경기 기	饑 주릴 기			
175 永 길 영	泳 헤엄칠 영	詠 읊을 영				
176 炎 불꽃 염	談 말씀 담	淡 맑을 담	痰 가래 담			
177 熒 등불 형	榮 영화 영	營 경영할 영	塋 무덤 영	螢 반딧불 형		
178 辛 매울 신	新 새로울 신	親 친할 친	宰 재상 재	薪 섶 신		
179 睪 엿볼 역	譯 번역할 역	擇 가릴 택	澤 못 택	驛 역마 역	釋 풀 석	
180 虍 범의 문채 호	虎 범 호	處 곳 처	虛 빌 허	虜 사로잡을 로	盧 밥그릇 로	膚 살갗 부

千 字 文

◆ 소개 : 한문(漢文) 초학자를 위한 교과서 겸 습자교본이다. 본문은 1권으로 되어 있다. 《千字文》은 梁 무제(武帝)의 명을 받은 주흥사(周興嗣)가 저술한 것으로 四字一句의 對句로 구성되어있고 대구마다 韻을 달아서 《詩經》의 체제를 지니고 있다. 總 250句로 각 글자는 중복되지 않은 천개의 글자를 가지고 문장을 이루었기 때문에 《千字文》이라고 한다. 무제(武帝)의 명을 받은 주흥사(周興嗣)가 고심에 고심을 거듭하였으므로 하루 만에 머리가 하얗게 세어 버려서 '白首文'이라는 별칭도 있다.

◆ 내용 : '천지현황(天地玄黃)'에서 시작하여 '언재호야(焉哉乎也)'로 끝난다. 천문, 지리, 역사, 도덕 등을 내포하고 있어서 출전의 전거나 저자가 추구하는 본뜻을 여간해서는 이해하기 어렵다.

◆ 판본 : 《千字文》은 옛날에 누구나 한문을 배우려면 처음 읽었던 과정이었으나 版本體는 아직 확인을 하지 못했고 대개는 筆寫本을 갖고 배웠다. 당나라 이후 급격히 보급되어 많은 書家에 의하여 쓰였으며 그 중에서도 습자교본으로 가장 유명한 것은, 왕희지의 7대손 지영(智永)이 진서(眞書:楷書)와 초서(草書)의 두 체로 쓴 《진초천자문(眞草千字文)》본으로 1109년에 새긴 석각(石刻)이 전하고 있다. 송대(宋代) 이후 이용범위가 점점 확대되어 《千字文》의 순서를 이용하여 문서 등의 번호를 붙이는 습관도 생기고 또 《속천자문(續千字文)》이 나오는가 하면 전연 딴 글자를 뽑아 《서고천자문(敍古千字文)》이라 이름붙인 종류도 많이 나왔다.

◆ 전래 : 이 책이 한국에 전해진 연대는 확실치 않으나 백제 때 왕인(王仁)이 《논어(論語)》 10권과 함께 이 책 1권을 일본에 전했다는 기록으로 보아 이보다 훨씬 전에 들어온 것으로 추측된다. 한문의 입문서로서 초보자에게는 필수의 교과서로 중용(重用)되었으며 선조 때의 명필 석봉(石峯) 한호(韓濩)가 쓴 《석봉천자문(石峯千字文)》은 東國眞體로 쓰여 있는데 이 책이 가장 널리 통용되었으나 이 책은 본문만을 필사하였고 또 통용되는 俗字를 쓴 것도 있다. 千字文에 대한 註釋을 붙인 것은 영조 28년에 발간된 홍성원(洪聖源)이 저술한 《주해천자문(註解千字文)》이 있는데, 처음으로 주석을 붙였다.

1	天地玄黃 宇宙洪荒	日月盈仄 辰宿列張
	▸ 하늘 천 / 땅 지 / 검을 현 / 누를 황 ▸ 집 우 / 집 주 / 넓을 홍 / 거칠 황	▸ 날 일 / 달 월 / 찰 영 / 기울 측 ▸ 별 진(신) / 별자리 수 / 벌일 렬 / 베풀 장
2	寒來暑往 秋收冬藏	閏餘成歲 律呂調陽
	▸ 찰 한 / 올 래 / 더위 서 / 갈 왕 ▸ 가을 추 / 거둘 수 / 겨울 동 / 감출 장	▸ 윤달 윤 / 남을 여 / 이룰 성 / 해 세 ▸ 법칙 률 / 법칙 려 / 고를 조 / 볕 양
3	雲騰致雨 露結爲霜	金生麗水 玉出崑岡
	▸ 구름 운 / 오를 등 / 이를 치 / 비 우 ▸ 이슬 로 / 맺을 결 / 될 위 / 서리 상	▸ 쇠 금 / 날 생 / 고울 려 / 물 수 ▸ 구슬 옥 / 날 출 / 뫼 곤 / 뫼 강
4	劍號巨闕 珠稱夜光	果珍李柰 菜重芥薑
	▸ 칼 검 / 이름 호 / 클 거 / 대궐 궐 ▸ 구슬 주 / 일컬을 칭 / 밤 야 / 빛 광	▸ 과일 과 / 보배 진 / 오얏 리 / 능금(빛) 내 ▸ 나물 채 / 무거울 중 / 겨자 개 / 생강 강
5	海鹹河淡 鱗潛羽翔	龍師火帝 鳥官人皇
	▸ 바다 해 / 짤 함 / 물 하 / 담백할 담 ▸ 비늘 린 / 잠길 잠 / 깃 우 / 날개 상	▸ 용 룡 / 스승 사 / 불 화 / 임금 제 ▸ 새 조 / 벼슬 관 / 사람 인 / 임금 황
6	始制文字 乃服衣裳	推位讓國 有虞陶唐
	▸ 처음 시 / 지을 제 / 글월 문 / 글자 자 ▸ 이에 내 / 입을 복 / 옷 의 / 치마 상	▸ 밀 추 / 자리 위 / 사양할 양 / 나라 국 ▸ 있을 유 / 나라 우 / 질그릇 도 / 나라 당
7	弔民伐罪 周發殷湯	坐朝問道 垂拱平章
	▸ 위문할 조 / 백성 민 / 칠 벌 / 허물 죄 ▸ 나라 주 / 필 발 / 나라 은 / 끓을 탕	▸ 앉을 좌 / 조정 조 / 물을 문 / 도리 도 ▸ 드리울 수 / 팔짱낄 공 / 평할 평 / 밝을 장

8	愛育黎首 臣伏戎羌 ▸ 사랑 애 / 기를 육 / 검을 려 / 머리 수 ▸ 신하 신 / 복종할 복 / 오랑캐 융 / 오랑캐 강	遐邇壹體 率賓歸王 ▸ 멀 하 / 가까울 이 / 한 일 / 몸 체 ▸ 거느릴 솔 / 복종할 빈 / 돌아갈 귀 / 임금 왕
9	鳴鳳在樹 白駒食場 ▸ 울 명 / 봉황새 봉 / 있을 재 / 나무 수 ▸ 흰 백 / 망아지 구 / 먹을 식 / 마당 장	化被草木 賴及萬方 ▸ 교화 화 / 미칠 피 / 풀 초 / 나무 목 ▸ 힘입을 뢰 / 이를 급 / 일만 만 / 방위 방
10	蓋此身髮 四大五常 ▸ 어조사 개 / 이 차 / 몸 신 / 터럭 발 ▸ 넉 사 / 큰 대 / 다섯 오 / 떳떳할 상	恭惟鞠養 豈敢毀傷 ▸ 공손할 공 / 생각할 유 / 기를 국 / 기를 양 ▸ 어찌 기 / 감히 감 / 헐 훼 / 상할 상
11	女慕貞烈 男效才良 ▸ 계집 녀 / 사모할 모 / 바를 정 / 매울(강직할) 렬 ▸ 사내 남 / 본받을 효 / 재주 재 / 어질 량	知過必改 得能莫忘 ▸ 알 지 / 허물 과 / 반듯 필 / 고칠 개 ▸ 얻을 득 / 잘할 능 / 말 막 / 잊을 망
12	罔談彼短 靡恃己長 ▸ 말 망 / 말씀 담 / 저 피 / 짧을 단 ▸ 말 미 / 믿을 시 / 몸 기 / 길 장	信使可覆 器欲難量 ▸ 믿을 신 / 하여금 사 / 가할 가 / 덮을(실천할) 복 ▸ 그릇 기 / 하고자할 욕 / 어려울 난 / 헤아릴 량
13	墨悲絲染 詩讚羔羊 ▸ 먹 묵 / 슬플 비 / 실 사 / 물들일 염 ▸ 글 시 / 기릴 찬 / 염소 고 / 양 양	景行維賢 克念作聖 ▸ 볕(클) 경 / 행할 행 / 어조사 유 / 어질 현 ▸ 능할 극(剋) / 생각할 념 / 될 작 / 성인 성
14	德建名立 形端表正 ▸ 덕 덕 / 세울 건 / 이름 명 / 설 립 ▸ 모양 형 / 단정할 단 / 겉 표 / 바를 정	空谷傳聲 虛堂習聽 ▸ 빌 공 / 골 곡 / 전할 전 / 소리 성 ▸ 빌 허 / 집 당 / 익힐 습 / 들을 청

15	禍因惡積 福緣善慶	尺璧非寶 寸陰是競
	▶ 재앙 화 / 인할 인 / 악할 악 / 쌓을 적 ▶ 복 복 / 인연할 연 / 착할 선 / 경사 경	▶ 자 척 / 구슬 벽 / 아닐 비 / 보배 보 ▶ 마디 촌 / 그늘 음 / 이 시 / 다툴 경
16	資父事君 曰嚴與敬	孝當竭力 忠則盡命
	▶ 재물(취할) 자 / 아비 부 / 섬길 사 / 임금 군 ▶ 말씀 왈 / 엄할 엄 / 어조사 여 / 공경 경	▶ 효도 효 / 마땅할 당 / 다할 갈 / 힘 력 ▶ 충성 충 / 곧 즉 / 다할 진 / 목숨 명
17	臨深履薄 夙興溫清	似蘭斯馨 如松之盛
	▶ 굽어볼 림 / 깊을 심 / 밟을 리 / 얇을 박 ▶ 일찍 숙 / 일어날 흥 / 따뜻할 온 / 서늘할 청	▶ 같을 사 / 난초 란 / 어조사 사 / 향기 형 ▶ 같을 여 / 소나무 송 / 어조사 지 / 성할 성
18	川流不息 淵澄取映	容止若思 言辭安定
	▶ 내 천 / 흐를 류 / 아닐 불 / 쉴 식 ▶ 못 연 / 맑을 징 / 취할 취 / 비칠 영(暎)	▶ 모양 용 / 머무를 지 / 같을 약 / 생각할 사 ▶ 말씀 언 / 말씀 사 / 편안할 안 / 정할 정
19	篤初誠美 愼終宜令	榮業所基 藉甚無竟
	▶ 도타울 독 / 처음 초 / 진실로 성 / 아름다울 미 ▶ 삼갈 신 / 마침 종 / 마땅할 의 / 하여금(아름다울) 령	▶ 영화 영 / 일 업 / 바 소 / 터 기 ▶ 자심할 자 (籍 적) / 심할 심 / 없을 무 / 마칠 경
20	學優登仕 攝職從政	存以甘棠 去而益詠
	▶ 배울 학 / 넉넉할 우 / 오를 등 / 벼슬 사 ▶ 가질 섭 / 벼슬 직 / 따를 종 / 정사 정	▶ 있을 존 / 써 이 / 달 감 / 아가위 당 ▶ 떠날 거 / 어조사 이 / 더할 익 / 읊을 영
21	樂殊貴賤 禮別尊卑	上和下睦 夫唱婦隨
	▶ 풍류 악 / 다를 수 / 귀할 귀 / 천할 천 ▶ 예도 례 / 분별할 별 / 높을 존 / 낮을 비	▶ 윗 상 / 화할 화 / 아래 하 / 화목할 목 ▶ 지아비 부 / 선도할 창 / 지어미 부 / 따를 수

22	外受傅訓 入奉母儀 ▶ 밖 외 / 받을 수 / 스승 부 / 가르칠 훈 ▶ 들 입 / 받들 봉 / 어미 모 / 거동 의	諸姑伯叔 猶子比兒 ▶ 모두 제 / 고모 고 / 맏 백 / 아재비 숙 ▶ 같을 유 / 아들 자 / 견줄 비 / 아이 아
23	孔懷兄弟 同氣連枝 ▶ 구멍(매우) 공 / 생각할 회 / 맏 형 / 아우 제 ▶ 같을 동 / 기운 기 / 연할 연 / 가지 지	交友投分 切磨箴規 ▶ 사귈 교 / 벗 우 / 던질(맞을) 투 / 분수 분 ▶ 끊을 절 / 갈 마 / 경계할 잠 / 바로잡을 규
24	仁慈隱惻 造次弗離 ▶ 어질 인 / 사랑할 자 / 측은히여길 은 / 슬플 측 ▶ 지을(갑자기) 조 / 버금(잠깐) 차 / 말 불 / 떠날 리	節義廉退 顚沛匪虧 ▶ 절개 절 / 옳을 의 / 청렴할 렴 / 물러날 퇴 ▶ 엎어질 전 / 자빠질 패 / 아닐 비 / 이지러질 휴
25	性靜情逸 心動神疲 ▶ 성품 성 / 편안할 정 / 뜻 정 / 편안할 일 ▶ 마음 심 / 움직일 동 / 정신 신 / 피로할 피	守眞志滿 逐物意移 ▶ 지킬 수 / 참 진 / 뜻 지 / 가득찰 만 ▶ 쫓을 축 / 물건 물 / 뜻 의 / 옮길 이
26	堅持雅操 好爵自縻 ▶ 굳을 견 / 지킬 지 / 바를 아 / 지조 조 ▶ 좋을 호 / 벼슬 작 / 스스로 자 / 얽을 미	都邑華夏 東西二京 ▶ 도읍 도 / 고을 읍 / 빛날 화 / 클 하 ▶ 동녘 동 / 서녘 서 / 둘 이 / 서울 경
27	背邙面洛 浮渭據涇 ▶ 등 배 / 뫼 망 / 낯(앞) 면 / 물 낙 ▶ 뜰 부 / 물이름 위 / 웅거할 거 / 물이름 경	宮殿盤鬱 樓觀飛驚 ▶ 집 궁 / 대궐 전 / 서릴 반 / 울창할 울 ▶ 다락 루 / 집 관 / 날 비 / 놀랄 경
28	圖寫禽獸 畵綵仙靈 ▶ 그림 도 / 그릴 사 / 새 금 / 짐승 수 ▶ 그림그릴 화 / 채색 채 / 신선 선 / 신령 령	丙舍傍啓 甲帳對楹 ▶ 남녘 병 / 집 사 / 곁 방 / 열 계 ▶ 갑옷 갑 / 장막 장 / 마주할 대 / 기둥 영

29	肆筵設席 鼓瑟吹笙	陞階納陛 弁轉疑星
	▸ 베풀 사 / 자리 연 / 베풀 설 / 자리 석 ▸ 두드릴 고 / 비파 슬 / 불 취 / 생황 생	▸ 오를 승 / 섬돌 계 / 들일 납 / 섬돌 폐 ▸ 고깔 변 / 구를 전 / 의심할 의 / 별 성
30	右通廣內 左達承明	旣集墳典 亦聚群英
	▸ 오른 우 / 통할 통 / 넓을 광 / 안 내 ▸ 왼 좌 / 이를 달 / 이을 승 / 밝을 명	▸ 이미 기 / 모을 집 / 무덤(큰) 분 / 법 전 ▸ 또 역 / 모을 취 / 무리 군 / 뛰어날 영
31	杜藁鍾隸 漆書壁經	府羅將相 路挾槐卿
	▸ 막을 두 / 원고 고 / 쇠북 종 / 노예 예 ▸ 옻 칠 / 쓸 서 / 벽 벽 / 경서 경	▸ 관서 부 / 벌릴 라 / 장수 장 / 정승 상 ▸ 길 로 / 낄 협(俠) / 회화나무 괴 / 벼슬 경
32	戶封八縣 家給千兵	高冠陪輦 驅轂振纓
	▸ 집 호 / 봉할 봉 / 여덟 팔 / 고을 현 ▸ 집 가 / 줄 급 / 일천 천 / 군사 병	▸ 높을 고 / 갓 관 / 모실 배 / 수레 연 ▸ 말몰 구 / 바퀴 곡 / 떨칠 진 / 갓끈 영
33	世祿侈富 車駕肥輕	策功茂實 勒碑刻銘
	▸ 대 세 / 녹 록 / 사치할(큰) 치 / 부유할 부 ▸ 수레 거 / 멍에 가 / 살찔 비 / 가벼울 경	▸ (꾀)기록할 책 / 공 공 / 힘쓸 무 / 열매 실 ▸ 굴레(새길) 륵 / 비석 비 / 새길 각 / 새길 명
34	磻溪伊尹 佐時阿衡	奄宅曲阜 微旦孰營
	▸ 돌 반 / 시내 계 / 저 이 / 맏 윤 ▸ 도울 좌 / 때 시 / 언덕 아 / 저울대 형	▸ 가릴(문득) 엄 / 집 택 / 굽을 곡 / 언덕 부 ▸ 아닐 미 / 아침 단 / 누구 숙 / 경영할 영
35	桓公匡合 濟弱扶傾	綺回漢惠 說感武丁
	▸ 굳셀 환 / 귀 공 / 바를 광 / 만날 합 ▸ 구제할 제 / 약할 약 / 붙들 부 / 기울어질 경	▸ 비단 기 / 돌아올 회 / 한수 한 / 은혜 혜 ▸ 기쁠 열 / 느낄 감 / 호반 무 / 장정 정

36	俊乂密勿 多士寔寧	晉楚更霸 趙魏困橫
	▶ 준걸 준 / 풀벨(어질) 예 / 치밀할 밀 / 말 물 ▶ 많을 다 / 선비 사 / 이 식 / 편안할 녕	▶ 나라 진 / 나라 초 / 번갈을 경 / 으뜸 패 ▶ 나라 조 / 나라 위 / 곤할 곤 / 가로 횡
37	假途滅虢 踐土會盟	何遵約法 韓弊煩刑
	▶ 빌릴 가 / 길 도 / 멸할 멸 / 나라 괵 ▶ 밟을 천 / 흙 토 / 모일 회 / 맹세할 맹	▶ 어찌 하 / 따를 준 / 간략할 약 / 법 법 ▶ 나라 한 / 해질 폐 / 번거로울 번 / 형벌 형
38	起翦頗牧 用軍最精	宣威沙漠 馳譽丹靑
	▶ 일어날 기 / 자를 전 / 자못 파 / 기를 목 ▶ 쓸 용 / 군사 군 / 가장 최 / 정미할 정	▶ 드러날 선 / 위엄 위 / 모래 사 / 사막 막 ▶ 달릴 치 / 기릴 예 / 붉을 단 / 푸를 청
39	九州禹跡 百郡秦幷	嶽宗恒岱 禪主云亭
	▶ 아홉 구 / 고을 주 / 임금 우 / 자취 적 ▶ 일백 백 / 고을 군 / 나라 진 / 아우를 병	▶ 산마루 악 / 높을 종 / 항상 항 / 태산 대 ▶ 봉선(터닦을) 선 / 주장할 주 / 이를 운 / 정자 정
40	雁門紫塞 雞田赤城	昆池碣石 鉅野洞庭
	▶ 기러기 안 / 문 문 / 붉을 자 / 변방 새 ▶ 닭 계 / 밭 전 / 붉을 적 / 성 성	▶ 맏 곤 / 못 지 / 비석 갈 / 돌 석 ▶ 클 거 / 들 야 / 마을 동 / 뜰 정
41	曠遠綿邈 巖岫杳冥	治本於農 務玆稼穡
	▶ 밝을(멀) 광 / 멀 원 / 솜(멀) 면(綿) / 멀 막 ▶ 바위 암 / 묏부리 수 / 아득할 묘 / 어두울 명	▶ 다스릴 치 / 근본 본 / 어조사 어 / 농사 농 ▶ 힘쓸 무 / 이 자 / 심을 가 / 거둘 색
42	俶載南畝 我藝黍稷	稅熟貢新 勸賞黜陟
	▶ 비로소 숙 / 일할 재 / 남녘 남 / 이랑 묘(무) ▶ 나 아 / 심을 예 / 기장 서 / 메기장 직	▶ 부세 세 / 익을 숙 / 바칠 공 / 새 신 ▶ 권할 권 / 상줄 상 / 내칠 출 / 오를 척

43	孟軻敦素 史魚秉直	庶幾中庸 勞謙謹勅
	▸ 만 맹 / 수레 가 / 도타울 돈 / 본디 소 ▸ 역사 사 / 물고기 어 / 잡을(지킬) 병 / 곧을 직	▸ 거의 서 / 가까울 기 / 가운데 중 / 떳떳할 용 ▸ 수고로울 로 / 겸손할 겸 / 삼가할 근 / 신칙할 칙
44	聆音察理 鑑貌辨色	貽厥嘉猷 勉其祗植
	▸ 들을 령 / 소리 음 / 살필(알) 찰 / 이치 리 ▸ 볼 감 / 모양 모 / 분별할 변 / 빛 색	▸ 끼칠 이 / 그 궐 / 아름다울 가 / 꾀 유 ▸ 힘쓸 면 / 그 기 / 공경 지 / 세울 식
45	省躬譏誡 寵增抗極	殆辱近恥 林皐幸卽
	▸ 살필 성 / 몸 궁 / 꾸짖을 기 / 경계할 계 ▸ 사랑할 총 / 더할 증 / 막을(높을) 항 / 다할 극	▸ 위태할 태 / 욕될 욕 / 가까울 근 / 부끄러울 치 ▸ 수풀 림 / 언덕(늪) 고 / 다행(갈) 행 / 나아갈 즉
46	兩疏見機 解組誰逼	索居閒處 沈黙寂寥
	▸ 두 량 / 성길 소 / 알 견 / 기미 기 ▸ 풀 해 / 인끈 조 / 누구 수 / 핍박할 핍	▸ 한가할 삭 / 살 거 / 고요할 한 / 거처할 처 ▸ 잠길 침 / 고요할 묵 / 고요할 적 / 고요할 료
47	求古尋論 散慮逍遙	欣奏累遣 感謝歡招
	▸ 찾을 구 / 예 고 / 찾을 심 / 논할 론 ▸ 흩어질(없어질) 산 / 근심 려 / 노닐 소 / 노닐 요	▸ 기쁠 흔 / 아뢸(나아갈) 주 / 더럽힐 루 / 보낼 견 ▸ 슬플 척 / 사례할(하직할) 사 / 기쁠 환 / 부를 초
48	渠荷的歷 園莽抽條	枇杷晚翠 梧桐早凋
	▸ 도랑 거 / 연꽃 하 / 분명할 적 / 지낼(분명할) 력 ▸ 동산 원 / 풀 망 / 뺄 추 / 가지 조	▸ 비파나무 비 / 비파나무 파 / 늦을 만 / 푸를 취 ▸ 오동나무 오 / 오동나무 동 / 이를 조 / 시들 조
49	陳根委翳 落葉飄颻	遊鯤獨運 凌摩絳霄
	▸ 묵을 진 / 뿌리 근 / 쌓일 위 / 덮을 예 ▸ 떨어질 락 / 잎 엽 / 나부낄 표 / 나부낄 요	▸ 놀 유 / 곤어 곤(鵾) / 홀로 독 / 움직일 운 ▸ 오를 릉 / 만질 마 / 붉을 강 / 하늘 소

50	耽讀翫市 寓目囊箱	易輶攸畏 屬耳垣牆
	▸ 즐길 탐 / 읽을 독 / 볼 완 / 저자 시 ▸ 붙일 우 / 눈 목 / 주머니 낭 / 상자 상	▸ 쉬울 이 / 가벼울 유 / 바 유 / 두려울 외 ▸ 붙일 촉 / 귀 이 / 담 원 / 담장 장
51	具膳飱飯 適口充腸	飽飫烹宰 飢厭糟糠
	▸ 갖출 구 / 반찬 선(湌) / 밥 손 / 밥 반 ▸ 맞을 적 / 입 구 / 채울 충 / 창자 장	▸ 배부를 포 / 먹기싫어 (厭 염) / 요리할 팽 / 요리할 재 ▸ 주릴 기 / 만족할 염(飫 어) / 술지게미 조 / 겨 강
52	親戚故舊 老少異糧	妾御績紡 侍巾帷房
	▸ 친할 친 / 겨레 척 / 예 고 / 예 구 ▸ 늙을 로 / 젊을 소 / 다를 이 / 양식 량	▸ 첩 첩 / 모실 어 / 길쌈 적 / 길쌈 방 ▸ 모실 시 / 수건 건 / 장막 유 / 방 방
53	紈扇圓潔 銀燭煒煌	晝眠夕寐 藍筍象牀
	▸ 흰비단 환 / 부채 선 / 둥글 원 / 깨끗할 결 ▸ 은 은 / 촛불 촉 / 빛날 위 / 빛날 황	▸ 낮 주 / 졸 면 / 저녁 석 / 잘 매 ▸ 푸를 람 / 대순 순 / 코끼리 상 / 평상 상
54	絃歌酒讌 接杯舉觴	矯手頓足 悅豫且康
	▸ 줄 현 / 노래 가 / 술 주 / 잔치 연(宴) ▸ 접할(가질) 접 / 잔 배 / 들 거 / 잔 상	▸ 바로잡을(들) 교 / 손 수 / 조아릴(두드릴) 돈 / 발 족 ▸ 기쁠 열 / 기쁠 예 / 또 차 / 즐거울 강
55	嫡後嗣續 祭祀蒸嘗	稽顙再拜 悚懼恐惶
	▸ 정실 적 / 뒤 후 / 이을 사 / 이를 속 ▸ 제사 제 / 제사 사 / 찔(제사) 증 / 맛볼(제사) 상	▸ 조아릴 계 / 이마 상 / 두 재 / 절 배 ▸ 두려울 송 / 두려울 구 / 두려울 공 / 두려울 황
56	牋牒簡要 顧答審詳	骸垢想浴 執熱願涼
	▸ 편지 전 / 편지 첩 / 대쪽(간략할) 간 / 요약할 요 ▸ 물을 고 / 대답할 답 / 자세할 심 / 자세할 상	▸ 몸 해 / 때 구 / 생각 상 / 목욕할 욕 ▸ 잡을 집 / 뜨거울 열 / 원할 원 / 서늘할 량

57	驢騾犢特 駭躍超驤	誅斬賊盜 捕獲叛亡
	▶ 나귀 려 / 노새 라 / 송아지 독 / 숫소 특 ▶ 놀랄 해 / 뛸 약 / 달릴 초 / 달릴 양	▶ 처벌할 주 / 벨 참 / 해칠 적 / 도적 도 ▶ 잡을 포 / 잡을 획 / 배반할 반 / 도망할 망
58	布射僚丸 嵇琴阮嘯	恬筆倫紙 鈞巧任釣
	▶ 베 포 / 쏠 사 / 벗 료(遼) / 탄환 환 ▶ 성 혜(稽) / 거문고 금 / 성 완 / 휘파람 소	▶ 편안할 념 / 붓 필 / 인륜 륜 / 종이 지 ▶ 서른근 균 / 빼어날 교 / 맡길 임 / 낚시 조
59	釋紛利俗 並皆佳妙	毛施淑姿 工嚬妍笑
	▶ 풀 석 / 어지러울 분 / 이로울 리 / 세상 속 ▶ 아우를 병(竝) / 다 개 / 아름다울 가 / 아름다울 묘	▶ 터럭 모 / 베풀 시 / 아름다울 숙 / 자태 자 ▶ 장인(빼어날) 공 / 찡그릴 빈 / 고울 연 / 웃음 소
60	年矢每催 羲暉朗曜	璇璣懸斡 晦魄環照
	▶ 해 년 / 화살 시 / 매양 매 / 재촉할 최 ▶ 복희 희(曦) / 햇빛 휘 / 밝을 랑 / 빛날 요	▶ 구슬 선 / 구슬 기 / 매달 현 / 돌 알 ▶ 어둘 회 / 넋(밝을) 백 / 돌 환 / 비칠 조
61	指薪修祐 永綏吉邵	矩步引領 俯仰廊廟
	▶ 가리킬 지 / 섶 신 / 닦을 수 / 복 우 ▶ 길 영 / 편안할 수 / 길할 길 / 높을 소(劭)	▶ 법 구 / 걸음 보 / 끌 인 / 옷깃 령 ▶ 구부릴 부 / 우러를 앙 / 행랑 랑 / 사당 묘
62	束帶矜莊 徘徊瞻眺	孤陋寡聞 愚蒙等誚
	▶ 묶을 속 / 띠 대 / 자랑할(공경할) 긍 / 엄숙할 장 ▶ 배회할 배 / 배회할 회 / 우러러볼 첨 / 바라볼 조	▶ 외로울 고 / 더러울 루 / 적을 과 / 들을 문 ▶ 어리석을 우 / 몽매할 몽 / 같을 등 / 꾸짖을 초
63	謂語助者 焉哉乎也	
	▶ 말할 위 / 말씀 어 / 도울 조 / 놈 자 ▶ 어조사 언 / 어조사 재 / 어조사 호 / 어조사 야	

漢 字 教 育 活 用 資 料

1. 一字多音字

하나의 글자가 둘 이상의 소리를 가진 한자

降	내릴 강 (下降:하강) 항복할 항 (降伏:항복)
更	다시 갱 (更新:갱신) 고칠 경 (變更:변경)
車	수레 거 (車馬:거마) 수레 차 (車票:차표)
乾	하늘 건 (乾坤:건곤) 마를 간 (乾木:간목)
見	볼 견 (見聞:견문) 뵐 현 (謁見:알현)
龜	거북 귀 (龜甲:귀갑) 땅이름 구 (龜浦:구포) 터질 균 (龜裂:균열)
金	쇠 금 (金屬:금속) 성 김 (金氏:김씨)
豈	어찌 기 (豈唯:기유) 즐거울 개 (豈樂:개락)
內	안 내 (內外:내외) 받을 납 (內交:납교)
奈	어찌 내 (奈何:내하) 나락 나 (奈落:나락)

茶	차 다 (茶果:다과) 차 차 (茶禮:차례)
丹	붉을 단 (朱丹:주단) 꽃이름 란 (牡丹:모란)
糖	엿 당 (糖分:당분) 엿 탕 (砂糖:사탕)
度	법도 도 (制度:제도) 헤아릴 탁 (度地:탁지)
讀	읽을 독 (讀書:독서) 구절 두 (句讀:구두)
洞	마을 동 (洞里:동리) 꿰뚫을 통 (洞達:통달)
樂	즐거울 락 (娛樂:오락) 좋아할 요 (樂山:요산) 풍류 악 (音樂:음악)
率	비율 률 (能率:능률) 거느릴 솔 (統率:통솔)
反	돌이킬 반 (反亂:반란) 뒤집을 번 (反畓:번답) 팔 판 (反市:판시)
復	회복할 복 (回復:회복) 다시 부 (復活:부활)

覆
| 덮을 | 부 (覆載:부재) |
| 뒤집힐 | 복 (覆面:복면) |

否
| 아닐 | 부 (否認:부인) |
| 막힐 | 비 (否塞:비색) |

北
| 북녘 | 북 (北方:북방) |
| 패배할 | 배 (敗北:패배) |

分
| 나눌 | 분 (分配:분배) |
| 단위 | 푼 (分錢:푼전) |

不
| 아닐 | 불 (不吉:불길) |
| 아닐 | 부 (不當:부당) |

若
| 같을 | 약 (萬若:만약) |
| 반야, 절 | 야 (般若:반야) |

射
| 쏠 | 사 (射擊:사격) |
| 벼슬이름 | 야 (僕射:복야) |

寺
| 절 | 사 (寺刹:사찰) |
| 내관 | 시 (寺臣:시신) |

殺
| 죽일 | 살 (殺生:살생) |
| 감할 | 쇄 (相殺:상쇄) |

狀
| 모양 | 상 (形狀:형상) |
| 문서 | 장 (賞狀:상장) |

塞
| 변방 | 새 (要塞:요새) |
| 막을 | 색 (窒塞:질색) |

索
| 찾을 | 색 (搜索:수색) |
| 쓸쓸할 | 삭 (索莫:삭막) |

說
말씀	설 (說明:설명)
달랠	세 (遊說:유세)
기쁠	열 (說樂:열락)

省
| 살필 | 성 (省察:성찰) |
| 덜 | 생 (省略:생략) |

數
셈	수 (數學:수학)
자주	삭 (頻數:빈삭)
촘촘할	촉 (數罟:촉고)

拾
| 주울 | 습 (拾得:습득) |
| 열 | 십 (拾萬:십만) |

氏
| 성씨 | 씨 (氏族:씨족) |
| 나라이름 | 지 (月氏:월지) |

食
| 먹을 | 식 (食事:식사) |
| 밥 | 사 (食監:사감) |

識
| 알 | 식 (知識:지식) |
| 기록할 | 지 (標識:표지) |

什
| 열사람 | 십 (什長:십장) |
| 세간 | 집 (什器:집기) |

惡
| 악할 | 악 (惡漢:악한) |
| 미워할 | 오 (嫌惡:혐오) |

易
| 바꿀 | 역 (貿易:무역) |
| 쉬울 | 이 (容易:용이) |

厭
싫어할	염 (厭世:염세)
누를	압 (厭伏:압복)
젖을	읍 (厭浥:읍읍)

葉
| 잎 | 엽 (落葉:낙엽) |
| 성 | 섭 (葉氏:섭씨) |

咽
| 목구멍 | 인 (咽喉:인후) |
| 목멜 | 열 (嗚咽:오열) |

炙	구울　　자 (膾炙:회자) 고기구이 적 (散炙:산적)
刺	찌를　　자 (刺客:자객) 찌를　　척 (刺殺:척살)
抵	막을　　저 (抵抗:저항) 칠　　지 (抵掌:지장)
著	지을　　저 (著書:저서) 붙을　　착 (附著:부착)
切	끊을　　절 (切斷:절단) 모두　　체 (一切:일체)
提	끌　　제 (提携:제휴) 보리수 리 (菩提:보리)
辰	지지　　진 (辰時:진시) 별　　신 (辰星:신성)
參	참여할 참 (參加:참가) 석　　삼 (參拾:삼십)
沈	가라앉을 침 (沈沒:침몰) 성　　심 (沈氏:심씨)
拓	박을　　탁 (拓本:탁본) 넓힐　　척 (開拓:개척)
宅	집　　택 (住宅:주택) 댁　　댁 (宅內:댁내)
罷	그만둘 파 (罷免:파면) 지칠　피 (罷力:피력)

編	엮을　　편 (編輯:편집) 땋을　　변 (編髮:변발)
便	편할　　편 (便利:편리) 오줌　　변 (小便:소변)
布	펼　　포 (布告:포고) 펼　　보 (布施:보시)
暴	사나울 폭 (暴風:폭풍) 사나울 포 (暴惡:포악)
幅	폭　　폭 (大幅:대폭) 폭　　복 (幅巾:복건)
泌	스며흐를 필 (泌泌:필필) 분비할 비 (泌尿:비뇨)
合	합할　　합 (合流:합류) 홉　　홉 (一合:일홉)
行	다닐　　행 (行人:행인) 항렬　　항 (行列:항렬)
畫	그림　　화 (圖畫:도화) 그을　　획 (畫順:획순)
活	살　　활 (生活:생활) 물소리 괄 (活活:괄괄)
滑	미끄러울 활 (滑降:활강) 익살스러울 골 (滑稽:골계)

2. 反意結合語

뜻이 서로 반대인 漢字로 이루어진 단어

加減 (가감)	攻守 (공수)	斷續 (단속)	夫婦 (부부)
可否 (가부)	廣狹 (광협)	當落 (당락)	夫妻 (부처)
干戈 (간과)	敎學 (교학)	大小 (대소)	浮沈 (부침)
甘苦 (감고)	君臣 (군신)	貸借 (대차)	貧富 (빈부)
江山 (강산)	貴賤 (귀천)	東西 (동서)	氷炭 (빙탄)
強弱 (강약)	勤怠 (근태)	同異 (동이)	師弟 (사제)
開閉 (개폐)	禽獸 (금수)	動靜 (동정)	死活 (사활)
去來 (거래)	起伏 (기복)	銳鈍 (예둔)	山川 (산천)
乾坤 (건곤)	起臥 (기와)	得失 (득실)	山河 (산하)
乾濕 (건습)	起寢 (기침)	陸海 (육해)	山海 (산해)
經緯 (경위)	吉凶 (길흉)	賣買 (매매)	賞罰 (상벌)
慶弔 (경조)	難易 (난이)	明暗 (명암)	上下 (상하)
輕重 (경중)	男女 (남녀)	矛盾 (모순)	生滅 (생멸)
京鄕 (경향)	南北 (남북)	問答 (문답)	生死 (생사)
苦樂 (고락)	內外 (내외)	文武 (문무)	善惡 (선악)
姑婦 (고부)	勞使 (노사)	物心 (물심)	先後 (선후)
高低 (고저)	老少 (노소)	美醜 (미추)	盛衰 (성쇠)
曲直 (곡직)	濃淡 (농담)	民官 (민관)	成敗 (성패)
功過 (공과)	多少 (다소)	發着 (발착)	疎密 (소밀)
攻防 (공방)	單複 (단복)	腹背 (복배)	損益 (손익)
公私 (공사)	旦夕 (단석)	本末 (본말)	送迎 (송영)

需給 (수급)	往來 (왕래)	祖孫 (조손)	出納 (출납)
首尾 (수미)	優劣 (우열)	朝野 (조야)	出沒 (출몰)
授受 (수수)	遠近 (원근)	存亡 (존망)	忠奸 (충간)
手足 (수족)	有無 (유무)	尊卑 (존비)	取捨 (취사)
順逆 (순역)	陸海 (육해)	存廢 (존폐)	親疎 (친소)
昇降 (승강)	恩怨 (은원)	縱橫 (종횡)	沈浮 (침부)
勝負 (승부)	隱現 (은현)	主客 (주객)	脫着 (탈착)
勝敗 (승패)	隱顯 (은현)	晝夜 (주야)	表裏 (표리)
始末 (시말)	陰陽 (음양)	主從 (주종)	豐凶 (풍흉)
是非 (시비)	異同 (이동)	衆寡 (중과)	彼我 (피아)
始終 (시종)	離合 (이합)	增減 (증감)	彼此 (피차)
視聽 (시청)	利害 (이해)	遲速 (지속)	夏冬 (하동)
新舊 (신구)	因果 (인과)	眞假 (진가)	寒暖 (한난)
伸縮 (신축)	日月 (일월)	眞僞 (진위)	閑忙 (한망)
心身 (심신)	任免 (임면)	進退 (진퇴)	虛實 (허실)
深淺 (심천)	姉妹 (자매)	集配 (집배)	賢愚 (현우)
安危 (안위)	雌雄 (자웅)	集散 (집산)	兄弟 (형제)
愛惡 (애오)	自他 (자타)	贊反 (찬반)	好惡 (호오)
愛憎 (애증)	長短 (장단)	天地 (천지)	禍福 (화복)
哀歡 (애환)	將兵 (장병)	添削 (첨삭)	厚薄 (후박)
抑揚 (억양)	長幼 (장유)	晴雨 (청우)	黑白 (흑백)
言行 (언행)	前後 (전후)	淸濁 (청탁)	興亡 (흥망)
榮辱 (영욕)	正誤 (정오)	初終 (초종)	喜怒 (희로)
溫冷 (온랭)	早晩 (조만)	春秋 (춘추)	喜悲 (희비)
緩急 (완급)	朝夕 (조석)	出缺 (출결)	

3. 類義結合語

뜻이 서로 비슷한 漢字로 이루어진 단어

家屋 (가옥)	孤獨 (고독)	斷絶 (단절)	法典 (법전)
家宅 (가택)	考慮 (고려)	談話 (담화)	變化 (변화)
歌曲 (가곡)	空虛 (공허)	徒黨 (도당)	兵士 (병사)
歌謠 (가요)	攻擊 (공격)	道路 (도로)	兵卒 (병졸)
監視 (감시)	過去 (과거)	逃亡 (도망)	報告 (보고)
巨大 (거대)	過失 (과실)	逃避 (도피)	保守 (보수)
居住 (거주)	果實 (과실)	盜賊 (도적)	副次 (부차)
健康 (건강)	過誤 (과오)	圖畫 (도화)	批評 (비평)
堅固 (견고)	敎訓 (교훈)	末端 (말단)	貧窮 (빈궁)
境界 (경계)	具備 (구비)	末尾 (말미)	思考 (사고)
競爭 (경쟁)	救濟 (구제)	滅亡 (멸망)	思念 (사념)
階段 (계단)	極端 (극단)	毛髮 (모발)	思慮 (사려)
計算 (계산)	根本 (근본)	模範 (모범)	思想 (사상)
繼續 (계속)	技術 (기술)	文章 (문장)	舍屋 (사옥)
階層 (계층)	技藝 (기예)	法式 (법식)	寺刹 (사찰)

舍宅 (사택)	連續 (연속)	停止 (정지)	聽聞 (청문)
想念 (상념)	年歲 (연세)	精誠 (정성)	蓄積 (축적)
選別 (선별)	念慮 (염려)	正直 (정직)	趣意 (취의)
選擇 (선택)	永遠 (영원)	政治 (정치)	層階 (층계)
素朴 (소박)	溫暖 (온난)	帝王 (제왕)	稱頌 (칭송)
樹林 (수림)	怨恨 (원한)	製作 (제작)	稱讚 (칭찬)
純潔 (순결)	肉身 (육신)	製造 (제조)	打擊 (타격)
崇高 (숭고)	恩惠 (은혜)	調和 (조화)	討伐 (토벌)
承繼 (승계)	音聲 (음성)	存在 (존재)	土地 (토지)
施設 (시설)	議論 (의논)	尊重 (존중)	退去 (퇴거)
始初 (시초)	衣服 (의복)	終止 (종지)	鬪爭 (투쟁)
試驗 (시험)	意思 (의사)	朱紅 (주홍)	河川 (하천)
申告 (신고)	意志 (의지)	增加 (증가)	河海 (하해)
身體 (신체)	姿態 (자태)	至極 (지극)	寒冷 (한랭)
心情 (심정)	財貨 (재화)	知識 (지식)	幸福 (행복)
眼目 (안목)	貯蓄 (저축)	進就 (진취)	歡喜 (환희)
言語 (언어)	戰爭 (전쟁)	珍寶 (진보)	皇帝 (황제)
研究 (연구)	戰鬪 (전투)	參與 (참여)	希望 (희망)
連結 (연결)	停留 (정류)	處所 (처소)	希願 (희원)

4. 잘못 읽기 쉬운 한자어

角逐	(O)각축	(X)각추	跳躍	(O)도약	(X)조약	省略	(O)생략	(X)성약
減殺	(O)감쇄	(X)감살	冬眠	(O)동면	(X)동안	逝去	(O)서거	(X)절거
坑木	(O)갱목	(X)항목	木鐸	(O)목탁	(X)목택	先塋	(O)선영	(X)선형
更生	(O)갱생	(X)경생	夢寐	(O)몽매	(X)몽침	閃光	(O)섬광	(X)염광
揭示	(O)게시	(X)계시	毋論	(O)무론	(X)모론	星宿	(O)성수	(X)성숙
更張	(O)경장	(X)갱장	反哺	(O)반포	(X)분포	殺到	(O)쇄도	(X)살도
膏肓	(O)고황	(X)고맹	拜謁	(O)배알	(X)배갈	戍樓	(O)수루	(X)술루
敎唆	(O)교사	(X)교준	鼻腔	(O)비강	(X)비공	睡眠	(O)수면	(X)수민
句讀	(O)구두	(X)구독	否塞	(O)비색	(X)부색	示唆	(O)시사	(X)시준
句節	(O)구절	(X)귀절	復活	(O)부활	(X)목활	迅速	(O)신속	(X)빈속
拘礙	(O)구애	(X)구득	分泌	(O)분비	(X)분필	斡旋	(O)알선	(X)간선
龜鑑	(O)귀감	(X)구감	頻數	(O)빈삭	(X)빈수	謁見	(O)알현	(X)알견
龜裂	(O)균열	(X)구열	奢侈	(O)사치	(X)사다	隘路	(O)애로	(X)익로
拉致	(O)납치	(X)입치	索莫	(O)삭막	(X)색막	惹起	(O)야기	(X)약기
內人	(O)나인	(X)내인	撒布	(O)살포	(X)산포	掠奪	(O)약탈	(X)경탈
賂物	(O)뇌물	(X)각물	三昧	(O)삼매	(X)삼미	役割	(O)역할	(X)역활
宅內	(O)댁내	(X)택내	相殺	(O)상쇄	(X)상살	軟弱	(O)연약	(X)나약

惡寒	(O)오한	(X)악한	慙愧	(O)참괴	(X)참귀	派遣	(O)파견	(X)파유
誤謬	(O)오류	(X)오륙	斬新	(O)참신	(X)점신	敗北	(O)패배	(X)패북
歪曲	(O)왜곡	(X)부곡	暢達	(O)창달	(X)양달	覇權	(O)패권	(X)파권
要塞	(O)요새	(X)요색	刺殺	(O)척살	(X)자살	捕捉	(O)포착	(X)포촉
遊說	(O)유세	(X)유설	尖端	(O)첨단	(X)열단	暴惡	(O)포악	(X)폭악
吟味	(O)음미	(X)금미	寵愛	(O)총애	(X)용애	標識	(O)표지	(X)표식
凝結	(O)응결	(X)의결	秋毫	(O)추호	(X)추모	割引	(O)할인	(X)활인
義捐	(O)의연	(X)의손	追悼	(O)추도	(X)추탁	降伏	(O)항복	(X)강복
已往	(O)이왕	(X)기왕	醜態	(O)추태	(X)귀태	享樂	(O)향락	(X)형락
移徙	(O)이사	(X)이도	衷心	(O)충심	(X)애심	嫌惡	(O)혐오	(X)겸악
溺死	(O)익사	(X)약사	沈沒	(O)침몰	(X)심몰	忽然	(O)홀연	(X)총연
自矜	(O)자긍	(X)자금	鍼術	(O)침술	(X)함술	劃數	(O)획수	(X)화수
傳播	(O)전파	(X)전번	拓本	(O)탁본	(X)척본	橫暴	(O)횡포	(X)횡폭
措置	(O)조치	(X)차치	眈溺	(O)탐닉	(X)탐익			
憎惡	(O)증오	(X)증악	洞察	(O)통찰	(X)동찰			

5. 正字 · 俗字 · 略字

◉ 俗字(속자) : 공식적인 漢字(한자) 즉 正字(정자)의 相對概念(상대개념)으로 민간에서 쓰이는 형태인데 일반적으로는 획수를 간략화한 경우가 많지만 간혹 획수가 더 복잡한 경우도 있다.

◉ 略字(약자) : 漢字(한자)를 簡略化(간략화)하여 쓰는 것을 말한다.

【ㄱ】

價 - 価 값 가
假 - 仮 거짓 가
覺 - 覚 깨달을 각
慨 - 慨 슬퍼할 개
槪 - 槪 대개 개
擧 - 挙 들 거
據 - 拠 의지할 거
輕 - 軽 가벼울 경
經 - 経 경서 경
徑 - 径 지름길 경
鷄 - 鶏 닭 계
繼 - 継 이을 계
觀 - 観 볼 관
關 - 関 빗장 관
館 - 館 집 관
廣 - 広 넓을 광
鑛 - 鉱 쇳돌 광
舊 - 旧 예 구
區 - 区 구역 구
驅 - 駆 몰 구
鷗 - 鴎 갈매기 구
國 - 国 나라 국
權 - 権 권세 권
勸 - 勧 권할 권
歸 - 帰 돌아올 귀
龜 - 亀 거북 귀
氣 - 気 기운 기
旣 - 既 이미 기

【ㄴ】

內 - 内 안 내
寧 - 寧 편안할 녕

【ㄷ】

單 - 単 홑 단
斷 - 断 끊을 단
團 - 団 둥글 단
擔 - 担 멜 담
當 - 当 당할 당
黨 - 党 무리 당
對 - 対 대할 대
圖 - 図 그림 도
稻 - 稲 벼 도
讀 - 読 읽을 독
獨 - 独 홀로 독

【ㄹ】

樂 - 楽 즐길 락
亂 - 乱 어지러울 란
覽 - 覧 볼 람
來 - 来 올 래
兩 - 両 두 량
勵 - 励 힘쓸 려
聯 - 聯 잇닿을 련
戀 - 恋 사모할 련

靈 - 灵 신령 령
禮 - 礼 예도 례
勞 - 労 수고로울 로
爐 - 炉 화로 로
綠 - 緑 푸를 록
祿 - 禄 녹 록
錄 - 録 기록할 록
龍 - 竜 용 룡
樓 - 楼 다락 루

【ㅁ】

萬 - 万 일만 만
滿 - 満 찰 만
蠻 - 蛮 오랑캐 만
賣 - 売 팔 매
麥 - 麦 보리 맥

【ㅂ】

發 - 発 필 발
拜 - 拝 절 배
變 - 変 변할 변
辯 - 弁 말잘할 변
邊 - 辺 가 변
竝 - 並 아우를 병
寶 - 宝 보배 보
佛 - 仏 부처 불
拂 - 払 떨칠 불

【ㅅ】

絲 - 糸　실　사
寫 - 写　베낄　사
辭 - 辞　말씀　사
雙 - 双　짝　쌍
敍 - 叙　펼　서
釋 - 釈　풀　석
聲 - 声　소리　성
續 - 続　이을　속
屬 - 属　붙을　속
收 - 収　거둘　수
壽 - 寿　목숨　수
數 - 数　수　수
肅 - 粛　엄숙할　숙
濕 - 湿　젖을　습
乘 - 乗　탈　승
實 - 実　열매　실

【ㅇ】

兒 - 児　아이　아
亞 - 亜　버금　아
惡 - 悪　악할　악
巖 - 岩　바위　암
壓 - 圧　누를　압
藥 - 薬　약　약
讓 - 譲　사양할　양
樣 - 様　모양　양
嚴 - 厳　엄할　엄
與 - 与　줄　여
譯 - 訳　통변할　역
驛 - 駅　역말　역
鹽 - 塩　소금　염
榮 - 栄　영화　영
營 - 営　경영할　영
溫 - 温　따뜻할　온
爲 - 為　할　위
圍 - 囲　둘레　위
應 - 応　응할　응

醫 - 医　의원　의
貳 - 弐　두　이
壹 - 壱　한　일

【ㅈ】

壯 - 壮　씩씩할　장
裝 - 装　꾸밀　장
奬 - 奨　권면할　장
爭 - 争　다툴　쟁
戰 - 戦　싸움　전
傳 - 伝　전할　전
轉 - 転　구를　전
點 - 点　점　점
靜 - 静　고요할　정
齊 - 斉　가지런할　제
濟 - 済　건널　제
弔 - 吊　조상할　조
條 - 条　가지　조
從 - 従　좇을　종
晝 - 昼　낮　주
卽 - 即　곧　즉
證 - 証　증거　증
遲 - 遅　늦을　지
眞 - 真　참　진
盡 - 尽　다할　진
姊 - 姉　맏누이　자
爵 - 爵　벼슬　작
殘 - 残　남을　잔
潛 - 潜　잠길　잠
蠶 - 蚕　누에　잠
雜 - 雑　섞일　잡

【ㅊ】

贊 - 賛　찬성할　찬
讚 - 讃　기릴　찬
參 - 参　참여할　참
處 - 処　곳　처
鐵 - 鉄　쇠　철

廳 - 庁　관청　청
體 - 体　몸　체
觸 - 触　닿을　촉
總 - 総　모두　총
蟲 - 虫　벌레　충
醉 - 酔　취할　취
齒 - 歯　이　치
恥 - 恥　부끄러울　치
寢 - 寝　잠잘　침
稱 - 称　일컬을　칭

【ㅌ】

彈 - 弾　탄알　탄
擇 - 択　가릴　택
澤 - 沢　못　택

【ㅍ】

廢 - 廃　폐할　폐
豐 - 豊　풍성할　풍

【ㅎ】

學 - 学　배울　학
陷 - 陥　빠질　함
鄕 - 郷　시골　향
虛 - 虚　빌　허
獻 - 献　드릴　헌
險 - 険　험할　험
驗 - 験　시험할　험
顯 - 顕　나타날　현
螢 - 蛍　개똥벌레　형
號 - 号　부르짖을　호
畵 - 画　그릴　화
擴 - 拡　늘릴　확
黃 - 黄　누를　황
會 - 会　만날　회
戱 - 戯　희롱할　희

6. 漢字와 常識

가. 天干地支

天干 (十)	甲	乙	丙	丁	戊	己	庚	辛	壬	癸		
	갑	을	병	정	무	기	경	신	임	계		
地支 (十二)	子	丑	寅	卯	辰	巳	午	未	申	酉	戌	亥
	자	축	인	묘	진	사	오	미	신	유	술	해

나. 地支와 24時

12支	12神	12時	月(陽曆)	月(陰曆)
子	鼠 (쥐)	23시 - 01시	1월	11월
丑	牛 (소)	01시 - 03시	2월	12월
寅	虎 (범)	03시 - 05시	3월	1월
卯	兎 (토끼)	05시 - 07시	4월	2월
辰	龍 (용)	07시 - 09시	5월	3월
巳	蛇 (뱀)	09시 - 11시	6월	4월
午	馬 (말)	11시 - 13시	7월	5월
未	羊 (양)	13시 - 15시	8월	6월
申	猿 (원숭이)	15시 - 17시	9월	7월
酉	鷄 (닭)	17시 - 19시	10월	8월
戌	犬 (개)	19시 - 21시	11월	9월
亥	猪 (돼지)	21시 - 23시	12월	10월

다. 六十甲子 : 십간(十干)과 십이지(十二支)를 순차로 배합하여 육십 가지로 배열한 순서.
'갑자(甲子)'에서 시작하여 '계해(癸亥)'에서 끝남. '六甲'이라고도 함.

甲子	乙丑	丙寅	丁卯	戊辰	己巳	庚午	辛未	壬申	癸酉
甲戌	乙亥	丙子	丁丑	戊寅	己卯	庚辰	辛巳	壬午	癸未
甲申	乙酉	丙戌	丁亥	戊子	己丑	庚寅	辛卯	壬辰	癸巳
甲午	乙未	丙申	丁酉	戊戌	己亥	庚子	辛丑	壬寅	癸卯
甲辰	乙巳	丙午	丁未	戊申	己酉	庚戌	辛亥	壬子	癸丑
甲寅	乙卯	丙辰	丁巳	戊午	己未	庚申	辛酉	壬戌	癸亥

라. 24節氣 : 하늘(天)을 360度로 나누고 춘분(春分)을 0度로 하여 하지(夏至)를 90度, 추분(秋分)을 180도, 동지(冬至)을 270度, 다시 춘분에 돌아와 360度(0度)가 된다. 이것을 24등분하여 節氣로 하였다.

四時	節氣	周天度	陽曆		陰曆
春	立春(입춘)	315	2월	4-5일	正月節
	雨水(우수)	330	2월	19-20일	正月中
	驚蟄(경칩)	345	3월	5-6일	二月節
	春分(춘분)	0	3월	21-22일	二月中
	淸明(청명)	15	4월	5-6일	三月節
	穀雨(곡우)	30	4월	20-21일	三月中
夏	立夏(입하)	45	5월	6-7일	四月節
	小滿(소만)	60	5월	21-22일	四月中
	芒種(망종)	75	6월	6-7일	五月節
	夏至(하지)	90	6월	21-22일	五月中
	小暑(소서)	105	7월	7-8일	六月節
	大暑(대서)	120	7월	23-24일	六月中
秋	立秋(입추)	135	8월	8-9일	七月節
	處暑(처서)	150	8월	23-24일	七月中
	白露(백로)	165	9월	8-9일	八月節
	秋分(추분)	180	9월	23-24일	八月中
	寒露(한로)	195	10월	8-9일	九月節
	霜降(상강)	210	10월	23-24일	九月中
冬	立冬(입동)	225	11월	7-8일	十月節
	小雪(소설)	240	11월	22-23일	十月中
	大雪(대설)	255	12월	7-8일	十一月節
	冬至(동지)	270	12월	22-23일	十一月中
	小寒(소한)	285	1월	6-7일	十二月節
	大寒(대한)	300	1월	20-21일	十二月中

마. 나이에 따른 別稱

명칭	연령	의미
지학(志學)	15세	학문에 뜻을 둔 나이 (十有五而志于學 : 論語)
과년(瓜年)	16세	혼기에 이른 여자의 나이 (破瓜之年: 瓜를 八+八로 나눔)
약관(弱冠)	20세	남자나이 20세 (二十日弱冠 : 禮記)
방년(芳年) 묘령(妙齡)	20세 전후	20세 전후의 꽃다운 여자의 나이
이립(而立)	30세	기초를 세우고 자립하는 나이 (三十而立: 論語)
불혹(不惑)	40세	사물의 이치를 터득하고 세상일에 흔들리지 않는 나이 (四十而不惑: 論語)
지천명(知天命) 애년(艾年)	50세	천명을 아는 나이 (五十而知天命: 論語) 머리털이 세어서 쑥 같으므로 이렇게 말함
망륙(望六)	51세	60을 바라본다는 뜻
이순(耳順)	60세	육순(六旬). 공자가 60세가 되어 천지만물의 이치에 통달하게 되고, 듣는 대로 모두 이해하게 된 데서 온 말 (六十而耳順: 論語)
환갑(還甲)	61세	회갑(回甲), 화갑(華甲: '十' 여섯 개와 '一'), 망칠(望七) 60갑자를 다 지내고 다시 낳은 해의 간지가 돌아왔다는 의미
진갑(進甲)	62세	환갑의 이듬해 맞는 생일
고희(古稀) 종심(從心)	70세	'70세까지 산다는 것은 옛날에는 드문 일이다.'는 뜻 (人生七十古來稀: 杜甫의 曲江詩) 뜻대로 행하여도 도리에 어긋나지 않는 나이 (七十而從心所欲不踰矩: 論語)
망팔(望八)	71세	80을 바라본다는 뜻
희수(喜壽)	77세	오래 살아 기쁘다는 뜻. '喜' 자의 초서체'가 '七十七'과 비슷한 데서 이르는 말
산수(傘壽)	80세	'傘'자의 八과 十을 八十으로 간주하여 80세를 일컬음
망구(望九)	81세	90을 바라본다는 뜻
미수(米壽)	88세	'米'를 분해하면 八十八이 된다는 의미
졸수(卒壽)	90세	'卒'의 약자의 모양에서 따옴
망백(望百)	91세	100을 바라본다는 뜻
백수(白壽)	99세	'百'에서 '一'을 빼면 '白'이 됨
상수(上壽)	100세	사람의 수명(壽命)을 상, 중, 하로 나눌 때, 최상의 나이임을 뜻함

바. 道德과 思想

● 三綱五倫(삼강오륜)

유교(儒敎)의 도덕사상에서 기본이 되는 3가지의 강령(綱領)과 5가지의 인륜(人倫)을
말한다.

三綱	五倫
君爲臣綱	父子有親
父爲子綱	君臣有義
夫爲婦綱	夫婦有別
	長幼有序
	朋友有信

삼강(三綱)은 임금과 신하(臣下), 어버이와 자식(子息), 남편(男便)과 아내 사이에 마
땅히 지켜야 할 도리(道理)이다.
오륜(五倫)은 사람이 지켜야 할 다섯 가지의 떳떳한 도리(道理)로, 곧 부자(父子) 사
이의 친애(親愛). 군신(君臣) 사이의 의리(義理), 부부(夫婦) 사이의 분별(分別), 장유
(長幼) 사이의 차서(次序), 붕우(朋友) 사이의 신의(信義)가 있어야 함을 강조한다.

● 世俗五戒(세속오계)

신라(新羅) 26대 진평왕(眞平王) 때의 원광법사(圓光法師)가 화랑(花郎)에게 일러
준 다섯 가지의 계율(戒律)로, 훗날 화랑도(花郎道)의 신조(信條)가 되었으며, 삼국통
일의 기초를 이룩하게 하는 데 크게 기여하였다.

事君以忠	충성으로써 임금을 섬긴다.
事親以孝	효도로써 어버이를 섬긴다.
交友以信	믿음으로써 벗을 사귄다.
臨戰無退	싸움에 임해서는 물러남이 없다.
殺生有擇	산 것을 죽임에는 가림이 있다.

● 四端七情(사단칠정)

　성리학(性理學)의 철학적 개념 가운데 하나로, 사단(四端)은 인간의 본성에서 우러나
오는 마음씨를 말하며, 칠정(七情)은 인간의 본성이 사물을 접하면서 표현되는 인간의
자연적인 감정을 말한다.

四端	仁(인)에서 우러나는 惻隱之心(측은지심) 義(의)에서 우러나는 羞惡之心(수오지심) 禮(예)에서 우러나는 辭讓之心(사양지심) 知(지)에서 우러나는 是非之心(시비지심)

七情	喜·怒·哀·樂·愛·惡·欲 〈 禮記 禮運 〉 기쁨·노여움·슬픔·즐거움·사랑·미움·욕심 喜·怒·憂·懼·愛·憎·欲 〈 釋氏要覽 〉 기쁨·노여움·근심·두려움·사랑·미움·욕심

● 經書(경서)

　유학(儒學)의 근본이 되는 문헌으로, 경(經)이라고도 한다. 경(經)은 직물의 주축이 되
는 날실을 가리키며 가장 기본이 되는 것을 뜻하기 때문에 성현의 가르침을 기록한 것
을 '경' 또는 '경서'라고 하게 되었다.

三經	詩經 書經 易經(周易)
五經	詩經 書經 周易 禮記 春秋
六經	詩經 書經 周易 禮記 春秋 樂經
七經	詩經 書經 周易 禮記 春秋 樂經 論語
九經	詩經 書經 周易 禮記 春秋 樂經 論語 小學 孝經
	詩經 書經 周易 周禮 禮記 儀禮 春秋 論語 孟子

　* 七書　四書(論語, 孟子, 中庸, 大學) 三經을 아울러 이르는 말

漢 字 成 語

刻骨難忘	각골난망	은혜를 입은 것에 대한 고마운 마음이 뼈에까지 새겨져 잊혀지지 않는 경우
角者無齒	각자무치	'뿔이 달린 놈은 날카로운 이가 없다' 는 뜻으로, 한 사람이 여러 가지 복이나 재주를 갖출 수는 없음을 의미함
擧案齊眉	거안제미	'밥상을 들어 눈썹과 나란히 한다' 는 뜻으로, 아내가 남편을 극진히 공경함을 이르는 말
結者解之	결자해지	'맺은 사람이 그것을 풀어야 한다' 는 뜻으로, 일을 벌인 사람이 그 일을 마무리해야 한다는 뜻
結草報恩	결초보은	'풀을 묶어 은혜를 갚는다' 는 뜻으로, 은혜가 매우 깊어 죽어서도 은혜를 잊지 않고 갚음
傾國之色	경국지색	임금을 혹하게 하여 나라를 기울어지게 할 만큼의 뛰어난 미인
鷄卵有骨	계란유골	'계란에 뼈가 있다' 는 뜻으로 '운이 나쁜 사람은 모처럼 좋은 기회가 와도 일이 잘 안 풀린다' 는 뜻
孤立無援	고립무원	'고립되어 도움을 받을 데가 없다' 는 뜻
姑息之計	고식지계	'당장의 편한 것만을 취하는 계책' 이라는 뜻으로, 임시방편으로 내는 즉흥적인 계책을 뜻함
苦肉之策	고육지책	'자기의 살을 괴롭게 하는 꾀' 라는 뜻으로, 어쩔 수가 없어서 자신을 희생시키면서까지 내는 꾀
孤掌難鳴	고장난명	'한 쪽 손으로 소리내기가 어렵다' 는 뜻으로, 혼자 힘으로 일을 하기 어렵다는 뜻
苦盡甘來	고진감래	'고통이 다하면 기쁨이 온다' 는 뜻
過猶不及	과유불급	'지나침은 미치지 못함과 같다' 는 뜻으로, 중용(中庸)의 중요성을 이르는 말
矯角殺牛	교각살우	'소의 뿔을 바로 잡으려다가 소를 죽인다' 는 뜻으로, 결점이나 흠을 고치려다가 수단이 지나쳐 도리어 일을 그르침을 이르는 말
口蜜腹劍	구밀복검	'입에는 꿀이 있지만 뱃속에는 칼이 있다' 는 뜻으로, 겉으로는 친한 척하나 속으로는 해칠 생각을 가지고 있음

群鷄一鶴	군계일학	'닭 무리 속에 한 마리의 학' 이라는 뜻으로, 평범한 여러 사람들 가운데서 뛰어난 사람을 뜻함.
群盲評象	군맹평상	'여러 맹인들이 코끼리를 평한다' 는 뜻으로, 사물을 전체적으로 보지 못하고 일부분만 보고 잘못 판단하는 것을 비유하는 말. '장님 코끼리 더듬기' (=群盲撫象)
權不十年	권불십년	'권세가 십년을 가지 못한다' 는 뜻으로, 권력은 영원하지 못함을 이름
近墨者黑	근묵자흑	'먹을 가까이 하는 사람은 검게 된다' 는 뜻으로, 나쁜 사람을 가까이 하면 자신도 모르게 물들기 쉽다는 말
錦上添花	금상첨화	'비단 위에 꽃을 더한다' 는 뜻으로, 좋은 일에 또 좋은 일이 더해짐을 이르는 말
騎虎之勢	기호지세	'호랑이를 탄 형세'라는 뜻으로, 호랑이를 타고 달리는 도중 내릴 수 없는 것처럼 한 번 시작한 일을 중간에 그만 둘 수 없는 경우
金枝玉葉	금지옥엽	'황금으로 된 나뭇가지와 옥으로 만든 나뭇잎'이란 뜻으로, 왕이나 귀한 집안의 자손, 귀여운 자손을 이르는 말
難兄難弟	난형난제	'형인지 아우인지 알기 어렵다' 는 뜻으로, 우열을 가리기가 어려운 비슷비슷함을 뜻함
內憂外患	내우외환	나라 안팎의 근심거리
大器晚成	대기만성	'큰 그릇은 늦게 이루어진다' 는 뜻으로 크게 될 인물은 늦게 이루어진다, 나이가 들어서 성공한다라는 뜻
同價紅裳	동가홍상	'같은 값이라면 보기 좋은 다홍치마' 라는 뜻으로, 같은 조건이면 품질이 좋은 것을 선택한다는 뜻
同病相憐	동병상련	'같은 병을 앓는 이끼리 서로 불쌍히 여긴다' 는 뜻으로, 입장과 처지가 같은 사람이 서로 형편을 위로한다는 뜻
東奔西走	동분서주	'동쪽으로 달리고 서쪽으로 달리다' 라는 뜻으로, 여기저기 바쁘게 돌아다니는 경우
燈下不明	등하불명	'등잔 밑이 어둡다' 는 뜻으로, 가까이에 있는 것을 오히려 더 잘 모름을 이르는 말
燈火可親	등화가친	'등불을 가까이 할 만하다' 는 뜻으로, 글 읽기에 좋은 시절인 가을을 이르는 말

萬事亨通	만사형통	'모든 일이 두루 잘 된다' 는 뜻
孟母斷機	맹모단기	맹자가 학업을 중도에 폐지하고 돌아왔을 때, 그 어머니가 짜던 베를 칼로 끊어 학업의 중단을 훈계하였다는 고사(故事)에서 나온 말
面從腹背	면종복배	'앞에서는 복종하나 속마음은 배반한다' 는 뜻으로, 겉과 속이 다름을 의미함
明若觀火	명약관화	'밝기가 불을 보는 것과 같다' 는 뜻으로, 어떤 일이 분명하고 명백하다는 뜻
矛盾	모순	말이나 행동의 앞뒤가 서로 맞지 않음. 중국 초나라의 상인이 창과 방패를 팔면서 창은 어떤 방패도 뚫을 수 있다고 하고 방패는 어떤 창으로도 뚫지 못한다는 말을 한 데서 유래함
目不識丁	목불식정	'고무래(丁자 모양의 농기구)를 보고도 '丁'자를 알지 못한다' 라는 뜻으로, 글자를 전혀 모르거나 무식한 사람에게 쓰는 말
無爲徒食	무위도식	하는 일도 없이 먹고 놀기만 함
博覽強記	박람강기	'넓게 보고 잘 기억한다' 는 뜻으로, 넓은 학식과 좋은 기억력을 갖춤을 의미함
博學多識	박학다식	'학문이 넓고 아는 것이 많다' 는 뜻
拔本塞源	발본색원	'(폐단의) 근본을 뿌리 뽑고 그 근원을 막는다' 는 뜻으로, 악의 근원을 송두리째 없앰을 뜻함
背恩忘德	배은망덕	'입은 은덕을 잊어버리고 배신함' 이라는 뜻으로, 은혜를 모르는 경우를 이름
白骨難忘	백골난망	죽어 백골이 되어서도 은혜를 잊을 수가 없음을 뜻함
不恥下問	불치하문	아랫사람에게 묻기를 부끄러워하지 않는다는 뜻
事必歸正	사필귀정	'일은 반드시 바른 곳으로 돌아간다' 는 뜻으로, 모든 잘잘못은 반드시 그 원인에 따라서 바른 결과를 얻게 된다는 뜻
殺身成仁	살신성인	'몸을 죽여 인(仁)을 이룬다' 는 뜻으로, 자기의 몸을 희생하여 옳은 도리를 행함을 이름

雪上加霜	설상가상	'눈 위에 서리가 더해진다' 라는 뜻으로, 나쁜 일이 연달아 생겨나는 경우
束手無策	속수무책	'손이 묶이어 아무런 대책이 없다' 는 뜻으로, 어쩔 도리 없이 꼼짝할 수 없다는 뜻
手不釋卷	수불석권	'손에서 책을 놓지 않는다' 의 뜻으로, 부지런히 공부하는 것을 뜻함
守株待兎	수주대토	'나무 그루터기를 지키며 토끼를 기다린다' 는 뜻으로, 융통성이 없거나 어리석은 경우
脣亡齒寒	순망치한	'입술이 없으면 이가 시리다' 는 뜻으로, 서로 돕던 사람이 없어지면 다른 한쪽 사람도 함께 위험해 진다는 뜻. 서로 도우며 떨어질 수 없는 밀접한 관계를 비유함
識字憂患	식자우환	글자를 안다는 것이 오히려 근심거리가 됨. 아는 것이 탈이라는 말로 학식이 있는 것이 오히려 근심을 사게 됨을 뜻함
信賞必罰	신상필벌	'(상을 받을 만한 사람에게는) 반드시 상을 주고, (벌을 받을 만한 사람에게는) 반드시 벌을 준다' 는 뜻으로, 상벌을 규정대로 분명하게 하는 경우
深思熟考	심사숙고	'깊이 생각하고 오래 살핀다' 는 뜻으로, 곰곰이 따져 사려깊이 처신함을 뜻함
我田引水	아전인수	'제 논에 물 대기' 라는 뜻으로, 자기에게만 유리하게 행동하거나 생각하는 이기적인 경우
惡戰苦鬪	악전고투	'모질게 싸우고 힘들게 싸운다' 는 뜻으로, 어려운 상황에서 매우 노력함을 뜻함
眼下無人	안하무인	'눈 아래에 사람이 없다' 는 뜻으로, 사람됨이 교만하여 남을 업신여기는 경우
養虎遺患	양호유환	'호랑이를 길러서 근심을 남긴다' 는 뜻으로, 화근이 될 만한 일을 시작하여 걱정거리가 생김을 뜻함
漁父之利	어부지리	'어부의 이익' 이라는 뜻으로, 두 사람이 다투고 있는 사이에 엉뚱한 제 3자가 이익을 얻게 되는 경우
如履薄氷	여리박빙	'마치 엷은 얼음을 밟는 듯하다' 는 뜻으로, 살얼음 밟듯이 위태로운 일을 매우 조심조심함, 또는 매우 위험하고 위태로운 상황을 뜻함
易地思之	역지사지	'처지를 바꾸어 그 일에 대해 생각한다' 는 뜻으로, 어떤 일을 상대편의 입장이 되어 생각해 보는 경우

緣木求魚	연목구어	'나무에 올라가서 물고기를 구한다' 는 뜻으로, 도저히 불가능한 일을 하려 하는 경우, 또는 목적을 달성할 수단이 알맞지 않은 경우
烏飛梨落	오비이락	'까마귀가 날자마자 배가 떨어진다' 는 뜻으로, 공교롭게 어떤 일이 우연히 같은 때에 일어나 공연히 남의 의심을 받게 된다는 뜻
烏合之卒	오합지졸	'까마귀 떼처럼 (아무런 질서도 없이) 모여있는 군사' 라는 뜻으로, 아무런 규율도 없고 보잘 것도 없는 사람들의 무리
愚公移山	우공이산	'우공이 산을 옮긴다' 는 뜻으로, 어떤 일이라도 끊임없이 노력하면 마침내 이룰 수 있다는 뜻
仁者無敵	인자무적	'어진 사람에게는 적이 없다' 는 뜻으로, 어진 사람은 모든 사람을 사랑하므로 천하에 적이 없다는 말
日就月將	일취월장	'날로 나아가고 달로 나아가다' 는 뜻으로, 학문이나 기술이 나날이 발전하는 경우
臨機應變	임기응변	'그때그때 시기에 임해 변화에 대응한다' 는 뜻으로, 그때그때 상황을 보아 알맞게 대처함을 뜻함
臨戰無退	임전무퇴	'전쟁에 임하여 물러나지 아니하여야 한다' 는 계율로 세속오계의 하나
張三李四	장삼이사	'장씨 집의 셋째 아들과 이씨 집의 넷째 아들' 이라는 뜻으로, 평범한 보통 사람
赤手空拳	적수공권	'맨손과 맨주먹' 이란 뜻으로, 곧 아무 것도 가진 것이 없음
轉禍爲福	전화위복	'재앙이 바뀌어 복이 된다' 는 뜻으로, 나쁜 일이 오히려 좋은 일로 바뀌는 경우
頂門一鍼	정문일침	'정수리에 한 대의 침을 놓는다' 는 뜻으로, 남의 잘못을 따끔하게 충고하거나 비판하는 경우 (=頂門一針)
朝令暮改	조령모개	'아침에 명령을 내렸다가 저녁에 다시 고친다' 는 뜻으로, 법령이나 명령이 자주 바뀌는 경우
坐井觀天	좌정관천	'우물 속에 앉아 하늘을 본다' 는 뜻으로, 견문(見聞)이 좁은 경우
晝耕夜讀	주경야독	'낮에는 농사짓고 밤에는 공부한다' 는 뜻으로, 어렵게 공부함을 이르는 말

走馬看山	주마간산	'달리는 말 위에서 산천을 구경한다' 는 뜻으로, 이것저것을 천천히 살펴볼 틈이 없이 바삐 서둘러 대강대강 보고 지나침을 이르는 말
竹馬故友	죽마고우	'대말을 타고 함께 놀던 친구' 라는 뜻으로, 어릴 때부터 같이 놀며 자란 오랜 벗을 이름
衆寡不敵	중과부적	'많은 무리는 소수의 사람에게 대적이 되지 못한다' 는 뜻으로, 적은 수로 많은 수를 당할 수 없음을 뜻함
指鹿爲馬	지록위마	'사슴을 가리켜 말이라고 한다' 는 뜻으로 꾀를 부려 다른 사람을 농락하거나 권세를 휘두름을 뜻함
進退兩難	진퇴양난	'(앞으로) 나아가거나 (뒤로) 물러나는 것 두 가지가 모두 어려움' 이라는 뜻으로, 이러기도 어렵고 저러기도 어려운 매우 난처한 처지에 놓여 있음을 이르는 말 (=進退維谷)
天高馬肥	천고마비	'하늘은 높고 말은 살찐다' 는 뜻으로, '가을'을 말함
天生緣分	천생연분	하늘이 이어 준 연분
天壤之差	천양지차	'하늘과 땅의 엄청난 차이' 라는 뜻으로, 차이가 많이 난다는 것을 뜻함
靑出於藍	청출어람	'푸른 색은 쪽풀에서 나왔지만 쪽풀보다 푸르다' 는 뜻으로, 제자가 스승보다 뛰어남을 뜻함
初志一貫	초지일관	처음 품은 뜻을 한결같이 꿰뚫음
寸鐵殺人	촌철살인	'한 치의 짧은 칼로 사람을 죽인다' 는 뜻으로, 짧은 말로 사람의 마음을 찔러 감동시킨다는 뜻
快刀亂麻	쾌도난마	'경쾌한 칼놀림으로 어지러운 삼대를 잘라낸다' 는 뜻으로, 일을 시원스럽게 척척 해냄을 의미함
泰然自若	태연자약	(마음에 무슨 충격을 받을 만한 일이 있어도) 태연하고 침착하여 조금도 마음이 동요되지 아니하는 모양을 이르는 말
抱腹絶倒	포복절도	'배를 안고 기절하여 넘어진다' 는 뜻으로, 배를 움켜쥐고 엎드려질 정도로 우스움을 뜻함
表裏不同	표리부동	'겉과 속이 같지 않다' 는 뜻으로, 겉모습과 속마음이 다름을 이름

風前燈火	풍전등화	'바람 앞의 등불' 이라는 뜻으로, 존망(存亡)이 달린 매우 위급한 상태를 이르는 말
鶴首苦待	학수고대	'학처럼 목을 빼고 괴로울 정도로 기다린다' 는 뜻으로, 몹시 기다림을 뜻하는 말
咸興差使	함흥차사	함흥 별궁의 이성계에게 옥쇄를 가지러 간 차사들이 돌아오지 않음에서 연유한 것으로 '심부름을 간 사람이 아무리 기다려도 소식이 감감할 때, 한번 가기만 하면 무소식' 의 뜻을 지닌다.
虛張聲勢	허장성세	실력이 없으면서 허풍스런 언행으로 과장함. 허세를 부림
螢雪之功	형설지공	'반딧불과 눈의 공로' 라는 뜻으로, 반딧불을 모아 등불삼아 공부하고 눈빛에 달빛을 반사시켜 책을 보며 이룬 공이라는 데서 어려운 여건을 이겨내고 열심히 공부하여 얻은 보람을 뜻함
呼兄呼弟	호형호제	썩 가까운 벗의 사이에 형이니 아우니 하고 서로 부름
會者定離	회자정리	'만난 사람은 헤어짐이 정해져 있다' 는 뜻으로, 만난 사람은 반드시 헤어지기 마련이라는 뜻
後生可畏	후생가외	후진들이 선배들보다 젊고 기력이 좋아, 학문을 닦음에 따라 큰 인물이 될 수 있으므로 오히려 두렵게 여김
厚顔無恥	후안무치	'얼굴이 두꺼워 부끄러움이 없다' 는 뜻으로, 부끄러운 행동을 하고도 뻔뻔스러워 부끄러워할 줄을 모른다는 뜻
興盡悲來	흥진비래	'즐거운 일이 다하면 슬픈 일이 온다' 는 뜻으로, 세상 일이 돌고 돈다는 것을 이름 (=苦盡甘來)

教育用漢字(1,800字) 索引

※ ( )안의 한자(漢字)는 간체자(簡體字)

部 首 索 引

국가공인 한자 · 한문지도사

3급 기출문제 1회

수험번호 □□□-□□-□□-□□□□ 성명

※ 수험생 유의사항

◇ 시험 시간은 80분간입니다.

◇ 문항 수는 객관식 30문항, 주관식 70문항으로 총 100문항입니다.

◇ 수험표에 표기된 <u>응시급수와 문제지의 급수가 같은지 확인</u>하시오.

◇ 답안지에 <u>성명, 수험번호, 주민등록번호를 정확하게 표기</u>하시오.

◇ 답안지의 <u>객관식 답안란에는 컴퓨터용 펜</u>을 사용하시오.

◇ 답안지의 <u>객관식 답안의 수정은 수정테이프</u> 만을 사용하시오.

◇ 답안지의 <u>주관식 답안란에는 반드시 검정색펜</u>을 사용하고, 수정은 두 줄로 긋고 다시 작성하시오.

◇ 수험생의 잘못으로 인해 <u>답안지에 이물질이 묻거나, 객관식 답안에 복수로 체크할 경우 오답으로 처리</u>되니 주의하시오.

◇ 감독관의 지시가 있을 때까지 문제를 풀지 마시오.

◇ 시험 종료 후에는 필기도구를 내려놓고 감독관의 지시를 따르시오.

◇ 시험문제지와 답안지를 감독위원에게 모두 제출하시오.

社團法人 漢字敎育振興會
한 국 한 자 실 력 평 가 원

국가공인 한자 · 한문지도사 **3급** 기출문제

객관식(30문항)

과목1. 한자의 기초

※ **다음 물음에 답하시오.**

1. 한자를 쓰는 일반적인 순서로 바르지 않은 것은?
   ① 위에서 아래로 긋는다.
   ② 좌우 대칭은 중앙을 먼저 긋는다.
   ③ 오른쪽 위의 점은 맨 먼저 긋는다.
   ④ 둘러싼 모양은 바깥쪽은 먼저 긋는다.

2. 다음 중 총획수가 다른 것은?
   ① 契   ② 査   ③ 紀   ④ 卑

3. 다음 중 정자와 약자가 잘못 짝지어진 것은?
   ① 輕 - 軽   ② 區 - 区
   ③ 讀 - 読   ④ 點 - 占

4. 밑줄 친 한자의 독음이 같은 것끼리 묶은 것은?
   ① 說明 - 遊說   ② 謁見 - 識見
   ③ 憎惡 - 惡寒   ④ 降伏 - 降臨

5. 다음의 대화 중 간화가 잘못 된 한자는?

   | A: 学生食堂的饭菜，又便宜又好吃。 |
   | B: 可不是。吃晚饭，我㉠请你喝咖啡。 |
   | A: 好啊。自动㉡販 ㉢卖 ㉣机的咖啡很好喝。 |

   ① ㉠请-請   ② ㉡販-販
   ③ ㉢卖-買   ④ ㉣机-機

6. 다음 중 한자어 독음이 바른 것은?

   | 役割 - 稠密 - 造詣 - 布施 |

   ① 역할 - 조밀 - 조예 - 보시
   ② 역활 - 주밀 - 조예 - 보시
   ③ 역할 - 조밀 - 조지 - 포시
   ④ 역활 - 주밀 - 조예 - 포시

7. 다음 중 밑줄 친 한자의 뜻이 다르게 쓰인 것은?
   ① 敵陣   ② 匹敵   ③ 敵軍   ④ 利敵

8. 다음 중 한자의 형성 원리가 다른 것은?
   ① 孝   ② 勞   ③ 愁   ④ 晶

9. 다음 한자를 자전에서 부수를 이용하여 찾으려고 한다. 동일한 부수 편에서 찾을 수 없는 것은?
   ① 臭   ② 犯   ③ 狀   ④ 狐

과목2. 한자의 활용

※ **다음 물음에 답하시오.**

10. 다음 중 한자어의 짜임이 다른 것은?
    ① 販賣   ② 形象   ③ 製作   ④ 讀書

11. 다음 중 융합 합성어가 아닌 것은?
    ① 黑白   ② 光陰   ③ 社稷   ④ 內外

12. 밑줄 친 한자어의 쓰임이 바른 것은?
    ① 헌법을 改定하자는 주장이 힘을 얻고 있다.
    ② 부동산 競技가 침체되고 있다.
    ③ 모처럼 미술 작품을 鑑賞하며 여유를 즐겼다.
    ④ 김사장은 총선 출마 권유를 告辭했다.

13. ㉠-㉢에 해당하는 한자어로 바르게 묶은 것은?

    | · 양천구는 ㉠공유지에 어린이집을 건축하기로 결정했다. |
    | · 우리 집에는 ㉡가정부가 살림을 산다. |
    | · 모르는 영어 단어를 ㉢사전에서 찾았다. |

① 公有地 - 家政婦 - 辭典
② 共有地 - 家庭婦 - 辭典
③ 共有地 - 家庭婦 - 事典
④ 公有地 - 家政婦 - 事典

14. 한자어의 음과 뜻이 바르게 된 것은?
   ① 止揚(지향): 현재보다 높은 곳으로 나아감.
   ② 演繹(연역): 특수로부터 보편을 끌어냄.
   ③ 眞摯(진집): 참되고 착실한 마음가짐.
   ④ 改悛(개전): 잘못을 뉘우쳐 마음을 고쳐먹음.

15. 다음 중 유의어로 짝지어지지 않은 것은?
   ① 軋轢 - 不和   ② 耽美 - 審美
   ③ 獨斷 - 我執   ④ 冒頭 - 序頭

16. 다음은 수학 관련 한자어이다. 바르지 않은 것은?
   ① 集合   ② 績分   ③ 命題   ④ 銳角

17. 다음 중 '세상일의 변천이 심함'을 비유하여 이르는 말은?
   ① 拔本塞源   ② 百年河淸
   ③ 桑田碧海   ④ 塞翁之馬

18. 다음 중 '부단한 학문의 연마'와 가장 관계있는 성어는?
   ① 愚公移山   ② 手不釋卷
   ③ 刻舟求劍   ④ 騎虎之勢

19. 내용상 빈 칸에 들어갈 성어로 가장 알맞은 것은?

> "가난이야, 가난이야, 원수년으 가난이야. 잘 살고 못 살기는 묘 쓰기으 매였는가? 북두칠성 님이 집자리으 떨어칠 적에 명과 수복을 점지허는거나? 어떤 사람 팔자 좋아 고대 광실 높은 집에 호가사로 잘 사는듸 이년의 신세는 어찌허여 밤낮으로 벌었어도 ⬚을/를 헐 수가 없고, 가장은 부황이 나고, 자식들은 아사지경이 되니, 이것이 모두 다 웬일이냐? 차라리 내가 죽을라네." 이렇닷이 울음을 우니 자식들도 모두 따라서 우는구나.

   ① 三旬九食   ② 支離滅裂
   ③ 食少事煩   ④ 脣亡齒寒

과목3. 한자와 한문

※ 다음 물음에 답하시오.

20. 다음 한문을 바르게 읽은 것은?

> 好人之所惡 惡人之所好

   ① 호인지소오 오인지소호
   ② 호인지소악 오인지소호
   ③ 호인지소오 악인지소호
   ④ 호인지소악 악인지소호

21. 다음에서 밑줄 친 구절을 가장 바르게 해석한 것은?

> 子曰 由 誨女知之乎 <u>知之爲知之</u> 不知 爲不知 是知也

   ① 아는 것을 아는 체하다.
   ② 아는 것을 안다고 하다.
   ③ 아는 것을 더 알도록 하다.
   ④ 아는 것을 새롭게 하다.

22. 다음 밑줄 친 것의 문법적 기능이 같은 것끼리 묶은 것은?

> 君子曰 學不可以已 靑取之㉠<u>於</u>藍 而靑㉡<u>於</u>藍 氷水爲之而寒㉢<u>於</u>水

   ① ㉠, ㉡   ② ㉡, ㉢
   ③ ㉠, ㉢   ④ ㉠, ㉡, ㉢

23. 다음 중 문장의 형식이 다른 것은?
   ① 諸將皆莫信
   ② 東國江山之美莫如平壤
   ③ 國之語音異乎中國
   ④ 上善若水

24. 다음 시에 대한 설명으로 바른 것은?

| 春眠不覺曉　　處處聞啼鳥 |
| 夜來風雨聲　　花落知多少 |

① 새소리의 아름다움을 예찬했다.
② 속세의 고달픔을 벗어나려는 욕망을 드러냈다.
③ 봄날 새벽에 느끼는 정감을 표현하였다.
④ 계절의 질서를 시의 구조로 활용했다.

25. 다음 작품의 주제로 가장 바른 것은?

蘇子曰　客亦知夫水與月乎　逝者如斯
而未嘗往也　盈虛者如彼　而卒莫消長也
蓋將自其變者而觀之　　則天地曾不能以
一瞬　自其不變者而觀之　則物與我皆無
盡也

① 인간의 유한성을 한탄함.
② 대자연의 위대함을 예찬함.
③ 무소유 정신의 필요성.
④ 인생과 자연에 대한 깨달음.

26. 다음 중 五倫에 속하지 않는 것은?

① 師弟有恭　　　② 君臣有義
③ 夫婦有別　　　④ 父子有親

27. 다음 중 사자소학에 대한 설명으로 바르지 않은 것은?

① 朱子의 『소학』과 기타 경전 중에서 아동들이 알기 쉬운 내용만을 뽑아서 만든 책이다.
② 체제는 三綱을 따라 각각 임금과 신하, 어버이와 자식, 남편과 아내 사이에 마땅히 지켜야 할 도리를 강조했다.
③ 구성은 사자일구(四字一句)로 되어 있다.
④ 인간의 윤리도덕을 강조하여 아동들의 정서함양과 우리 전통문화의 뿌리를 이해시키는데 도움이 된다.

※ 다음은 교수 및 지도법에 관한 문제이다. 물음에 답하시오.

28. 한문 교육과정의 강조점으로 바르지 않은 것은?

① 한문교육과 언어생활과의 관련성 및 실용성을 강화하였다.
② 교육내용을 수준별 교육과정의 개념을 도입하여 조직하고자 하였다.
③ 한문 능력 신장은 한자와 한자어 학습과 균형성을 유지하되 가능한 세 영역이 유기적으로 관련될 수 있도록 하였다.
④ 제7차 교육과정에서 한문 교과가 필수라는 위상을 반영하여 교육 과정을 구성하고자 하였다.

29. 한문과의 교수 학습 계획으로 바르지 않은 것은?

① 학습자, 가정, 사회, 국가 수준의 요구 등도 수렴하여 계획한다.
② 학습 장면이나 학습자의 특수 상황 등을 고려하여 적절하게 계획한다.
③ 목표 달성에 효과적인 교수 학습 방법을 다양하게 강구하되, 특히 학습자가 탐구과정을 경험할 수 있도록 계획한다.
④ 중학교에서 한문과 교육을 이수하지 않은 학생이 고등학교 한문을 이수하고자 할 때에도 이를 보충과정 없이 수용할 수 있도록 한다.

30. 한문과의 평가 계획으로 바르지 않은 것은?

① 한자어, 한문의 평가가 균형 있게 이루어질 수 있도록 평가 계획을 수립한다.
② 한자의 짜임, 부수, 획수, 필순 등의 평가 비중을 높이도록 한다.
③ 고사 성어는 그 속뜻을 이해하고 있는지의 여부에 중점을 두어 평가한다.
④ 문장의 구조, 허자의 쓰임, 문장의 형식은 문장 독해와 관련지어 평가한다.

주관식(70문항)

과목1. 한자의 기초

※ **다음 물음에 답하시오.**

주1. '齊'의 약자를 쓰시오.　　　　（　　　）

주2. '舊'의 약자를 쓰시오.　　　　（　　　）

※ **다음 물음에 적합한 한자를 <보기>에서 찾아 쓰시오.**

<보기>	監 捨 講 競 穀 範

주3. '察'과 뜻이 비슷한 한자는?　　（　　　）

주4. '規'와 어울려 '본보기'라는 뜻을 형성할 수 있는 글자는?　　　　　　　　　（　　　）

주5. '取'과 뜻이 반대되는 한자는?　（　　　）

※ **밑줄 친 한자의 뜻과 음을 쓰시오.**

주6. 龜裂　　（뜻:　　　,음:　　　）

주7. 相殺　　（뜻:　　　,음:　　　）

※ **다음 글자의 형성 원리를 <보기>에서 찾아 쓰시오.**

<보기>	상형 지사 회의 형성 전주 가차

주8. 武　　（　　　　　）

주9. 馬　　（　　　　　）

주10. 末　　（　　　　　）

※ **다음 물음에 답하시오.**

주11. <보기>의 한자어가 유의어가 되도록 □안에 알맞은 한자를 쓰시오.　　（　　　）

<보기>	方法 - 手□

주12. 보기의 한자어가 유의어가 되도록 □안에 알맞은 한자를 쓰시오.　　（　　　）

<보기>	設計圖 - 靑□眞

주13. 보기의 한자어가 반의어가 되도록 □안에 알맞은 한자를 쓰시오.　　（　　　）

<보기>	保守 - 進□

※ **다음 단어의 뜻에 맞도록 빈 칸에 알맞은 한자를 쓰시오.**

주14. □名: 이름이 세상에 두드러짐 （　　　）

주15. □得: 주워서 얻음　　　　　（　　　）

주16. 標□: 어떤 사물을 표하기 위한 기록
　　　　　　　　　　　　　　　（　　　）

※ **다음 물음에 답하시오.**

주17. 좌측의 그림은 '솥'을 표현한 중국 고대의 갑골문이다. 그림에 해당하는 한자를 정자로 쓰시오. （　　　）

주18. 다음 <보기>중에서 제부수자가 아닌 것을 쓰시오.　　　　　　　　　　（　　　）

<보기>	飛 靑 鹿 黃 亡

주19. 다음에서 ㉠에 들어갈 내용을 쓰시오.
　　　　　　　　　　　（　　　）

漢字	訓音	用例
率	거느릴 솔	統率
	㉠	確率

주20. 밑줄 친 부분에 적합한 1음절의 한자를 정자로 쓰시오.　　　　　　　（　　　）

전통은 물론 과거로부터 <u>이어</u>온 것을 말한다.

주21. 다음은 어떤 글자의 서체 변화를 보여주고 있다. 이 글자를 정자로 쓰시오. (   )

과목2. 한자의 활용

※ 다음 물음에 답하시오.

주22. '이것'에 해당하는 한자어를 정자로 쓰시오. (   )

> 이것은 어떤 사물이나 현상이 시작되어 나온 맨 처음을 비유적으로 이르는 말이다. 《장자》의 〈在宥篇〉에 나오는 말로, 전쟁을 시작할 때 우는살을 먼저 쏘았다는 데에서 유래한다.

주23. '이것'에 해당하는 한자어를 정자로 쓰시오. (   )

> 이것은 '옛것을 익히고 그것을 미루어서 새것을 안다.'는 뜻으로, 예전의 어떤 사실을 곰곰이 사색을 하면 그 가운데서 새로운 이치를 찾을 수 있다는 것이다.

※ 밑줄 친 단어에 적합한 한자어를 직접 쓰시오.

주24. 그는 사업 실패의 충격을 이기지 못 하고 정신이 <u>이상</u>해지고 말았다. (   )

주25. 그는 감사원에서 세무 관련 <u>사정</u> 업무를 담당하고 있다. (   )

주26. 이번 <u>인사이동</u>은 상당히 파격적이어서 신선하기까지 했다. (   )

※ 다음 물음에 답하시오.

주27. 밑줄 친 한자어의 반의어를 정자로 쓰시오. (   )

> 사람과 사람의 만남은 <u>偶然</u>이 아니다.

주28. 밑줄 친 한자어의 유의어를 정자로 쓰시오. (   )

> 소설은 <u>架空</u>의 세계이다.

주29. 보기의 한자어 중, 구조가 다른 것을 골라 쓰시오. (   )

> 歸家   下車   有罪   夜深

주30. 다음 설명에 해당하는 나이 관련 한자어를 정자로 쓰시오. (   )

> 남자가 스무 살에 관례를 한다는 뜻으로, 남자 나이 스무 살 된 때를 이르는 말이다.

주31. '조카의 아내'를 일컫는 한자어를 정자로 쓰시오. (   )

주32. 빈 칸에 공통적으로 들어갈 수 있는 한자어를 직접 쓰시오. (   )

> □勤   □點   欠□

※ 밑줄 친 내용에 적합한 2음절의 한자어를 정자로 쓰시오.

주33. (   )

> 學問을 함에 있어 <u>매우 필요한 것</u>은 스승과 讀書와 思索이다.

주34. (   )

> 이번에 이사를 해서 주소지를 <u>옮겨야</u> 한다.

※ 다음 글을 읽고 물음에 답하시오.

전통은 물론 과거로부터 이어 온 것을 말한다. 이 전통은 대체로 그 사회 및 그 사회의 ㉠構成員인 ㉡個人의 몸에 배어 있는 것이다. 그러므로 스스로 깨닫지 못하는 사이에 전통은 우리의 현실에 ㉢作用하는 경우가 있다. 그러나 과거에서 이어 온 것을 무턱대고 모두 전통이라고 한다면, ㉣因習이라는 것과는 구별이 서지 않을 것이다. 우리는 인습을 버려야 할 것이라고는 생각하지만, 계승해야 할 것이라고는 생각하지 않는다. 여기서 우리는, 과거에서 이어 온 것을 ㉤( )하고, 이를 비판하는 입장에 서야 할 필요를 느끼게 된다.

주35. ㉠-㉣ 중, 잘못 쓰인 한자어를 찾아 고쳐 쓰시오. ( )

주36. <보기>를 참고하여 ㉤에 들어갈 3음절의 한자어를 직접 쓰시오. ( )

<보기>	경험을 조직하고 통일하여 보편타당한 지식을 만드는 일.

※ 다음 글을 읽고 물음에 답하시오.

新春(신춘)이 世界(세계)에 來(내)하야 萬物(만물)의 回蘇(회소)를 ㉠催促하는도다. 凍氷寒雪(동빙한설)에 呼吸(호흡)을 ㉡閉蟄한 것이 彼一時(피 일시)의 勢(세) ㅣ라 하면 和風暖陽(화풍 난양)에 ㉢氣脈을 ㉣振舒함은 此一時(차 일시)의 勢(세) ㅣ니, 天地(천지)의 復運(복운)에 際(제)하고 世界(세계)의 變潮(변조)를 乘(승)한 吾人(오인)은 아모 躊躇(주저)할 것 업스며, 아모 忌憚(기탄)할 것 업도다. 我(아)의 固有(고유)한 自由權(자유권)을 護全(호전)하야 生旺(생왕)의 樂(낙)을 ㉤飽享할 것이며, 我(아)의 自足(자족)한 獨創力(독창력)을 ㉥發揮(발휘)하야 春滿(춘만)한 大界(대계)에 民族的(민족적) 精華(정화)를 結紐(결뉴)할지로다.

주37. ㉠의 독음을 쓰시오. ( )

주38. ㉡-㉤ 중 '움츠려들다'의 뜻을 지닌 한자어를 찾아 정자로 쓰시오. ( )

주39. ㉥'發'의 간체자를 쓰시오. ( )

※ 다음 물음에 답하시오.

주40. 다음 빈 칸에 들어갈 한자는 숫자이다. 이것의 합계를 쓰시오. ( )

□里霧中	□慮一失	朝三暮□

주41. 다음 밑줄 친 문장이 뜻하는 한자성어를 한자로 쓰시오. ( )

양반은 손을 묶은 것처럼 어찌할 도리가 없어 꼼짝 못하고, 잡혀갈 날만 기다리던 참이니, 크게 기뻐하며 승낙했다.

주42. <보기>와 의미가 통하는 한자성어를 한자로 쓰시오. ( )

<보기>	下石上臺 · 臨機應變 · 彌縫策

주43. 다음 시조의 주제를 나타내는 한자성어로, 기자(箕子)가 은(殷)나라가 망한 뒤에도 보리만은 잘 자라는 것을 보고 한탄하였다는 데서 유래한 것을 쓰시오. ( )

오백년 都邑地를 匹馬로 돌아드니
산천은 依舊한데 人傑은 간 데 없네
어즈버 太平烟月이 꿈이런가 하노라.

주44. 천자문 중에서 다음 내용에 해당하는 네 글자를 정자로 쓰시오. ( )

추위가 오면 더위가 가고, 더위가 오면 추위가 간다. 이것은 계절의 변화를 뜻한다.

주45. 천자문 중에서 빈 칸에 들어갈 글자를 정자로 쓰시오.　（　　　　）

> 宇宙洪□ : 하늘과 땅 사이는 넓고 커서 끝이 없다. 즉 세상의 넓음을 말한다.

주46. 다음 글의 밑줄 친 부분의 의미와 상통하는 한자성어를 한자로 쓰시오.
　　　　　　　　　　（　　　　）

> 우리나라 야구팀은 대나무가 쪼개질 때와 같이 맹렬한 기세로, 세계의 강호들을 모두 무찌르고 올림픽에서 금메달을 차지하였다.

과목3. 한자와 한문

※ 다음 물음에 답하시오.

주47. 다음 밑줄 친 부분에 들어갈 사자소학의 내용을 정자로 쓰시오.
　　　　　　　　（　　　　）

> 修身齊家면 治國之本이요,
> 讀書勤儉은 ＿＿＿＿＿＿이니라.

주48. 밑줄 친 구절을 해석하여 쓰시오.
　（　　　　　　　　）

> 先生施敎하면 弟子是則하라.

※ 다음 글을 읽고 물음에 답하시오.

> 孟子曰 仁은 人心也요 義는 人路也니라. 舍
> ㉠其路而不由하며 放其心而不知求하나니 哀
> 哉라! 人有鷄犬放이면 則知求之하되, 有放
> 心而不知求하나니 學問之道는 ㉡無他라. 求
> 其放心而已矣니라.

주49. ㉠의 원관념이 무엇인지 찾아 쓰시오.
　　　　　　　　（　　　　　　　）

주50. ㉡의 해석을 쓰시오.
　（　　　　　　　　　　）

※ 다음 물음에 답하시오.

주51. 다음 시의 작가를 쓰시오.
　　　　　　　（　　　　　　　）

> 貊國初飛雪　　春城木葉疏
> 秋深村有酒　　客久食無魚
> 山遠天垂野　　江遙地接虛
> 孤鴻落日外　　征馬政躊躇

주52. 다음 시에서 시적 화자의 정서를 암시적으로 드러내는 소재 세 가지를 각각 2음절의 한자어로 쓰시오.
　（　　　　　,　　　　　,　　　　　）

> 春雨暗西池　　輕寒襲羅幕
> 愁依小屏風　　墻頭杏花落

주53. 다음 시의 주제를 드러낼 수 있는 한자 성어를 직접 쓰시오.　（　　　　　）

> 棉布新治雪樣鮮　　黃頭來博吏房錢
> 漏田督稅如星火　　三月中旬道發船

주54. 다음 속담에 대응하는 漢文章을 만들려고 한다. 밑줄 친 부분의 순서를 바로 잡아 직접 쓰시오.　（　　　　　）

> 공든 탑이 무너지랴.
> → 積功之塔 乎毀豈

주55. 다음 빈 칸에 들어갈 한자를 쓰시오.
　　　　　　　　　（　　　　）

> （　　）非吾之所有 雖一毫而莫取

※ 다음 문장의 형식을 보기에서 골라 쓰시오.

<보기> 사동형 평서형 감탄형 의문형 명령형

주56. 秋月色令人悲 (　　　　　)

주57. 不患人之不己知 患不知人也
　　　　　　　　　(　　　　　　)

※ 다음 물음에 답하시오.

주58. 다음 문장의 독음을 쓰시오.
　　　　　　　　　(　　　　　　)

竊鍼不休 終必竊牛

주59. 밑줄 친 한자의 品詞를 쓰시오.
　　　　　　　　　(　　　　　　)

先生將何之

주60. 밑줄 친 문장을 해석하시오.
（　　　　　　　　　　　）

他日笞 子未嘗泣 今泣 何也

※ 다음 문장의 빈 칸에 들어갈 한자를 보기에서 골라 쓰시오.

以 之 而 乃 於

주61. 子□我爲不信 (　　　　　)

주62. 如登天□無術 (　　　　　)

※ 다음 물음에 답하시오.

주63. 다음 문장에서 사용된 문장 修辭法을 쓰시오. (　　　　　　)

學而不思則罔 思而不學則殆

주64. 한문 교육의 학습 효과를 높이기 위해 사용할 수 있는 매체를 하나만 쓰시오.
　　　　　　　　　(　　　　　　)

주65. 다음은 한자, 한자어를 교육하는 다양한 방식의 예이다. 추가할 수 있는 방식을 하나만 쓰시오. (　　　　　　)

구조 분석, 조어 분석, 언어생활 활용법

주66. 다음에서 설명하는 조선 초기의 학습서의 제목을 쓰시오. (　　　　　　)

조선 중종 때에, 朴世茂가 쓴 어린이 학습서이다. 五倫의 要義를 간결하게 서술하고, 중국과 조선의 역대 世系와 개략적인 역사를 덧붙였다. 《千字文》을 익힌 어린이들이 《小學》을 배우기 전에 공부하는 교과서로 널리 사용하였으며, 德行의 함양에 많은 도움이 되었다.

주67. 다음을 참고하여, 다음과 같은 교수법을 무엇이라고 하는지 <보기>에서 찾아 쓰시오. (　　　　　　)

<보기>	역할놀이 파자놀이 빙고게임 만화로 표현하기

해설자: 虎求百獸而食之러니 得狐한데
여 우: 子無敢食我也니라(과거의 일을 회상하며)
천 제: 汝는 長百獸하라
여 우: 今에 子가 食我면 是는
　　　逆天帝命也라. 子以我爲不信이면
　　　吾爲子先行하리니 子隨我後하여
　　　觀百獸之見我而敢不走乎아
해설자: 여우가 이렇게 말하니 호랑이가 그럴 듯하게 여겼습니다.
호랑이: 然하다.

※ **다음 한시를 한문 교육과정 내용 체계의 '한시 익히기'에 의거하여 지도하려고 한다.**

鳥獸哀鳴海岳嚬	槿花世界已沈淪
秋燈掩卷懷千古	難作人間識字人

학습목표	지도내용
① 시의 형식을 말할 수 있다.	㉠
② 우리나라를 상징하는 詩語를 말할 수 있다.	㉡

주68. ㉠에 들어갈 핵심 내용을 4음절로 쓰시오.
　　　　　　　（　　　　　　　）

주69. ㉡에 들어갈 핵심 내용을 4음절로 찾아 쓰시오.　　　　（　　　　　　　）

주70. 다음을 한문 교육과정의 '평가 계획'에 따라 평가하려고 한다. 아래에 제시된 '평가 요소'에 알맞은 '평가 내용'을 쓰시오.
　　　　　　　（　　　　　　　）

학습목표	·한자·한자어의 뜻을 말할 수 있다.
본문	聖賢之學 專以思爲主 非思 則口 ㉠耳之學 雖多奚爲

평가 요소	평가 내용
밑줄 친 ㉠의 뜻을 알아보자.	

★ 수고하셨습니다.

국가공인 한자 · 한문지도사
3급 기출문제 2회

수험번호	□□□-□□-□□-□□□□	성명	

※ 수험생 유의사항

◇ 시험 시간은 80분간입니다.

◇ 문항 수는 객관식 30문항, 주관식 70문항으로 총 100문항입니다.

◇ 수험표에 표기된 응시급수와 문제지의 급수가 같은지 확인하시오.

◇ 답안지에 성명, 수험번호, 주민등록번호를 정확하게 표기하시오.

◇ 답안지의 객관식 답안란에는 컴퓨터용 펜을 사용하시오.

◇ 답안지의 객관식 답안의 수정은 수정테이프 만을 사용하시오.

◇ 답안지의 주관식 답안란에는 반드시 검정색펜을 사용하고, 수정은 두 줄로 긋고 다시 작성하시오.

◇ 수험생의 잘못으로 인해 답안지에 이물질이 묻거나, 객관식 답안에 복수로 체크할 경우 오답으로 처리되니 주의하시오.

◇ 감독관의 지시가 있을 때까지 문제를 풀지 마시오.

◇ 시험 종료 후에는 필기도구를 내려놓고 감독관의 지시를 따르시오.

◇ 시험문제지와 답안지를 감독위원에게 모두 제출하시오.

社團法人 漢字敎育振興會
한국한자실력평가원

객관식(30문항)

과목1. 한자의 기초

※ **다음 물음에 답하시오.**

> ㉠ 추상적인 생각이나 뜻을 점이나 선으로 나타낸 글자
> ㉡ 이미 만들어진 글자를 결합하여 새로운 뜻을 나타내되, 일부는 뜻을 일부는 음을 나타내는 글자

1. 위 설명에 해당하는 한자의 생성원리를 바르게 연결한 것은?
   ① ㉠-象形 ㉡-會意
   ② ㉠-指事 ㉡-形聲
   ③ ㉠-指事 ㉡-會意
   ④ ㉠-會意 ㉡-象形

2. ㉡의 원리로 만들어진 한자가 <u>아닌</u> 것은?
   ① 浴   ② 頂   ③ 資   ④ 永

※ **다음 물음에 답하시오.**

3. 다음 설명 중 바르지 <u>않은</u> 것은?
   ① 한자의 기원은 갑골문자라 할 수 있다.
   ② 隸書는 회화적 특징을 가진다.
   ③ 楷書 이후 行書와 草書가 출현하였다.
   ④ 周代에 주로 청동기에 쓰였던 문자를 金文이라 한다.

4. 서체의 변천과정을 나타낸 다음 그림에 해당하는 한자는?

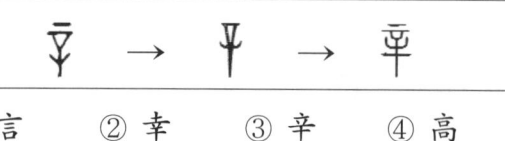

   ① 言   ② 幸   ③ 辛   ④ 高

5. 다음 중 한자와 부수의 연결이 바르지 <u>않은</u> 것은?
   ① 技: 才(재주 재)   ② 規: 見(볼 견)
   ③ 冠: 冖(덮을 멱)   ④ 求: 水(물 수)

6. 다음 한자의 총획수가 바르지 <u>않은</u> 것은?
   ① 叫: 5획   ② 那: 7획
   ③ 癸: 8획   ④ 骨: 10획

7. 한자를 쓰는 순서로 바르지 <u>않은</u> 것은?
   ① 舟: 一을 마지막에 쓴다.
   ② 造: 辶을 먼저 쓴다.
   ③ 聞: 王을 마지막에 쓴다.
   ④ 奇: 口를 마지막에 쓴다.

8. 다음 한자의 훈음이 바르지 <u>않은</u> 것은?
   ① 較: 목맬 교   ② 輪: 바퀴 륜
   ③ 創: 비롯할 창   ④ 滴: 물방울 적

9. 다음 한자의 약자가 바르지 <u>않은</u> 것은?
   ① 證-証   ② 檢-検   ③ 鎭-鉄   ④ 齒-歯

10. 다음 한자의 간체자가 바르지 <u>않은</u> 것은?
    ① 連-连   ② 機-机   ③ 聲-声   ④ 介-个

과목2. 한자의 활용

※ **다음 물음에 답하시오.**

11. 다음 중 한자어의 짜임이 병렬관계인 것은?
    ① 安逸   ② 延期   ③ 後悔   ④ 兼床

12. 다음 중 한자어의 짜임이 <u>다른</u> 것은?
    ① 募集   ② 朱紅   ③ 衛星   ④ 保護

13. 다음 중 나이에 따른 별칭으로 바르지 <u>않은</u> 것은?
    ① 而立: 30세   ② 不惑: 40세
    ③ 知天命: 50세   ④ 耳順: 70세

14. 다음 중 한자 표기가 바르지 <u>않은</u> 것은?

① 登用門 ② 似而非 ③ 瞬息間 ④ 重且大

15. 다음 천자문에 나오는 한자어의 독음이 바르지 <u>않은</u> 것은?

① 耽讀: 선독　　　② 捕獲: 포획

③ 糟糠: 조강　　　④ 徘徊: 배회

16. 밑줄 친 한자어의 쓰임이 바르지 <u>않은</u> 것은?

① 그는 이 방면에 많은 <u>履歷</u>을 갖고 있다.

② <u>哀惜</u>하게도 아깝게 우승을 놓치고 말았다.

③ 연말연시를 맞아 시장은 매우 <u>奔走</u>하였다.

④ 현충일을 맞아 대규모의 <u>追窮</u>행사가 거행되었다.

17. 다음 중 한자어의 뜻이 바르지 <u>않은</u> 것은?

① 干涉: 연락을 취하여 의논함

② 富裕: 재물을 풍부하게 가지고 있음

③ 深刻: 상태나 정도가 매우 깊고 중대함

④ 浪費: 시간이나 재물 등을 헛되이 헤프게 씀

18. 다음 성어 중 뜻이 나머지와 <u>관련이 없는</u> 하나는?

① 破天荒　　　② 刻舟求劍

③ 未曾有　　　④ 前代未聞

19. 다음 내용과 관련이 있는 성어는?

> 수나라 문제(文帝) 양견(楊堅)의 아내인 독고황후(獨孤皇后)가 남편을 격려하여 왕위를 차지하게 하기 위해
> "큰일이 이미 벌어졌는데, 이는 마치 날랜 범에 올라탄 형세와 같습니다. 이제는 중도에서 내릴 수 없으며, 만일 중도에서 내린다면 잡아먹히고 말 것입니다. 그러니 끝까지 힘쓰십시오."하고 말했다.

① 孤掌難鳴　　　② 傾國之色

③ 養虎遺患　　　④ 騎虎之勢

20. 다음은 천자문의 내용이다. 독음이 바르지 <u>않은</u> 것은?

九州禹跡	百郡秦幷	嶽宗恒岱	禪主云亭
㉠	㉡	㉢	㉣

① ㉠구주우적　　　② ㉡백군주병

③ ㉢악종항대　　　④ ㉣선주운정

과목3. 한자와 한문

※ 다음 물음에 답하시오.

21. 밑줄 친 '至'의 뜻이 나머지 셋과 다른 것은?

① 水<u>至</u>淸則無魚

② <u>至</u>樂 莫如讀書

③ 事親<u>至</u>孝 養志養體

④ 三歲之習 <u>至</u>于八十

22. 다음 문장과 짝이 되는 문장은?

> 對案不食

① 思得良饌　　　② 孝之始也

③ 揚名後世　　　④ 進退必恭

23. 다음 중 해석이 바르지 <u>않은</u> 것은?

① 暑勿褰裳 : 더우면 치마를 껴입지 말라.

② 辱及于身 : 욕됨이 자신에게 미칠 것이다.

③ 適人從夫 : 남에게 시집가서는 남편을 따른다.

④ 出言顧行 : 말을 할 때에는 행할 것을 돌아 보아야 한다.

24. 다음 문장의 밑줄 친 '過'의 뜻으로 적절한 것은?

> 人誰無<u>過</u> 過而能改 是爲大善

① 通過　② 過速　③ 罪過　④ 過去

25. 다음 글의 제목으로 적절한 것은?

> 新年 逢親舊年少 以登科進官生男發財等
> 語 爲德談 以相賀

① 元日　② 嘉俳　③ 端午　④ 寒食

※ **다음 글을 읽고 물음에 답하시오.**

> 桓雄 ㉠數意天下 貪求人世 ㉡降於太伯山
> 頂 時有一熊一虎 願化爲人 熊得女身 虎不
> 得人身 雄乃婚之 生子 號曰(　㉢　)

26. 문맥 상 ㉠과 ㉡의 뜻을 바르게 연결한 것
은?

① ㉠-자주　　㉡-항복하다
② ㉠-자주　　㉡-내려오다
③ ㉠-계산하다　㉡-항복하다
④ ㉠-계산하다　㉡-내려오다

27. ㉢에 알맞은 인물은?

① 朴赫居世　　　② 檀君王儉
③ 朱蒙　　　　　④ 王建

※ **다음 물음에 답하시오.**

28. 중학교 한문과목의 목표로 적절하지 <u>않은</u> 것
은?

① 중학교 한문 교육용 기초 한자 900 자의
음과 뜻을 알고 쓸 수 있는 능력을 기른다.
② 한문에 대한 기초적인 지식을 익혀 한문
독해와 언어생활에 활용하는 능력을 기른
다.
③ 자신의 생각이나 주장을 한문문장으로 표
현할 수 있는 능력을 기른다.
④ 다양한 유형의 한문 자료를 비판적으로 이
해하고 심미적으로 향유할 수 있는 능력을
기른다.

29. 중학교 한문과목의 교수·학습 계획으로 적
절하지 <u>않은</u> 것은?

① '한문' 과 '한문지식' 영역의 학습이 유기적
으로 이루어질 수 있고, 반복학습이 가능하도
록 계획한다.
② 학습자, 가정, 사회 등의 요구를 수렴하여 계
획한다.
③ 학습 장면이나 학습자의 특수 상황 등을 고려
하여 적절하게 계획한다.
④ 한문학습의 특성상 다양한 학습방법을 동원하
기 보다는 암기위주의 수업이 될 수 있도록
계획한다.

30. <보기>에서 제시한 학습방법은?

> | | ↗ 財 | | ↗ 霜 |
> | :-- | :-- | :-- | :-- |
> | <보기> 貝 → 貧 | | 雨 → 雲 | |
> | | ↘ 貴 | | ↘ 雪 |

① 색출법　　　　② 부수중심 지도법
③ 조어분석법　　④ 언어 활용법

주관식(70문항)

과목1. 한자의 기초

※ **다음은 字形의 變遷을 나타내는 그림이다.
물음에 답하시오.**

㉠	金文	小篆	隷書
丏	酉	酉	酉

주1. ㉠에 들어갈 書體의 명칭을 쓰시오.

　　　　　(　　　　　　　　)

주2. 위 字形에 해당하는 漢字의 훈음을 쓰시
오. 　　　　(　　　　　　　　)

※ 다음 글을 읽고 물음에 답하시오.

이 갑골문에 해당하는 □은(는) '제후가 있는 곳'의 상형이다. 이 부수에 해당하는 한자에는 '도읍 도', 'ㄱ나라 방', '들 교', 'ㄴ간사할 사', '시골 향' 등이 있다.

주3. □의 훈음을 쓰시오. (   )

주4. ㄱ에 해당하는 漢字를 쓰시오.
(   )

주5. ㄴ에 해당하는 漢字를 쓰시오.
(   )

※ 다음 물음에 적합한 한자를 <보기>에서 찾아 쓰시오.

<보기>	傑 弔 窮 扶 辱 侵 弘 候 償 偉

주6. '弓'부수에 해당하는 漢字를 모두 쓰시오.
(   )

주7. 간체자 '伟'의 번체자를 쓰시오.
(   )

주8. '報'와 뜻이 비슷한 漢字를 쓰시오.
(   )

주9. '助'와 뜻이 비슷한 漢字를 쓰시오.
(   )

주10. '慶'과 뜻이 반대되는 漢字를 쓰시오.
(   )

주11. '榮'과 뜻이 반대되는 漢字를 쓰시오.
(   )

주12. '俊'과 어울려 단어를 이룰 수 있는 漢字를 쓰시오. (   )

※ 한자의 삼요소(三要素)에 유의하여 (   )에 들어갈 알맞은 내용을 쓰시오.

形(모양)	音(소리)	義(뜻)
胡	호	주13. ( )
蝶	주14. ( )	나비
주15. ( )	몽	꿈

※ 다음을 읽고 물음에 답하시오.

● □은(는) 음과 뜻이 여러 개인 글자이다.
용례) ① 下□ : 높은 곳에서 아래로 향하여 내려옴
② □伏 : 적이나 상대편의 힘에 눌리어 굴복함

주16. □에 공통으로 들어갈 漢字를 쓰시오.
(   )

주17. 용례①에서 사용된 □의 훈과 음을 쓰시오. (   )

주18. 용례②에서 사용된 □의 훈과 음을 쓰시오. (   )

※ 다음 밑줄 친 漢字의 훈음을 한자어의 의미에 맞게 쓰시오.

주19. 통장의 殘高를 확인해 보았다.
(   )

주20. 娛樂프로그램이 신설되었다.
(   )

과목2. 한자의 활용

※ 다음 물음에 답하시오.

주21. 다음 단어들의 끝말을 이어갈 때 □에 들어갈 적당한 漢字를 쓰시오. (   )

> 原初 → 初喪 → 喪□ → □論

주22. 화살표 방향으로 각각 2음절의 漢字語를 만들 때 □에 들어갈 적당한 漢字를 쓰시오.

(   )

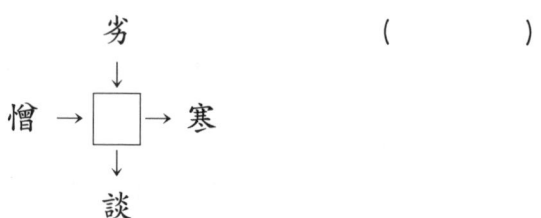

※ 다음 한자어의 反意語를 쓰시오.

주23. 寒冷 - (   )

주24. 反對 - (   )

※ 다음 문장의 밑줄 친 단어에 적합한 漢字를 쓰시오.

주25. 그는 말을 <u>조리</u>있게 한다.

(   )

주26. 그녀는 친정에서 산후<u>조리</u>를 하였다.

(   )

※ 다음 글을 읽고 물음에 답하시오.

> ㉠<u>세속오계</u>는 신라 진평왕 때 승려 圓光이 ㉡<u>화랑</u>에게 일러 준 다섯 가지 계율을 말한다.
> 즉, 事君以忠(충성으로써 임금을 섬긴다)·事親以孝(효도로써 어버이를 섬긴다)·交友以信(믿음으로써 벗을 사귄다)·㉢□□□□(싸움에 임해서는 물러남이 없다)·㉣<u>살생유택</u>(산 것을 죽임에는 가림이 있다)이다. ㉤<u>이는 뒤에 화랑도의 信條가 되어 화랑도가 크게 發展하고 三國統一의 基礎를 이룩하게 하는 데 크게 寄餘하였다.</u>

주27. ㉠을 漢字로 쓰시오.   (   )

주28. ㉡을 漢字로 쓰시오.   (   )

주29. ㉢□□□□에 들어갈 단어를 漢字로 쓰시오.   (   )

주30. ㉣을 漢字로 쓰시오.   (   )

주31. ㉤에서 한자표기가 바르지 않은 부분을 찾아 바르게 고쳐 쓰시오.(→   )

※ 다음 글을 읽고 물음에 답하시오.

> 순자는, ㉠<u>인간의 본성은 이기적이고 악하므로</u> 선한 행위는 후천적인 禮의 습득을 통해 본성이 ㉡<u>지배</u>를 받아야 하며, 교육과 학문을 통하여 본성을 변화시키고 ㉢<u>인위적</u>으로 선을 드러나게 해야 한다고 한다. 그래서 순자는 인위를 극히 ㉣<u>존중</u>하고, 학문의 ㉤<u>효능</u>과 ㉥<u>가치</u>를 전적으로 ㉦<u>인정</u>하면서, 학문을 닦음으로써 인간 자체의 성을 ㉧啓發하고, 부지런히 인격의 향상을 위하여 힘써야 한다고 하였다. 순자의 말에 의하면, ㉨<u>人格 向上에 힘쓰고 學問을 부지런히 하면 事物에 대한 判段과 智慧가 쌓이며, 그렇게 되면 선은 저절로 모이고 德이 이루어져서 누구나 聖人의 길을 걷게 될 것이라고 하였다.</u>

주32. ㉠의 학설에 반대되는 맹자의 학설을 漢字로 쓰시오.   (   )

주33. ㉡을 漢字로 쓰시오.   (   )

주34. ㉢을 漢字로 쓰시오.   (   )

주35. ㉣을 漢字로 쓰시오.   (   )

주36. ㉤을 漢字로 쓰시오.   (   )

주37. ㅂ을 漢字로 쓰시오.　　（　　　　　）

주38. ㅅ을 漢字로 쓰시오.　　（　　　　　）

주39. ㅇ의 독음을 쓰시오.　　（　　　　　）

주40. ㅈ에서 한자표기가 바르지 않은 부분을 찾
　　아 바르게 고쳐 쓰시오. （　　　→　　　）

※ 다음 물음에 답하시오.

주41. 다음 속담에 해당하는 성어를 漢字로 쓰시
　　오.　　　　　（　　　　　　　　）

> 제 논에 물대기

주42. 다음 성어의 ○에 들어갈 漢字에 해당하
　　는 숫자의 합을 쓰시오.　（　　　　　）

> 流芳○世　　○顧無親　　○人成虎

주43. 다음 성어의 ○에 공통으로 들어갈 漢字
　　를 쓰시오.　　　　　（　　　　　）

> 明若○火　　　坐井○天

주44. 다음 문장에서 ○○에 들어갈 단어를 漢
　　字로 쓰시오.　　　　（　　　　　）

> 해마다 바뀌는 교육정책이 ○○暮改 식이다.

주45. 다음 문장의 밑줄 친 부분에 해당하는 성
　　어를 漢字로 쓰시오.
　　　　　　　　（　　　　　　）

> 고립된 군사는 죽을 힘을 다하여 고되게 싸웠으나,
> 적의 예봉을 당해 낼 길이 없었다.

주46. 다음 이야기에서 유래한 말로 ○○○○에
　　들어갈 성어를 漢字로 쓰시오.
　　　　　　（　　　　　　　　）

> 　공번(孔礒)은 북조(北朝)의 저명한 학자로, 학
> 식과 인덕이 높았으며, 후학 양성에도 매우 열심
> 이었다. 그의 문하생 이밀(李謐)은 총명하고 학문
> 에 열심히 매진하는 인물이었다. 그는 스승의 가
> 르침을 잘 이해하였고 자신의 사상으로 정립하기
> 에 이르렀으며, 이후 여러 방면에서 스승 공번(孔
> 礒)을 능가하게 되었다.
> 　이밀(李謐)과 같이 제자가 스승보다 뛰어날 때
> ○○○○이라는 말을 한다.

과목3. 한자와 한문

※ 다음 문장이 의미하는 우리말 속담을 쓰시오.

주47. 不入虎穴 不得虎子

　　（　　　　　　　　　　　　　）

주48. 千里之行 始於足下

　　（　　　　　　　　　　　　　）

※ 다음 문장을 읽고 물음에 답하시오.

> (가) ㉠若告西適 ㉡不復東往
> (나) 借人㉢전적 勿毀必完

주49. 문맥상 ㉠의 훈음을 쓰시오.

　　　　　　（　　　　　　　）

주50. ㉡을 해석하시오.

　　（　　　　　　　　　　　　）

주51. ㉢을 漢字로 쓰시오.　（　　　　　）

※ 다음 글을 읽고 물음에 답하시오.

> 天地之間 萬物之中 惟人 最貴 ㉠所貴乎人者
> 以其有㉡五倫也

주52. ㉠을 해석하시오.

(   )

주53. ㉡은 儒學에서, 사람이 지켜야 할 다섯 가
지 도리를 말한다. 이 중 친구와 관련된 4
음절의 도리를 漢字로 쓰시오.

(   )

※ 다음 글을 읽고 물음에 답하시오.

> (가) (㉠) 立刑場時曰 余爲大韓獨立而死
> 爲東洋平和而死 (ⓐ)何恨 遂換着韓服
> 從容就刑 年三十有二
> (나) ㉡선죽교頭血 人悲我不悲
> 孤臣亡國後 不(ⓑ)竟何爲

주54. ㉠에 알맞은 인물의 姓名을 漢字로 쓰시
오. (   )

주55. ㉡을 漢字로 쓰시오. (   )

주56. ⓐ와 ⓑ에 공통으로 들어갈 漢字를 쓰시
오. (   )

※ 다음 물음에 답하시오.

주57. 다음 ㉠과 ㉡의 문맥상 의미를 쓰시오.

> (가) 事㉠親如此 可謂人子
> (나) 父子有㉡親 君臣有義

(㉠   ㉡   )

주58. 다음 ㉠과 ㉡의 품사를 쓰시오.

> (가) 忠㉠言 逆於耳 而利於行
> (나) 嚴父 不㉡言子之德

(㉠   ㉡   )

※ 제시된 <풀이>에 맞게 (   ) 안의 한자들을 모두 이용하여 바르게 배열하시오.

주59. (木 年 之 樹 計 如 莫 十)
  → (   )
<풀이> 십년의 계획은 나무를 심는 것 만한
것이 없다.

주60. (我 我 亦 於 惡 之 善 者)
  → (   )
<풀이> 나에게 나쁘게 하는 자에게도 나는
또한 좋게 해야 한다.

※ 다음 물음에 답하시오.

주61. 다음 ○에 들어갈 漢字를 차례로 쓰시오,

(,   )

> 以○溫我   以○活我

주62. 다음 ○에 공통으로 들어갈 漢字를 쓰시
오 (   )

> (가) 男有四德 身言○判
> (나) 男兒須讀五車○

※ 다음 문장을 해석하시오.

주63. 出入門戶 開閉必恭
(   )

주64. 立身 以力學爲本
(   )

주65. 子雖賢 不敎 不明
(   )

주66. 一言不中 千語無用
(   )

※ **다음 표를 읽고 물음에 답하시오.**

품사의 종류	예문
명사	- 仁者樂山 - 顔淵問仁
(㉠)	- 人皆有兄弟 我獨亡 - 是誰之過與
형용사	- ㉡天下之水 莫大於海

주67. ㉠에 알맞은 품사의 명칭을 쓰시오.

(   )

주68. ㉡에서 형용사로 쓰인 漢字를 찾아 쓰시오.

(   )

※ **다음 표를 읽고 물음에 답하시오.**

> 한시의 종류
>
> (1) 古體詩 : (ⓐ)나라 이전의 한시. 시의 형식이 자유롭다.
>
>   예) 詩經, 楚辭, 古詩, 樂府
>
> (2) (㉠)詩 : (ⓑ)나라 이후의 한시. 시의 형식이 자유롭지 않다.
>
>   예) (五·七言)絶句, 律詩, 排律詩

주69. ⓐ와 ⓑ에 공통으로 들어갈 중국의 왕조의 명칭을 漢字로 쓰시오.

(   )

주70. ㉠에 알맞은 한시의 종류를 漢字로 쓰시오.

(   )

★ 수고하셨습니다.

기출문제 **1**회 모범답안

▣ 객관식

1	③	6	①	11	①	16	②	21	②	26	①
2	④	7	②	12	③	17	③	22	②	27	②
3	④	8	③	13	①	18	②	23	①	28	④
4	③	9	①	14	④	19	①	24	③	29	④
5	③	10	④	15	③	20	①	25	④	30	②

▣ 주관식

주1	齊	주21	馬	주41	束手無策	주61	以
주2	旧	주22	嚆矢	주42	姑息之計, 凍足放尿	주62	而
주3	監	주23	溫故知新	주43	麥秀之嘆	주63	대구법
주4	範	주24	異常	주44	寒來暑往	주64	컴퓨터, VCR, VTR
주5	捨	주25	司正	주45	荒	주65	부수중심학습, 반복학습법
주6	터질 균	주26	人事異動	주46	破竹之勢	주66	동몽선습 (童蒙先習)
주7	덜할/감할 쇄	주27	必然	주47	起家之本	주67	역할놀이
주8	회의	주28	虛構, 虛想, 假想	주48	제자는 이것을 본받아야 한다.	주68	칠언절구
주9	상형	주29	夜深	주49	義	주69	槿花世界
주10	지사	주30	弱冠	주50	다른 것이 없다.	주70	귀로 듣다.
주11	段	주31	姪婦	주51	김시습		
주12	寫	주32	缺	주52	春雨, 輕寒, 杏花		
주13	步	주33	緊要, 要緊	주53	苛斂誅求		
주14	著	주34	移轉	주54	豈毁乎		
주15	拾	주35	因襲	주55	苟		
주16	識	주36	客觀化	주56	사동형		
주17	鼎	주37	최촉	주57	명령형		
주18	亡	주38	閉蟄	주58	절침불휴 종필절우		
주19	비율 률	주39	发	주59	동사		
주20	繼, 承	주40	1009	주60	오늘 우는 것은 무엇 때문인가?		

기출문제 **2회** 모범답안

■ 객관식

1	②	6	③	11	①	16	④	21	④	26	②
2	④	7	②	12	③	17	①	22	①	27	②
3	②	8	①	13	④	18	②	23	①	28	③
4	③	9	③	14	①	19	④	24	③	29	④
5	①	10	④	15	①	20	②	25	①	30	②

■ 주관식

주1	甲骨(文)	주21	興/禮/主	주41	我田引水	주61	衣, 食
주2	닭 유	주22	惡	주42	107	주62	書
주3	고을 읍	주23	溫暖	주43	觀	주63	문호를 출입할 때에는 열고 닫기를 반드시 공손히 하라.
주4	邦	주24	贊成	주44	朝令(變)		
주5	邪	주25	條理	주45	惡戰苦鬪/孤軍奮鬪	주64	입신은 학문에 힘씀으로써 근본을 삼는다.
주6	弔, 弘	주26	調理	주46	靑出於藍		
주7	偉	주27	世俗五戒	주47	호랑이 굴에 들어가야 호랑이 새끼를 잡는다.	주65	자식이 비록 어질어도 가르치지 않으면 깨우치지 못한다.
주8	償	주28	花郎	주48	천 리 길도 한 걸음부터		
주9	扶	주29	臨戰無退	주49	만약 약	주66	한 마디 말이 맞지 않으면 천 마디 말이 쓸 데 없다.
주10	弔	주30	殺生有擇	주50	나시 동쪽으로 가지 마라		
주11	辱	주31	餘→與	주51	典籍	주67	대명사
주12	傑	주32	性善說	주52	사람이 귀한 이유는	주68	大
주13	오랑캐	주33	支配	주53	朋友有信	주69	唐
주14	접	주34	人爲的	주54	安重根	주70	近體
주15	夢	주35	尊重	주55	善竹橋		
주16	降	주36	效(効)能	주56	死		
주17	내릴 강	주37	價値	주57	㉠ 어버이 (부모님) ㉡ 친하다		
주18	항복할 항	주38	認定	주58	㉠ 명사 ㉡ 동사		
주19	남을 잔	주39	계발	주59	十年之計莫如樹木		
주20	즐거울 락	주40	段→斷	주60	於我惡者 我亦善之		